21世纪高等院校经济学与管理学系列教材

GONGSI JINRONG

公司金融

曾庆芬◎编著

中国经济出版社
CHINA ECONOMIC PUBLISHING HOUSE
北 京

图书在版编目（CIP）数据

公司金融／曾庆芬 编著.
—北京：中国经济出版社，2014.2
ISBN 978-7-5136-2512-8

Ⅰ.公… Ⅱ.①曾… Ⅲ.①公司—金融学 Ⅳ.①F276.6

中国版本图书馆 CIP 数据核字（2013）第 090913 号

责任编辑 李煜萍
责任审读 贺 静
责任印制 马小宾

出版发行 中国经济出版社
印 刷 者 三河市佳星印装有限公司
经 销 者 各地新华书店
开　　本 710mm×1000mm 1/16
印　　张 32
字　　数 524 千字
版　　次 2014 年 2 月第 1 版
印　　次 2014 年 11 月第 2 次
书　　号 ISBN 978-7-5136-2512-8/F·9750
定　　价 69.00 元

中国经济出版社 网址 www.economyph.com 社址 北京市西城区百万庄北街 3 号 邮编 100037
本版图书如存在印装质量问题，请与本社发行中心联系调换（联系电话：010-68319116）

目录

第一部分 基础篇

第二部分　估值篇

第一部分 基础篇

第一章

导 论

本章要点

1. 公司金融研究领域
2. 公司金融活动与财务经理
3. 公司金融活动与金融市场
4. 企业组织形态
5. 公司金融决策目标

第一节 公司金融与财务经理

一、什么是公司金融

“金融”顾名思义,与钱有关系。公司的金融活动有时又称理财活动,主要包括哪些内容呢?乍看起来,这个问题非常繁杂,但假设你决定开始创业,你必须重点思考的问题不外乎以下三个。

第一个必须思考的问题便是你将进入哪个行业,进行何种长期投资?是食品餐饮行业还是网购行业?抑或是房地产行业或是工业制造行业?事实上,不同行业的进入门槛、发展空间、竞争状况甚至盈利水平都有很大差异。比如,某些轻资产行业所需要投入资金比较少,但有些重资产行业所需要投入资金非常巨大。因此,行业选择至关重要。而选择行业的不同,决定你将资金投资于何种固定资产或专用性资产。比如,创办一家生产网球的公司,为此你需要投资与网球生产相适应的厂房、机器设备、原材料和营运资金,雇佣管理、生产和销售网球的员工。资本预算(capital budgeting)被用来描述长期资产的投资和管理过程。体现在公司资产负债表上,资本预算涉及资产负债表左边的资产,尤其是固定资产。

第二个必须思考的问题便是去哪里筹集所需要的资金？是选择用自己的资金投入,还是需要劝说几位合伙人投资？或者向贷款机构举债？抑或考虑引入风险投资资金？无论哪种方式,用理财学的语言来说,你投资于固定资产、流动资产的资金额度必须和你可能筹集到的资金相匹配。资本结构(capital structure)被用来描述公司负债(尤其是长期负债)和所有者权益的比例。在公司资产负债表上,资本结构体现在资产负债表右边。

第三个必须思考的问题是公司应该如何管理日常经营活动中的现金收支?比如,向客户收款和向供应商付款等日常财务活动。由于经营活动所产生的现金流入和流出在时间上通常不匹配,同时经营活动所产生的现金流入规模和时间还具有不确定性,你必须管理好公司可能面临的现金流缺口。这个问题可以用净营运资本(net working capital)来描述。净营运资本指公司资产负债表上流动资产与流动负债的差。净营运资本管理问题属于短期财务管理。

资本预算、资本结构、净营运资本管理虽然不是公司理财内容的全部,但它们是最为重要的内容。公司金融重在研究回答这三方面问题的基本方法。

二、财务经理

在大公司中,金融活动通常与公司高层管理者有关,如副总裁和首席财务官及一些级别略低的主管。图 1-1 描绘了一般的公司组织结构,并突出其财务活动。财务长和主计长负责向首席财务官述职。财务长负责现金的管理、资本支出的管理并制定一系列的财务计划。主计长负责会计工作,内容包括税收、成本核算、财务会计和信息系统。

财务经理必须关注上述的资本预算、资本结构、净营运资本管理三类基本问题。

在资本预算中,财务经理最重要的工作是试图识别给企业带来的财富超过其取得成本的投资机会,也就是购买所产生现金高于其成本的资产,为公司创造价值。为此,财务经理需要关注投资机会或资产在未来产生现金流的规模、时间和风险,这是资本预算问题的精髓。

在资本结构方面,因为长期债务和权益都是企业长期投资所需要的相对稳定的可用资金,因此,财务经理的核心任务是管理企业长期债务和权益的特定组合。长期债务和权益的组合问题紧要吗？这正是后文所讲资本结构章节要解答的问题。

如果把企业比做一张饼，则资本结构就决定着如何分饼，即企业创造的现金流"蛋糕"有多少流向债权人，有多少流向股东。由于资本结构具有很大的选择空间，财务经理首先需要考虑的是企业应该借入多少债务，即何种资本结构是最佳的。其次，财务经理需要考虑企业成本最低的资金来源。最后，财务经理还需要确切地决定怎么样和从哪里筹得款项。在净营运资本管理方面，财务经理需要回答诸如：公司应该持有多少现金和存货？公司是否应该收紧赊销政策？如何获得必需的短期筹资？等等。

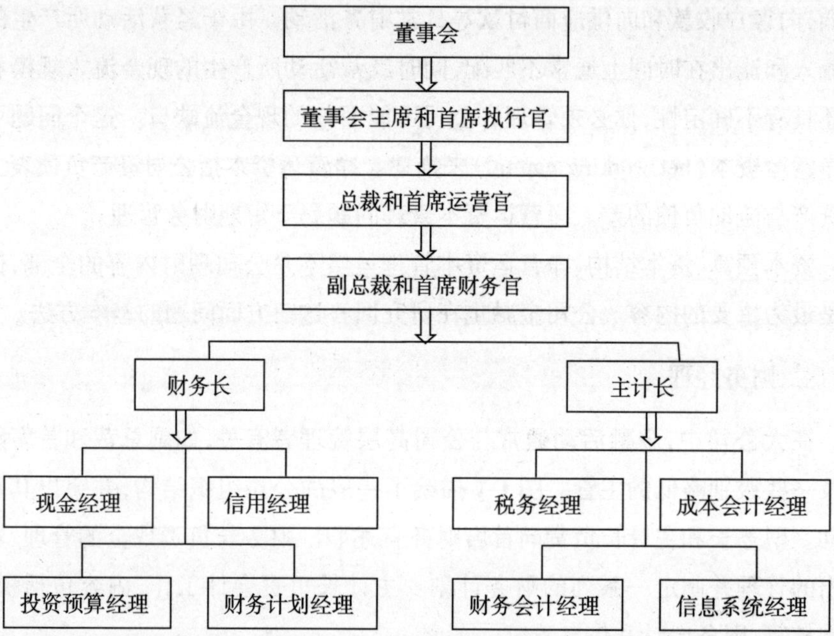

图 1-1　企业组织结构图

总之，财务经理最重要的工作在于通过开展资本预算、融资和净营运资本活动为公司创造价值。

三、公司金融与金融市场

财务经理是如何创造价值的呢？答案是公司应该做到如下两点。

(1)购买所产生现金高于其成本的资产。

(2)发售所筹集的现金高于其成本的债券、股票和其他金融工具。

因此，公司创造的现金流必须超过它所使用的现金流，公司支付给债权人和股东的现金流必须大于债权人和股东投入公司的现金流。要明白这是如何实现的,我们可以考察公司财务活动与金融市场之间的现金流动(如图 1-2 所示)。

图 1-2 中的箭头展示了现金从金融市场流到公司,通过公司的生产经营活动,公司创造的现金流又回流到金融市场,回报投资人的过程。

我们从公司的融资活动开始。为了筹集资金,公司在金融市场向投资者发售债券和股票。这导致现金从金融市场流向公司(A);公司管理层将这些现金用于公司的投资活动(B);公司创造的部分现金(C)将支付给债权人和股东(F)。股东以股利的方式收到现金;出借资金给公司的债权人获得利息,并最终收回公司偿还本金。但是,公司并不是将所创造的现金全部支付出去。公司自己留存了一部分现金(E)用于公司再投资(或生产),此外还以税收的形式支付给政府(D)。

根据图 1-2 所示,请读者自己思考:什么样的公司才是好公司呢?

当公司支付给债权人和股东的现金大于从金融市场筹集的资金(A)时,公司就创造了价值。但我们很难直接观察到公司的现金流量。我们可以从会计报表中获得大量有关信息,财务分析的大量工作就是从会计报表中获取现金流量的信息,包括确认现金流量的规模、时点和风险。

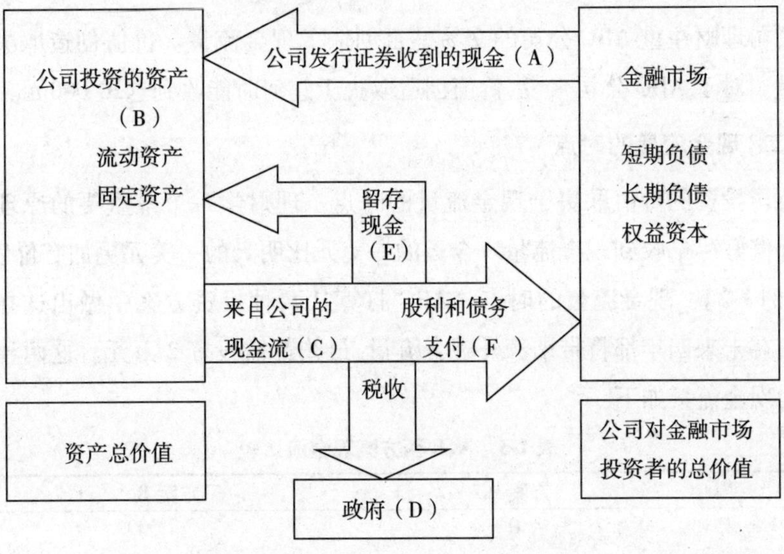

图 1-2 公司和金融市场之间的现金流

四、现金流量信息

(一)现金流量规模

【例1-1】 会计利润和现金流量 ABC公司年末销售了20万元的产品,公司年初支付了18万元的成本。公司还没有收到购买产品的客户的现金。以下是ABC公司2013年的财务会计状况:

表1-1 ABC公司利润表(会计角度)(截至2013年12月31日)

销售收入	200 000元
-成本	-180 000元
利润	20 000元

根据公认会计准则,即使客户尚未付款,销售也应予以确认。这是基于客户将会很快支付货款的假定。所以从会计的角度看,ABC公司似乎是盈利的。然而,从公司理财角度看,并不如此,它关注现金流量。

表1-2 ABC公司现金流量表(公司理财角度)(截至2013年12月31日)

现金流入	0美元
-现金流出	-180 000美元
现金收支差	-180 000美元

公司理财注重ABC公司的交易是否创造了现金流量。价值创造取决于现金流量。对于ABC公司来说,价值创造取决于它何时能收到这20 000元。

(二)现金流量的时点

公司投资的价值取决于现金流量的时点。理财学一个最重要的原理是任何人都偏好尽早收到现金流量。今天的一美元比明天的一美元更加有价值。

【例1-2】 现金流量的时点 ABC打算从两种投资方案中做出选择。两种方案在未来四年都将带来额外现金流量,最初都需投资2万元。这两种投资方案的现金流量如下:

表1-3 A、B两方案现金流比较

年份	方案A	方案B
1	0	8 000
2	0	8 000
3	0	8 000
4	40 000	8 000
总计	40 000	32 000

表面上看,方案 A 比方案 B 好。然而,方案 B 的现金流量比方案 A 来得早。由于没有更多信息,我们不能决定哪种方案将给债券持有者和股东创造更多的价值。这取决于方案 B 在前期取得的现金流量的价值是否超过方案 A 额外现金流量的价值。

(三)现金流量的风险

大多数投资者都是风险厌恶者,风险是财务决策中必须考虑的事项。比如,你准备建网球生产厂房的地方有可能在 10 年后面临城镇重新规划带来的拆迁麻烦,又或者说你的网球销售可能面临着来自竞争对手的不确定的冲击,这些问题都会对你投资项目的未来现金流产生很大的不确定性,包括投资项目在未来产生的现金流的规模和时间。对这些问题的谨慎考虑将在后文涉及。

第二节 企业组织形态

企业是组织众多个人进行经济活动的一种方式。企业的一个基本问题是如何筹集资金。按公司形式组织企业,是为了解决筹集大量资金所碰到的问题的一种方法。但除了公司这种组织形式外,还可以用其他形式组织企业。在本节中,我们将考虑三种基本的企业组织形式,并讨论各种组织形式下企业如何筹资。

一、个人独资企业

个人独资企业,是指依法设立的,由一个自然人投资,财产为投资个人所有,投资人以其个人财产对企业债务承担无限责任的经营实体。个人独资企业具有以下特征:

(1)个人独资企业是由一个自然人投资。个人独资企业由一个自然人投资设立,是费用最低的企业组织形式,不需要正式的章程,而且在大多数的行业中,需要满足的政府规章极少。

(2)个人独资企业的投资人对企业的债务承担无限责任。由于个人独资企业的投资人是一个自然人,对企业出资多少、是否追加资金或减少资金以及采取什么样的经营方式等事项均由投资人决定。从权利和义务来看,出资人与企业是不可分割的。投资人对企业的债务承担无限责任,即当企业的财产不足以清偿到期债务时，投资人应该以自己个人的全部财产用于清偿企业债务。

(3)个人独资企业的内部机构设置简单，经营方式灵活。个人独资企业的投资人既是企业所有者，又可以是企业的经营者，因此，其内部机构的设置较为简单，决策程序也较灵活。

(4)个人独资企业是非法人企业。个人独资企业是由一个自然人出资，投资人对企业的债务承担无限责任，企业的责任即是投资人的责任，企业的财产即是投资人的财产。因此，个人独资企业不具有法人资格，也无独立承担民事责任的能力。但个人独资企业是独立的民事主体，可以以自己的名义从事民事活动。

(5)个人独资企业的续存期受制于企业所有者的生命周期。

(6)因为只有企业所有者自己的投资，所以个人独资企业所能筹集到的权益资本仅限于企业所有者的个人财富。

二、合伙企业

(一)合伙企业的概念

根据2006年修订的《中华人民共和国合伙企业法》，合伙是指两个以上的自然人、法人和其他组织为着共同的目的，相互约定共同出资、共同经营、共享收益、共担风险的自愿联合。合伙制企业可以分为两类：①普通合伙制：普通合伙企业，是指由普通合伙人组成，合伙人对合伙企业债务依法承担无限连带责任的一种合伙企业；②有限合伙制：是指由有限合伙人和普通合伙人共同组成，普通合伙人对合伙企业债务承担无限连带责任，有限合伙人以其认缴的出资额为限对合伙企业债务承担责任的合伙组织。有限合伙企业引入有限责任制，有利于调动各方面的热情，实现投资者与创业者的最佳组合。

(二)普通合伙制企业的特点

1. 筹建费用低

合伙制企业的筹建费用一般比较低。在复杂的准备中，无论是有限还是普通合伙制企业，书面文件都是需要的。必须要有企业经营的执照和合伙协议等相关法律文件。

2. 无限连带责任

合伙制企业由普通合伙人组成。所谓普通合伙人，是指在合伙企业中对合伙企业的债务依法承担无限连带责任的自然人、法人和其他组织。所谓无限连带责任,包括两个方面:一是连带责任。即所有的合伙人对合伙企业的债务都有责任向债权人偿还,不管自己在合伙协议中所确定的承担比例如何。若一个合伙人不能偿还对外债务的,其他合伙人都有清偿的责任。但是,当某一合伙人偿还合伙企业的债务超过自己所应承担的数额时,有权向其他合伙人追偿。二是无限责任。即所有的合伙人不仅以自己投入合伙企业的资金和合伙企业的其他资金对债权人承担清偿责任,而且在不够清偿时还要以合伙人自己所有的财产对债权人承担清偿责任。

3. 寿命有限和产权转让困难

普通合伙制企业随着一个普通合伙人的死亡或撤出而终止(对于有限合伙人却不是这样)。对于一个合伙制企业,在没有宣布解散的情况下是很难转让产权的。合伙人把其在合伙企业中的全部或部分财产份额转让给合伙人以外的第三人通常需要所有普通合伙人的一致同意,且在同等条件下,其他合伙人有优先购买权。但是,有限合伙人可以出售他们在企业中的权益。

4. 大额资金筹集困难

合伙制企业要筹集大量的资金十分困难,因为权益资本的规模通常受到合伙人自身能力的限制。

5. 纳税

合伙制企业的收入按合伙人的身份确定纳税义务。根据中国财政部和国家税务总局颁发的《关于合伙企业合伙人所得税问题的通知》(财税〔2008〕158号)规定,合伙企业以每一个合伙人为纳税义务人。合伙企业合伙人是自然人的,缴纳个人所得税;合伙人是法人和其他组织的,缴纳企业所得税。

6. 管理权

合伙企业的管理权属于普通合伙人。企业的重大事项的决定通过投票,由多数票决定。

许多企业,如苹果计算机,就是从合伙制企业开始,但是发展到一定的规模后它们就转换为公司制企业。大型企业组织要以个人独资企业或合伙制企业的形式存在是比较困难的。因为个人独资企业和合伙企业最主要的优势是创办费用低,但其劣势在创办之后变得明显:①无限责任;②有限的生命;③产权转让困难;④筹集大量资金困难。

三、公司

(一)公司的概念

公司是一种重要的企业组织形式,但由于各国立法习惯以及法律体系的不同,公司的概念也不相同。即使是在同一个国家,在不同的经济时期,随着公司的不断发展变化,公司的外延和内涵也会发生变化。因此,公司法理论并没有形成一个统一的公司的概念。

英美法系不太注重抽象概念的界定,因而未形成一个明确的公司的定义。例如,有些英美法系国家,不同的利益主体为了实现共同目的、从事共同事业就可以采用公司形式,公司分为商事公司和非营利公司,非营利公司不一定是企业。大陆法系较为注重概括性法律含义的界定,所以对公司的概念一般采取概括规定的方式。

在我国,公司是指股东依法以投资方式设立,以盈利为目的,以其认缴的出资额或认购的股份为限对公司承担责任,公司以其全部独立法人财产对公司债务承担责任的企业法人。公司可分为两类:有限责任公司和股份有限公司。下面介绍公司特征将主要以股份有限公司为对象。

(二)公司的特征

1. 公司是以盈利为目的的经济组织

2. 公司是依法设立的企业法人,具有独立的法人资格

公司是具有法人地位的企业组织,这是公司与合伙人、独资企业等企业组织形式的重要区别。公司的法人地位特征主要表现在:

(1)公司具有独立的财产。该财产最初由股东出资形成,并在经营过程中逐步通过盈利积累或其他方式形成。但是公司财产又不同于公司股东财产。股东出资后,只享有股权或股份,而对公司财产没有直接支配权,公司对股东出资享有法律上的财产权。公司以其全部财产对外承担责任。

(2)公司独立承担民事责任。公司独立承担民事责任包括以下含义:一是指公司的责任与股东的责任相互独立,公司的债务不及于股东。股东只以其出资额或认购的股份为限对公司承担有限的责任。二是公司的责任与公司管理人员和工作人员的责任是相互独立的,尽管公司管理人员和工作人员的行为代表公司进行活动,但是,不能要求公司管理人员和工作人员对公司的对外债务

承担责任。三是公司的责任与下属企业或其他组织的责任是相互独立的，各自的行为所产生法律责任由各自承担，不及于其他企业或组织。

(3)公司具有独立的组织机构。这些机构包括管理机构，也包括业务机构。公司的股东大会、董事会、监事会等是依法设立的机构；公司的业务机构则可以根据公司的经营需要或者业务情况设立。

3. 有限责任

有限责任指股份公司的股东承担公司的债务仅限于其对所有权股份的出资额。例如，如果股东购买某公司1万元的股份，其债务或最大的损失就是1万元。但是在合伙制企业中，合伙企业不能清偿到期债务的，合伙人承担无限连带责任，出资1万元的普通合伙人完全可能承担超过1万元的债务。

在企业组织形态的演化进程中，有限责任是非常重要的制度创新。试想一下，人类社会没有创设有限责任制度，而只有无限连带责任制度，会对企业的发展产生怎样的影响？

4. 股份流动性好，易筹集大额资本

股份公司不仅股东人数众多，而且其股份所代表的所有权通常可在金融市场中转让，股份流动性好，有利于调动广大投资者认购股份的积极性，使股份公司易于筹集大额资本。这是股份公司比较其他企业组织形态的重要优点之一。

5. 公司通常实行所有权和管理权分离

在公司制企业中，股东人数通常较多，这在股份有限公司最为突出。众多的股东不可能同时在公司中行使管理权。因此，由全体股东委托专业管理团队或某少数股东在日常经营中行使管理权，这就形成了所有权和管理权的分离。这种两权分离既可以让公司享受专业经营等益处，同时，也会让外部股东(即不在公司担任职务的股东)承受委托—代理问题带来的冲突和成本。由于委托—代理关系在委托人和代理人之间产生的冲突，被称为代理问题，为治理代理问题所花费的成本或代价称为代理成本。代理问题是公司制企业治理的核心问题。广义的公司金融不仅关注资本预算、资本结构、营运资本管理等公司财务活动，也关注如何有效地降低代理成本，缓解代理冲突。

6. 公司具有无限续存期

由于公司股份可以随时转让给新的持股者，所以，公司的股东名单经常处于变动之中。但由于公司通常实行所有权和管理权分离，公司的持续经营通常

不受持股者变更的影响。

某一所有者死亡或撤出股份在法律上并不影响公司的存在。由于公司的存在不受自然人股东身份或寿命的束缚,理论上,公司具有无限寿命。

7. 双重征税

有限责任、易于转让所有权和持续经营是公司这种企业组织形式的主要优点。这些优点增强了公司的资金筹集能力。但是公司制也有一个重大的缺陷。政府除了对股东的股利收入征税外,还对公司的收入进行征税。这是对股东的双重征税。

此外,股份公司必须定期向全体股东披露公司经营情况和财务报表,这使公司随时处于公众股东的监督之下,保密性不强。表1-4总结了公司制和合伙制的比较。

表1-4 公司制和合伙制的比较

	股份公司制	合伙制
所有权的流动性和可交易性	股份流动性强,可以交易	交易的数量受到限制,合伙制企业交易市场一般不存在
责任	股东个人对公司债务承担有限责任	有限合伙人不对公司债务承担责任;普通合伙人可能要承担连带责任
筹集资金能力	易于筹集大额资金	筹资主要限于合伙人的投入
投票权	在表决重大事项时,普通股股东每拥有一股就享有一票	合伙人享有一些投票权;企业的运作完全由普通合伙人控制
续存	理论上公司可以无限期续存	只有有限的续存
税负	公司所得税和个人所得税	根据合伙人的身份确定纳税义务
投资和分配	股利支付等分配有很大灵活性	一般不允许把利润进行再投资,所有利润都分给合伙人

第三节 公司金融决策目标

目标可以提供判断的基准。如果目标不明确,对一项决策就无法进行优劣判断。公司金融决策的目标决定了公司金融决策所采取的判断原则、方法和程序。

一、公司金融决策目标

创立企业的目的是盈利,虽然企业还有改善职工待遇、改善劳动条件、扩大市场份额、提高产品质量等多种目标,但是盈利是其最基本的目标。盈利不但体现了企业的出发点和归宿,而且可以体现其他目标的实现程度,并有助于其他目标的实现。

公司金融活动是公司诸多活动内容之一,公司金融活动要服务于公司的经营目标。因此,从根本上讲,公司金融决策的目标与企业目标具有一致性,公司金融决策就是要为公司所有者赚取利润或增加价值。但这个目标作为财务经理业绩评价标准却有点模糊,因此,下面通过考察一些常用的目标,试图给出公司金融决策更为清晰的目标表达。

(一)利润最大化

利润最大化是理论和实践中一度被广泛使用的企业目标。该观点认为,利润代表了企业新创造的财富,利润越多则说明企业的财富增加得越多。

这种观点的主要缺陷,一是没有考虑利润取得的时间问题。我们是应该关心当年的利润最大化吗? 事实上,推迟一些费用和成本开支的举措可以增加当年利润,但这些举措可能降低以后年度的利润。又或者,我们应该关心公司长期的利润? 但长期究竟是多长呢? 缺陷二是利润指标没有考虑风险,因为利润不等于实际会收到的现金。例如,两个企业会计利润都为 10 万元,但一个企业获得的 10 万元为现金,另一个企业则是应收账款,哪一种情况对企业更加有利? 若不对风险进行衡量,决策就有可能失误。

(二)当前每股股票市场价值最大化

从股东角度看,股东最关心股票当前市场价值。好的财务决策提高股票的市场价值,而差的财务决策降低股票市场价值。财务经理通过做出提高股票市场价值的决策为股东的最大利益服务。因此,应该用当前每股股票市场价值最大化来概括企业的金融决策目标。

当前每股股票市场价值最大化目标避免了前述利润最大化目标的含糊不清,也没有时期长短的问题。事实上,股东是公司的剩余索取者。股东只有在职工、供应商和债权人都得到他们应得的部分后才享有剩余财产的所有权。因此,如果公司的其他利益相关者任何一方没有得到偿付,则股东将一无所获。

如果股东因为剩余部分的增长而获得成功,那么其他利益相关者通常也获得了成功。因此,关注剩余索取者——股东的利益也就关注了公司其他利益相关者的利益。

(三)所有者权益的市场价值最大化

该观点认为:最大化所有者权益的市场价值是金融决策的目标。这是一个更一般的目标。因为,如果我们的目标如前面所说的,当前每股股票市场价值最大化,那么会出现一个问题:当公司没有可以交易的股票时,以什么作为目标呢?公司股票的市场价值就是所有者权益的全部市场价值。因此,我们的目标就更一般地表述为所有者权益市场价值最大化。有了这个目标,我们便可以推广到个人独资和合伙企业。对于任意一种企业组织形式,好的金融决策能够最大化所有者权益的市场价值。

二、代理问题

股东通过持股外在于企业的运作,经营者则实际掌控着企业。股东和经营者之间的关系成为委托代理关系。委托代理双方的目标和利益往往不一致,由此便产生了代理问题。

比如,经营者的目标通常包括增加报酬,包括物质和非物质报酬,如薪水、荣誉、社会影响力等;或者增加闲暇时间,包括较少的工作时间、工作时间里较小的劳动强度等;或者避免风险,因为经营者努力工作可能得不到应有的报酬,他们的行为和结果之间有不确定性。

股东却希望降低成本,减少对经营者的报酬支付;股东希望经营者努力工作,投入的工作时间多;股东还希望经营者尽一切可能提高股东权益的价值。

因此,经营者与股东的目标并不完全一致,经营者有可能不按照股东利益最大化行事。比如,经营者往往会偷懒或不努力工作,经营者通常没有动力也没有必要冒着失败的风险去努力提高公司的价值。因为股价上涨的收益全部属于股东,若投资或经营失败,则经营者自身的身价将下跌。所以,经营者往往倾向于工作中不犯错,同时也不努力工作,目的是增加自己的闲暇时间,减少自己的经营风险。对于经营者的这种道德风险,股东通常很难追究经营者的责任。更严重的是,经营者为了自己的目标而严重背离股东的目标,如为了提高自身掌控的资源,进行净现值为负的项目的投资;假公济私地乱花股东的钱;或者故意将股价压低，再借款买回，使股东的利益受损。因此，如何降低代理成本成为现代公司治理中的核心问题。

三、解决委托代理问题的方式

（一）监督和约束

经营者之所以会背离股东的目标而行事，是因为两者之间的信息不对称。要解决信息不对称，监督和约束是一种方法。通过监督，当发现经营者为了自身的利益而损害股东利益时，便可以对其进行惩罚。但是监督这种方式存在缺陷：股东往往是分散的，进行全面的监督代价是高昂的，其成本很可能超过其带来的收益。

（二）激励

另一种防止经营者背离股东目标的方法是激励。通过与经营者分享企业增加的财富，以使经营者为了自身的利益而按股东的利益最大化行事。例如，给经营者看涨的股票期权，当股价上涨后，经营者可以按约定的较低价格购买公司的股票。

事实上，股东通常同时采用监督和激励的两种方法来将自己和管理者的目标统一起来。即使如此，还是不能完全解决委托代理问题。监督成本、激励成本和偏离股东目标的损失之间存在此消彼长的关系，相互制约。股东应该权衡得失，找到使三种成本最小的最佳方法。

本章小结

(1)公司理财包括三个主要的领域：

资本预算。企业应当采取何种长期投资？

资本结构。企业从何处获取投资所需长期资金？或者说，企业采取何种债务与权益的组合为经营者提供资金。

营运资本管理。企业应该如何管理其日常财务活动？

(2)营利性企业财务管理目标是做出提高股票当前市场价值的决策，或者更一般地说，是提高权益的市场价值的决策。

(3)公司组织形态在筹集资金和转入所有权方面优于其他形态，但有双重课税和代理问题。大型公司中股东和管理层之间存在冲突的可能，是公司代理问题的主要方面。如何控制代理成本,减缓代理冲突是公司治理的重点话题。

(4)公司形态的优点因为金融市场而增强。金融市场与公司之间存在现金流动的紧密联系。

思考题

1. 财务管理的目标是什么？利润最大化的目标有哪些不足？

2. 什么是代理关系？什么是代理问题？它是如何产生的？什么是代理成本？有哪些表现？请举例说明。

3. 公司制企业形态有何优点？有一种说法指出,有限责任公司制的产生是一种具有重要意义的制度变革或创新,为何有限责任公司制具有重要的意义？有限责任公司制具有重要意义的同时,是否也会带来一些潜在的问题呢？试讨论之。

进一步阅读书目

[1]斯蒂芬·A.罗斯,伦道夫·W.韦斯特菲尔德,杰弗利·F.杰富.公司理财[M].吴世农,等,译.北京:机械工业出版社,2009.

[2]郑长德.金融学:现代观点[M].北京:中国经济出版社,2011.

第二章

财务报表、利润和现金流

本章要点

1. 财务报表与利润
2. 财务现金流量
3. 现金与利润的差别

第一节　财务报表与利润

本章的任务并非是介绍财务报表是如何编制的,而是假设读者已经具备了会计学的相关基础知识,重在介绍如何从财务报表中找出财务决策有价值的信息。

如第一章所述,财务经理的目标是服务于当前每股股票市场价值最大化(或者当前所有者权益市场价值的最大化),因此,财务经理决策所依据的最优信息应该是市场价值。但有的时候,我们可能无法获得市场价值。财务报表是企业过去经营活动状况的记录,虽然不代表当前和未来,但历史、现状和未来之间总是具有某种割不断的联系,而且财务报表信息易获得,所以,财务报表仍然可以为财务决策提供重要的信息来源。但在利用财务报表提供的信息时,区分会计价值和市场价值非常必要。比如,资产负债表中资产的会计价值有时会和市场价值差异甚大。同时,利用财务报表提供的信息时,会计利润和现金流量都是衡量企业一段时期经营成果的两个指标,但会计利润和现金流量的区别是本章值得关注的重点内容之一。贯穿全书的一个重要观点是,在现金为王的时代,现金流量比会计利润更值得关注。

表 2-1　MM 公司资产负债表　　单位：百万元

资产	2014	2013	负债与所有者权益	2014	2013
流动资产：			流动负债：		
现金及其等价物	140	107	应付账款	213	197
应收账款	294	270	应付票据	50	53
存货	269	280	应计费用	223	205
其他	58	50	流动负债合计	486	455
流动资产合计	761	707			
			长期负债：		
固定资产：			递延税款	117	104
财产、厂房及设备	1 423	1 274	长期债务	471	458
减：累计折旧	550	460	长期负债合计	588	562
财产、厂房及设备净值	873	814			
无形资产及其他资产	245	221	所有者权益：		
固定资产合计	1 118	1 035	优先股	39	39
			普通股（面值为 1 元）	55	32
			股本溢价	347	327
			累计留存收益	390	347
			减：库藏股票	26	20
			所有者权益合计	805	725
资产总计	1 879	1 742	负债与权益合计	1 879	1 742

一、资产负债表

（一）资产负债表的结构及内容

1. 资产负债表的结构

资产负债表是指反映企业在某一特定日期财务状况的财务报表。资产负债表分为左右两部分，左边是“资产”，列示资产各项目，反映全部资产的分布及存在形态；右边是“负债”和“所有者权益”，反映全部负债和所有者权益的内容及构成情况。

资产负债表编制的基础和描述的内容在会计上的准确表述是：

资产 = 负债 + 所有者权益

表 2-1 是 MM 公司 2014 年和 2013 年 12 月 31 日的资产负债表。资产负债表中的资产按照持续经营的企业的资产正常变现所需的时间长短顺序排列。资产部分取决于企业的行业性质和管理行为。管理当局经常要就各种问题作出决策,如从事何种类型的业务;是持有现金还是购入有价证券;产品销售中是赊销还是现金销售;生产过程中是自制商品还是外购商品;资产更新中是租赁还是购买,等等。这些都会影响企业资产的构成。负债和所有者权益按偿付的先后顺序排列。这一部分反映了企业资金来源的类型和比例,它取决于管理当局对资本结构的选择,即在负债与权益之间的选择以及在流动性负债与长期负债之间的选择。

2. 资产负债表反映的内容

资产负债表反映企业在某一特定日期所拥有或控制的经济资源、所承担的现时义务和所有者对净资产的要求权。简单地说,资产负债表说明了企业拥有什么东西以及这些东西是怎么来的。比如,通过表格左边的资产总额及结构,反映出企业拥有或控制的资源及其分布情况。通过表格右边的负债和所有者权益的构成,使用者可以了解某一日期企业的负债总额及其结构以及所有者所拥有的权益。负债状况使报表使用者了解企业未来需要用多少资产或劳务来清偿债务以及清偿时间。依据所有者权益状况可判断企业资本保值、增值的情况以及对负债的保障程度。

资产负债表不仅可以提供企业资产、负债及权益等基本信息,还可以提供进行财务分析的基本资料,如将流动资产与流动负债进行比较,计算出流动比率;将速动资产与流动负债进行比较,计算出速动比率等,可以表明企业的变现能力、偿债能力和资金周转能力,从而有助于报表使用者做出经济决策。

资产负债表也可以看成是某一特定日期会计人员对企业会计价值所拍的一张快照,仿佛企业在这一瞬间是静止的,所以,资产负债表上的所有数据都反映的是某个特定时点的数据,在后面的财务比率分析中需要注意这个特性。

分析资产负债表时,财务管理人员应当注意三个问题:流动性、债务与权益、市价与成本。

(二)流动性

流动性是指在不引起价值大幅损失的情况下资产变现的方便与快捷程度。

流动性最强的是流动资产,它包括现金以及自资产负债表编制之日起一年内能够变现的其他资产。固定资产是流动性不高即变现能力较流动资产差的一类资产,它包括有形固定资产和无形固定资产。其中,有形固定资产包括财产、厂房及设备,这些资产不随日常业务活动转化为现金,为生产服务的时间较长。无形固定资产是指没有实物形态的固定资产,包括商标、专利等。

资产的流动性越大,企业的短期偿债能力就越强,但是流动资产的收益率通常低于固定资产。所以企业必须在流动性和收益率之间进行权衡。

(三)负债与权益

负债是指企业过去的交易或者事项形成的,且预期会导致经济利益流出企业的现时义务,即企业所承担的定期偿还现金的责任。一般情况下,负债涉及在固定期限内偿还约定的还本付息的合同。因此,负债通常伴随着固定的现金支出负担,如果企业不能按时足额支付,将会构成违约。

所有者权益被定义为企业资产减负债之差。或者说,所有者权益是指企业资产扣除负债后,由所有者享有的剩余权益。

$$所有者权益 = 资产 - 负债$$

公司所有者权益又称为股东权益,或公司净资产。通常情况下,当企业借款时,债权人享有对企业现金流量的优先索取权,若企业违约,债权人有权提起诉讼进而可能导致企业破产。

(四)市价与成本

企业资产的会计价值通常指置存价值或账面价值。按照公认的会计准则(GAAP),企业财务报表的资产应按历史成本计价。因此,置存价值与账面价值这两个术语并不准确,说是“价值”,而实际上是成本。这使得很多报表阅读者错误地认为财务报表中的企业资产是按照真实的市场价值记录的。市场价值是指有意愿的买者与卖者在资产交易中所达成的价格。如果资产的会计价值与市场价值正好相等,那只是一种巧合,实际上,管理当局的任务正是在于为企业创造高于成本的价值。

虽然诸多人士使用资产负债表,但他们想从中获取的信息却各不相同。银行家可能希望了解企业的会计流动性和营运资本;供应商或许希望了解应付账款的多少,并由此判断企业能否快速付款。许多财务报表的使用者,包括管理者与投资者,则关心企业的市价,而不是它的成本,但这在资产负债表上无法得到满足。实际上,企业很多真正的资源并没有出现在资产负债表上,比如优秀的管理、专有资产、良好的经济条件等。今后,我们只要谈及资产或企业的价值,正常情况下都是指其市场价值。

二、利润表

利润表是反映企业在一定会计期间经营成果的会计报表。它与资产负债表有很大不同,利润表中的数据是时期数据,而非时点数据。

表 2-2 MM 公司 2014 年利润表 单位:百万元

销售收入	2 262
产品销售成本	1 655
销售、一般费用及管理费用	327
折旧	90
营业利润	190
其他利润	29
息前税前利润(EBIT)	219
利息费用	49
税前利润	170
所得税	84
当期	71
递延	13
净利润	86
留存收益	43
股利	43

(一)利润表的结构及内容

1. 利润表的结构

利润用来衡量企业在某一特定时期(如一年)内的经营成果或业绩。利润的会计定义为:

$$利润 = 收入 - 费用$$

利润表通过对当期的收入、费用、支出项目按性质加以归类,按利润形成的主要环节列示一些中间性利润指标，分步计算当期净损益。利润表分为几个部分，其中经营活动部分报告企业主营业务的收入和费用，经营活动中的一个重要的数字是息税前利润（EBIT），这个指标反映未扣除所得税和融资费用之前的利润。利润表的非经营活动部分列示了融资的费用，比如财务费用。此外，利润表中还有一个独立的项目报告税务部门对利润课征的所得税。利润表的最后一项是净利润。简单利润表的结构如表 2-2 所示。

根据净利润，可以计算出一个重要的财务指标，每股盈余（EPS）。比如，表 2-2 所示公司发行在外股份假设为 10 000 万股。由于本年净利润总额为 8 600 万元，用平均的方法：

每股盈余（EPS）= 净利润总额/股份数量

每股盈余（EPS）= 8 600 万元/10 000 万股 = 0.86 元/股

2. 利润表反映的内容

利润表的列示必须充分反映企业经营业绩的主要来源和构成，有助于使用者判断利润的质量及其风险，有助于使用者预测净利润的持续性，从而做出正确的决策。通过利润表，可以反映企业一定会计期间实现的收入情况，如实现的营业收入有多少、实现的投资收益有多少、实现的营业外收入有多少、销售费用、管理费用、财务费用各有多少、营业外支出有多少；可以反映企业生产经营活动的成果，即净利润的实现情况，据以判断资本保值增值情况，等等。将利润表中的信息与资产负债表中的信息相结合，还可以提供进行财务分析的基本资料。如将赊销收入净额与应收账款余额进行比较，计算出应收账款周转率；将销货成本与存货余额进行比较，计算出应收账款周转率；将净利润与资产总额进行比较，计算出资产收益率等。进行这些比较，可以表现企业资金周转情况以及企业的盈利能力和水平，便于报表使用者判断企业未来的发展趋势，做出经济决策。

对利润表进行分析时，应当注意的问题是：公认会计准则、非现金项目、时间与成本。

（二）公认会计准则（GAAP）

根据公认会计准则，利润表所列示的数据需要在业务发生时列示，而无须等到现金流入或流出时列示。即利润表的核算依据的是权责发生制。比如，当企业货物已经交易，或者企业已经提供服务，盈利过程在实质上已经完成，哪怕企业并未收到现金，收入也应该在利润表中得到确认。

按公认会计原则中配比原则的要求，确认收入的同时，相关费用应在同期配比核算。具体地说，在收入发生或者应计的时候，即使没有现金流量，也要在利润表上报告与收入相应的费用。例如，赊销产品的情形下，企业应同时确认销售收入以及与销售收入相配比的销售成本和费用。

但需要注意的是，当企业财产有价值增值，但尚未销售兑现时，则不能视为盈利过程在实质上已经完成，不能确认收入。比如，企业拥有的一处房产，买入时花费300万元，由于房价的上涨使房产可以卖出500万元价值。但房产仍然由公司持有，并没有卖出房产的行为，企业也就没有兑现房产的价值增值。这种情况下企业就不能对所拥有房产的价值增值确认收入。当然，如果企业已经出售已增值的房产，则需要确认收入。这为利润平滑化提供了一个工具，企业有可能在需要的时候出售已增值的资产，从而调节利润。例如，企业可以在经营业绩不好的年份卖掉房产来增加总利润。

(三)非现金项目

资产价值的大小与其未来所能产生的现金流密切相关，但是利润表并不反映出现金流。利润表中，有的项目并不影响现金流，或者说在当期并没有实际的现金流入或流出，这些项目属于非现金项目。其中一个重要的例子就是“折旧”。折旧是会计人员对生产过程中的设备损耗进行的估计。例如，某项买价为1万元的固定资产，其寿命为10年。对于会计而言，必须将这1万元的成本平均摊销在这10年中。如果按直线折旧法，每年折旧为1 000元，这表现在利润表中的折旧栏目将有1 000元的发生额。但从理财学的角度来看，本期并没有1 000元的现金流出。

递延税款是另一类非现金项目。由于会计制度和税法在收益、费用或损失的确认和计量原则方面的不同，导致按照会计制度核算的税前会计利润与按照税法规定计算的应税所得之间可能存在差异。这种差异如果仅仅发生于某一会计期间，而不会对以后各期产生影响，则这种差异称为永久性差异。如果这种差异发生于某一会计期间，但在以后一期或若干期内能够转回，称为时间性差异。比如，某企业对固定资产采用了加速折旧法，而税法要求使用直线法。这种差异会导致企业本年的应税所得大于会计利润。反之，某企业对固定资产采用了直线法，而税法允许使用加速折旧法。这种差异会导致企业本年的应税所得小于会计利润。理论上,企业本年的应税所得小于会计利润,则以后年度的应税所得就会大于会计利润。递延税款可用于核算所得税的时间差异,表示本年度未付税款将在以后年度付出,属于企业的负债,即资产负债表中递延税款贷项。递延税款并没有伴随本期实际的现金流出,属于非现金项目。

如表2-2 MM公司2014年利润表中,所得税总额是8 400万元,当期税款为7 100万元,反映本年应向税务机关缴纳的金额,而递延税款为1 300万元,并不是本期必须缴纳的。

请读者思考,利润表中还有哪些项目具有折旧的类似性质,属于非现金项目呢？这些非现金项目的存在会有什么影响？

(四)时间与成本

时间可以区分为"短期"和"长期"。对于不同的行业,"短期"和"长期"并没有统一的标准。但一般来讲,所谓"短期"是指企业某些资源不能改变的时间长度,比如厂房、机器设备等。在"短期"中进行决策存在的重要成本一个是固定成本,比如机器设备的折旧等;另一个便是变动成本,即随着产量增加而增加的成本。在"长期"中,所有的成本都是变动成本。在会计中,不对变动成本和固定成本作区分,仅将费用分为产品成本和期间费用。但固定成本和变动成本的区分对于财务经理通常很重要。

三、现金流量表

(一)现金流量表的内容

现金流量表,是反映企业在一定会计期间现金和现金等价物流入和流出的报表。

从编制原则上看,现金流量表按照收付实现制原则编制,将权责发生制下的盈利信息调整为收付实现制下的现金流量信息,便于使用者了解企业净利润的质量。从内容上看,现金流量表被划分为经营活动、投资活动和筹资活动三部分,每类又分为具体项目,这些项目从不同的角度反映企业业务活动的现金流入和流出,弥补了资产负债表和利润表提供的信息不足。通过现金流量表,报表使用者能够了解现金流量的影响因素,评价企业的支付能力、偿债能力和周转能力,预测企业未来现金流量,为其决策提供有力依据。

(二)现金流量表的结构

现金流量表在结构上把企业在一定期间产生的现金流量分为三类:经营活

动产生的现金流量、投资活动产生的现金流量和筹资活动产生的现金流量。

1. 经营活动产生的现金流量

经营活动是指企业投资活动和筹资活动以外的所有交易和事项，各类企业由于行业特点不同，对经营活动的认定存在一定的差异。

估算经营活动产生的现金流量可以采用直接法和间接法两种方法进行。直接法是通过现金收入和现金支出的主要类别反映来自企业经营活动的现金流量。

采用直接法编制经营活动现金流量时，一般以利润表中的营业收入为起算点，调整与经营活动有关的项目的增减变动，然后计算出经营活动产生的现金流量。

采用间接法估算经营活动产生的现金流量时，以净利润为起算点，调整不涉及现金的收入、费用、营业外收支等有关项目的增减变动，据此计算出经营活动产生的现金流量。表 2-3 就采用了间接法估算。根据表 2-2 中的数据可知，MM 公司在 2014 年的净利润是 8 600 万元。依此为基础，通过对不涉及现金的收入、费用等项目调整，比如对折旧、递延税款、流动资产和流动负债的变动做出调整，便能够得到经营活动产生的现金流量。

表 2-3 MM 公司 2014 年经营活动产生的现金流量 单位：百万元

项目	金额
净利润	86
折旧	90
递延税款	13
资产及负债的变动	
应收账款	-24
存货	11
应付账款	16
应计费用	18
其他	-8
经营活动产生的现金流量	202

2. 投资活动产生的现金流量

投资活动是指企业长期资产的构建和不包括在现金等价物范围内的投资及其处理活动。比如，固定资产、无形资产及其他长期资产的投资及其处理活动。投资活动产生的现金流量是核算与投资活动相关的现金流入和流出，比如收回投资收到的现金、取得投资收益收到的现金、处置固定资产、无形资产及其他长期资产时收到的现金净额，购置固定资产、无形资产及其他长期资产时支付的现金。

一个简化的情形如 MM 公司 2014 年投资活动产生的现金流量，计算如表 2-4。

表 2-4　MM 公司 2014 年投资活动产生的现金流量　　单位：百万元

固定资产的取得	-198
固定资产的出售	25
投资活动产生的现金流量	-173

3. 筹资活动产生的现金流量

筹资活动是指导致企业资本及债务的构成发生变化的活动。这里所说的资本，既包括实收资本（股本），也包括资本溢价（股本溢价）；这里所说的债务，指对外举债。筹资活动涉及债权人和所有者的现金流量，包括权益和负债的变动。MM 公司 2014 年筹资活动产生的现金流量计算如表 2-5。

表 2-5　MM 公司 2014 年筹资活动产生的现金流量　　单位：百万元

到期债务（包含票据）的本金和利息	-73
发行长期债务	86
应付票据的变动	-3
股利	-43
股票回购	-6
新股发行	43
筹资活动产生的现金流量	4

现金流量表由经营活动产生的现金流量、投资活动产生的现金流量和筹资活动产生的现金流量三部分组成，把所有的现金流量加总起来，就可以得到 MM 公司 2014 年资产负债表中现金变动额 3 300 万元。如表 2-6。

表 2-6　MM 公司 2014 年产生的总现金流量　　单位:百万元

项目	金额
经营活动	
净利润	86
加:折旧	90
递延税款贷项(减:借项)	13
资产及负债的变动	
应收账款的减少(减:增加)	-24
存货的减少(减:增加)	11
应付账款的增加((减:减少))	16
应计费用	18
其他	-8
经营活动产生的现金流量合计	202
投资活动	
固定资产的取得	-198
固定资产的出售	25
投资活动产生现金流量合计	-173
筹资活动	
偿还债务支付的现金	-73
发行长期债务收到的现金	86
应付票据的变动	-3
分配股利、利润或偿付利息支付的现金	-43
股票回购	-6
新股发行	43
筹资活动产生的现金流量合计	4
现金流量变动额	33

现金流量表中报告的现金及等价物的变动额称为会计现金流量,由经营活动产生的现金流量、投资活动产生的现金流量和筹资活动产生的现金流量三部分组成。如表 2-6 中,MM 公司 2014 年会计现金流量变动额为 3 300 万元。

第二节　财务现金流量

一、财务现金流量的构成

通过经营活动取得盈利是企业的目的,也是增加股东财富的基本途径。因此,企业的价值取决于企业经营管理活动产生的现金流量,或者说企业资产产生现金流的能力。

财务现金流量与会计现金流量有一些差别,财务现金流量是从财务的角度关注现金流量变动,财务角度的侧重点是关注企业价值创造,即关注企业资产产生现金流的能力。

企业财务现金流量的大小取决于哪些因素的影响呢?

考虑你自己准备新开业一家餐馆。餐馆创造现金流的能力取决于哪些因素的影响呢?

当然,为了获得未来的现金流入,你需要对餐馆进行现金投资。比如,买入或租赁营业场所,并对营业场所进行必要的装修,购置营业所需的餐厨设备等固定资产。花费在固定资产上的现金流出就是前述的资本性支出(capital expenditures,CAPEX)。

此外,你还需要准备一笔规模适当的资金,以备支付工人工资,或者购买存货(如油、米等),或者以现金、银行存款的方式存在,以应付其他的不时之需。如前面第一章所述,净营运资本是流动资产与流动负债的差。我们把净营运资本上的投资称为净营运资本的变动(change in net working capital,ΔNWC)。

在完成了资本性支出、净营运资本的投资以后,餐馆终于可以营业了。每天的经营过程中会消耗菜品、油、米、水、电、燃气、人工等成本,会产生不少现金流出,但通过产品销售和服务的提供,不仅有可能弥补这些现金流出,还可能赚取更多的现金流。我们把经营过程中销售产品和提供服务所产生的净现金流入称为经营现金流或营业现金流(operating cash flow ,OCF)。一般地,经营现金流通常为正,表现为现金净流入。

当然,如果哪一天餐馆停业关闭了,则餐馆内的部分固定资产仍然可能具有一定的残值,可以进行固定资产清理,在市场上实现的残值收入可以收回少部分现金,这部分现金收入可以看成是当初资本性支出的一部分抵减。显然,残值收入带来的现金流入总是远小于资本性支出,因此,整个寿命期,资本性支出通常总是为负,表现为现金净流出。

同理,餐馆内可能还有部分米、油等存货,也可以进行处理,实现部分现金流入。包括你口袋里原本用作餐馆净营运资本的现金也可以收回,用在其他地方了。因此,为餐馆投入的净营运资本通常可以在餐馆寿命末期收回来,糟糕的情况是只能收回部分金额,而理想的情况是净营运资本 100% 收回来。但即便是理想的情况,寿命末期收回净营运资本金额的现值与当初投入相比,仍然较小,所以,净营运资本的投入通常为负,表现为现金净流出。

以上餐馆的现金流动涉及三个重要的方面,我们可以把它推广到一般的情形,得到来自资产的现金流量概念。

来自资产的现金流量 = 经营现金流量 - 净资本性支出 - 净营运资本变动

来自资产的现金流量代表了企业资产创造现金流的能力,这是企业经营活动中流入现金在安排了固定资产投资和营运资本投资后的剩余,是企业可自由用于偿付债权人和股东的现金,因此,来自资产的现金流量又名自由现金流量(free cash flow ,FCF)。用符号表示,则有

$$FCF = OCF - CAPEX - \Delta NWC$$

需要注意的是,不同的教科书或书籍可能对自由现金流量的界定口径略有差异。但本书所指自由现金流量即是来自资产的现金流量,是财务现金流量的度量。

根据前述来自资产的现金流量估算公式,来自资产的现金流量等于经营现金流量、资本性支出和净营运资本变动三部分汇总而成。

资本性支出可用资产负债表和折旧数据求出。考虑一个简单的例子。2013 年末 MM 公司的固定资产净值为 10.35 亿元,2014 年 MM 公司的利润表显示折旧为 0.9 亿元,同时 2014 年末公司资产负债表显示固定资产净值为 11.18亿元,计算 2014 年的资本性支出 CAPEX 是多少?

资本性支出的估算可以用下式进行:

CAPEX = 期末固资净值 -(期初固资净值 - 本期折旧)

将上式整理变形可得如下关系:

CAPEX = 期末固资净值 - 期初固资净值 + 本期折旧

本例中,MM 公司 2014 年的资本性支出 = 11.18 - 10.35 + 0.9 = 1.73 亿元,与表 2-4 结果一致。

净营运资本的变动又如何估算呢？这需要明白净营运资本是流动资产与流动负债之差。表2-7是前述表2-1MM公司资产负债表的简化。根据表2-7，MM公司2014年的净营运资本＝流动资产－流动负债＝7.61－4.86＝2.75(亿元)，2013年的净营运资本＝7.07－4.55＝2.52(亿元)。2014年的净营运资本较2013年增加了0.23亿元。

表2-7　MM公司资产负债表　　单位：百万元

资产	2014年	2013年	负债与所有者权益	2014年	2013年
流动资产：			流动负债：		
流动资产合计	761	707	流动负债合计	486	455
固定资产：			长期负债：		
固定资产合计	1 118	1 035	长期负债合计	588	562
			所有者权益：		
			所有者权益合计	805	725
资产总计	1 879	1 742	负债与所有者权益合计	1 879	1 742

现在的问题是，如果我们无法获得现金流量表，或者说无法获得经营现金流的数据，而只有利润数据，那将如何估算经营现金流呢？这种情况下我们必须了解经营现金流量与净利润的关系。

经营现金流量与净利润都可用于衡量企业运用资产进行一段时期的生产和销售所取得的经营成果。二者有何关系呢？差别有多大？

现在我们不妨假设销售收入全部收取现金，这个假设虽然有点严格，但是也是合理的假设。因为，即便公司本期存在赊销收入，但很可能实现了上期或以前期赊销收入的现金流入。即便有呆坏账，考虑法律手段，公司似乎总是有办法将应收账款全部收回。因此，经营现金流量可以表示为：

$$\text{OCF} = \text{销售收入} - \text{付现经营成本}$$

依据上述关系，读者可以思考：OCF与净利润有何差异呢？

第一个需要考虑的差异是：折旧等非现金项目如何影响OCF？又如何影响净利润？

考虑下面这个简单的例子：本月你的糕点房收到销售款2 000元现金，制作糕点材料花去现金800元，此外赊账的小麦粉200元未还。忽略其他费用，本月账面剩余多少？手上现金剩余多少？

答案是显见的，本月账面剩余为1 000元，手上现金为1 200元。经营所剩现金多过会计利润。二者差异的原因在于核算原则的差异,利润核算遵循权责发生制,现金核算遵循收付实现制。

再考虑如下例子:企业本期经营过程中现金收入1万元,本期经营过程中现金支出8 000元,折旧1 000元,如果忽略税收和利息,问本期利润多少元?OCF多少元?

答案是:本期利润=10 000-8 000-1 000=1 000元;

本期OCF=10 000-8 000=2 000元。

可见,由于折旧等非现金项目的存在,理论上本期利润要小于本期OCF。

第二个需要考虑的差异是:会计上已经把利息费用视为计算净利润时的一项经营费用了。而无论是会计现金流量还是财务现金流量的计算都将利息视为筹资费用的一个支出项目。因此,经营现金流量OCF由于不扣利息费用应该比净利润更大。

综合以上两方面的差异,可以得到OCF的两个计算公式:

OCF=净利润(不扣利息费用)+折旧及待摊费用

OCF=息税前利润EBIT+折旧及待摊费用-税

可见,运用利润表中数据可以求得OCF的数量以用于财务现金流量的估算。根据MM公司的例子,OCF=息税前利润EBIT+折旧及待摊费用-税=219+90-71=2.38亿元。

因此,当经营现金流量、资本性支出和净营运资本变动三部分都有了估算数据,则来自资产的现金流量就很容易计算出。根据上面的数字,来自资产的现金流量=2.38亿元-1.73亿元-0.23亿元=0.42亿元。

我们注意到,经营现金流量总额与会计报表中的利润总额有紧密联系。但二者的主要差异在于利息费用。计算前者时把利息费用视为筹资费用,而计算利润时则视为经营费用。

二、现金流量恒等式

来自资产的现金流量即自由现金流量(free cash flow ,FCF)可以比喻为企业资产创造的财富"蛋糕"。这个"蛋糕"会由哪些人分享呢?

我们知道,企业资产是由债权投资者和股权投资者的资金形成的,自然,这个"蛋糕"应该在债权投资者和股权投资者之间分配。因此有如下现金流量恒等式:

来自资产的现金流量=流向债权人的现金流量+流向股东的现金流量

债权投资者和股权投资者分配比例的多少则主要取决于资本结构，如果股权投资者投入资金比例高，则股权投资者分割“蛋糕”自然就多；反之，则股权投资者分割“蛋糕”就较少。

如果自由现金流量是正数，它有五种使用途径：①向债权人支付利息（注意，对企业而言，利息净现金流出是税后利息费用）；②向债权人偿付债务本金，清偿部分债务；③向股东支付股利；④从股东处回购股票；⑤购买金融资产。

如果自由现金流量是负数，企业需要筹集现金，其来源有：①出售金融资产；②借入新的债务；③发行新的股份。

当然，在某个年度，公司既可能在向投资者支付现金流量的同时，也有可能从投资者那里筹集新的资金。比如，在对某支到期债券支付当年利息、偿付到期本金的同时，还可能发行新的债券。因此，公司与投资者之间的现金流动可能是双向的。我们关注某一年流向债权人的现金流量，则是指流向债权人的净现金流量，是流出与流入的差额。同理，我们关注某一年流向股权投资者的现金流量，也是指流向股权人的净现金流量，是现金流出与流入的差额。

综上所述，企业的自由现金流量可以分为两个部分：①债务现金流量，是与债权人之间交易形成的现金流，包括支付利息、偿还或借入债务以及购入和出售金融资产。②股权现金流量，是与股东之间的交易形成的现金流量，包括股利分配、股份发行和回购等。

表2-8反映了MM公司2014年财务现金流量，包括自由现金流量的来源和去向。

表2-8　MM公司2014年财务现金流量　　单位：百万元

项目	金额
企业现金流量	
经营性现金流量	238
资本性支出	−173
净营运资本变动	−23
合计	42
企业流向投资者的现金流量	
债务（利息加到期本金减长期债务融资）	36
权益（股利加股票回购减新权益融资）	6
合计	42

本章小结

(1)计算现金流量并不困难,但特别要注意折旧、递延税款等非现金项目的恰当计算。由于非现金项目的存在,现金和利润不同,理论上现金大于利润。实践中关注企业创造的现金更为重要。

(2)财务现金流量与会计现金流量是不同的概念。

(3)财务现金流量由企业的业务活动产生,并向债权人和股东支付,它可以分为:经营活动产生的现金流量、固定资产变动产生的现金流量、营运资本变动产生的现金流量。或者说,来自资产的现金流量 = 经营现金流量 - 净资本性支出 - 净营运资本变动。来自资产的现金流量代表了企业资产创造现金流的能力,这是企业经营活动中流入现金在安排了固定资产投资和营运资本投资后的剩余,是企业可自由用于偿付债权人和股东的现金,因此,来自资产的现金流量又名自由现金流量(free cash flow ,FCF)。

思考题

1. 为什么标准的利润表上列示的收入和成本不代表当期的实际现金流入和流出?

2. 财务现金流量和会计现金流量有何不同? 哪个对于公司分析者更有用?

3. 按照会计规定,一家公司的负债有可能超过资产,所有者权益为负,这种情况在市场价值上有没有可能发生? 为什么?

4. 为什么说在一个特定期间内资产的现金流量为负不一定不好?

5. 为什么说在一个特定期间内经营性现金流量为负不一定不好?

6. 根据自由现金流(FCF)公式,流动资产增加会导致 FCF 如何变化? 应付账款增加又导致 FCF 如何变化?

进一步阅读书目

[1]中国注册会计师协会.财务成本管理[M].北京:经济科学出版社,2012.

[2]Stephen A. Ross,等.公司理财[M].北京:机械工业出版社,2009.

第三章

财务报表分析与长期财务计划

本章要点

1. 财务报表分析方法
2. 标准报表分析
3. 财务比率分析
4. 杜邦恒等式分析
5. 长期财务计划

第一节　财务报表分析概述

一、财务报表分析的目的

财务报表分析的目的是将财务报表数据转换成有用的信息，帮助报表使用者改善决策。

最早的财务报表分析，主要是为了银行服务的信用分析。由于借贷资本在公司资本中的比重不断增加，银行家需要对借款人进行信用调查和分析，逐步形成了偿债能力分析等有关内容。

资本市场出现以后，财务报表分析由为贷款银行服务扩展到为各种投资人服务。投资人要求的信息更为广泛，逐步形成了盈利能力分析、筹资结构分析和利润分配分析等新的内容，发展出比较完善的外部分析体系。

公司组织发展起来以后，经理人员为获得股东的好评和债权人的信任，需要改善公司的盈利能力和偿债能力，逐步形成了内部分析的有关内容，并使财务报表分析由外部分析扩大到内部分析。

由于财务报表使用的术语越来越专业化，许多报表使用者开始求助于专业人士,并促使财务分析师发展成专门的职业。专业财务分析师的出现,对于报表分析技术的发展具有重要的推动作用。传统的财务报表分析逐步发展成为包括经营战略分析、会计分析、财务分析和前景分析等四个部分组成的更完善的体系。

本章主要讨论财务分析的有关内容。与其他分析相比,财务分析更强调分析的系统性和有效性,并强调运用财务数据发现公司的问题。

二、财务报表分析的步骤和方法

(一)财务报表分析的步骤

财务报表分析的内容非常广泛。不同的人,出于不同的目的,使用不同的财务分析方法。财务分析的具体步骤和程序,是根据分析目的由分析人员个别设计的。

财务报表分析的一般步骤如下:

(1)明确分析的目的;

(2)收集有关的信息;

(3)根据分析的目的把整体各部分分割开来,予以适当组织,使之符合需要;

(4)深入研究各部分的特殊本质;

(5)进一步研究整体跟部分的联系;

(6)解释结果,提供对决策有帮助的信息。

(二)财务报表分析的方法

1. 比较分析法

比较是认识事物的最基本的方法。报表分析的比较法,是对两个和几个有关的可比数据进行对比,揭示差异和矛盾的分析方法。比较分析按比较对象分为:

(1)与本公司历史比,即不同时期比,也称“趋势分析”。

(2)与同类公司比,即与行业平均数或竞争对手比较,也称“横向比较”。

(3)与计划预算比,即实际执行结果与计划指标比较,也称“预算差异分析”。

比较分析按比较内容分为:

(1)比较会计要素的总量:总量指报表项目的总金额。总量比较主要用于时间序列分析,如研究利润的逐年变化趋势,看其增长潜力。有时也用于同业对比,看公司的相对规模和竞争地位的变化。

(2)比较结构百分比:把资产负债表、利润表、现金流量表转换成结构百分比报表。结构百分比报表用于发现有显著问题的项目,揭示进一步分析的方向。

(3)比较财务比率:财务比率是各会计要素之间的数量关系,反映他们的内在联系。财务比率是相对数,排除了规模的影响,是最重要的分析比较内容。

2. 因素分析法

因素分析法是依据财务指标与其驱动因素之间的关系,从数量上确定各因素对指标影响程度的一种方法。该方法将分析指标分解为各个可以计量的因素,并根据各因素之间的依存关系,顺次用各因素的比较值替代基准值,据以测定各因素对指标的影响。

因素分析法分为四个步骤:①确定分析对象,即比较其实际数额和标准数额,并计算两者的差值;②确定该财务指标的驱动因素,建立财务指标与各驱动因素之间的函数关系模型;③确定各驱动因素的替代顺序,即根据各驱动因素的重要性进行排序;④按顺序计算各驱动因素偏离标准的差异对财务指标的影响。

【例 3-1】 某企业 2014 年某月的材料费用实际数是 6 720 元,而其计划数是 5 400 元,比实际增加 1 320 元。由于材料费用由产品产量、单位产品耗用量和材料单价三个因素的乘积构成。因此,可以把材料费用这一总指标分解为三个因素,然后逐个分析它们对材料费用总额的影响程度。现假设这三个因素的数值如表 3-1 所示。

表 3-1 某企业 2014 年某月材料费用的因素分析

项目(单位)	计划数	实际数	差异
产品产量(件)	120	140	20
材料单耗(千克/件)	9	8	-1
材料单价(元/千克)	5	6	1
材料费用(元)	5 400	6 720	1 320

解:计算各因素变动对材料费用总额的影响程度如下:

计划指标:120 ×9 ×5 =5 400(元) ①

第一次替代:140 ×9 ×5 =6 300(元) ②

第二次替代:140 ×8 ×5 =5 600(元) ③

第三次替代:140 ×8 ×6 =6 720(元)(实际数) ④

各因素变动的影响程度分析:

② - ① =6 300 - 5 400 =900(元) 产量增加的影响

③ - ② =5 600 - 6 300 = - 700(元) 材料节约的影响

④ - ③ =6 720 - 5 600 =1 120(元) 价格提高的影响

900 - 700 +1 120 =1 320(元) 全部因素的影响

第二节 标准报表分析

面对一家公司的财务报表,我们若想要将其与其他同类公司的财务报表进行对比,面临的一个问题是,由于公司的规模等存在较大的差异,直接进行对比几乎是不可能的。例如,福特和通用是汽车市场的竞争对手,但通用的资产规模较大,直接对二者进行比较非常困难。如果一家公司的规模有所改变,甚至对同一公司不同时间的财务报表进行对比都很困难。假如我们要比较福特和丰田,规模问题会变得更加复杂,如果丰田的财务报表是按照日元编制的,我们就会遇到规模和货币不同的双重困难。所以,为了解决以上问题,我们需要对财务报表进行标准变化。通常的做法是绝对数据转化为相对数,即百分比形式。具体的转化方法有两种:同比报表和同基报表。

同比资产负债表就是用资产总额的百分比来表示表中每一个项目。同比利润报表则是用销售总额的百分比来表示表中每一个项目。

一、同比资产负债表

表 3-2 MM 公司 2013 年和 2014 年 12 月 31 日的资产负债表 单位:百万元

年份	2013 年	2014 年
资产		
流动资产		
现金	84	98
应收账款	165	188

续表

年份	2013 年	2014 年
存货	393	422
流动资产小计	642	708
固定资产		
厂房和设备净额	2 731	2 880
资产合计	3 373	3 588
负债与所有者权益		
流动负债		
应付账款	312	344
应付票据	231	196
流动负债小计	543	540
长期负债	531	457
所有者权益		
普通股与股本溢价	500	550
留存收益	1 799	2 041
所有者权益小计	2 299	2 591
负债与所有者权益合计	3 373	3 588

表 3-2 中列出了 MM 公司 2013 年和 2014 年的资产负债表。表中全是绝对数字,提供的信息很不直观。如果将表中的每一项表示成总资产的百分比就得到了 MM 公司的同比资产负债表,如表 3-3 所示。表 3-3 的财务报表的阅读变得很容易,也易于进行比较。例如,流动资产从 2013 年的19.1%上升到2014 年的 19.7%,流动负债从 2013 年的 16.0%下降到 2014 年的 15.1%,所有者权益从 2013 年的 68.1%上升到 2014 年的 72.2%。要注意的是各项变动百分比之和为 0。

在我国资本市场上曾经出现过一家上市公司,由于盈利能力差,利润水平达不到预期,就通过多年的财务舞弊手段虚增利润。其舞弊手段是:通过员工签订的大量虚假销售合同确认收入,由此造成公司上市 6 年期间,公司资产从 1.97 亿增至 24.3 亿,税后利润增长率 540%。该公司通过增资扩股,成功实现了公司股本的快速扩张,公司上市 6 年期间股本从 7 400 万股扩张至 50 526 万股。高成长的假象又吸引了众多不明真相的投资者追捧公司股票,推动了公司股价不断飙升,翻了若干倍。但是,待舞弊案被揭穿,事实大白于天下时,其股价一落千丈,导致很多散户投资者的巨大亏损。

表 3-3 MM 公司 2013 年和 2014 年 12 月 31 日的同比资产负债表(%)

	2013 年	2014 年	变化百分比
资产			
流动资产			
现金	2.5	2.7	0.2
应收账款	4.9	5.2	0.3
存货	11.7	11.8	0.1
流动资产小计	19.1	19.7	0.6
固定资产			
厂房和设备净额	80.9	80.3	-0.6
资产合计	100.0	100.0	0.0
负债与所有者权益			
流动负债			
应付账款	9.2	9.6	0.4
应付票据	6.8	5.5	-1.3
流动负债小计	16.0	15.1	-0.9
长期负债	15.7	12.7	-3.0
所有者权益			
普通股与股本溢价	14.8	15.3	0.5
留存收益	53.3	56.9	3.6
所有者权益小计	68.1	72.2	4.1
负债与所有者权益合计	100.0	100.0	0.0

事实上,如果通过同比资产负债表的分析,完全可以发现公司财务舞弊的一些蛛丝马迹。请读者自己思考:如这家公司般的财务舞弊,会在同比资产负债表中发现何种异常呢?

二、同比利润表

同理,将利润表中的各项表示成销售额的百分比就得到同比利润表。如表 3-4 和表 3-5 所示。同比利润表非常直观地传递信息,比如,MM 公司 2014 年的产品销售成本占销售额的 58.2%。虽然单个数字不能说明什么,但如果和 2013 年数字对比,如 MM 公司 2013 年产品销售成本占销售额的 60%,则很容易明白 2014 年公司成本管理取得了成效,因为单位销售额中产品销售成本占比下降了 1.8 个百分点。

表 3-4　MM 公司 2014 年的利润表　　单位:百万元

项目	金额
销售额	2 311
产品销售成本	1 344
折旧	276
息前税前利润	691
利息	141
应税所得	550
税(34%)	187
净利润	363
股利	121
留存收益增加额	242

表 3-5　MM 公司 2014 年同比利润表(%)

项目	%
销售额	100.0
产品销售成本	58.2
折旧	11.9
息前税前利润	29.9
利息	6.1
应税所得	23.8
税(34%)	8.1
净利润	15.7
股利	5.2
留存收益增加额	10.5

三、同基报表

所谓同基年度财务报表,指为了分析企业在经营管理方面的趋势而采用的标准化报表的另一种方法。基本做法是选择一个基期年,比如 2013 年为一个基期年,用企业以后各年的数据与企业 2013 年相应数据进行比较,计算得到的报表就是同基财务报表。同基财务报表的基本作用是进行企业的趋势分析,发现财务状况中的变化趋势。

表 3-6 中,我们选择了 2013 年为基期年,然后将 2014 年相关数据与 2013 年对比,得到 2014 年的同基资产列示于表格的最右列。如 2014 年流动资产的同基资产为 1.10,表示 2014 年流动资产较 2013 年增长了 10%,而 2014 年固定资产的同基资产为 1.05,表示 2014 年固定资产较 2013 年增长了 5%。相比较固定资产,流动资产是资产中增长最快的部分。

表 3-6　某公司同基资产负债表摘要(仅列示资产方)

	资产(100 万美元)		同基资产
	2013 年	2014 年	2014 年
流动资产	642	708	1.10
固定资产	2 731	2 880	1.05
资产总计	3 373	3 588	1.06

第三节　财务比率分析

在不同规模的公司间进行比较的另一个办法是进行比率分析。本节将分 5 类比率进行介绍。对这些比率我们要注意以下的问题:

(1)该比率是如何计算出来的。

(2)在何种情况下需要使用该比率?

(3)比值的高低说明了什么?可能产生的误导是什么?

(4)该比率可以做怎样的改进?

下面我们使用 MM 公司 2014 年的数据对各种比率进行主要介绍。

一、短期偿债能力分析

由于债务按照到期时间分为短期债务和长期债务,所以偿债能力分析也分为短期偿债能力和长期偿债能力分析两部分。

企业保持适当的偿债能力具有重要意义。对于债权人来说,企业偿债能力不足可能导致他们无法及时、足额收回债权本息。对股东来说,不能及时偿债可能导致企业破产,但是提高流动性又必然降低盈利性,因此他们希望权衡收益和风险,保持适当的偿债能力。在偿债能力问题上,债权人和股东的利益并不一致。股东更愿意拿债权人的钱去冒险,如果冒险成功,超额收益全部归股东,债权人却不能得到冒险成功的额外收益。如果冒险失败,债权人有可能无法收回本金,要承担冒险失败的部分损失。对于经理人员来说,为了取得贷款,他们必须考虑债权人对偿债能力的要求;为了股东利益,他们必须考虑收益和风险的权衡关系;为了自身利益,他们更倾向于保持较高的偿债能力,因为如果企业破产,他们不仅会丢掉职位而且会使名誉大打折扣。

（一）短期偿债能力比率

短期偿债能力比率包括流动比率、速动比率和现金比率等常用比率，下面分别说明。

1. 流动比率

流动比率是流动资产与流动负债的比值，计算如下：

流动比率 = 流动资产/流动负债

MM 公司 2014 年的流动比率为：

流动比率 = 708 美元/540 美元 = 1.31

流动资产和流动负债会在 12 个月内转换成现金或以现金支付，所以流动比率是度量短期偿债能力的指标。我们可以说，相对于每一元的流动负债，MM 公司拥有 1.31 元的流动资产作为保障。

不存在统一、标准的流动比率数值。不同的行业，流动比率的数值通常有明显的差别。营业周期越短的行业，合理的流动比率值就越低。

如果流动比率相对上年发生较大的变动，或与行业平均值出现重大的偏离，就应该对构成流动比率的流动资产和流动负债进行逐一分析，找出形成差异的原因。

流动比率有某些局限，在使用时要特别小心：流动比率假设全部流动资产都可以转换成现金用于偿债，全部流动负债都需要偿还。实际上，有些流动资产的账面金额与变现金额存在较大的差异。经营性流动资产是企业持续经营所必需的，不能全部用于偿债；经营性应付项目可以滚动续存，无须动用现金全部结清。因此，流动比率是短期偿债能力的粗略估计。

2. 速动比率

构成流动资产的各项目之间流动性差别很大。其中，货币资金和各种应收款项等，可以在较短时间内变现，所以被称为速动资产；而存货、1 年内到期的非流动资产及其他流动资产等称为非速动资产。非速动资产的变现金额和时间有较大的不确定性，如存货的变现速度比应收款项要慢得多，部分存货可能已经损毁、尚未处理，或者已经抵押给债权人，不能用于清偿，且存货估价有多种方法，可能与变现金额相距甚远。因此将可偿债资产定义为速动资产，计算短期债务的偿债比率更为可信。

速动比率 =（流动资产 - 存货）/流动负债 = 速动资产/流动负债

MM 公司 2014 年的速动比率是：

$$速动比率=(708-422)/540=0.53$$

速动比率假设速动资产是可偿债资产，表明每 1 元流动负债有多少速动资产作为清偿保障。MM 公司的数据说明，每 1 元的流动资产有 0.53 元的速动资产作为清偿保障，这与流动比率有很大的差别。

与流动比率一样，不同行业的速动比率差别很大。例如，采用大量现金销售的商店，几乎没有应收账款，速动比率可能会大大低于 1，而一些应收账款较多的企业，速动比率可能要大于 1。

影响速动比率可信性的重要因素是应收款项的变现能力。账面上的应收账款不一定都能变成现金，实际坏账可能要比计提的准备要多；季节性变化可能使报表上的应收账款金额不能反应平均水平。对于这些情况，外部分析人员不易了解，内部人员却可能做出估计。

3. 现金比率

在速动资产中，流动性最强，可直接用于偿债的资产成为现金资产，包括货币资金、交易性金融资产等。与其他速动资产不同，他们本身就是可以直接清偿的资产，而其他速动资产需要等待不确定的时间，才能转化为不确定金额的现金。

现金与流动负债的比率称为现金比率，其计算公式如下：

$$现金比率=(货币资金+交易性金融资产)/流动负债$$

MM 公司的现金比率为：

$$现金比率=98/540=0.18$$

现金比率假设现金资产是可偿债资产，表明每一元流动负债有多少现金资产作为清偿保障。

（二）影响短期偿债能力的其他因素

上述短期偿债能力比率，都是根据财务报表数据计算而得。还有一些表外因素也会影响短期偿债能力。财务报表使用人应尽可能了解这方面信息，以做出正确判断。

1. 增强短期偿债能力的表外因素

（1）可动用的银行贷款指标：银行已同意、企业尚未动用的银行贷款限额，可以随时增加企业现金，提供支付能力。

(2)准备很快变现的非流动资产:企业可能有一些长期资产可以随时出售变现,而不出现在“一年内到期的非流动资产”项目中。

(3)偿债能力的声誉:如果企业的信用很好,在短期偿债方面出现暂时困难时,比较容易筹集到短缺现金。

2. 降低短期偿债能力的表外因素

(1)与担保有关的或有负债:如果该金额较大,且很可能发生,应在评价偿债能力时予以关注。

(2)经营租赁合同中的承诺付款:很可能是需要偿付的义务。

二、长期偿债能力分析

长期来看,所有债务都有偿还义务。因此,反映长期偿债能力的比率是总资产、总债务和股东权益之间的比例关系。常用比例包括:资产负债率、负债权益比、权益乘数。

(一)总债务存量比率

1. 资产负债率

资产负债率是总负债占总资产的百分比,其计算公式如下:

$$资产负债率 = (总资产 - 总权益)/总资产$$
$$= 总负债/总资产$$

由 MM 公司 2014 年的数据可知:

$$资产负债率 = (3\ 588 - 2\ 591)/3\ 588 = 0.28$$

这说明 MM 公司每一元资产中,有 0.28 元来自负债,即,有 0.72 元来自权益。

资产负债率反映总资产中有多大比例是通过负债取得的。它可以衡量企业清算时对债权人利益的保护程度。资产负债率越低,企业偿债越有保证,贷款越安全。资产负债率还代表企业的举债能力。一个企业的资产负债率越低,举债越容易。

2. 负债权益比和权益乘数

负债权益比(又称产权比率)和权益乘数是资产负债率的另外两种表现形式,它和资产负债率的性质一样,其计算公式如下:

$$负债权益比 = 总负债/总权益$$

权益乘数 = 总资产/股东权益

产权比率表明每一元股东权益借入的债务额,权益乘数表明每一元股东权益拥有的资产额,它们是两种常用的财务杠杆比率。财务杠杆表明债务的多少,与偿债能力密切相关。MM 公司 2014 年的产权比率和权益乘数如下:

负债权益比 = (540 + 457)/3 558 = 0.39

权益乘数 = 3 558/2 591 = 1.39

权益乘数等于 1 加负债权益比,这并非巧合。

权益乘数 = 总资产/总权益 = (总权益 + 总负债)/总权益 = 1 + 负债权益比

(二)总债务流量比率

1. 利息保障倍数

利息保障倍数是指税前利润对利息费用的倍数。其计算公式如下:

利息保障倍数 = 息税前利润/利息费用

MM 公司 2014 年的利息保障倍数为:

利息保障倍数 = 691/141 = 4.9

长期债务不需要每年还本,却需要每年付息。利息保障倍数表明每 1 元利息支付有多少倍的息税前利润作保障,它可以反映债务政策的风险大小。如果企业一直保持按时付息的信誉,则长期负债可以延续,举借新债也比较容易。利息保障倍数越大,利息支付越有保障,因此,可以反映长期偿债能力。

利息保障倍数存在一个问题,即它是基于息税前利润的。但是在计算息税前利润时,非现金项目已经被减去,因而息税前利润并不能真正度量可用于支付利息的现金有多少。

2. 现金流量利息保障倍数

现金流量利息保障倍数,是指经营现金流量对利息费用的倍数。其计算公式如下:

现金流量利息保障倍数 = (息税前利润 + 折旧)/利息费用

根据 MM 公司 2014 年的数据:

现金流量利息保障倍数 = (691 美元 + 276 美元)/141 美元 = 6.9

注意分子是息税前利润加折旧,即息税前折旧前利润,这是度量公司经营活动产生现金流量能力的基本指标,通常用于对财务负担的承受能力。它比利润基础的利息保障倍数更可靠,因为实际用以支付利息的是现金,而不是利润。

(三)影响长期偿债能力的其他因素

上述长期偿债能力比率,都是根据财务报表数计算得到的。还有一些表外因素影响企业长期偿债能力。

1. 长期租赁

当企业急需某种设备又缺乏资金时,可以通过租赁方式解决。财产租赁的形式包括融资租赁和经营租赁。融资租赁形成的负债会反映在资产负债表中,而经营租赁的负债则未反映在资产负债表中。当企业的经营租赁额比较大、期限比较长或具有经常性时,就形成了一种长期融资,因此,经营租赁也是一种表外融资。这种长期融资到期必须支付租金,会对偿债能力产生影响。

2. 债务担保

担保项目的时间长短不一,有的涉及企业的长期负债,有的涉及企业的流动负债。在分析企业长期偿债能力时,应根据有关资料判断担保责任带来的潜在长期负债问题。

三、营运能力分析

营运能力比率是衡量企业资产管理效率的财务比率。常见的有:应收账款周转率、存货周转率、总资产周转率等。

(一)应收账款周转率

应收账款周转率是销售收入与应收账款的比率。它有三种表现形式:应收账款周转次数、应收账款周转天数和应收账款收入比。其计算公式如下:

$$应收账款周转次数 = 销售收入/应收账款$$

$$应收账款周转天数 = 365/(销售收入/应收账款)$$

$$应收账款与收入比 = 应收账款/销售收入$$

应收账款周转次数,表明1年中应收账款周转的次数,或者说明每1元应收账款投资支持的销售收入。应收账款周转天数,也称应收账款收现期,表明从销售开始到收回现金平均需要的天数。应收账款与收入比,则表明每1元销售收入需要的应收账款投资。

根据MM公司2014年的财务报表数据:

$$应收账款周转次数 = 2\ 311/188 = 12.3$$

$$应收账款周转天数 = 365/12.3 = 30$$

应收账款与收入比 = 188/2 311 = 0.081

所以，平均而言，MM 公司 30 天收回赊销货款。这个比率通常又被称为平均收账期，该公司目前还有相当于 30 天销售额的货款尚未收回。

（二）存货周转率

存货周转率是销售成本与存货的比率，也有三种计量方式。其计算公式如下：

存货周转次数 = 销售成本/存货

存货周转天数 = 365/（销售成本/存货）

存货周转次数，表明 1 年中存货周转的次数，或者说明每 1 元存货支持的销售收入。存货周转天数表明存货周转一次需要的时间，也就是存货转换成现金平均需要的时间。

根据 MM 公司的财务报表数据：

存货周转次数 = 1 344/422 = 3.2

存货周转天数 = 365/3.2 = 114

这说明 MM 公司一年出售存货 3.2 次，商品在被出售之前大约有 114 天停留在公司里，或者说当前的存货需要 114 天才能销售出去。

（三）总资产周转率

总资产周转率是销售收入与总资产的比率，也有三种计算方式。计算公式如下：

总资产周转次数 = 销售收入/总资产

总资产周转天数 = 365/（销售收入/总资产）

总资产与收入比 = 总资产/销售收入

总资产周转次数，表明 1 年中总资产周转的次数，或者说明每 1 元总资产支持的销售收入。总资产周转天数表明总资产周转一次需要的时间，也就是总资产转换成现金平均需要的时间。总资产与收入比，表明每 1 元销售收入需要的总资产投资。

根据 MM 公司的报表数据：

总资产周转次数 = 2 311/3 588 = 0.64

总资产周转天数 = 365/（销售收入/总资产）= 570.31

总资产与收入比 = 总资产/销售收入 = 1.55

这表明每1元的总资产产生了0.64元的收入。

四、盈利能力分析

(一)销售净利率

销售净利率是指净利润与销售收入的比率,常用百分比表示。计算公式如下:

销售净利率=(净利润/销售收入)×100%

"销售收入"是利润表的第一行数字,"净利润"是利润表的最后一行数字,两者相除可以概括企业的全部经营成果。它表明每1元销售收入与其成本费用之间可以挤出来的净利润。很明显,该比率较高是值得推崇的,较高的销售净利润对应着较低的销售费用率。

根据MM公司的财务报表数据:

销售净利率=363/2 311=15.7%

这说明MM公司从每1元的销售额中获得了0.157元的利润。要注意的是,不同行业的销售净利率可能大相径庭。零售行业的销售净利率很低,大约在2%,而制药行业则可以达到18%。

(二)总资产净利率

1.公式

总资产净利率是指净利润与总资产的比率,它反映每1元的总资产创造出的净利润,常用符号ROA表示。计算公式如下:

总资产净利率=(净利润/总资产)×100%

根据MM公司2014年的财务报表数据:

总资产净利率=363/3 588=10.12%

总资产净利率是企业盈利能力的关键指标。虽然股东报酬由总资产净利率和财务杠杆共同决定,但提高财务杠杆会增加企业的风险,往往并不能增加企业的价值。此外,财务杠杆的提高有诸多限制,企业经常处于财务杠杆不可能再提高的临界状态。因此,提高权益净利率的基本动力是总资产净利率。

2.驱动因素

总资产净利率=净利润/总资产=(净利润/销售收入)×(销售收入/总资产)

=销售净利率/总资产周转次数

总资产周转次数是每 1 元总资产创造的销售收入，销售净利率是每 1 元销售收入创造的净利润，两者共同决定了总资产净利率，即每 1 元总资产创造的净利润。

（三）权益净利率

权益净利率是净利润与股东权益的比率，它反映每 1 元股东权益赚取的净利润，可以衡量企业的总体盈利能力，常用符号 ROE 表示。由于提高股东利益是我们的目标，所以权益净利率是业绩的最终衡量指标。其计算公式如下：

权益净利率=（净利润/股东权益）×100%

根据 MM 公司 2014 年的财务报表数据有：

权益净利率=（363/2 591）×100% =14%

可见 MM 公司每 1 元的权益产生了 14 分的利润。

权益净利率对于股权投资者来说，具有非常好的综合性，概括了企业的全部经营业绩和财务业绩。但我们不得不强调，总资产净利率和权益净利率都是会计收益率。因此将这样的指标与诸如金融市场利率之类的数据进行比较是不太妥当的。

五、市价比率分析

（一）市盈率

市盈率是指普通股每股市价与每股收益的比率，它反映普通股股东愿意为每 1 元净利润支付的价格，常用 P/E 表示。其中每股收益是指可以分配给普通股股东的净利润与流通在外的普通股加权平均股数的比率，它反映每只普通股当年创造的净利润。其计算公式如下：

市盈率=每股市价/每股收益

每股收益=普通股股东净利润/流通在外普通股加权平均股数

假设 MM 公司无优先股，2014 年 12 月 31 日普通股市价为 88 元，有 3 300 万元发行在外的股票，净利润是 36 300 万元，则其每股收益为：

每股收益=363/33=11 元

市盈率=88/11=8

因此，MM 公司的股票按照 8 倍于利润的价格交易。

市盈率衡量投资者愿意为每股当前利润支付多少钱,因此,较高的市盈率意味着公司未来的成长前景不错。然而,若一个公司的利润很少,市盈率可能也会很高,所以在解释市盈率时要特别小心。在使用市盈率和每股市价时应注意以下问题:

一是每股市价实际上反映了投资者对未来的预期。然而,市盈率是基于过去年度的收益。因此,如果投资者预期收益将从当前水平大幅增长,市盈率将会相当高。如果投资者预期收益将由当前水平下降,市盈率将会降低。成熟市场上的成熟公司有非常稳定的收益,因此,市盈率反映了投资者对公司未来前景的预期,相当于每股收益的资本化。

二是如果公司有优先股,则每股收益计算公式如下:

每股收益 =(净利润 - 优先股股利)/流通在外普通股加权平均股数

由于每股收益的概念仅适用于普通股,优先股股东除规定的优先股股利外,对收益没有要求权。所以用于计算每股收益的分子必须等于可分配给普通股股东的净利润,即从净利润中扣除当年宣告或积累的优先股股利。

(二)市净率

市净率又称市值面值比,是指普通股每股市价与每股净资产的比率,常用 P/B 表示。它反映普通股每股股东愿意为每 1 元净资产支付的价格,说明市场对公司资产质量的评价。其中,每股净资产也称每股账面价值,是指普通股股东权益与流通在外普通股股数的比率,它反映每只普通股享有的净资产,代表理论上的每股最低价值。市净率计算公式如下:

市净率 = 每股市价/每股净资产

每股净资产 = 普通股股东权益/流通在外普通股股数

根据 MM 公司的数据:

每股净资产 = 2 591/33 = 78.5 元

市净率 = 88/78.5 = 1.12

在计算市净率和每股净资产时,应注意所使用的普通股股数是资产负债表报告日流通在外普通股股数,而不是当期流通在外普通股加权平均股数,因为每股净资产的分子为时点数,分母应与其口径一致,因此应选取同一时点数。

第四节　杜邦恒等式分析

杜邦分析体系，是利用各种主要财务比率之间关系的内在联系，对企业经营成果和财务状况进行综合系统评价的方法。该体系是以权益净利率为龙头，以资产净利率和权益乘数为分支，重点揭示企业获利能力及杠杆水平对权益净利率的影响，以及各相关指标间的相互作用关系。

一、杜邦分析体系的核心比率

权益净利率是杜邦分析体系的核心比率，该比率不仅具有很好的可比性，还具有很强的综合性。将权益净利率做如下分解：

权益净利率 =（净利润/销售收入）×（销售收入/总资产）×（总资产/股东权益）

= 销售净利率 × 总资产周转次数 × 权益乘数

要使权益净利率提高，可以提高分解式中的任何一个比率。其中，“销售净利率”是利润表的概括，“销售收入”在利润表的第一行，“净利润”在利润表的最后一行，两者相除可以概括全部经营成果；“权益乘数”是资产负债表的概括，表明资产、负债和股东权益的比例关系，可以反映最基本的财务状况；“总资产周转次数”把利润表和资产负债表联系起来，使权益净利率可以综合整个企业经营成果和财务状况。

二、杜邦分析的基本框架

该体系是一个多层次财务比率分解体系。各项财务比率，可在每个层次上与本企业历史或同业财务比率比较，比较之后向下一级分解。逐级向下分解，逐步涵盖企业经营活动的每个环节，以实现系统、全面评价企业经营成果和财务状况的目的。

下面我们以 ABC 公司 2014 年的财务报表来对杜邦分析体系进行说明。

表 3-7　ABC 公司 2014 年的利润表　　单位：百万元

项目	金额
销售额	8 912
销售成本	5 426
毛利	3 486

续表

销售、行政及管理费用	1 949
折旧	256
息税前利润	1 291
利息	232
税前利润	1 059
税	323
净利润	736

由表 3-7 的利润表和表 3-8 中的资产负债表信息，可以对 ABC 公司进行杜邦体系分析，图 3-1 的左侧是关于盈利性的部分，销售利润率被表示成净利润除

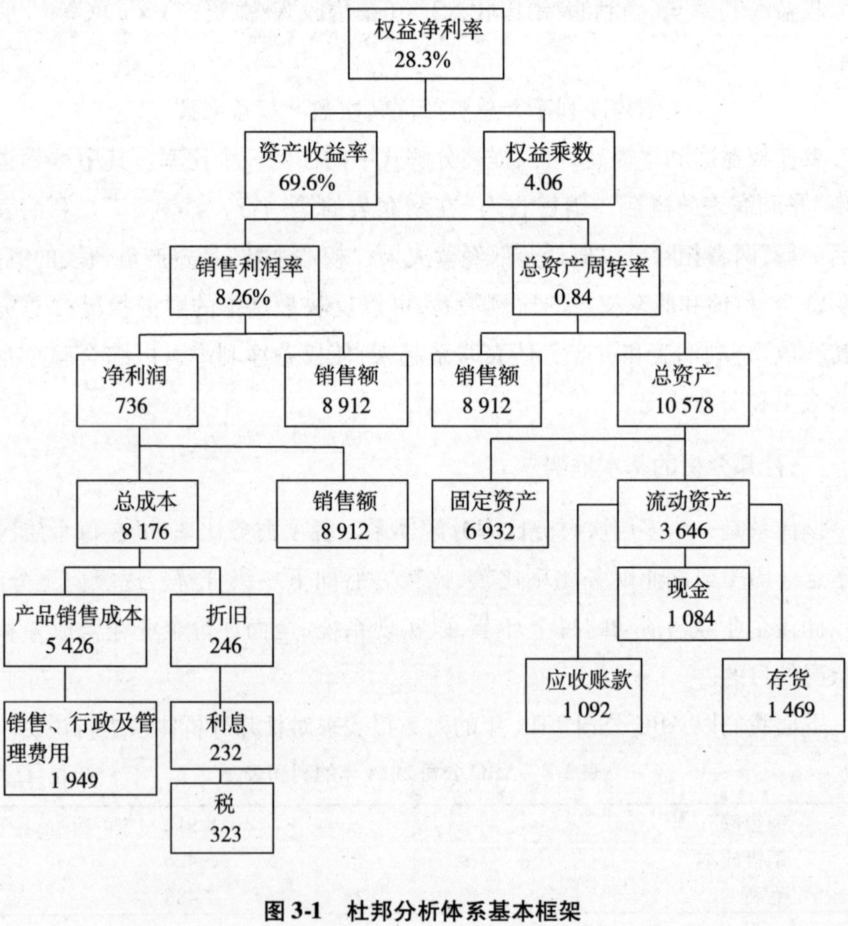

图 3-1　杜邦分析体系基本框架

以销售额,不过该图强调净利润依赖于销售额及各项成本,如销售成本和销售、行政及管理费用,公司可以通过增加销售额或降低一两项成本来提高权益净利率。右侧关于资产管理的部分,分析影响总资产周转率的主要因素。比如,更加有效的流动资产管理有助于减少存货库存,最终促使资产周转率的提高。

表 3-8　ABC 公司 2014 年的资产负债表　　单位:百万元

流动资产		流动负债	
现金	1 084	应付账款	1 182
应收账款	1 092	应付票据	28
存货	1 469	其他	1 377
小计	3 646	小计	2 587
固定资产	6 932	长期负债	5 388
		权益	2 603
总资产	10 578	负债与权益合计	10 578

第五节　长期财务计划

一、长期计划的内容

通过对财务报表的分析了解企业的经营状况,对于管理者来说非常重要,但决策是面向未来的,预测未来更加重要。长期计划是指一年以上的计划。它为实现企业的长期目标服务,关系到企业的发展远景,其目的是提高企业的发展能力。

长期计划一般以战略计划为起点,涉及公司理念、公司经营范围、公司目标和公司战略。长期计划包括经营计划和财务计划。

在进行长期计划时,管理者需要编制预测财务报表,它在四个方面使用:①评价企业经营业绩是否与企业目标一致以及是否达到了股东的期望水平;②预测拟进行的经营变革将产生的影响;③预测企业未来的融资需求;④预测企业未来的现金流,因为企业价值是由未来的现金流决定的。以下我们只讨论有关财务计划的内容。

二、财务计划的步骤

财务计划是依据企业的发展战略和经营计划,对未来一定期间的财务活动及其结果进行的规划。其基本步骤如下:

(1)编制预测财务报表,运用这些预测结果分析经营计划对预计利润和财务比率的影响。

(2)确认支持长期计划需要的资金。

(3)预测未来长期可使用的资金。包括预测可以从内部产生的和向外部融资的部分,任何财务限制导致的经营约束都必须体现在计划中。

(4)制定并调整将来的基本计划。基本计划在一定的经济预测基础上制定,当基本计划所依赖的经济预测与实际情况不符时,需要对计划作出及时调整,即根据实际情况的变化对财务计划进行修改。

三、财务预测

1.财务预测的目的和意义

狭义的财务预测是指估计企业未来的融资需求,广义的财务预测包括编制全部的预测财务报表。财务预测是融资计划的前提,销售增加时,需要有流动资产甚至固定资产增加的相互配合。为了扩大资产,企业需要筹集资金,这些资金的来源分为两类,一是内部融资即留存利润,二是外部融资。当销售增长率较高时,留存利润一般不能满足企业对资金的需求,此时企业需要进行外部融资。对外寻找资金供给的人,这个过程较长。因此企业需要预先知道自己的财务需求,提前安排财务计划,否则就可能发生资金周转问题。

财务预测有助于改善财务决策。根据销售前景估计出的融资需要不一定总能满足,因此,就需要根据可能筹集到的资金来安排销售增长,以及有关的项目,使投资决策建立在可行的基础上。

预测的目的是有助于应变的。财务预测不可能很准确,因为现实情况是千变万化的。若从表面上看,并不准确的预测只能导致不准确的计划,从而使预测和计划失去意义。但事实并不是这样,预测给我们展示了未来各种可能的情况,促使管理者做出相应的应对计划。预测和计划是面向未来的思考,其结果不仅仅是资金需要量这样一个数字。它可以提高企业对意外事件的反应能力,从而减少不利事件带来的损失。

2. 一个简单的财务计划模型

假设 BB 公司最近一年的财务报表如下：

表 3-9 BB 公司的利润表 单位：美元

项目	金额
销售额	1 000
成本	800
净利润	200

表 3-10 BB 公司的资产负债表 单位：美元

资产		负债与权益	
资产	500	负债	250
		权益	250
资产合计	500	负债与权益合计	500

假定 BB 公司的所有项目都与销售额同比例增长，当然这一假定过于简单，却可以说明我们要讨论的问题。假设销售额增长 20%，这样预测的利润表和资产负债表如下：

表 3-11 BB 公司的预测利润表 单位：美元

项目	金额
销售额	1 200
成本	960
净利润	240

表 3-12 BB 公司的预测资产负债表 单位：美元

资产		负债与权益	
资产	600	负债	300
		权益	300
资产合计	600	负债与权益合计	600

以上我们只是简单地使每个项目都增加 20%，但我们还要使两张表达到协调统一，以反映财务报表各数据之间的相互制约关系。例如，净利润为 240 美元，为什么权益仅增加 50 美元呢？BB 公司一定还付出了 240 - 50 = 190 美元的差额，可能公司以现金股利的形式支付了 190 美元。在这种情况下，股利是调剂变量。

若公司没有支付 190 美元的股利，那么留存收益就会增加 240 美元，使权益达到 250 + 240 = 490 美元，而总资产为 600 美元，则 BB 公司的负债为 600 - 490 = 110 美元，由于 BB 公司的初始债务为 250 美元，就必须偿还250 - 110 = 140美元的债务。这样，预测资产负债表如表 3-13 所示。

表 3-13　BB 公司的预测资产负债表　单位:美元

资产	600	负债	110
		权益	490
资产合计	600	负债与权益合计	600

在这种情况下,债务是平衡资产负债表左右两边总额保持平衡的调剂变量。

这个例子说明了销售增长与财务决策之间的相互作用关系,当销售额增加时,总资产也将增加,这是因为公司必须投资于净营运资本与固定资产以支撑更高的销售水平,随着资产的增加,资产负债表右边的负债与权益也要增加。要注意的是,在此简例中,负债与所有者权益如何变动取决于公司的融资政策和股利政策,而资产的增长取决于公司如何从财务上支持销售增长,纯属管理决策。本例中,公司不需要外部融资,而通常的情况并不一定如此,我们需要考察更加具体的情形。

3. 销售百分比法

以上简单的财务计划模型假设所有的项目都随着销售额同比例变动,但对一些项目,这个假设并不适用,例如长期借款就不与销售额直接相关,而是由管理层决定的。对上述简例进行完善的思路是将利润表和资产负债表的项目分成两组,一组与销售直接相关,同比例增长,另一组与销售额不直接相关。对于一个给定的销售额,我们可以计算出公司为了实现预计的销售额而需要的融资数量。

下面介绍一种基于销售额快速预测财务报表的方法,称为销售百分比法。

(1)利润表。表 3-14 是 CC 公司近期的利润表,我们在此利润表中进行了一些简化,即将成本、折旧及利息合并成成本一项。

表 3-14　CC 公司的利润表　单位:美元

销售额	1 000
成本	800
税前利润	200
税(34%)	68
净利润	132
股利	44
留存收益增加额	88

CC 公司预计下年销售增长 25%，销售额达到 1 250 美元，假设总成本仍然占销售额的 80%，这样，CC 公司的预测利润表如下表 3-15。

表 3-15 CC 公司的预测利润表 单位：美元

销售额	1 250
成本	1 000
税前利润	250
税(34%)	85
净利润	165

假设成本与销售额之间的比率不变实际上就是假设销售利润率不变，初始利润表中的销售利润率为 132/1 000 = 13.2%，预测利润表中的销售利润率 = 165/1 250 = 13.2%。下面来看看股利，其支付金额由管理层决定，假定该公司的股利是按照利润的固定比例发放的，则 CC 公司的股利支付率是：

股利支付率 = 现金股利/净利润

= 44/132 = 33.3%

同样我们还可以计算留存比率或利润再投资率，即留存收益增加额与净利润之比：

留存比率 = 留存收益增加额/净利润

= 88/132 = 66.7%

由于所有利润非分配即留存，所以该比率等于 1 减股利支付率。假定留存比率保持不变，那么预计股利和留存收益增加额分别为：

预计股利 = 165 × 1/3 = 55 美元

预计留存收益增加额 = 165 × 2/3 = 110 美元

(2)资产负债表。CC 公司近期的资产负债表如表 3-16 所示，在资产负债表中假设有些项目随销售额而同比例变动，表示成销售额的百分比形式，而另一些项目则与销售额不直接相关，以“n”表示“不适用”。

例如，在资产部分，年末存货等于销售额的 60%，就假定这一比例在下一年度保持不变，则增加每 1 美元销售额，那么存货要增加 0.6 元，年末总资产与销售额之比为 3 000/1 000 = 3。

总资产与销售额之比称为资本密集率，它表示产生 1 元的销售额所需要的资产的金额,该比率越高,资本密集率越高,它是总资产周转率的倒数。

在负债与权益部分,应付账款随着销售额的变动而成比例变动,因为销售额上升,公司需要向供货商订更多的货,所以应付账款会自然而然地变动。应付票据则代表银行借款之类的短期负债,除非采取特定的措施,否则这个数字不会发生变化,所以用“n”进行标记。长期负债有公司管理层决定,它不随销售额而变动,普通股与股本溢价也不随销售额变动。最后一项留存收益同样不与销售额直接相关,它是在对净利润和股利预测的基础上计算出来的。

现在我们可以为 CC 公司编制一张局部的预测资产负债表,对于那些不随销售额变动而变动的项目,我们暂且填上初始的数字,其余的项目按销售额的变动比例而做出相应的调整。

表 3-16　CC 公司的资产负债表　　单位:美元

资产			负债与所有者权益		
	金额(美元)	占销售额的百分比(%)		金额(美元)	占销售额的百分比(%)
流动资产			流动负债		
现金	160	16	应付账款	300	30
应收账款	440	44	应付票据	100	n
存货	600	60	流动负债小计	400	n
流动资产小计	1 200	120	长期负债	800	n
			所有者权益		
固定资产			普通股与股本溢价	800	n
厂房和设备净额	1 800	180	留存收益	1 000	n
			所有者权益小计	1 800	n
资产合计	3 000	300	负债与所有者权益	3 000	n

预测资产负债表如表 3-17 所示,固定资产净额等于销售额的 180%,所以当销售额增加到 1 250 美元时,固定资产应增加到 2 250 美元,因此厂房设备应增加 450 美元。

留存收益增加额等于我们先前计算的 110 美元。

从预测的资产负债表中可以看到,资产合计从 3 000 美元预计增加到 3 750

美元，增量为750美元，而负债与所有者权益的预计增量为185美元，所以资金缺口为750－185＝565美元，这个金额被称为外部融资需要量（external financing needed, EFN）。外部融资需要量也可以按如下的公式计算：

EFN＝（资产/销售额）×Δ销售额－（自发增长的负债/销售额）×Δ销售额－PM ×预计销售额×（1－d）

其中，Δ销售额为销售额增加量，在本例中Δ销售额＝1 250－1 000＝250美元。自发增长的负债为随销售变动而变动的负债，本例中的自发增长负债为应付账款300美元。PM和d分别表示销售利润率和股利支付率，从先前的计算可以知道它们分别为13.20%和33.3%。所以：

EFN＝（3 000/1 000）×250－（300/1 000）×250－0.132×1 250×（1－1/3）＝565美元

注意，此计算中包括三个部分：一是利用资金密集率计算的预计资产增加额；二是负债中自发增长的负债增加额；三是预计留存收益增加额。

此例说明了计划过程有助于发现潜在的问题，例如CC公司不打算举借外债，那么要实现25%的销售增加就不能实现。现在我们假设CC公司打算借入所需要的资金，有三种途径即短期借款、长期借款和新的权益融资。但具体采用哪种途径的组合由管理层决定。例如，流动资产增加300美元，流动负债增加75美元，CC公司可以借入300－75＝227美元的短期应付票据以维持营运资本不变。剩下的565－225＝340美元的资金缺口靠长期债务提供。表3-18为CC公司完整的预测资产负债表。

表3-17 CC公司的局部预测资产负债表 单位:美元

资产			负债与所有者权益		
	下年度	下年度比本年度增加额		下年度	下年度比本年度增加额
流动资产			流动负债		
现金	200	40	应付账款	375	75
应收账款	550	110	应付票据	100	0
存货	750	150	流动负债小计	475	75
流动资产小计	1 500	300	长期负债	800	0

续表

资产			负债与所有者权益		
	下年度	下年度比本年度增加额		下年度	下年度比本年度增加额
			所有者权益		
固定资产			普通股与股本溢价	800	0
厂房和设备净额	2 250	450	留存收益	1 110	110
			所有者权益小计	1 910	110
资产合计	3 750	750	负债与所有者权益	3 185	185
			外部融资需要量	565	565

表 3-18 CC 公司的完整预测资产负债表 单位:美元

资产			负债与所有者权益		
	下年度	下年度比本年度增加额		下年度	下年度比本年度增加额
流动资产			流动负债		
现金	200	40	应付账款	375	75
应收账款	550	110	应付票据	325	225
存货	750	150	流动负债小计	700	300
流动资产小计	1 500	300	长期负债	1 140	340
			所有者权益		
固定资产			普通股与股本溢价	800	0
厂房和设备净额	2 250	450	留存收益	1 110	110
			所有者权益小计	1 910	110
资产合计	3 750	750	负债与所有者权益	3 750	750

要注意的是我们这里用短期借款和长期负债相结合作为融资手段,但这只是众多途径中的一种,要综合比较各种途径的优劣。

四、企业的外部筹资与增长

在上面的讨论中,我们发现,企业要实现25%的销售增加,必须要有外部筹资,否则增长无法实现。企业增长与外部筹资有着直接的联系。这里我们将讨论两个特别有用的增长率。

(一) 内部增长率

销售额增加引起的资金需求的增长,有两种途径满足:一是内部保留盈余的增加;二是外部融资(包括借款和股权融资,不包括负债的自然增长)。

所谓内部增长率(internal growth Rate),指企业在没有任何外部筹资情况下所能达到的最大的增长率。因为它是在仅仅只有内部筹资的情况下企业所能够维持的增长率。在这个增长水平下,企业所需资产增加额刚好等于留存收益的增加额,故外部融资需要量 $EFN = 0$。因此,内部增长率也是企业销售的最低增长率。运用代数知识可推导出其计算公式如下:

$$\text{内部增长率} = \frac{ROA \times b}{1 - ROA \times b}$$

其中,ROA 指总资产净利率,表示企业的资产回报率,这在财务比率一节中有说明。b 表示企业再投资率或留存收益比率,即净利润中有多少用于留存公司内部。

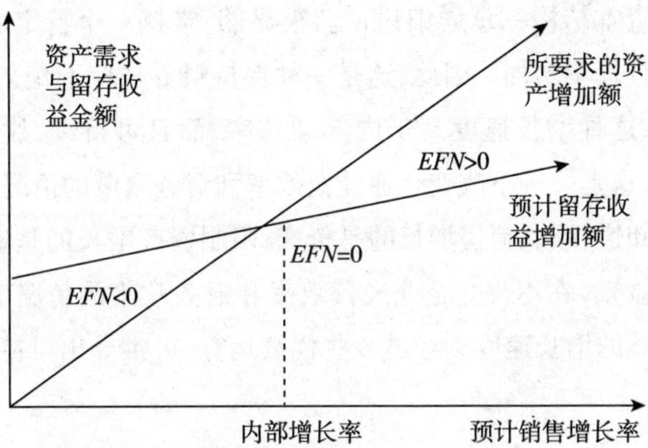

图 3-2　企业的销售增长率与融资需求

对于上例中的 CC 公司,在近期的财务状况中,净利润 132 美元,总资产 3 000美元,则 $ROA = 132/3\ 000 = 4.4\%$。前已计算,CC 公司留存收益比率为 66.7%,则

$$\text{内部增长率} = \frac{4.4\% \times 66.7\%}{1 - 4.4\% \times 66.7\%} = 3.0\%$$

这是 CC 公司在没有外部筹资的情况下每年能够扩张的最大幅度,年 3.0%

（二）可持续增长率

我们从图 3-2 可知，企业销售增长越高，则引起存货、应收账款等资产增加就越多，所需要补充的资金就越多。如果企业的资金来源完全依靠内部资金积累，则实现的销售增长将非常有限，就是前面的内部增长率。

当然，如果企业要实现更高增长，必须依赖外部资金。在如何利用外部资金方面，我们可以将企业的增长分成两种情况：

一是主要依靠外部资金增长。主要依靠外部融资（增加负债和股东投资）实现增长不能持久。因为持续增加负债会使企业的财务风险增加，筹资能力下降，最终会使借款能力完全丧失；增加股东投资，不仅会分散控制权，而且会稀释每股盈余，除非追加投资有更高的回报率，否则不能增加股东财富。此外，增加股东投资有一定的门槛要求，甚至有政府监管部分的行政审批限制，因此，增加股东投资并非任何时候都可行。

二是平衡增长。即保持目前的资本结构，按照股东权益的增长比例增加借款，以此支持销售增长。这种增长率，把一个特定的债务权益率视为最优，个中原由我们将在资本结构一章详细讨论。很显然，维持一个特定的债务权益率，将使企业财务杠杆不增加。因此，这是一种保持财务杠杆不变又利用了外部筹资的增长速度，这种增长速度高于内部增长率，而且可持续，故称可持续增长率。换句话说，这是一种不改变企业经营效率和财务政策的情况下的增长。

我们已经知道，限制销售增长的是资产，限制资产增长的是资金来源（包括负债和股东权益）。在不改变企业经营效率和财务政策的情况下，限制资产增长的是股东权益的增长速度。经过一些代数运算，可推导出可持续增长率计算公式如下：

$$\text{可持续增长率} = \frac{ROE \times b}{1 - ROE \times b}$$

其中，ROE 表示权益净利率，反映企业的股权回报率，b 表示企业再投资率或留存收益比率。使用这个公式计算 *ROE* 时，要求权益总额用期末余额计算。

比如，对于上例中的 CC 公司，在近期的财务状况中，净利润 132 美元，假设所有者权益 1 800 美元是该年期末余额，则 ROE = 132/1 800 = 7.3%。前已计算，CC 公司留存收益比率为 66.7%，则

$$\text{可持续增长率} = \frac{7.3\% \times 66.7\%}{1 - 7.3\% \times 66.7\%} = 5.11\%$$

可持续增长率有一个简化公式，是：

$$可持续增长率 = ROE \times b$$

使用这个简化公式计算 *ROE* 时，要求权益总额用期初余额计算。

不管用以上哪个公式计算可持续增长率，只要所采用的公式与净资产收益率（ROE）计算方法一致，那么结果应该相同。当然，如果权益总额用期初余额和期末余额的平均值计算，则必须采用其他公式才能计算可持续增长率。以上这个情况也适用于内部增长率的计算。

假设公司的净利润为 20 美元，再投资率为 0.6，期初资产为 100 美元，负债权益比为 0.25。因此，权益总额的期初余额为 80 美元。

如果采用权益总额的期初余额计算可持续增长率，则：

$$可持续增长率 = 0.6 \times (20/80) = 15\%$$

如果采用权益总额的期末余额计算可持续增长率，则：

$$权益总额的期末余额 = 80 + 0.6 \times 20 = 92$$

$$ROE = 20/92 = 21.74\%$$

$$可持续增长率 = \frac{21.74\% \times 0.6}{1 - 21.74\% \times 0.6} = 15\%$$

根据杜邦分析原理，我们可以将 *ROE* 分解为销售利润率、总资产周转率和权益乘数三者连乘。再根据可持续增长率由 *ROE* 和 *b* 决定，因此，可以得出以下几方面决定着企业可持续增长率的高低：

一是利润率。利润率的提高将增强企业从内部获得现金的能力，从而提高可持续增长率。

二是股利政策。支付股利占净利润比例越低，越会提高留存比例，从而提高可持续增长率。

三是筹资政策。债务权益率提高将增大财务杠杆，使额外的债务筹资成为可能，从而提高可持续增长率。

四是资产管理效率。总资产周转率提高会减少销售增长对新资产的需求，从而提高可持续增长率。

本章小结

（1）标准化报表有多种方法，同比报表和同基报表是其中两种方法，前者主要用于分析财务报表的结构，后者主要分析财务状况的趋势。

(2)财务分析很重要的方面就是财务比率分析,包括短期偿债能力比率、长期偿债能力比率、营运能力比率、盈利能力比率和市价比率。杜邦分析体系是财务比率分析中很重要的一种分析思路,帮助我们了解影响权益报酬率变动的因素。

(3)财务预测是长期财务计划中的重要内容。销售百分比法是广泛采用的财务预测方法之一。

(4)企业外部筹资规模与销售增长速度密切相关。当外部筹资规模为 0 时能实现的最高增长速度称为内部增长率。不改变企业经营效率和财务政策情况下的增长是可持续增长率。

附录:基于 EXCEL 的预计财务报表建立

下文将建立一个由销售驱动的财务模型,即假设资产负债表和损益表的项目多数是直接或间接地与销售收入相关。在已知销售收入增长率以及各项目与销售收入的关系,可推算出下一期或几期的损益表和资产负债表,现金流量表可根据损益表和资产负债表的数据计算获得。

(1)财务报表的项目关系以及销售增长率假设,同时假设负债不变和股本金不改变。

	A	B	C
1	建立财务报表模型		
2	销售增长	0.1	
3	流动资产/销售	0.15	
4	流动负债/销售	0.08	
5	固定资产净值/销售	0.77	
6	产品销售成本/销售	0.5	
7	折旧率	0.1	
8	债券利率	0.1	
9	对现金支付的利息和可兑换证券	0.08	
10	税率	0.4	
11	派息比率	0.4	

(2)在已知第 0 年销售收入、折旧、现金和有价证券、股票价值的前提下,推算出第 0 年和第 1 年的财务报表。第 0 年为当前财务报表,第 1 年为预计财务报表。

①计算过程展示:

损益表中的等式:

销售收入 = 初始销售收入 ×(1 + 销售增长率)

销售成本 = 销售收入 × 销售成本/销售收入

	A	B	C
13	年	0	1
14	**损益表**		
15	销售	=1000	=B15×(1+$B$2)
16	商品销售成本	=-B15×$B$6	=-C15×$B$6
17	债务利息支付	=-$B$8×B36	=-$B$8×(B36+C36)/2
18	所得利息现金和有价证券	=$B$9×B27	=$B$9×(B27+C27)/2
19	折旧	-100	=-$B$7×(C30+B30)/2
20	税前利润	=SUM(B15:B19)	=SUM(C15:C19)
21	税	=-B20×$B$10	=-C20×$B$10
22	税后利润	=B21+B20	=C21+C20
23	股息	=-B22×$B$11	=-$B$11×C22
24	留存收益	=B23+B22	=C23+C22
25			
26	**资产负债表**		
27	现金和有价证券	80	=C39-C28-C32
28	流动资产	=$B$3×B15	=C15×$B$3
29	固定资产		
30	按成本	=B32-B31	=C32-C31
31	折旧	-300	=B31+C19
32	固定资产净值	=B15×$B$5	=C15×$B$5
33	总资产	=B27+B28+B32	=C32+C28+C27
34			
35	流动负债	=B15×$B$4	=C15×$B$4
36	长期负债	=B33-B35-B37-B38	=B36
37	股票	450	=B37
38	累计留存收益	150	=B38+C24
39	总负债和股东权益	=SUM(B35:B38)	=SUM(C35:C38)

负债的利息费用 = 负债利息率 × 年平均负债

现金和流动证券的利息收入 = 存款利息率 × 现金和流动证券的年平均值

折旧 = 折旧率 × 固定资产原值的年平均值

税前利润 = 销售收入 – 销售成本 – 债务的利息费用 – 现金和流动证券的利息收入 – 折旧

税金 = 税率 × 税前利润

税后利润 = 税前利润 – 税金

股利 = 股利支付率 × 税后利润

未分配利润 = 税后利润 – 股利

资产负债表中的等式：

现金和流动证券 = 总负债和股东权益 – 流动资产 – 固定资产净值

流动资产 = 流动资产/销售收入 × 销售收入

固定资产净值 = 固定资产净值/销售收入 × 销售收入

累计折旧 = 上一年的累计折旧余额 + 折旧率 × 固定资产原值的年平均值

固定资产原值 = 固定资产净值 + 累计折旧

流动负债 = 流动负债/销售收入 × 销售收入

②计算结果展示：

13	年	0	1
14	**损益表**		
15	销售	1 000	1 100
16	商品销售成本	(500)	(550)
17	债务利息支付	(32)	(32)
18	所得利息现金和有价证券	6	9
19	折旧	(100)	(117)
20	税前利润	374	410
21	税	(150)	(164)
22	税后利润	225	246
23	股息	(90)	(98)
24	留存收益	135	148
25			
26	**资产负债表**		
27	现金和有价证券	80	144
28	流动资产	150	165
29	固定资产		
30	按成本	1 070	1 264
31	折旧	(300)	(417)
32	固定资产净值	770	847
33	总资产	1 000	1 156
34			
35	流动负债	80	88
36	长期负债	320	320
37	股票	450	450
38	累计留存收益	150	298
39	总负债和股东权益	1 000	1 156

(3)模型扩展至第2年及以后。

①计算过程展示：

13	年	0	1	2	3	4	5
14	**损益表**						
15	销售收入	=1000	=B15×(1+$B$2)	=C15×(1+$B$2)	=D15×(1+$B$2)	=E15×(1+$B$2)	=F15×(1+$B$2)
16	销售成本	=-B15×$B$6	=-C15×$B$6	=-D15×$B$6	=-E15×$B$6	=-F15×$B$6	=-G15×$B$6
17	负债的利息费用	=-$B$8×B36	=-$B$8×(B36+C36)/2	=-$B$8×(C36+D36)/2	=-$B$8×(D36+E36)/2	=-$B$8×(E36+F36)/2	=-$B$8×(F36+G36)/2
18	现金和流动证券的利息.	=$B$9×B27	=$B$9×(B27+C27)/2	=$B$9×(C27+D27)/2	=$B$9×(D27+E27)/2	=$B$9×(E27+F27)/2	=$B$9×(F27+G27)/2
19	折旧	-100	=-$B$7×(C30+B30)/2	=-$B$7×(D30+C30)/2	=-$B$7×(E30+D30)/2	=-$B$7×(F30+E30)/2	=-$B$7×(G30+F30)/2
20	税前利润	=SUM(B15:B19)	=SUM(C15:C19)	=SUM(D15:D19)	=SUM(E15:E19)	=SUM(F15:F19)	=SUM(G15:G19)
21	税金	=-B20×$B$10	=-C20×$B$10	=-D20×$B$10	=-E20×$B$10	=-F20×$B$10	=-G20×$B$10
22	税后利润	=B21+B20	=C21+C20	=D21+D20	=E21+E20	=F21+F20	=G21+G20
23	股利	=-B22×$B$11	=-$B$11×C22	=-$B$11×D22	=-$B$11×E22	=-$B$11×F22	=-$B$11×G22
24	未分配的利润	=B23+B22	=C23+C22	=D23+D22	=E23+E22	=F23+F22	=G23+G22
25							
26	**资产负债表**						
27	现金和有价证券	80	=C39-C28-C32	=D39-D28-D32	=E39-E28-E32	=F39-F28-F32	=G39-G28-G32
28	流动资产	=$B$3×B15	=C15×$B$3	=D15×$B$3	=E15×$B$3	=F15×$B$3	=G15×$B$3
29	固定资产						
30	原值	=B32-B31	=C32-C31	=D32-D31	=E32-E31	=F32-F31	=G32-G31
31	折旧	-300	=B31+C19	=C31+D19	=D31+E19	=E31+F19	=F31+G19
32	固定资产净值	=B15×$B$5	=C15×$B$5	=D15×$B$5	=E15×$B$5	=F15×$B$5	=G15×$B$5
33	**总资产**	=B27+B28+B32	=C32+C28+C27	=D32+D28+D27	=E32+E28+E27	=F32+F28+F27	=G32+G28+G27
34							
35	流动负债	=B15×$B$4	=C15×$B$4	=D15×$B$4	=E15×$B$4	=F15×$B$4	=G15×$B$4
36	长期负债	=B33-B35-B37-B38	=B36	=C36	=D36	=E36	=F36
37	股本金	450	=B37	=C37	=D37	=E37	=F37
38	累积未分配的利润	150	=B38+C24	=C38+D24	=D38+E24	=E38+F24	=F38+G24
39	**负债和股东权益总计**	=SUM(B35:B38)	=SUM(C35:C38)	=SUM(D35:D38)	=SUM(E35:E38)	=SUM(F35:F38)	=SUM(G35:G38)

②计算结果展示：

	年	0	1	2	3	4	5
14	**损益表**						
15	销售收入	1 000	1 100	1 210	1 331	1 464	1 611
16	销售成本	(500)	(550)	(605)	(666)	(732)	(805)
17	负债的利息费用	(32)	(32)	(32)	(32)	(32)	(32)
18	现金和流动证券的利息收入	6	9	14	20	26	33
19	折旧	(100)	(117)	(137)	(161)	(189)	(220)
20	税前利润	374	410	450	492	538	587
21	税金	(150)	(164)	(180)	(197)	(215)	(235)
22	税后利润	225	246	270	295	323	352
23	股利	(90)	(98)	(108)	(118)	(129)	(141)
24	未分配的利润	135	148	162	177	194	211
25							
26	**资产负债表**						
27	现金和有价证券	80	144	213	289	371	459
28	流动资产	150	165	182	200	220	242
29	固定资产						
30	原值	1 070	1 264	1 486	1 740	2 031	2 364
31	折旧	(300)	(417)	(554)	(715)	(904)	(1 124)
32	固定资产净值	770	847	932	1 025	1 127	1 240
33	总资产	1 000	1 156	1 326	1 513	1 718	1 941
34							
35	流动负债	80	88	97	106	117	129
36	长期负债	320	320	320	320	320	320
37	股本金	450	450	450	450	450	450
38	累积未分配的利润	150	298	460	637	830	1 042
39	负债和股东权益总计	1 000	1 156	1 326	1 513	1 718	1 941

(4)提示：

第一，在上述的财务预计报表中，我们将“现金和有价证券”作为“触发变量”，即损益表和资产负债表中最后一个确定的变量。但在实际应用中，可能存在“现金和有价证券”为负的情形，此时需要用“长期负债”或“股本金”等变量来作为第二“触发变量”，补充现金流为负的部分。

第二，由于预计的损益表和资产负债表所包含的单元格在计算时相互依赖，模型求解时存在“循环引用”情况，需开启“迭代计算”功能。

思考题

1. 同比财务报表是财务分析的工具之一，同比利润表与资产负债表为什么有用？现金流量没有被转换成同比报表的形式，为什么？

2. 为什么多数长期财务计划都是从销售预测开始？

3. 我们在计算 EFN 时，都隐含着这样一个假定，即公司资产满负荷运转。如果公司能力尚未被全部利用，会如何影响 EFN？

4. 资产收益率(ROA)和权益净利率(ROE)都是衡量盈利性的指标，在对两家公司进行对比时，哪个指标更有用，为什么？

5. 试说明企业的内部增长率和可持续增长率的不同?

6. 影响企业可持续增长率的因素有哪些?

进一步阅读书目

[1]中国注册会计师协会.财务成本管理[M].北京:经济科学出版社,2012.

[2]Stephen. A. Ross,等.公司理财[M].北京:机械工业出版社,2009.

[3]Simon Benninga. 财务金融建模——用 Excel 工具(第二版)[M].邵建利,等,译.上海:上海财经大学出版社,2003.

第二部分　估值篇

第四章

贴现现金流估价

本章要点

1. 货币的时间价值
2. 复利、终值、现值、基本现值等式
3. 多期现金流估价
4. 普通年金、预付年金、递延年金、永续年金、永续增长年金
5. 分期偿还贷款

第一节　货币的时间价值

一、货币时间价值的概述

(一)货币时间价值的含义

在商品经济中,有这样的一种现象:今年的100元和1年后的100元钱的经济价值不同。今年的100元到了1年后,其经济价值会大于1年后的100元,即使不存在通货膨胀也是如此。为什么会这样呢? 例如,现在银行1年期存款利率是3%,将100元存入银行,则1年后就是103元。这100元的资金经过1年的时间价值增长了3元,这就是货币时间价值。货币时间价值表明一定量货币在不同时点上具有的不同价值。简单地说,当前的1元与未来的1元是不等的。

在实务中,人们习惯使用相对数字表示货币的时间价值,即用增加价值占投入货币的百分数来表示。例如,前述货币的时间价值为3%。

货币时间价值是金融中十分重要的概念。思考以下的一个例子,某公司正考虑是否投资100万元,该项投资在以后的9年中每年产生20万元的收益。你

认为该公司是否应接受这一项目呢？乍一看，谁都会说当然应该。但要知道，这100万元是马上付出的，而那每年20万元的收益是在将来才能得到。而且当前付出的数额100万元是确定的，而未来的收益只能是预期。这样，在正确决定一个项目时，我们必须考虑货币的时间价值。

（二）货币时间价值产生的原因

1. 货币时间价值的形成

货币时间价值的产生是货币所有权与使用权分离的结果。在商品生产和商品交换的初期，货币时间价值表现为高利贷形式，由于高利贷的利率很高，债务人很难将借到的货币作生产性运用。随着商品经济不断发展，到了资本主义社会便产生借贷资本，借贷资本所有者把资本的使用权转让给产业资本家或商业资本家，他们将资金用到生产或流通过程去创造利润，然后借贷资本所有者以利息的方式收回，利息多少是按一定量的货币被贷放出去的时间长短来衡量的。货币时间价值这个观念便产生了。

2. 货币时间价值产生的原因

企业资金循环和周转的起点是投入货币资金，企业用它来购买所需的资源，然后生产出新的产品，产品出售时得到的货币量大于最初投入的货币量。资金的循环和周转以及因此实现的货币增值，需要或多或少的时间，每完成一次循环，货币就增加一定数额，周转次数越多，增长额越大。因此，随着时间的延续，货币总量在循环和周转中按几何级数增长，使得货币具有时间价值。此外，还有其他原因，比如说货币购买力会因通货膨胀的影响而随时间改变；预期收益不确定；消费者更喜欢即期消费，必须给予补偿才会放弃即期消费；等等。

3. 货币时间价值的表现

货币时间价值只考虑时间因素而不考虑风险因素，因而货币时间价值是时间的函数。从量的规定性来看，尽管各企业价值周转中的价值增值程度不同，但是，市场经济条件下的竞争使得各企业的价值增值水平趋于平均化，因此，货币时间价值体现为社会平均的价值增值水平。货币时间价值从相对量可视为有效利息率，从绝对量看就是使用货币资本所付出的代价，即资本成本或机会成本。

二、终值与现值

要了解当前1元与未来1元的关系，我们必须要了解终值和现值的概念，这是货币时间价值中的两个基础概念。

(一)终值及终值利率系数

终值(future value ,FV)是指,在已知利率下,一笔金额投资一段时期所能增长到的数量。换句话说,终值是一项投资在未来某个时点的价值。我们从最简单的单期投资开始讨论。

1. 单期投资

假定你存100元到一个年利率为10%的储蓄账户中,1年后你会有多少钱呢?你将有110元。这110元来自100元本金加上10元的利息。我们称这110元为10%利率下,将100元投资1年的终值。意思是说,在10%的利率下今天的100元在1年后的价值是110元。

一般说来,如果你在利率 i 下投资1期,你每投资1元,将收回 $(1+i)$ 元。

2. 多期投资

假设利率不变,100元投资2年后你有多少钱呢?第1年年末时,如果你继续把所有的110元都继续存入银行,那么,第2年中你就可以赚取110元×0.10=11元的利息,因此,2年后你共有110+11=121元。这121元就是100元在年利率为10%下2年后的终值。它相当于1年后你以10%的利率将110元再投资1年。因此,你每投资1元可以收回1.1元,总计110元×1.1=121元。

这121元包括4个部分:第一部分是原本的本金100元;第二部分是第1年赚取的利息10元;第三部分是你在第2年赚取的另一个10元利息;第四部分是第1年年末的利息在第2年所赚取的利息:10元×0.10=1元。

这个过程把所有的钱和累积的利息留在投资中超过1期,从而对利息进行了再投资,所以叫重复生息。重复生息指赚取利上利,因此我们称这部分利息为复利(compound interest),即通常讲的“利滚利”。

对于本金为 PV_0、利率为 i,投资 n 年的复利终值的计算公式推导如下:

$$FV_1 = PV_0 + PV_0 \times i = PV_0(1+i)$$

$$FV_2 = PV_0 \times (1+i) + PV_0(1+i) \times i = PV_0 \times (1+i)^2$$

$$FV_3 = PV_0 \times (1+i)^2 + PV_0(1+i)^2 \times i = PV_0 \times (1+i)^3$$

$$\vdots$$

$$FV_n = PV_0 \times (1+i)^n$$

其中,$(1+i)^n$ 称为1元的复利终值系数(future value interest factor)或简称

终值系数(future value factor),可缩写为FVIF(i,n),有时也用符号(F/P,i,n)表示。例如,(F/P,10%,2)表示利率为10%的2期复利终值系数。为了便于计算,可通过查询"复利终值系数表"。该表的第一行是利率i,第一列是计息期数n,相应的$(1+i)^n$值在其纵横相交处。通过该表可以查出,(F/P,10%,2)=1.21。

值得注意的是,多期投资中,如果考虑利息不再投资,就采用单利(simple interest)计算终值,即只计算本金所带来的利息,而不考虑利息产生的利息。

单利利息的计算公式是:

$$I = PV_0 \times i \times n$$

其中,I表示利息;PV_0表示本金,即现值;i表示年利率;n表示计息的期数,常以年为单位。

单利终值是指在单利计息方式下,现在一定量资金的未来价值,即本利和。用fv_n表示单利终值,则单利终值的计算公式为:

$$fv_n = PV_0 + I = PV_0 + PV_0 \times i \times n = PV_0(1 + i \times n)$$

比如,现在的1元钱,年利率为10%,第1年到第2年各年年末的单利终值可计算如下:

第1年年末的单利终值=1×(1+10%×1)=1.1(元)

第2年年末的单利终值=1×(1+10%×2)=1.2(元)

很显然,单利下的终值1.2元小于复利下的终值1.21元,时间越长,利率越高,这种差别越大。因此,理财活动中更经常使用复利的概念。

(二)现值和现值利率系数

终值是一项投资在未来某个时点的价值。与终值相对的是现值概念。

假定10年后,你需要10 000元,而且你的钱可以赚取6.5%的报酬。问今天你必须投资多少才能实现目标?这就是求现值的问题。

1.单期投资

现在我们知道投资1期终值是1元,在10%的利率下现值(present value,PV)是多少?答案不难求出。所有我们今天所投资的金额,1年后都将变为1.1倍。因此:

现值×1.1=1元

现值=1元/1.1=0.909元

在本例中现值回答了以下问题:“如果利率是 10%,今天要投资多少,1 年后才能拿到 1 元?”现值正好是终值的倒数。在这里,我们把钱贴现(discount,有时也称折现)回到现在,而不再是指将钱复利到未来。

2. 多期投资

假定 2 年后,你需要 1 000 元,而且你的钱可以赚取 7% 的报酬。问今天你必须投资多少才能实现目标? 换句话说,如果利率是 7%,2 年后,你需要的 1 000元的现值是多少?

1 000 元 $= PV \times 1.07 \times 1.07 = PV \times 1.07^2 = PV \times 1.1449$

现值 $PV = 1\,000$ 元 $/1.1449 = 873.44$ 元

前面提及的例子,假定 10 年后,你需要 10 000 元,而且你的钱可以赚取 6.5% 的报酬。作为练习,大家可以算出今天你必须投资 5 327.26 元才能实现目标。

上述例子中我们考虑了利息的再投资,也就是复利下的贴现问题。复利方式下,当每期利率(或者叫贴现率或折现率)为 i 时,n 期后将收到的 1 元的现值为:

$$\frac{1}{(1+i)^n}$$

上式用来对未来的现金流量进行贴现,因此常被叫做贴现系数。从这个名称上不难理解为何计算过程中的利率被叫做贴现率。$\frac{1}{(1+i)^n}$ 常被叫做在利率 i 下、n 期的 1 元的现值利率系数(present value interest factor)或简称现值系数(present value factor),可缩写为 PVIF(i, n),有些地方也用符号(P/F, i, n)来表示。例如,(P/F,10%,5)表示利率为 10% 时 5 期的复利现值系数。为了便于计算,可通过查询“复利现值系数表”。

以上这种计算未来现金流量的现值以决定它在今天的价值的方法,通常就叫做贴现现金流量(discounted cash flow,DCF)估价。

在多期现值的计算中,同样存在单利和复利的差异。单利现值(用 pv_0 表示)的计算公式,即:

$$pv_0 = \frac{fv_n}{1 + i \times n}$$

如年利率为 10%,第 1 年、第 2 年年末的 1 000 元钱,在单利的方式下其现

值计算如下：

$$第1年年末的现值=\frac{1}{1+10\%\times1}=\frac{1}{1.1}=0.909(元)$$

$$第2年年末的现值=\frac{1}{1+10\%\times2}=\frac{1}{1.2}=0.833(元)$$

显然，单利的方式下其现值大于复利方式下的现值。由于理财活动中经常使用复利概念，故本书不再对单利进行赘述。

第二节 基本现值等式及应用

观察现值和终值的表达式可以发现它们之间有一种非常简单的关系：

$$终值系数=(1+i)^n$$

$$现值系数=\frac{1}{(1+i)^n}$$

$$FV=PV(1+i)^n \text{ 或者 } PV=\frac{FV}{(1+i)^n}$$

现值和终值相互换算的关系就叫基本现值等式，是金融中非常重要的概念。在基本现值等式中知道 PV、FV、i、n 中任意三个变量，可以求出另外的第四个变量，实现相应的决策目的。

【例 4-1】 已知 FV、i、n，求现值 PV

某投资项目预计 6 年后可获得收益 1 000 万元，按年利率 12% 计算，问这笔收益相当于现在的价值是多少？

解：

$$\begin{aligned} PV &= FV\times(1+i)^{-n}=FV\times(\mathrm{P/F,i,n})\\ &=1\,000\times(1+12\%)^{-6}\\ &=1\,000\times(\mathrm{P/F},12\%,6)\\ &=1\,000\times0.506\,6=506.6(万元)\end{aligned}$$

【例 4-2】 已知 PV、n、i，求终值 FV

1626 年，荷属美洲新尼德兰省总督 Peter Minuit 花了大约 24 美元从印第安人手中买下曼哈顿岛。而到 2014 年 1 月 1 日，曼哈顿岛的价值已经达到大约 2.5 亿美元。以 24 美元买下曼哈顿，Peter Minuit 无疑占了一个天大的便宜。但是，转换一下思路，如果当时的印第安人拿着 24 美元去投资，按照 11%（美国近 70 年股市的平均投资收益率）的投资收益计算，到 2014 年，这笔交易大约有

387 年。这 24 美元的价值是多少呢?

解:$FV = 24 \times (F/P, 11\%, 387) = 8\ 321\ 546$(万亿美元)

这个经典的故事说明了复利的威力。既定利率下,复利的威力随着投资时间的延长而凸显。爱因斯坦就说过,“宇宙间最大的能量是复利,世界的第八大奇迹是复利”。

读者可以思考,复利的巨大威力对你的投资理财有何种启发呢?

【例 4-3】 已知 PV、FV、n,求 i

某公司现有资本 100 万元,欲使它在 5 年后达到原来的 2 倍,则可选择投资的最低报酬率是多少?

解:

$$FV = 100 \times 2 = 200(\text{万元})$$

$$FV = 100 \times (1 + i)^5 = 200(\text{万元})$$

$$(1 + i)^5 = 2$$

$$(F/P, i, 5) = 2$$

查“1 元的复利终值系数表”,在 $n = 5$ 的行中找到与 2 最接近的值为 1.925 4和 2.100 3,对应的 i 值分别为 14% 和 15%,即:

$$(F/P, 14\%, 5) = 1.925\ 4$$

$$(F/P, 15\%, 5) = 2.100\ 3$$

根据插值法原理:

$$\frac{i - 14\%}{15\% - 14\%} = \frac{2 - 1.925\ 4}{2.100\ 3 - 1.925\ 4}$$

$$i = 14.43\%$$

所以,只有当投资机会的最低报酬率为 14.43% 时,才可能使现有的资本在 5 年后达到原来的 2 倍。

【例 4-4】 已知 PV、FV、i,求 n

某公司现有资本 100 万元,欲投资于报酬率为 6% 的投资机会,经过多少年后才可能使现有资本增加 1 倍?

解:

$$FV = 100 \times 2 = 200(\text{万元})$$

$$FV = 100 \times (1 + 6\%)^n = 200(\text{万元})$$

$$(1 + 6\%)^n = 2$$

$$(F/P, 6\%, n) = 2$$

查“1 元的复利终值系数表”,在 $i = 6\%$ 的列中找到与 2 最接近的值为

1.898 3和2.012 2,对应的n值分别为11和12。即:

$$(F/P,6\%,11)=1.898\ 3$$

$$(F/P,6\%,11)=2.012\ 2$$

根据插值法原理:

$$\frac{n-11}{12-11}=\frac{2-1.898\ 3}{2.012\ 2-1.898\ 3}$$

$$n=11.89(\text{年})$$

所以,在11.89年以后可以使现有资本增加1倍。在这个特殊的例子中,有个“72法则”可以求解时期n。在合理报酬率下,使你的钱变成2倍大约需要$72/i$的时间。上例中,$72/i=72/6=12$。利率在5%~20%,“72法则”比较准确。

第三节 多期现金流与年金估值

一、多期现金流量的PV和FV

(一)多期现金流量的FV

【例4-5】 目前你在银行账户中有7 000元。利率为8%。在未来3年的每年年末分别存入4 000元、5 000元和6 000元。3年后你的账户有多少钱?

解:这个问题涉及多笔现金流的终值问题。原理与单笔现金流的终值计算类似,只是我们需要注意,不同时点的价值不能简单相加。由于每次收入或付出的款项是不相等的情况,必须计算这些不等额现金流入量或流出量的终值之和。因此,需要分别对4笔现金流计算终值。

$FV=7\ 000\times(1+8\%)^3+4\ 000\times(1+8\%)^2+5\ 000\times(1+8\%)^1+6\ 000\times(1+8\%)^0$

$FV=24\ 883.58$

推广到一般情形,不等额的多期现金流量终值的计算公式是:

$$FV=\sum_{t=0}^{n}P_t(1+i)^t$$

(二)多期现金流量的PV

【例4-6】 你在未来4年中要支付的租约费用呈增长趋势,分别是第1年末为 1 000 元,第 2 年末为 1 500 元,第 3 年末为 1 800 元,第 4 年末为 2 000 元,如果利率为 10%,计算今天你需要准备多少资金在账户上才能应付租约开支?

解:这个问题涉及多笔现金流的现值问题。原理与单笔现金流的现值计算类似,但由于每次收入或付出的款项是不相等的情况,我们需要逐笔计算。

$$PV = 1\,000 \div (1+10\%)^1 + 1\,500 \div (1+10\%)^2 + 1\,800 \div (1+10\%)^3 + 2\,000 \div (1+10\%)^4$$

$$PV = 4\,867.15$$

推广到一般情形,不等额的多期现金流量现值的计算公式是:

$$PV = \sum_{t=0}^{n} F_t \frac{1}{(1+i)^t}$$

【例 4-7】 有一系列现金流量如表 4-1 所示,贴现率为 8%,求这系列不等额现金流量的现值。

表 4-1 不等额现金流量表

年(t)	0	1	2	3	4
现金流量(元)	2 000	3 000	4 000	5 000	6 000

解:

$$PV = 2\,000 \times (P/F,8\%,0) + 3\,000 \times (P/F,8\%,1) + 4\,000 \times (P/F,8\%,2) + 5\,000 \times (P/F,8\%,3) + 6\,000 \times (P/F,8\%,4)$$

$$= 2\,000 \times 1 + 3\,000 \times 0.925\,9 + 4\,000 \times 0.857\,3 + 5\,000 \times 0.793\,8 + 6\,000 \times 0.735\,0$$

$$= 16\,585.90(\text{元})$$

二、年金终值和现值

年金是指一定时期内每期等额的收付款项。如利息、租金、保险费等通常表现为年金的形式。按发生的时点不同,年金分为普通年金、即付年金、递延年金和永续年金。

普通年金(又称后付年金)是指每期期末等额的系列收付款项(本书凡涉及年金问题,如不作特殊说明均指普通年金);预付年金(又称先付年金)是指每期期初等额的系列收付款项;递延年金是指经过一段时期再发生的普通年金;永续年金是指持续无终点的普通年金。

读者可以思考,生活中有哪些情形属于普通年金?或者其他类型的年金呢?

(一)普通年金终值和现值

1. 普通年金终值

图 4-1 显示了普通年金终值计算的时间线。普通年金终值是指其最后一次支付时的本利和,犹如零存整取的本利和,它是每次支付的复利终值之和。其计算原理如图 4-1 所示。设每年的支付金额为 A,利率为 i,期数为 n,则按复利计算的普通年金终值 FV 为:

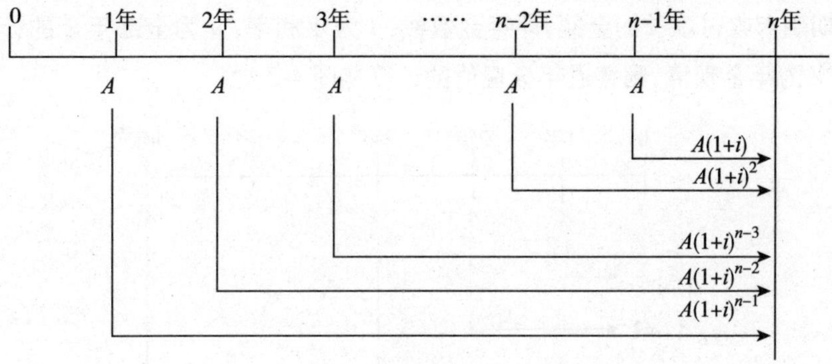

图 4-1　年金终值示意图

$$FV = A + A(1+i) + A(1+i)^2 + \cdots + A(1+i)^{n-1}$$

等式两边同乘以(1 + i):

$$FV(1+i) = A(1+i) + A(1+i)^2 + A(1+i)^3 + \cdots + A(1+i)^n$$

上述两式相减:

$$(1+i)FV - FV = A(1+i)^n - A$$

$$FV = \frac{A(1+i)^n - A}{(1+i) - 1}$$

$$FV = A\frac{(1+i)^n - 1}{i}$$

式中的 $\frac{(1+i)^n - 1}{i}$ 是普通年金为 1 元、利率为 i、经过 n 期的年金终值,记作(F/A, i, n)。可通过查询“年金终值系数表”得到。

【例 4-8】 某公司在 5 年内每年年末在银行借款 1 000 万元,借款年利率为 10%,则该公司在第 5 年年末应付银行的本利和是多少?

解：

$$FV = 1\,000 \times \left[\frac{(1 + 10\%)^5 - 1}{10\%}\right]$$
$$= 1\,000 \times (F/A, 10\%, 5)$$
$$= 1\,000 \times 6.1051$$
$$= 6\,105.1(万元)$$

2. 普通年金现值

普通年金现值，是指一定期间内每期期末等额收付款项的现值之和。设A为每期期末收付款项的金额，即年金数额，i 为年利率，n 为全部年金的计息期数，PV 为年金现值，则普通年金现值的计算如图4-2。

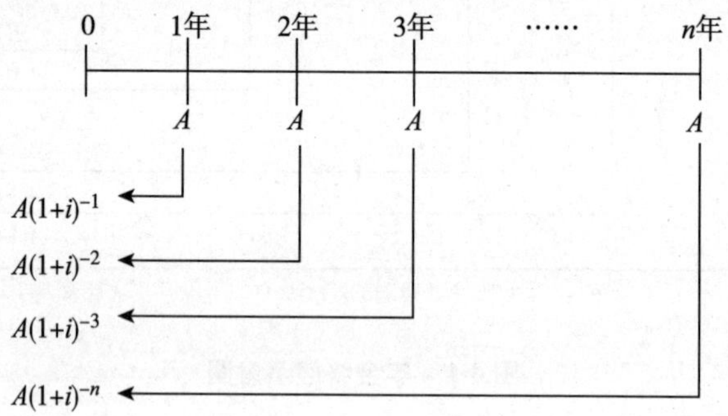

图4-2　年金现值示意图

普通年金现值的计算公式为：

$$PV = A \times \frac{1}{(1+i)} + A \times \frac{1}{(1+i)^2} + A \times \frac{1}{(1+i)^3} + \cdots + A \times \frac{1}{(1+i)^{n-1}} + A \times \frac{1}{(1+i)^n}$$

$$= A \times \left[\frac{1}{(1+i)} + \frac{1}{(1+i)^2} + \frac{1}{(1+i)^3} + \cdots + \frac{1}{(1+i)^{n-1}} + \frac{1}{(1+i)^n}\right]$$

$$= A \times \frac{1 - (1+i)^{-n}}{i}$$

其中，$\frac{1 - (1+i)^{-n}}{i}$ 称为年金现值系数，是普通年金为1元，利率为 i，经过 n 期的年金现值，记作 $(P/A, i, n)$。可通过查“普通年金现值系数表”得到。

【例4-9】 某投资项目的有效期限为10年，从今年起每年可得到收益

10 000元,按年利率 10% 计算,10 年的收益现值为:

解:

$$PV = 10\ 000 \times \frac{1-(1+10\%)^{-10}}{10\%}$$

$$= 10\ 000 \times (P/A,10\%,10)$$

$$= 10\ 000 \times 6.145$$

$$= 61\ 450(元)$$

(二)预付年金终值和现值

预付年金,是指在一定时期内每期期初等额的收付款项。预付年金和后付年金的区别在于收付款项时间不同,即前者在每期期初收付款项,而后者是在每期期末收付款项。

1. 预付年金终值的计算

n 期预付年金终值与 n 期普通年金终值之间的关系如图 4-3 所示。

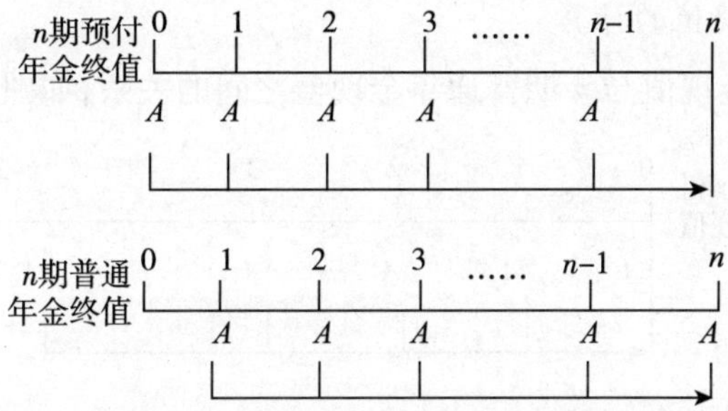

图 4-3 预付年金终值与普通年金终值之间的关系图解

从图中可知,n 期预付年金与 n 期普通年金的付款次数相同,但由于付款时间不同,n 期预付年金终值比 n 期普通年金终值多计算一期利息。因此在 n 期普通年金终值的基础上乘以$(1+i)$,就是 n 期预付年金终值。预付年金终值的计算公式为:

$$FV = A(1+i) + A(1+i)^2 + \cdots + A(1+i)^n$$

$$= A \times \frac{(1+i) \times [1-(1+i)^n]}{1-(1+i)}$$

$$= A \times \frac{(1+i)-(1+i)^{n+1}}{-i}$$

$$= A \times \left[\frac{(1+i)^{n+1}-1}{i}-1\right]$$

式中的$\left[\frac{(1+i)^{n+1}-1}{i}-1\right]$是预付年金终值系数,或称1元的预付年金终值。它和普通年金终值系数$\left[\frac{(1+i)^{n}-1}{i}\right]$相比,期数加1,而系数减1,可记作$[(F/A, i, n+1)-1]$,并可利用"年金终值系数表"查得$(n+1)$的值,减去1后得出1元预付年金终值。

【例4-10】 $A=200$, $i=8\%$, $n=6$的预付年金终值是多少?

解:

$$FV = A \times [(F/A, i, n+1)-1]$$
$$= 200 \times [(F/A, 8\%, 6+1)-1]$$

查"年金终值系数表":$(F/A, 8\%, 7) = 8.922\ 8$

$$FV = 200 \times (8.992\ 8 - 1) = 1\ 584.56(\text{元})$$

2. 预付年金现值的计算

n期预付年金现值与n期普通年金现值之间的关系,如图4-4所示。

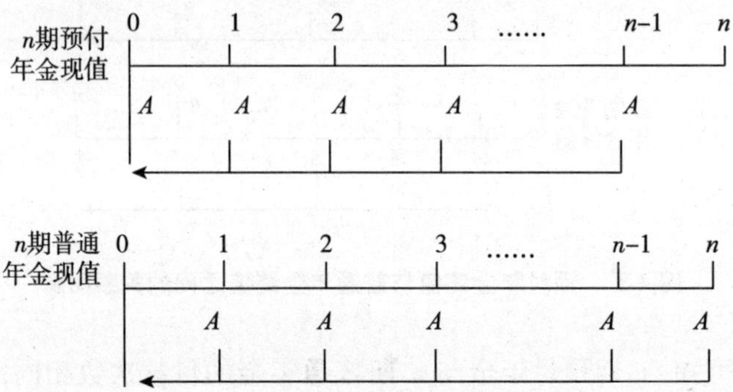

图4-4 预付年金现值与普通年金现值之间的关系图解

从图中4-4中可以看出,n期预付年金现值与n期普通年金现值的期限相同,但由于付款时间不同,n期预付年金现值比n期普通年金现值多折现一期。所以,在n期普通年金现值的基础上乘以$(1+i)$,便可以求出n期预付年金的现值,即预付年金现值的计算公式:

$$PV = A + A(1+i)^{-1} + A(1+i)^{-2} + \cdots + A(1+i)^{-(n-1)}$$

$$= \frac{A \times [1-(1+i)^{-n}]}{1-(1+i)^{-1}}$$

$$= A \times \frac{1-(Hi)^{-n}}{\frac{1+i}{1+i} - \frac{1}{1+i}}$$

$$= A \times \frac{[1-(1+i)^{-n}](1+i)}{i}$$

$$= A \times \left[\frac{1-(1+i)^{-(n-1)}}{i} + 1\right]$$

式中的 $\left[\frac{1-(1+i)^{-(n-1)}}{i}+1\right]$ 是预付年金现值系数,或称 1 元的预付年金现值。它和普通年金现值系数 $\left[\frac{1-(1+i)^{-n}}{i}\right]$ 相比,期数要减 1,而系数要加 1,可记作$[(P/A,i,n-1)+1]$。可利用"年金现值系数表"查得$(n-1)$期的值,然后加 1,得出 1 元的预付年金现值。

【例 4-11】 某公司租用一台设备,租期为 5 年,每年年初支付租金 1 000 元,年利率为 8%,试问 10 年支付租金的现值为多少?

解:

$PV = A \times [(\mathrm{P/A},i,n-1)+1]$

$= 1\,000 \times [P/A,8\%,5-1)+1]$

$= 1\,000 \times (3.321+1) = 43\,121$ (元)

(三)递延年金终值和现值

递延年金是指在最初若干期没有收付款项的情况下,后期若干期有等额系列收付款项。递延年金是普通年金的特殊形式,凡不是从第一期开始收付的普通年金都是递延年金。

显然递延年金终值与递延期数无关,其计算方法与普通年金终值相同。

递延年金现值的计算方法有两种:

第一种方法,可称为分段法,思路是将递延年金分段计算,先求出正常发生普通年金期间的递延期末的现值,然后再将此现值按一次性收付的复利现值的计算方法,折算为第一期期初的现值。

具体计算过程是,设递延期为 m ,$m+1$ 期至 $m+n$ 期收付额为 A ,则其递延期末的现值和递延年金的现值分别为:

递延期末的现值 $= A \times \frac{1-(1+i)^{-n}}{i} = A \times (\mathrm{P/A}, i, n)$

第一期期初的现值 = 递延期末的现值 $\times (1+i)^{-m}$

$= A(P/A,\ i\ ,\ n)(1+i)^{-m}$

第二种方法，可称为扣除法，思路是假定递延期中也进行收付，先将递延年金视为正常普通年金，计算普通年金现值，然后扣除递延期间未发生的普通年金现值，其结果即为递延年金现值。

具体计算过程是先求出 $m+n$ 期的年金现值，然后扣除实际并未收付的递延期 m 中的年金现值，即可得出最终的结果。计算公式为：

$$PV = A(\mathrm{P/A}, i, m+n) - A(\mathrm{P/A}, i, m)$$

【例 4-12】 某公司决定从经营期第 5 年年末起，每年动用 10 万元用于职工培训，共计 5 年，年利率为 8%。问现在应存入银行多少元？

解：

由题目可知：A = 100 000，m = 4，$m+n$ = 9，则

若按第一种方法，计算如下：

第 4 年年末的现值 $= A(P/A, i\ ,\ n) = 100\ 000 \times (P/A, 8\%, 5)$

$= 100\ 000 \times 3.992\ 7 = 399\ 270$（元）

现在应存入银行的金额 $= 399\ 270 \times (1+8\%)^{-4}$

$= 399\ 270 \times 0.735$

$= 293\ 463.45$（元）

若按第二种方法，计算如下：

现在应存入银行的金额 $= A(P/A,\ i\ ,\ m+n\ ) - A(P/A\ ,\ i\ ,\ m\ )$

$= 100\ 000 \times [\ (P/A, 8\%, 9) - (P/A, 8\%, 4)\ ]$

$= 100\ 000 \times (6.246\ 9 - 3.312\ 1) = 293\ 480$（元）

注意，以上两个结果的误差，属于计算精确率误差。

（四）永续年金的终值和现值

永续年金是指无限期支付的年金，每期现金流相等，直到无穷远。优先股，存本取息可视为永续年金的一个例子。永续年金没有终止的时间，也没有终值。永续年金的现值可以通过普通年金现值的计算公式导出：

$$PV = A \times \frac{1-(1+i)^{-n}}{i}$$

当 $n \to \infty$ 时, $(1+i)^{-n}$ 的极限为0,故上式可写成:

$$PV = A \times \frac{1}{i}$$

【例 4-13】 如果1股优先股,每季分得利息2元,而利率是每年6%。对于一个准备买这种股票的人来说,他愿意出多少钱来购买此优先股?

解:

$$PV = \frac{2}{1.5\%} = 133.33(\text{元})$$

若假定上述优先股股利是每年2元,而利率是年利率6%,该优先股的价值是:

$$PV = \frac{2}{6\%} = 33.33(\text{元})$$

(五)永续增长年金的终值和现值

永续增长年金是指无限期支付的增长年金,每期现金流按照固定速度增长,直到无穷远。假设第一期现金流为 A_1 ,每期现金流按照固定速度 g 增长,贴现利率为 i ,则永续增长年金的现值可以表示如下:

$$PV = \frac{A_1}{(1+i)^1} + \frac{A_1(1+g)}{(1+i)^2} + \frac{A_1(1+g)^2}{(1+i)^3} + \cdots$$

是否有捷径计算永续增长年金的现值呢?答案是肯定的。方法是:将上式方程两边左右同乘 $\frac{(1+g)}{(1+i)}$,则得到一个新的方程如下:

$$PV \times \frac{1+g}{1+i} = \frac{A_1(1+g)}{(1+i)^2} + \frac{A_1(1+g)^2}{(1+i)^3} + \frac{A_1(1+g)^3}{(1+i)^4}\cdots$$

将以上两方程相减,可得到永续增长年金的现值公式:

$$PV = \frac{A_1}{i-g}$$

【例 4-14】 从大学毕业很多年后,你准备在母校设立一个以你的名字命名的永续增长基金以奖励优秀在校学生。如果利率为10%,你准备在第一年提供10万元的奖金,以后奖金按照每年5%的速度增长,请问你需要存多少钱?

解:永续增长基金的现值 $= \frac{100\,000}{10\% - 5\%} = 200(\text{万元})$

第四节　名义利率和实际利率

上面讨论的有关计算是假定利率是年利率，但是在现实生活中，复利期不一定总是一年，有可能是季、月或日。例如，有些债券半年计息一次，有的抵押贷款每月计息一次，银行拆借资本每天计息一次。当每年复利次数超过一次，给定的年利率叫做名义利率，而每年只复利一次的利率才是实际利率。

计算一年内多次复利的时间价值，有两种方法。

第一种方法：将名义利率调整为实际利率，然后将实际利率计算时间价值。调整公式是：

$$i = (1 + \frac{r}{m})^m - 1$$

其中：i 为实际利率，r 为名义利率，m 为每年复利次数。

【例 4-15】 某企业年初存入银行 100 万元，在利率为 10%、半年复利一次的情况下，到第 10 年年末，该企业可得到的本利和是多少？

解：由题知：$PV = 100$，$r = 10\%$，$m = 2$，$n = 10$

则：

$$\begin{aligned} i &= (1 + \frac{r}{m})^m - 1 \\ &= (1 + \frac{10\%}{2})^2 - 1 \\ &= 10.25\% \end{aligned}$$

$$\begin{aligned} FV &= PV \times (1 + i)^n \\ &= 100 \times (1 + 10.25\%)^{10} \\ &= 265.3(\text{万元}) \end{aligned}$$

第二种方法：不计算实际利率，直接调整有关指标，即利率为 r / m，期数为 $m \times n$。

【例 4-16】 利用上例的有关数据，用第二种方法计算本利和。

解：

$$FV = PV(1 + \frac{r}{m})^{mn}$$

$$= 100 \times (1 + \frac{10\%}{2})^{2\times 10}$$

$$= 100 \times (F/P,5\%,20)$$

$$= 265.3(\text{万元})$$

这里,如果期数趋向于无限大,即 $m \to \infty$,也就是说复利间隔很短,可以看做无穷小量,这种计息方式则称之为连续复利(continuous compound interest)。连续复利下 $(1+\frac{r}{m})^m$ 的近似值为 e^r , $e = 2.71828$ 。名义年利率为 r 下,本金为 PV 的资金,连续复利 t 年的终值为:

$$FV = PV \times e^{rt}$$

【例 4-17】 老张在银行存入 1 000 元,复利率为每年 10%,按照连续复利计算 10 年后的老张的本利和。

解:

$$FV = PV \times e^{rt}$$

$$= 1\,000 \times e^{0.1\times 10}$$

$$= 2\,718.28(\text{元})$$

第五节　分期偿还贷款

按贷款的偿还方式,贷款可分为一次性还清贷款和分期偿还贷款。分期偿还贷款指借款人按贷款协议规定在还款期内分次偿还贷款,还款期结束,贷款全部还清。这种贷款适合于借款金额大、借款期限长的贷款项目。

分期偿还贷款按具体偿还方式,可分为等额本息还款和等额本金还款。等额本息还款是借款人每期偿还的本息总额相等。

等额本金还款指借款人每期偿还的本金数额相等,而且每年支付借款余额的利息。

等额本息还款中又可以进一步分为完全等额本息偿还法与部分等额本息偿还法。完全分期等额偿还法是指贷款本息按某一相同的金额定期偿付,而不是在到期日一次还本付息的方法,可使贷款人减少因借款人到期无法偿付借款所带来的风险;部分分期等额偿还法是指部分贷款分期等额偿付,其余部分贷款则采用分期付息、到期一次还本的方法。完全等额本息偿还贷款在生活中很常用,部分分期等额偿还法较少,所以下面主要比较等额本金还款和完全等额本息还款。

一、等额本息还款

其实,处理分期付款问题是年金现值概念最广泛的应用。通常遇到的汽车贷款、住房抵押贷款和许多商业贷款都是以分期付款形式偿还。分期付款通常是结构化的,因此周期性的偿还固定金额的款项,通常根据贷款的条款按月偿付。每一次付款都包括一个月的利息和一定金额的本金。利息根据每月月初的未偿还贷款余额来确定,因此贷款的本金减少了,利息也逐渐减少。由于每个月的付款金额一定,连续的付款中用来偿还本金的部分越来越大,而利息所占的份额越来越少。

将年金现值公式应用于贷款中,设借到的数额总是年金的现值 PVA,每次偿还贷款的数额总是 PMT。

【例 4-18】 假定李先生借入 10 000 元,以年利率 12%,3 年内按月等额本息的形式偿还,每月偿还多少贷款?

解:由题目知,$i=12\%/12=1\%$,$n=3$ 年 ×12 个月/年 = 36 月,查表得 $(P/A,1\%,36)=30.1075$

$$PVA = PMT \times (P/A,1\%,36)$$

$$10\,000 = PMT \times 30.1075$$

$$PMT = 332.14(\text{元})$$

【例 4-19】 假设你要买辆车,并有能力每月支付 500 元。银行提供 3 年的汽车贷款,年利率为 12%,按月计利息。问为购买新车你能从银行贷到多少钱?

解:由题目知,$i=12\%/12=1\%$,$n=3$ 年 ×12 个月/年 = 36 月,查表得 $(P/A,1\%,36)=30.1075$

$$PVA = PMT \times (P/A,1\%,36)$$

$$PVA = 500 \times 30.1075$$

$$PVA = 15\,053.75(\text{元})$$

因此银行将贷给你 15 053.75 元。

分期付款进度表列出了每一笔付款额,即将支付多少利息和减少多少本金。并且还显示了每一期期初和期末尚未偿还本金的金额。

我们建立一个分期付款的进度表,我们必须知道贷款额,每期还款额和利率,用例4-19来说明。表4-2给出了前两行的全部计算结果。

作为练习,读者在看过表4-2第一行的解释说明后,检验第二行的数据,并将第三行和第四行空白处填写。

表4-2　等额本息分期付款进度表的一部分　　单位:元

期	期初余额	每期偿付本利总额	利息(1%)	偿还的本金	期末余额
1	15 053.75	500	150.54	349.46	14 704.29
2	14 704.29	500	147.04	352.96	14 351.33
3		500			
4		500			
⋮	⋮	⋮	⋮	⋮	⋮

贷款额为15 053.75,这是第一个月的期初余额。每期还款额为500元,填入每一行的还款额一列中,每年的利率为12%,则每月利率1%,因此每个月交付的利息为当初余额的1%。

$$15\,053.75 \times 0.01 = 150.54(\text{元})$$

由于每月还款额为500元,第一个月利息150.54元,之间的差额349.46元就是偿还本金的数额。期末的贷款余额就是期初余额减去本金的减少值,为14 704.29元,这个数值成为下一期的期初余额,计算过程延续下去。

整个过程进行36个月,直到最后一个期末余额为0。在偿还时要注意每期还款额中不同款项的组合比例。利息费用是逐渐减少的,偿还本金的金额逐渐增大,而总的每期还款额是恒定的。

二、等额本金还款

等额本金还款由于每期偿还的本金数额相等,但是每期支付借款余额的利息不等,因此,每期支付的本利和不等。由于计算利息的本金越来越少,所以各期支付的利息就递减。在每期偿还本金恒定的情况下,总付款额就呈递减趋势。

将表4-2调整为等额本金还款方式,如表4-3所示。作为练习,读者在看过表4-3第一行的计算后,检验第二行的数据,并将第三行和第四行空白处填完整。

表 4-3　等额本金分期付款进度表的一部分　　单位:元

期	期初余额	每期偿付本利总额	利息(1%)	偿还的本金	期末余额
1	15 053.75	568.70	150.54	418.16	14 635.59
2	14 635.59	564.52	146.36	418.16	14 217.43
3				418.16	
4				418.16	
⋮	⋮	⋮	⋮	⋮	⋮

读者也请思考,比较等额本息还款和等额本金还款的特点,哪种还款方式的利息负担更重呢?

事实上,比较表 4-2 和 4-3 的前两行,读者就会发现,由于等额本金还款方法偿还本金的速度比等额本息还款更快,所以利息负担更小。

三、抵押贷款的例子

抵押贷款是分期偿还贷款的一种。用于购置房地产的贷款,通常是普通人一生中最大的财务交易,典型的抵押贷款是一项可以长达 30 年的按月还款计息的分期偿还贷款,需要还款 360 次。

【例 4-20】 假设你从住地的商业银行获得了一笔 250 000 元的房屋抵押贷款,假定你选择在今后 30 年里按月等额本息还款。假定利率为每月 1%,每月偿还多少贷款?

解:采用等额本息还款的方式下,还款现金流构成年金特点。由题目知,$i = 1\%$, $n = 30$ 年 × 12 个月 / 年 = 360,查表得$(P/A, 1\%, 360) = 97.218$

$$PVA = PMT \times (P/A, 1\%, 360)$$

$$250\,000 = PMT \times 97.218$$

$$PMT = 2\,572(元)$$

每月需偿还 2 572 元才能使全部偿付额的现值与 250 000 元相等。

在抵押贷款初期,基乎所有的付款都用来支付利息,例如上例中,一个偿还期为 30 年的抵押贷款,第一个月利息是 250 000 元的 1% 为 2 500 元。因此只有 72 元用来偿还本金,第一次还款中 97.2% 是支付利息的。

在抵押贷款的最后几期情况中就会反过来,还款额的大部分都用于偿还本金,换个说法,就是抵押贷款前几年本金的偿还速度非常缓慢,但是最后几年偿还得比较快。

我们注意到,采用等额本息还款的方式下,贷款的还款期过了一半时,并没有偿还一半的贷款。还如上例,我们计算偿还贷款的后一半现金流在第 15 年末的现值,应该是以 2 572 元支付 180 次的现值。用年金现值公式计算:

$$\begin{aligned} PVA &= PMT \times (P/A, 1\%, 180) \\ &= 2\ 572 \times 83.3217 \\ &= 214\ 303.41(元) \end{aligned}$$

因此,在偿还期已经过一半时候,250 000 元的贷款仍有近 214 303.41 元没有偿还,换句话说,最初贷款只有 14.28% 偿还了。

作为练习,读者也可以自己比较一下:本例中如果采用的是等额本金还款,在偿还期已经过一半时候,我们是否偿还了一半的贷款? 比较的结果将再次验证等额本息还款和等额本金还款的差异。

本章小结

(1)本章介绍了公司金融一个重要的概念:货币时间价值。复利不仅对本金计息,还要对利息计息,是计算货币时间价值最重要的方法。

(2)基本现值等式是现金流估价的基本关系,用符号表示为: $PV = \frac{FV}{(1+i)^n}$,代表了现值和终值相互换算的关系。在基本现值等式中,知道 PV(表示现值)、FV(表示终值)、i(表示贴现利率)、n(表示期数)中任意三个变量,可以求出另外的第四个变量,实现相应的决策目的。

(3)多期现金流的终值与现值估值原理同单笔现金流的估值原理,不同的是,多期现金流的终值等于各笔现金流终值的加总,而多期现金流的现值等于各笔现金流现值的加总。

(4)年金分为普通年金、预付年金、递延年金、永续年金,永续增长年金等。

(5)分期偿还贷款有多种还款方式,比如等额本金还款,等额本息还款等。

附录:Excel 在现金流估价中的应用

在 Excel 中财务函数相当重要,可以运用到现金流估价中。需要说明的是:下文中,凡投资(或支出)的金额都以负数形式表示,收益(或收入)的金额都以正数形式表示。

一、终值函数

终值是指现在的一笔资金按给定的利率计算的未来某一时刻的本利和，在 Excel 中提供了终值函数，可以用它计算不同情况下的资金的终值。

终值函数 *FV*( ) 的语法公式为：= *FV*(*rate*, *nper*, *pmt*, *pv*, *type*)

rate——各期利率，为固定值；

nper——总投资(或贷款)期，即该投资(或贷款)的付款期总额；

pmt——各期应付给(或得到)的金额，其数值在整个年金期间(或投资期间)保持不变；

pv——为现值，或一系列未来付款当前值的累积和，如果省略，则假设为 0；

type——为数字 0 或 1，用以指定各期的付款时间是在期初或期末，0 表示期末，1 表示期初，如果省略，则假设其值为 0。

1. 整收整付款项的复利终值

【附例 4-1】 某公司向银行借入 100 万元，该项贷款期限 3 年，年利率 6%，复利计息，到期一次还本付息，则该公司 3 年后应向银行偿还的本利和为多少？

分析：使用 *FV*( ) 计算，从条件知道 *rate* = 6%，*nper* = 3，*pv* = 100，其余参数可省略。见附图 4-1：在 B5 单元格中输入函数（建议使用插入函数 *fx* 方式输入）“= *FV*(B4, B3, , - B2)”，即可得到 3 年后应向银行偿还的本利和为 119.1 万元。

B5 =FV(B4, B3, , -B2)

	A	B
1	整收整付款项的复利终值计算	
2	现值（万元）	100
3	期限（年）	3
4	年利率	6%
5	复利终值（万元）	¥119.10

附图 4-1 整收整付款项的复利终值的计算

2. 年金终值

(1) 普通年金终值：

【附例 4-2】 某公司计划从今年开始，每年年末存入银行 30 万元，如果银行存款年利率8%，按年复利计息，那么5年后本利和为多少？

分析：采用 *FV*（ ）计算，此时参数 *rate* = 8%，*nper* = 5，*pmt* = 30，其余参数可省略。见附图4-2：在 *B*5 单元格输入公式"= *FV*（B4，B3，-B2）"，即可得到5年后本利和176万元。

B5 =FV(B4, B3, -B2)

	A	B
1	普通年金终值的计算	
2	年金（万元）	30
3	期限（年）	5
4	年利率	8%
5	复利终值（万元）	¥176.00

附图4-2 普通年金终值的计算

（2）先付（或预付）年金终值：

【附例4-3】 如果上例中改为每年年初存入银行30万元，那么5年后是多少呢？

分析：使用 *FV*（ ）函数，其中参数 *rate* = 8%，*nper* = 5，*pmt* = 30，*type* = 1，其他参数省略。见附图4-3：在 *B*5 单元格中输入函数"= *FV*（B4，B3，-B2，，1），即可得到5年后的本利和为190.08万元。

B5 =FV(B4, B3, -B2, , 1)

	A	B
1	先付年金终值的计算	
2	年金（万元）	30
3	期限（年）	5
4	年利率	8%
5	复利终值（万元）	¥190.08

附图4-3 先付年金终值的计算

（3）递延年金终值：

【附例4-4】 张三准备3年后每月月末将500元存入银行，如果银行存款月利率0.5%，按月复利计息，那么张三存款5年后的本利和为多少？

分析：使用 *FV*（ ）函数，*rate* = 0.5%，*nper* = 60，*pmt* = 500，其余参数省略。

输入公式"= *FV*（0.5%，60，-500），与前面操作一样，即可得到张三存款5年后可得到本利和为34 885元。

(4)永续年金终值:

永续年金由于没有到期日,所以没有终值。

二、现值函数

函数*PV*( )用来计算某项投资的一系列将来未偿还额的当前总值或一次性偿还额的现值,在 Excel 中提供了*PV*函数,可以用来计算现值。

函数*PV*( )的语法公式为: = *PV*(rate, nper, pmt, fv, type)

rate——各期利率,为固定值;

nper——总投资(或贷款)期,即该投资(或贷款)的付款期总额;

pmt——各期应付给(或得到)的金额,其数值在整个年金期间(或投资期间)保持不变;

fv——为终值,或在最后一次支付后希望得到的现金余额,如果省略,则假设为0;

type——为数字 0 或 1,用以指定各期的付款时间是在期初或期末,0 表示期末,1 表示期初,如果省略,则假设其值为 0。

1. 整收整付款项的复利现值

【附例 4-5】 李先生计划 8 年后为孩子购买一套价值 1 000 000 元的住房,假定银行存款年利率为 5%,按年复利计息,那么李先生现在应至少一次性存入银行多少钱?

分析:使用*PV*( )函数,由题得知参数 fv = 1 000 000, $rate$ = 5%, $nper$ = 8,其余参数可省略。见附图 4-4:在 B5 单元格中输入公式“ = *PV*(B4,B3,, – B2),就可以得到李先生现在至少一次性存入银行 67.68 万元。

B5 =PV(B4,B3,,-B2)

	A	B
1	整收整付款项复利现值的计算	
2	终值(万元)	100
3	期限(年)	8
4	年利率	5%
5	现值(万元)	¥67.68

附图 4-4　整收整付款项复利现值的计算

2. 年金现值

(1)普通年金现值:

【附例 4-6】 假定有一项保险,购买成本为 20 000 元,投保后可以每年年末从保险公司领取 1 600 元,连续领取 20 年,投资回报率为 5%,判断是否应该购买此项保险?

分析:使用 *PV*( )函数,其中参数 *rate* =5%,*nper* =20,*pmt* =1 600,其余参数省略。见附图 4-5:在 B5 单元格中输入公式"= *PV*(B4,B3,B2)",即可得到该项保险投资回报的现值为 19 939.54 元,小于成本 20 000 元,所以不应该购买此项保险。

B5 =*PV*(B4, B3, B2)

	A	B
1	普通年金现值的计算	
2	年金(元)	1600
3	期限(年)	20
4	年利率	5%
5	现值(元)	¥-19 939.54

附图 4-5　普通年金现值的计算

(2)先付年金现值:

【附例 4-7】 上例中改为每年年初取出 1 600 元,其他不变,则答案还是一样吗?

分析:使用 *PV*( )函数,其中参数 *rate* = 5%,*nper* = 20,*pmt* = 1 600,*type* = 1,其余参数省略。见附图 4-6:在 B5 单元格中输入公式"= *PV*(B4,B3,B2,,1)",即可得到该项保险投资回报的现值为 20 936.51 元,大于 20 000 元,可以购买。

B5 =*PV*(B4, B3, B2,, 1)

	A	B
1	先付年金现值的计算	
2	年金(元)	1600
3	期限(年)	20
4	年利率	5%
5	现值(元)	¥-20 936.51

附图 4-6　先付年金现值的计算

(3)递延年金现值:

【附例 4-8】 某公司计划设立一项基金，以便在 5 年后的连续 10 年中，每年末可取出 20 万元，用于奖励优秀员工，假定银行存款利率 5%，按年复利计息，那么该公司现在应一次性存入银行多少钱？

分析：递延年金现值可以看成是两笔年金现值之差。使用 *PV*( ) 函数，其中一笔年金现值参数为 *rate* = 5%，*nper* = 15，*pmt* = 20，其余参数省略。另一笔年金现值参数为 *rate* = 5%，*nper* = 5，*pmt* = 20，其余参数省略。

见附图 4-7，在 *B*6 单元格中输入公式“= *PV*(B5，B3 + B4，B2)”，计算出 15 年的普通年金现值为 207.59 万元。在 B7 单元格中输入公式“ - *PV*(B5，B4，B2)”，计算出递延期 5 年的年金现值是 86.59 万元，最后在 B8 单元格中输入公式“= B6 - B7”，即可计算出该公司现在应一次性存入银行 121 万元。

B8　=B6-B7

	A	B
1	递延年金现值的计算	
2	年金（万元）	20
3	年金期数N（年）	10
4	递延期数M(年)	5
5	年利率	5%
6	(M+N)期的年金现值（万元）	¥-207.59
7	M期的年金现值（万元）	¥-86.59
8	递延年金现值（万元）	-121.0036274

附图 4-7　递延年金现值的计算

(4)永续年金现值：

永续年金现值 = 年金/利率，计算永续年金时，只需要在某一单元格中直接输入计算公式即可。

三、年金、本金和利息函数

1. 年金函数 PMT( )

PMT( )是年金函数，该函数是基于固定利率及等额分期付款方式，计算投资或贷款的每期付款额。

函数 PMT( )的语法公式为：= PMT(rate，nper，pv，fv，type)

rate——各期利率，为固定值；

nper——总投资(或贷款)期，即该投资(或贷款)的付款期总额；

pv——为现值，或一系列未来付款当前值的累积和；

fv——为终值，或在最后一次支付后希望得到的现金余额，如果省略，则假设为 0；

type——为数字 0 或 1，用以指定各期的付款时间是在期初或期末，0 表示期末，1 表示期初，如果省略，则假设其值为 0。

【附例 4-9】 张先生采用按月分期付款方式购买一套住房，该住房总售价 100 万元，首付 30 万元，偿还期为 10 年，如果银行贷款利率为月息0.5%，那么张先生每月末应偿还的贷款额为多少元?

分析：使用 PMT(　)函数，其中参数 rate = 0.5%，nper = 10 × 12 = 120，pv = 100 − 30 = 70，其余参数可以省略。见附图 4-8，在单元格 B6 中输入公式"= PMT(B4，B5 * 12，B2 − B3)"，得到每月张先生需要偿还贷款 0.78 万元。

B6　=PMT(B4,B5*12,B2-B3)

	A	B
1	年金计算	
2	总价（万元）	100
3	首付（万元）	30
4	贷款月利率	0.50%
5	期限（年）	10
6	每月还款额（万元）	¥-0.78

附图 4-8　年金的计算

2. 年金中的本金函数 PPMT(　)

函数 PPMT(　)的功能是返回在定期偿还、固定利率条件下给定期限内某项投资回报的本金部分。

函数 PPMT(　)的语法公式为：= PPMT(rate，per，nper，pv，fv，type)

其中参数 per 是用于计算本金数额的期次，它必须介于 1 和付款总次数 nper 之间，其他参数的含义与函数 PMT(　)的参数含义相同。

【附例 4-10】 上例中，张先生第一个月偿还的贷款的本金部分是多少?

分析：得到 PPMT(0.5%，1，10 × 12，100 − 30) = 0.43(万元)

3. 年金中的利息函数 IPMT(　)

函数 IPMT(　)的功能是返回在定期偿还、固定利率条件下给定期次内某项投资回报的利息部分。

函数 IPMT(　)的语法公式为：= IPMT(rate，per，nper，pv，fv，type)，参数含义与 PPMT(　)参数含义相同。

【附例 4-11】 上例中,张先生第一个月月末偿还的贷款的利息部分是多少?

分析:得到 IPMT(0.5%,1,10×12,100-30)=0.35(万元)

四、期数函数 NPER( )

函数 NPER( )的功能是基于固定利率和等额分期付款方式返回某项投资的总期数。

函数 NPER( )的语法公式为:=NPER(rate,pmt,pv,fv,type)其中参数的含义与函数 PMT( )的参数含义相同。

【附例 4-12】 某公司向银行贷款 300 万元,贷款年利率为 8%,如果该公司采用每年年末等额还款方式,每年年末还款 60 万元,那么该公司需要多少年能全部偿还贷款?

分析:见附图 4-9,在 B5 单元格输入函数 NPER"=NPER(B2,-B3,B4)",得到全部偿还贷款需要 6.64 年。

B5 =NPER(B2,-B3,B4)

	A	B
1	期数确定	
2	利率	8%
3	年金(万元)	60
4	贷款额(万元)	300
5	偿还期数(年)	6.637457293

附图 4-9 期数确定

思考题

1. 什么是货币时间价值?货币时间价值在公司金融中有何作用?

2. 什么是年金?年金有哪些分类?

3. 如果一年金在一段时间以后开始,如何计算它的现值?用几句话描述这个过程?

4. 根据货币的时间价值和分期付款有关知识来论述抵押贷款。对于抵押贷款的使用,每一个房屋所有者都掌握哪些重点?

5. 以一个你可获得的本金(比如 1 万元)投资,估算在 6% 利率下你成为百万富翁所需的时间?在拥有 100 万元后,按 6% 重新估算你拥有 200 万所需时间?你从计算结果中观察到了什么?

6. 假设电脑市价 3 000 元，如果你要在 2 年后购买电脑，假设电脑性能更好，但价格相当，按 6% 的市场利率，你需要在今天存多少钱才能满足该需要？

7. 据估计，2013 年年末中国老年人口数量约为 1.6 亿，据有关部门预测 2026 年将达 3 亿，2037 年超过 4 亿，2051 年达到最大值，请计算 2026 年之前老年人口年增长速度？2026—2037 年老年人口年增长速度如何？按后者速度，2051 年峰值将是多少？

8. 下面是两条经验法则："72 法则"指出利用离散复利方式，一项投资增加一倍所需的时间大约是 72/利率(百分比)，"69 法则"指出利用连续复利方式，一项投资增加一倍所需的时间恰好是 69.3/利率(百分比)。

(1) 如果年复利利率为 12%，利用 72 法则计算你的现金增加一倍大约所需的时间。然后再精确计算之。

(2) 你能证明 69 法则吗？

9. 你所拥有的一条输油管道下一年将生成 200 万元，管道估计工作很长时间。经营成本可以忽略。遗憾的是，输来的石油越来越少，现金流估计每年下降 4%，如果贴现率为 10%，那么：

(1) 如果该管道可以永远经营下去，则管道现金流的现值是多少？

(2) 如果该管道 20 年后遭废弃，则管道现金流的现值又是多少？

10. 你刚读到一则广告，广告声称："今后 10 年每年给我们 100 美元，从此以后我们将始终坚持每年给你 100 美元。"如果这是一项公平交易，其中的利率是多少？

11. 一份抵押贷款要求今后 8 年每年年末支付 70 000 美元。设利率为 8%。

(1) 这样支付的现金流的现值为多少？

(2) 计算每年尚未偿还的贷款余额、利息支付额和贷款余额的减少量。

12. 如果你今天投入 28 000 美元，以换取一个 7.65% 的 14 年期年金，那么年度现金流量将是多少？

13. 刘先生 2013 年买了一套房，总房款是 87 万元，首付 30%，剩下的 609 000元分 25 年还清，月还款 3 574.36 元。

(1) 请用 RATE 函数计算刘先生贷款利率？

(2) 若中国人民银行 5 年以上贷款利率由原来的水平上涨到 5.31% 之后，计算他的月还款额增加了多少？(假设还款期仍为 25 年)

14. 张先生2014年用公积金贷款买房，贷款150万元，按月等额还款，贷款期限20年，贷款年利率为4.05%，计算：

(1)月均还款额？

(2)照(1)的还款额还款5年(60期)后，剩余贷款本金多少？

(3)还款5年(60期)后，为减轻利息负担，张先生选择提前还款5万元，假设利率不变，以后的月还款额变为多少？

进一步阅读书目

[1]西蒙·本尼卡. 财务金融建模[M]. 上海：上海出版社，2010.

[2]周立媛，付艳. Excel在财务管理中的应用[M]. 大连：东北财经大学出版社，2007.

[3]秦志敏，任翠玉. 财务管理[M]. 北京：北京大学出版社，2006.

[4]吴英宇，陈良华. 公司财务管理[M]. 北京：北京师范大学出版社，2008.

[5]李冠众. 财务管理[M]. 北京：机械工业出版社，2006.

[6]威廉·R. 拉舍. 财务管理实务[M]. 北京：机械工业出版社，2004.

第五章

债券估值

本章要点

1. 债券估值模型
2. 债券到期收益率、持有期收益率和当期收益率
3. 债券的违约风险、利率风险、通货膨胀风险及流动性风险
4. 利率期限结构
5. 债券收益率曲线

第一节　债券和债券估值

一、债券的基本要素和种类

(一)债券的基本要素

读者经常会在财经新闻中发现如下类似的信息:为筹集财政资金,支持国民经济和社会事业发展,财政部决定从2013年2月20日开始发行2013年记账式附息(五期)国债,10年期限,面值100元,发行价格100元。2013年2月21日开始计息,票面利率为3.52%,固定利率,半年付息一次,每年2月21日、8月21日支付利息,2023年2月21日偿还本金并支付最后一期利息。

以上债券发行的信息中,让我们了解到,债券是借款者承担某一确定金额债务的凭证,为了使用该笔金额的款项,借款者必须同意在标明的日期支付固定的利息和本金。一支债券通常包含了如下的基本要素:面值(face value)、票面利率(coupon rate)、还本期限(maturity)和方式,以及利息支付方式。

当前,债券的无纸化趋势让很多读者无缘见到纸制的债券。尽管如此,一支债券的基本要素仍然不会改变。

（二）债券种类

我们可以根据特定的标准将债券划分为不同的类别。

如根据发债主体可将债券划分为政府债券、公司债券、企业债券等。①

根据债券的记录方式也可将债券划分为不同的种类。以国债为例，根据目前国债的记录方式可将国债分成三种：一是凭证式国债。这种债券通常在购买时会填制某种纸制的凭证，以证明持券人所拥有的债权。凭证式国债一般不可以在债券二级市场上市流通或转让。二是储蓄国债。该种国债是主要满足长期储蓄性投资需求的记名国债品种，以电子方式记录债权，由于一般不可以在债券二级市场上市流通或转让，主要是鼓励投资者持有到期，这一点与凭证式国债相同。三是记账式国债。该种国债将投资者持有的国债登记于投资者的证券账户中，债权仍然以电子方式记录，该种国债一般可以在债券二级市场上市流通或转让。类似的，非政府主体发行的债券根据债权记录方式的不同，也有凭证式和电子方式。

根据债券利息支付方式的不同，则可将债券分为分期付息债券（level coupon bond）、到期一次还本付息债券、纯贴现债券。分期付息债券又称附息债，其利息支付分散在债券有效期的各个年度，债券到期后则支付最后一期利息和本金。到期一次还本付息债券约定在债券到期时一次性将债券本金和各期利息支付给持券人，有时又称为零息债（zero coupon bond），表示持有过程中不会支付利息。纯贴现债券承诺在未来某一确定的日期做单笔支付，通常没有利息，以较大幅度折扣发行，到期时以面值向持有人兑付。有些书上也把到期一次还本付息债统一归为纯贴现债券。

按利率是否固定，债券可分为固定利率债券、浮动利率债券、指数债券等。固定利率债券是指事先确定利率，每半年或者一年付息一次，或一次还本付息的证券。这种证券最为常见。浮动利率债券是在某一基础利率之上增加一个固定的溢价，以防止未来市场利率变动可能造成的损失。对某些中小型企业或者状况不太稳定的大公司来说，发行固定利率债券比较困难或成本过高，可以

① 企业债券在国外通常又称为公司债券，其原因在于国外企业法人多为公司形式，公司是发行债券的主体，而我国则存在大量具有法人资格而未采用公司形态的企业和少数虽采用公司名称但并非依照《公司法》规范设立与运作的企业，这些企业也可发行债券。在我国，公司债券特指根据《公司法》设立的公司依该法发行的约定在一定期限内还本付息的有价证券。其他债券称为企业债券。

选择浮动利率债券。指数债券是通过将利率与通货膨胀挂钩来保证债权人不至于因物价上涨而遭受损失的公司债券,挂钩办法通常为:债券利率 = 固定利率 + 通胀率 + 固定利率 × 通胀率。有时,用来计算利息的指数并不与通胀率相联系,而与某一特定的商品价格挂钩,这种债券又称为商品相关债券。

公司或企业债券按抵押担保情况也可进一步细分,分为信用债券、抵押债券、担保信托债券和设备信托债券。

信用债券是完全凭借公司信誉,不提供任何抵押品而发行的债券。其持有者的求偿权排名于有抵押债权人对抵押物的求偿权后,对未抵押的公司资产有一般求偿权,即和其他债权人排名相同,发行这种债券的公司必须有较好的声誉,一般只有大公司才能发行,而且期限较短,利率较高。

抵押债券是以土地、房屋等不动产为抵押品而发行的一种公司债,也称固定抵押公司债。如果公司不能按期还本付息,债权人有权处理抵押品以资抵债。以同一不动产作为抵押品多次发行债券的,应该按照发行顺序分为第一抵押债券和第二抵押债券,前者对抵押品具有第一置留权,首先得到清偿;后者只有第二置留权,只能待前者清偿后,用抵押品的剩余款偿还本息。担保信托债券是以公司持有的各种动产或者有价证券作为质押品而发行的公司债券,也称流动抵押公司债券。用作质押品的证券必须交由受托管理人保管,但公司仍保留投票表决及接受股利的权利。

设备信托债券是指公司为了筹集购买设备的资金并以该设备作为抵押品而发行的公司债券。发行公司购买设备后,即将设备所有权转交给受托人,再由受托人以出租人的身份将设备租赁给发行公司,发行公司则以承租人的身份分期支付租金,到债券本息全部还清后,该设备的所有权才转交给发行公司。这种证券常常用于铁路、航空或者其他运输部门。

公司或企业债券按内含选择权还可以分出更多种类,如可赎回债券、偿还基金债券、可转换债券和带认股权证的债券等。

可赎回债券是指公司债券附加了早赎和以新偿旧条款,允许发行公司选择于到期日之前购回全部或者部分债券。当市场利率降至债券利率之下时,赎回债券或者代之以新发行的低利率债券,可以降低发行者的融资成本。债券赎回会对债券持有人不利,因而通常规定债券发行后至少 5 年内不允许赎回。

偿债基金债券是要求发行公司每年从盈利中提存一定比例存入信托基金,

定期偿还本金,即从债券持有人手中购回一定量的债券。这种债券与可赎回债券相反,其选择权在债券持有者一方。

可转换债券是指公司债券附加了可转换条款,赋予债券持有人按预先规定的比例转换成该公司股票的选择权。大部分可转换债券是没有抵押的低等级债券,并且是由风险较大的小型公司所发行的。这类公司筹集债务资本的能力低,使用可转换债券的方式将增强对投资者的吸引力;另一方面,可转换债券可被发行公司提前赎回。

带认股权证的债券是指公司债券可把认股权证作为合同的一部分附带发行。与可转换债券一样,认股权允许证券持有者购买发行人的股票,但对公司来说认股权是不能赎回的。

以上繁多的分类中,分期付息债券是目前我国债券市场主要的品种。举例如下:假设一个 Sundring 公司刚刚发行了 1 000 份面额为 100 元的债券,票面利率为 5%,期限为 2 年,利息每年支付一次,这意味着:

(1)公司借款总额为 100 000 元(100 ×1 000 元)。

(2)第一年底,该公司必须支付 5 000 元(100 000 元 ×5%)的利息。

(3)第二年底,该公司必须支付 105 000 元的本息和(5 000 元的利息和 100 000元的本金)。

以上就是该款分期付息债券的持有人在债券有效期内获得的多笔现金流入。相比较,到期一次还本付息债和零息债券的持有人只能在债券到期时获得一笔现金流入。到期一次还本付息债获得的现金流入金额是面值加各期利息。而零息债券获得的现金流入金额是面值。

本章重点讨论投资者角度的债券估价和投资问题,研究的对象以分期付息债券为重点,包括零息债和到期一次还本债。对其他债券的特征比如抵押担保、内含选择权等不做详细讨论。

二、债券估值

读者在生活中可能需要进行一些判断,比如你想将多余的资金用于房地产投资。现在,你得知位于市区的一套住宅标价 100 万元,你是否应该进行这项投资呢? 这看起来是非常复杂的问题,涉及对我国房地产未来走势的判断。但其决策的道理非常简单,给定某个利率水平,如果这套住宅在未来带给持有人的现金流入现值超过 100 万元,则这项投资就是合理的。

事实上,经济学家费雪早就指出,资产价值是资产带来的未来现金流的贴现值。资产价值提供了评估资产现行市价的基准。

上述住宅投资决策中,我们用了资产价值与市价(或购买成本)的比较。类似的,债券估价的意义就是为债券投资决策之用。根据费雪的定义,债券价值是债券在未来带给持有人的所有现金流的贴现值。决定债券价值的因素有两个:一是持有债权获得的未来现金流;二是贴现率。

(一)分期付息债估值模型

分期付息债券是各种债券中未来现金流相对复杂的债券品种。掌握了分期付息债券的估值原理,则可以轻松理解其他类型的债券估值。

以分期付息债券为例,持有债券到期获得的未来现金流包括债券在有效期内各期利息以及债券到期的本金。

假设债券的票面价值为 F ,票面利率为 r ,利息支付以 1 年为单位,贴现利率为 i ,债券的有效期限为 n ,那么,债券价值 PV 的基本估算模型为:

$$PV = \frac{Fr}{(1+i)^1} + \frac{Fr}{(1+i)^2} + \frac{Fr}{(1+i)^3} + \cdots + \frac{Fr}{(1+i)^n} + \frac{F}{(1+i)^n}$$

$$= \sum_{t=1}^{n} \frac{Fr}{(1+i)^t} + \frac{F}{(1+i)^n} \qquad (5-1)$$

式(5-1)中, Fr 表示每年获得的利息额, F 是债券面值,式(5-1)意味着运用贴现利率 i 将各期利息和面值分别贴现。

现在考虑若利息的支付频率不是一年一次,而是半年一次,或是一个季度一次,不妨用 m 表示 1 年内利息支付的次数,那么式(5-1)会有什么变化呢?

比如,对于债券年票面利息率 $r = 12\%$ 来说,如果利息的支付频率是半年一次,即 m=2,则每半年票面利息率为 $\frac{12\%}{2} = 6\%$ 。我们不妨用 r_m 表示每个利息支付周期的票面利息率(在刚才的例子中, $r_m = 6\%$)。式(5-1)关于债券价值 PV 的估值模型就需要做相应的调整,如式(5-2)所示。式(5-2)表明,我们需要考虑的现金流总期数是利息支付期限 n 年与 m 的乘积,即利息的支付总次数为 mn 。特别需要注意的是:利息支付间隔要与各期获得的利息金额、贴现利率 i 的时间周期相匹配。

$$PV = \frac{Fr_m}{(1+i/m)^1} + \frac{Fr_m}{(1+i/m)^2} + \frac{Fr_m}{(1+i/m)^3} + \cdots + \frac{Fr_m + F}{(1+i/m)^{nm}}$$

$$= \sum_{t=1}^{mn} \frac{Fr_m}{(1+i/m)^t} + \frac{F}{(1+i/m)^{mn}} \tag{5-2}$$

式(5－2)中，Fr_m 表示每期获得的利息额，F 是债券面值，i/m 是各期贴现利率，式(5－2)意味着运用贴现利率 i/m 将各期利息和面值分别贴现。比较式(5－1)和式(5－2)可知，无论债券付息周期多长，债券估值原理是完全相同的。

我们在本书第 4 章已经知道，贴现率和必要报酬率是同一个事物的不同称谓。在上述债券价值估算模型中，贴现率实际上就是债权人要求的必要报酬率。贴现率的高低取决于以下两个因素：一是债券市场的均衡收益率，它决定了贴现率的一般水平；二是债券投资的风险，通常用债券信用等级来衡量。债券信用等级高的债券，其信用风险低，投资者要求的风险报酬就低；反之，债券信用等级低的债券的信用风险高，投资者要求的风险报酬就高，即风险溢价高。综合以上两个因素，就特定公司发行的债券而言，投资者要求的必要报酬率即贴现率等于债券市场均衡收益率加上风险溢价。

运用以上估值模型，可以处理债券有关的两大类应用问题：一是给定投资者要求的必要报酬率，估算债券价值；二是给定债券的价格，估算投资债券的报酬率。下面分别举例说明。

1. 已知必要报酬率，估算债券价值

【例 5-1】 有一种票面利息为 10% ，按年付息的债券，面值为 100 元，到期期限为 5 年，市场对该债券要求的必要报酬率为 11% 。该债券的价值是多少？

解：

债券价值 = 各期利息的现值 + 本金的现值

在 5 年的有效期内，各期利息为 10 元钱，这些利息构成了一笔 5 年期年金，可以运用年金现值公式计算其价值。

$$PV = 10 \times \left[1 - \frac{1}{(1+11\%)^5}\right] \times \frac{1}{11\%} + \frac{100}{(1+11\%)^5}$$

$$PV = 96.30(元)$$

【例 5-2】 某公司在 2013 年 1 月 1 日平价发行面值 100 元的债券，票面利率 10% ，5 年期，每年 12 月 31 日付息。假定今天是 2014 年 1 月 1 日，市场利率下降，市场对该债券要求的报酬率降为 8% ，请问 2014 年 1 月 1 日债券价值会变为多少？假设 8% 利率不变，请问 2017 年 1 月 1 日的价值又如何呢？

解：债券的价值是持券人在未来获得的现金流的贴现值。到了 2014 年 1

月1日，债券还有4年到期，持券人在未来获得的现金流包括4笔利息和到期的本金。因此，按照8%的贴现率将4笔利息和到期的本金进行贴现便可得到债券价值。

$$PV = 10 \times \left[1 - \frac{1}{(1+8\%)^4}\right] \times \frac{1}{8\%} + \frac{100}{(1+8\%)^4}$$

$$PV = 106.62(\text{元})$$

到了2017年1月1日，如果买入债券，持券人能获得的未来现金流只有1笔利息和到期的本金。因此，按照8%的贴现率将1笔利息和到期的本金进行贴现便可得到债券价值。

$$PV = \frac{110}{(1+8\%)^1}$$

$$PV = 101.85(\text{元})$$

对于这个例子，可能有读者误以为应该考虑的债券利息是5笔。但读者尤其需要注意的是：债券价值不是债券已经支付和将要支付的现金流贴现值，而是持券人在未来获得的现金流贴现值。看重"未来现金流"是债券估价中值得注意的一点。

这个例子也让我们看到，债券距离到期日越近，债券的价值越接近面值。

【例5-3】 ABC公司1年前发行了一种11年期的债券，票面利率为8%。该债券面值100元，每半年付息一次。如果必要报酬率为6%，那么，目前债券的估价是多少？

解：该债券半年付息一次，必要报酬率为6%，则半年贴现率为3%。如果目前买入债券，将获得20期利息和到期本金，每期利息4元。因此，按照3%的贴现率将20笔利息和到期的本金进行贴现便可得到债券价值。

$$PV = 4 \times \left[1 - \frac{1}{(1+3\%)^{20}}\right] \times \frac{1}{3\%} + \frac{100}{(1+3\%)^{20}}$$

$$PV = 114.88(\text{元})$$

2. 已知债券价格，计算持有债券的报酬率

【例5-4】 某投资者在2013年6月1日平价买入面值100元的某公司债券，票面利率10%，7年期，每年5月31日付息。持有至2020年6月1日的收益率是多少？如果买价为110元，收益率又是多少？

解：当投资者以市价购进债券后，持有债券到期可获得的复利(年)收益率

被称为到期收益率(yield to maturity ,YTM)。

本例中该投资者买入债券后一直持有到期,其获得的收益率就是到期收益率,如何求解到期收益率呢？事实上,YTM 也是复利方式下使债券未来现金流入现值等于债券买入价格的贴现率,于是,我们可以根据如下方程求得:

$$100 = \frac{10}{(1+i)^1} + \frac{10}{(1+i)^2} + \frac{10}{(1+i)^3} + \frac{10}{(1+i)^4} + \frac{10}{(1+i)^5} + \frac{10}{(1+i)^6} + \frac{110}{(1+i)^7}$$

这个方程的求解有些困难。可以任意选择一个利率水平比如 10% 开始,运用逐次测试法,求出 $i = 10\%$ 。

如果买价为 110 元,收益率又是多少？类似的,可以根据如下方程求得:

$$110 = \frac{10}{(1+i)^1} + \frac{10}{(1+i)^2} + \frac{10}{(1+i)^3} + \frac{10}{(1+i)^4} + \frac{10}{(1+i)^5} + \frac{10}{(1+i)^6} + \frac{110}{(1+i)^7}$$

再次运用逐次测试法,发现 $i = 8.07\%$ 。

我们注意到,这里的债券平价买入,到期收益率与票面利率相等。溢价买入,到期收益率低于票面利率。债券价格与到期收益率的关系如表 5-1 所示,呈负相关关系。

表 5-1　债券价格与到期收益率的关系

债券价格(元)	90	95	100	110	115	120
YTM%	12.21	11.06	10.00	8.07	7.20	6.37

在理解了债券估价和到期收益率后,我们还很容易理解下面这一点:通过比较债券的价值与债券交易价格的差别,可以判断以这种交易价格购买债券的收益率水平的高低。如果债券的价值等于债券的交易价格,说明以这种交易价格购买债券所取得的收益率是必要收益率;如果债券的价值低于债券的交易价格,说明以这种交易价格购买债券所取得的收益率低于必要报酬率;如果债券的价值高于债券的交易价格,说明以这种交易价格购买债券所取得的收益率高

于必要收益率,说明投资者以这种价格购买债券是合算的。①

(二)其他类型债券的估值

虽然债券估值的原理完全相同,但由于不同债券利息的支付方式和债券的期限不同,因此对债券定价的模型在表现形式上略有差异。下面就对纯贴现债券和永久性债券的估值进行简单介绍。

1. 纯贴现债券

纯贴现债券是最简单的一种债券。这种债券承诺在未来某一确定的日期做单笔支付,比如说 100 元。如果在未来 1 年后支付,则该债券成为 1 年期纯贴现债券;如果支付发生在 2 年后,则称为 2 年期纯贴现债券,以此类推。债券发行者支付最后一笔款项的日期在债券到期日,到期支付的金额(如上面举例中的 100 元)就是面值。

纯贴现债券通常有零息债券、子弹式债券等别称,意指此类不支付利息的债券。

上面我们已经指出,对持券人在未来获得的现金流进行折现可以确定债券价值。

如果纯贴现债券在未来的 n 年后支付金额为 F 的面值,而在这 n 年期间每年的利率为 i(我们把该利率称为市场利率),因为面值是纯贴现债券支付的唯一现金流,故该债券面值的现值为(纯贴现债券的价值):

$$PV = \frac{F}{(1+i)^n} \tag{5-3}$$

例如,贴现率为 10% 的情况下,面值为 1 000 000 元,20 年到期的纯贴现债券,应用该公式,我们就得出该债券的现值为:

$$PV = \frac{1\ 000\ 000}{(1.1)^{20}} = 148\ 644(元)$$

大约只有面值的 15%。

2. 永久债券

并非所有债券都有最后到期日。永久债券既没有最后到期日,也不会停止

① 在后面的章节里,我们将学习净现值和内含报酬率两个财务准绳,这里先做个简单的预告。在债券中,债券价格相当于投资债券的现金流出,债券未来各期的利息收入及债券到期时收回的本金相当于投资的现金流入,债券现金流入的现值减去流出的现值,就是债券投资项目的净现值。例 5-4 中估算债券到期收益率采用的是本书后面要讲到的内含报酬率法,此时债券投资项目的净现值实际上是零。

支付票面利息，永不到期。18 世纪英格兰银行就发行了这样的债券，英格兰银行承诺向债券持有者永久支付利息。虽然英国经历了多次战争和经济衰退，英格兰银行继续遵守这一承诺，今天你在英国还可以购买到这样的债券。永久债券的一个重要例子是优先股。优先股是一种由公司发行的、给予证券持有者永久固定股利的股票。如果该公司没有任何困难支付优先股的股利，这样的优先股实际上就是永久债券。

这些金融工具可以用前一章的永续年金公式来定价。例如，如果市场利率是 10%，那么每年能得到 80 元利息的政府永久债券的价格为：

$$\frac{80}{0.10}=800(\text{元})$$

表 5-2　债券估值小结

原理	债券价值 = $\sum_{t=1}^{n}\frac{Fr}{(1+i)^t}+\frac{F}{(1+i)^n}$ 其中，Fr 表示每期获得的利息额，F 是债券面值，i 为每期贴现利率，t 为期数，债券价值是将未来各期利息和面值分别贴现的现值总额
用途	给定投资者要求的必要报酬率，估算债券价值
	给定债券的价格，估算投资债券的到期收益率
适用范围	各种债券，如分期付息债券、纯贴现债券和永久性债券，等等

第二节　债券收益率

一、到期收益率

前面介绍了如何计算债券的到期收益率。到期收益率是复利方式下持有债券到期的年收益率，也被经济学家称为最精确利率。这里给出一个例子说明利息支付周期不是 1 年的情况下如何计算债券的到期收益率。

【例 5-5】 S 公司在 2 年前发行了一种 12 年期的债券，票面利率为 8%。该债券每半年付息一次。如果这些债券目前是以 100 元面值的 97% 出售，到期收益率(YTM)是多少？

解：已知债券当前价格为 97 元，按照此价格买进并持有到期，由于每半年付息一次，持有人将获得 20 期利息和到期本金。我们可以用例 5-4 类似的办法求出半年贴现率。

$$97=\frac{4}{(1+i)^{1}}+\frac{4}{(1+i)^{2}}+\frac{4}{(1+i)^{3}}+\cdots+\frac{4}{(1+i)^{19}}+\frac{100+4}{(1+i)^{20}}$$

虽然困难，运用逐次测试法或附录中所介绍的 Excel 函数可以计算出半年贴现率 $i=4.23\%$，到期收益率为 8.46%。

以上的例子告诉我们，只要知道债券的价格，到期收益率就被唯一地确定了。

除了到期收益率之外，日常生活中还可能用到一些不考虑货币时间价值的收益率指标，虽然不够精确，但计算很简便。下面介绍两种。

二、当期收益率

当期收益率(current yield)是息票债券到期收益率的近似值，由于计算相对比较容易，可能实际中会经常被采用，有时又称现行收益率或直接收益率。它的定义是年息票利息除以债券价格(即使债券是每半年付一次利息)，用符号表示：

$$r_c=\frac{C}{P} \tag{5-4}$$

其中，C 为债券的年利息支付，P 为债券的市场价值，r_c 为债券的当期收益率。

【例 5-6】 一款债券票面利率为 8%，9 年到期，每半年付息一次，目前是以面值 100 元的 104% 卖出。该债券的当期收益率是多少？

$$当期收益率=\frac{8}{104}=7.69\%$$

当期收益率没有考虑债券投资所获得的资本利得或损失，只是衡量债券年利息收入相较于债券价格的比率。

三、持有期收益率

持有期收益率是指买入债券后持有一段时间，又在债券到期前将其出售而得到的收益，包括持有债券期间的利息收入和资本损益与买入债券的实际价格之比率，反映 1 元的投资在投资期间内的收益。该收益率指标与当期收益率类似，不考虑货币时间价值。用公式表示持有期收益率：

$$持有期收益率=\frac{期末财富-期初财富}{期初财富} \tag{5-5}$$

用符号表示如下：

$$yield = \frac{P_2 - P_1 + I}{P_1} \times 100\% \tag{5-6}$$

其中，*yield* 表示持有期收益率；P_1 表示债券的购买价格；P_2 表示债券的出售价格；I 表示债券持有期所获得利息收入。

可见，持有期收益率不仅考虑了的债券利息收入，还考虑了资本利得（或损失），即价差收益。

【例 5-7】 某人在证券市场上以 100 元的价格购买了一张刚发行的、利率为 5%、期限为 10 年的债券，2 年后以 120 元的价格卖出，试求其持有期收益率？

$$\begin{aligned}持有期收益率 &= [(120-100)+100\times 5\% \times 2]/100\times 100\% \\ &= 30\%\end{aligned}$$

【例 5-8】 投资者支付 100 元购买一种半年付息债券，票面利率为 8%，6 个月后该债券的市场价格上升到 106.85 元，求这半年内投资者的持有期收益率？

$$半年持有期收益率 = [4+(106.85-100)]/100 = 10.85\%$$

这里，我们讨论的是债券资产。事实上，持有期收益率也适用于其他形式的金融投资。例如，如果投资者持有的是股票，这个公式同样适用，只是将其中的利息支付改为股利支付。

债券投资的目的是为了获得投资收益，因此，债券投资收益水平是债券投资应考虑的一个重要因素，也是债券投资决策的重要依据。以上三个收益指标中，当期收益率没有考虑债券买卖价差收益（或损失），因此，太粗略。而持有期收益率虽然考虑了价差收益（或损失），但由于债券的出售价格事先是难以确定的，因此，持有期收益率的高低只有债券出售时才知道。通常，到期收益率由于精确和确定性，在债券投资中广为使用。三种收益指标的比较见表 5-3。

表 5-3 债券收益率指标比较

指标名称	指标优点	指标缺陷
到期收益率	考虑了复利和买卖价差，精确	计算难度相对较大
当期收益率	计算简单	未考虑货币时间价值和买卖价差，计算粗略
持有期收益率	考虑了买卖价差，计算简单	未考虑货币时间价值，计算粗略

第三节 债券投资的风险

债券投资是有风险的。按风险产生的原因划分,债券投资的风险包括违约风险、利率风险、通货膨胀风险和流动性风险等。

一、违约风险

违约风险是指由于债券发行者的收入会随着经营状况而改变,因此债券本息的偿付能力不同,这就给债券本息能否及时偿还带来了不确定性。

违约风险的高低取决于债券发行人的信用等级。财政部发行的政府债券,由于有政府担保,因此,这种债券可以认为是无风险债券。除中央政府以外的其他债券发行人发行的债券,或多或少有违约风险。通常,债券发行人在发行债券之前,要聘请信用评级机构对其发行的债券的信用等级进行评定。债券信用等级反映债券违约风险的大小。穆迪公司和标准普尔公司的债券信用评级见表5-4。

一般说来,债券的信用等级越低,违约风险就越高,债券的票面利率也就相应更高;反之,债券的信用等级越高,违约风险越低,债券的票面利率也就越低。这就要求投资者在债券投资决策时,依据对风险的承受能力,合理选择不同风险的债券,实现投资收益和风险的最佳组合。

表5-4 穆迪公司和标准普尔公司的债券信用评级

<table>
<tr><th colspan="2">信用评级</th><th rowspan="2">描 述</th><th rowspan="2">备 注</th></tr>
<tr><th>穆迪</th><th>标准普尔</th></tr>
<tr><td>Aaa</td><td>AAA</td><td>最高质量(最小违约风险)</td><td rowspan="4">投资级债券</td></tr>
<tr><td>Aa</td><td>AA</td><td>高质量</td></tr>
<tr><td>A</td><td>A</td><td>中上级</td></tr>
<tr><td>Baa</td><td>BBB</td><td>中级</td></tr>
<tr><td>Ba</td><td>BB</td><td>中下级</td><td rowspan="5">垃圾债券</td></tr>
<tr><td>B</td><td>B</td><td>投机级别</td></tr>
<tr><td>Caa</td><td>CCC,CC</td><td>可能违约(违约风险很高)</td></tr>
<tr><td>Ca</td><td>C</td><td>高度投机</td></tr>
<tr><td>C</td><td>D</td><td>最低级</td></tr>
</table>

请读者思考一下，如果要用本书第三章财务分析的方法分析某公司债券违约风险的高低，哪些财务指标可以派上用场呢？

二、通货膨胀风险

通货膨胀风险是指由于通货膨胀而使货币购买力下降所带来的风险，也称为购买力风险。通货膨胀风险与通货膨胀程度是呈正比的，即通货膨胀越高，通货膨胀风险越大；反之亦然。

通货膨胀使债券投资者遭受购买力贬值的损失。这种损失体现在债券投资的名义利率和实际利率的差异中，或者说费雪效应中。

名义利率是指不考虑物价上涨对利息收入的影响时的利率，或者说名义利率是指未经通货膨胀调整的利率。而实际利率指当物价不变时的利息率，或者说已经经过通货膨胀调整的利率。

例如，假定某年度物价没变化，小张用 100 元购买了一年期的 100 元面值的债券，年票面利息 15.5 元，则名义利率和实际利率相同，都是 15.5%。

然而，现实中物价变动是普遍的。为了弄明白通货膨胀的影响，假定目前物价每年上升 5%。小张用 100 元购买的债券，年票面利息 15.5 元，则名义票面利率是 15.5%，因为名义利率未考虑通货膨胀的影响。实际票面利率会是多少呢？

为了回答这个问题，我们假定比萨饼的年初价格是每个 5 元。那么，年初的 100 元就可以购买 20 个比萨饼。因为通货膨胀是 5%，比萨饼的价格也将上涨 5%，换句话说，年末时，每个比萨饼的价格是 5.25 元。那么，年末小张收回债券本金时他能买几个比萨饼呢？以比萨饼来计量，购买债券获得的利率又是多少？

一年末小张一共收回债券本金加利息 = 100 + 15.5 = 115.5 元，可以买到比萨饼 115.5/5.25 = 22 个比萨饼。而年初 100 元只能买到 100/5 = 20 个比萨饼。因此，就比萨饼来计量，购买债券的利息率是(22 − 20)/20 = 10%。本例告诉我们，即使债券的名义票面利率是 15.5%，通货膨胀使得购买力只上升了 10%。换句话说，实际上小张只比以前更富有 10%，因此，他购买债券的实际利率是 10%。

或者，我们也可以说，在 5% 的通货膨胀下，小张所得到的每一笔 115.50 元的名义金额，实质上少了 5%。因此，1 年后小张收到债券本息的实际价值是：

115.50 元/1.05 = 110 元

这里我们所做的就是把 115.50 元贬值 5%。因为小张放弃 100 元的目前购买力以换取相同购买力的 110 元,实际利率为 10%。这里已经剔除了通货膨胀的影响。因此 110 元是以目前的金额来计量的。

名义利率和实际利率的差别非常重要,值得重复一遍:

名义利率是你所拥有的钱的变动百分比。

实际利率是你的钱所能购买数量的变动百分比,也就是购买力的变动百分比。

名义利率和实际利率的关系可以用著名的费雪效应(fisher effect,以伟大的经济学家 Irving Fisher 的名字命名)描述。

因为债券购买者最终关心的是他的钱能买到什么,因此,他会要求通货膨胀给予补偿。如果 R 代表名义利率,而 i 代表实际利率,则费雪效应告诉我们,名义利率、实际利率和通货膨胀之间的关系可以表述为:

$$1 + R = (1 + i) \times (1 + h)$$

其中,h 代表通货膨胀率。

在上面的例子中,名义利率为 15.5%,通货膨胀率为 5%,实际利率是多少呢?只要把数据代入,就可以得到答案:

$$1 + 15.5\% = (1 + i) \times (1 + 5\%)$$

计算可得 $i = 10\%$

这个实际利率和前面求得的一样。如果换个角度看费雪效应,我们可以把它重新整理成:

$$1 + R = (1 + i) \times (1 + h)$$
$$R = i + h + i \times h$$

费雪效应告诉我们,名义利率包括三部分:第一部分是实际利率 i;第二部分是对原本金的钱因通货膨胀(h)所导致价值损失的补偿;第三部分则代表对这项贷款所赚利息的钱的补偿,因为它们实际上已因为通货膨胀而掉价了。

三、流动性风险

流动性风险是指债券持有人无法在短期内以合理的价格出售债券所遭受的风险,也称为变现风险。债券的流动性越差,变现风险越高;反之,债券的流动性越强,变现风险越低。

债券的流动性风险给投资者带来的损失有两个方面:一是当投资者发现更好的投资机会时,因为债券在短期内无法变现以收回投资,不得不放弃更好的投资机会,从而蒙受新投资机会可获取的更高收益的损失;二是当投资者需要收回投资用于其他方面的用途时,因债券的变现性差,其他投资者不愿意购买,债券投资人不得不折价出售,从而蒙受债券投资本金的损失。

四、利率风险

一般说来,市场利率下降,债券交易价格上升。当市场利率上升,债券交易价格下降,这可能使持债人遭受债券买卖差价的损失;同时,市场利率上升使持债人手中的债券收益水平相对地降低了。利率风险就是指由于市场利率变动而使投资者遭受损失的风险。利率风险是债券投资很突出的风险。

(一)利率风险的影响因素

哪些因素会影响利率风险的大小呢?

距离到期日的时间和票面利率的大小会影响利率风险的大小。更明确地说,有如下两个方面:

(1)在其他条件相同的情况下,距到期日的时间越长,利率风险越大;

(2)在其他条件相同的情况下,票面利率越低,利率风险越大。

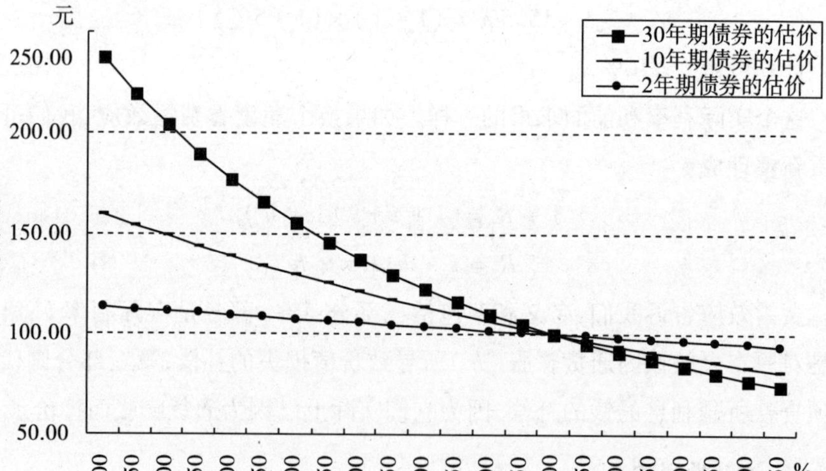

图 5-1　利率风险和到期期限

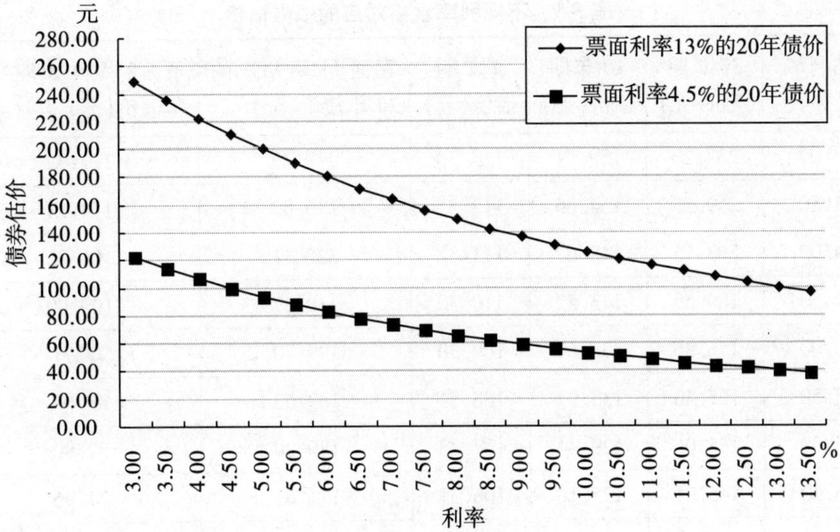

图 5-2 利率风险和票面利率

考虑三张不同的债券,票面利率都是 10%,面值 100 元,每年付息,但一张债券是 30 年期限,另一张债券是 10 年期限,第三张债券是 2 年期限。通过选定任意的利率水平,可以算出三张债券对应利率下的估价(见表 5-5),三张债券的价格曲线绘制在图 5-1,显示了三张不同债券的价格曲线陡峭程度有差异。图 5-1 中,30 年期限的债券价格曲线比 10 年期限的债券价格曲线陡峭,10 年期限的债券价格曲线又比 2 年期限的陡峭。也就是说,在其他条件相同的情况下,距到期日的时间越长,债券价格对利率的变化越敏感,也即利率风险越大。

直观上讲,短期债券拥有较小的利率敏感度是由于 100 元的面值能更早地收回。举例来说,如果该面值的金额能在 2 年内收回,那么利率的微小变动就不会影响这部分金额的现值。但是,一旦按 30 年进行的复利计息,那么即使是利率极小的变动,也可以对现值产生显著的影响。因此,对于长期债来说,面值的现值波动就大。

关于利率风险值得注意的另一点是,它以递减的速率增长。举例来说,10 年期债券所包含的风险要远高于 2 年期债券,然而 30 年期限的债券包含的利率风险只略高于 10 年期的债券。

表 5-5 不同利率水平对应的债券估价

贴利率(%)	30 年期债价(元)	10 年期债价(元)	2 年期债价(元)	票面利率 13% 的 20 年债价(元)	票面利率 4.5% 的 20 年债价(元)
3.00	237.20	159.71	113.39	248.77	122.32
3.50	219.55	154.06	112.35	235.02	114.21
4.00	203.75	148.67	111.32	222.31	106.80
4.50	189.59	143.52	110.30	210.57	100.00
5.00	176.86	138.61	109.30	199.70	93.77
5.50	165.40	133.92	108.31	189.63	88.05
6.00	155.06	129.44	107.33	180.29	82.80
6.50	145.71	125.16	106.37	171.62	77.96
7.00	137.23	121.07	105.42	163.56	73.51
7.50	129.53	117.16	104.49	156.07	69.42
8.00	122.52	113.42	103.57	149.09	65.64
8.50	116.12	109.84	102.66	142.59	62.15
9.00	110.27	106.42	101.76	136.51	58.92
9.50	104.92	103.14	100.87	130.84	55.94
10.00	100.00	100.00	100.00	125.54	53.18
10.50	95.48	96.99	99.14	120.58	50.61
11.00	91.31	94.11	98.29	115.93	48.24
11.50	87.45	91.35	97.45	111.56	46.03
12.00	83.89	88.70	96.62	107.47	43.98
12.50	80.58	86.16	95.80	103.62	42.07
13.00	77.51	83.72	95.00	100.00	40.29
13.50	74.65	81.38	94.20	96.59	38.63

至于票面利率对利率风险的影响,我们不妨考虑两张不同的债券,到期期限都是 20 年,一张债券票面利率 13%,另一张债券票面利率 4.5%,面值都是 100 元,每年付息。通过选定任意的利率水平,可以算出两张债券对应利率下的估价(见表 5-5),两张债券的价格曲线绘制在图 5-2,虽然两张债券价格曲线的陡峭程度差异不如图 5-1 明显,但较低息票的债券所包含的利率风险较高,其原

因与到期期限对利率风险的影响类似。原因在于:一份债券的价值依赖于其利息和面值的现值,如果两张债券到期期限相同,而票面利率不同,那么较低息票债券的价值就更加依赖到期日那天收回的面值金额。因此,其价值波动更大。换个角度理解,更高息票债券在早期产生更多现金流,因此,其价值对于贴现率较不敏感。为了准确比较图 5-2 中两债券利率风险的大小,下面引入久期的概念。

(二)债券久期

久期(duration)或持续期,是以未来收益的现值为权数计算的到期时间,主要用于衡量债券价值对利率变化的敏感性。债券久期越大,利率变化对该债券价值的影响也越大,即利率风险就越大。在降息时,久期大的债券价值上升幅度较大;在升息时,久期大的债券价值下跌的幅度也较大。

1. 久期的计算方式

如果债券契约规定分期付息,到期一次还本,那么投资者在债券到期之前就可以得到利息收益。债券久期是债券各期现金流量现值加权的平均年份,权数是每一期现金流量的现值在总现金流量现值中的比例,债券久期(D)可按下式计算:

$$D=\frac{\sum_{t=1}^{n}\left[\frac{CF_t}{(1+i)^t}\times t\right]}{\sum_{t=1}^{n}\left[\frac{CF_t}{(1+i)^t}\right]}=\sum_{t=1}^{n}\frac{P_t}{P_b}\times t \qquad (5-7)$$

式(5-7)中,CF_t 表示第 t 期现金流量,i 是各期使用的贴现率,这里假设各期相等。P_b 代表债券当前价值,P_t 代表第 t 期持券人获得现金流量的现在价值。

【例5-9】 假设某种债券的息票率为9%,每年付息1次,期限5年,债券必要收益率为9%,当前市场价格为1 000元,计算债券的久期。

解:债券久期可采用公式法和列表法进行计算。

方法一:公式法。

根据公式(5-7),债券久期计算如下:

$$D=\frac{\frac{90}{(1+9\%)}\times 1}{1\ 000}+\frac{\frac{90}{(1+9\%)^2}\times 2}{1\ 000}+\frac{\frac{90}{(1+9\%)^3}\times 3}{1\ 000}+\frac{\frac{90}{(1+9\%)^4}\times 4}{1\ 000}$$

$$+\frac{\frac{1\ 090}{(1+9\%)^{5}}\times 5}{1\ 000}=\frac{4\ 239.72}{1\ 000}=4.239\ 72(\text{年})$$

方法二:列表法。

债券久期的列表法如表5-6所示。第1列即(1)显示的是各年份,第2列即(2)显示的是各年份的现金流量,第3列即(3)显示的是各年份的现金流量按照9%的贴现利率贴现后的现值,第4列即(4)显示的是权数,等于各年现金流量现值占债券当前价值的比重,第5列最后一单元格显示的是久期值,与公式法完全相同。

表5-6 计算债券久期的列表法

年份 (1)	现金流量(元) (2)	现金流量现值(元) (3)	权数 (4)=(3)/1 000	久期(年) (5)=(1)×(4)
1	90	82.57	0.082 57	0.082 57
2	90	75.75	0.075 75	0.151 50
3	90	69.50	0.069 50	0.208 49
4	90	63.76	0.063 76	0.255 03
5	1 090	708.43	0.708 43	3.542 13
		1 000.00	1.000 00	4.239 72

久期为4.239 72年,意味着期限为5年的这款债券现金流入的平均期限为4.239 72年。理解这一问题的一种方法是把这款付息债券看做一组零息债券,即将债券看成5张零息债券:第一张的到期价值为90元,1年后到期,现值为82.57元,权数为0.082 57;第二张的到期价值为90元,2年后到期,现值为75.75元,权数为0.075 75……最后一张到期价值为1 090元,5年后到期,权数为0.708 43。久期就是各现金流量支付时间的加权平均数。

2. 债券久期的特征

债券久期具有以下特征:

第一,零息债券的久期或一次还本付息债券的久期与债券期限相同。由于零息债券只在到期日支付一次现金流量,所以到期日的权数等于1。

第二,有息债券的久期小于债券期限。例如表5-6中,5年期债券的久期为4.239 72年。

第三,息票率与久期呈现负相关关系。息票率高的债券久期比较短,因为更多的现金流以利息形式提前支付。

在图5-2中,息票率为13%和4.5%的两张20年期的债券,价格受利率波动的影响在图形上虽然不明显,但计算两张平价交易债券的久期,可以发现,息票率为13%的平价交易债券久期是7.94年,息票率为4.5%的平价交易债券久期是13.59年(计算久期时注意:由于两债券平价交易,到期收益率等于息票率)。息票率越高,久期越短,利率风险越小;息票率越低,久期越长,利率风险越大。

第四,到期期限与债券久期正相关,但是随着到期期限的延长,久期以递减速度增长,所以到期期限较长的债券的久期通常较长。这种关系并不直接,因为随着到期期限的延长,本金现值将下降。重温图5-1,30年期限的债券久期比10年、2年的债券久期长。

第五,在其他条件相同的情况下,到期收益率与久期呈负相关。这种关系在表5-6计算债券久期的过程中可以体现出来。

第六,债券组合的久期。由于久期具有可加性,所以这种技术可以扩展到利率变动对整个公司价值的影响分析。资产组合的久期就是组合中各资产久期的加权平均数。其计算公式为:

$$D_{portfolio} = \frac{D_i V_i + D_{i+1} V_{i+1} + \cdots + D_n V_n}{V_i + V_{i+1} + \cdots + V_n} \tag{5-8}$$

其中,$D_i, D_{i+1}, \cdots, D_n$ 是各种资产的久期,$V_i, V_{i+1}, \cdots, V_n$ 是每种资产的价值。

3. 修正久期和债券价值波动率

在债券分析中,久期已经超越了时间的概念,投资者更多地用它来衡量债券价格变动对利率变化的敏感度。为了精确量化利率变动对债券价格的影响,下面引入修正久期的概念,该概念在利率风险管理中被广泛应用。

为了获得修正久期,过程如下:

我们已经知道,债券价值(P_b)可表示为如下表达式:

$$P_b = \sum_{t=1}^{n} \frac{CF_t}{(1+i)^t} + \frac{F}{(1+i)^n}$$

其中,CF_t 表示债券第 t 期利息,F 表示债券面值,n 表示利息支付总期数,i 表示贴现率。

我们首先求出债券价值(P_b)对收益率 i 变化的导数,

$$\frac{dP_b}{di}=\frac{-CF_1}{(1+i)^2}+\frac{-2CF_2}{(1+i)^3}+\cdots+\frac{-n(CF_n+F)}{(1+i)^{n+1}}$$

$$=\frac{-1}{(1+i)}\left[\frac{CF_1}{(1+i)}+\frac{2CF_2}{(1+i)^2}+\cdots+\frac{n(CF_n+F)}{(1+i)^n}\right] \quad (5-9)$$

然后,对式(5-9)两边同时除以债券价值(P_b),变形后即可得到久期与债券价值一般关系式,如式(5-10)所示。

$$\frac{dP_b}{p_b}=-\frac{1}{(1+i)}\times D\times di \quad (5-10)$$

式(5-10)说明,对于给定的利率变化(di),如何计算债券价值百分比的变化。其中,D/(1+i)项称为修正久期,它可以近似地估计不可提前赎回债券的利率敏感度。例如,根据表5-6的数据,债券久期为4.239 72年,修正久期D_m为:

$$D_m=\frac{4.239\ 72}{1.09}=3.889\ 65(\text{年})$$

式(5-10)在理论与实践上证明:在收益率有微小变动时,不可提前赎回的债券价值与修正久期成正比例变化。具体来说,债券价值百分比变化的估计值等于收益率的变化乘以修正久期,如下式所示:

债券价值百分比变化 = -修正久期 × 收益率变化百分比　　(5-11)

在表5-6中,债券现价为1 000元,如果债券收益率从9%上升到10%,则债券价值下降3.889 65%(-3.889 65×1%),即从1 000元下降到961.10元。

修正久期度量了收益率与债券价值的近似线性关系,即到期收益率变化时债券价值的稳定性。在同等要素条件下,修正久期小的债券较修正久期大的债券抗利率上升风险能力强,但抗利率下降风险能力较弱。在计算债券久期时,通常假设债券现金流量并不随着市场收益率或利率的变动而变化。这一假设对于浮动利率债券、含有赎回或售回条款的债券是无效的。

尽管债券投资具有以上各种风险,作为本节的结尾,小结一下债券投资的优缺点有必要。

与股票投资相比,债券投资有以下优点:

(1)投资风险较低。与股票投资相比,债券投资风险较低,体现在:①在公司收益分配中,债券持有人在股东之前按固定收益率获取利息,收益不受公司经营状况变动的影响;在公司破产清算时,债券持有人在股东之前分配剩余财产,本金损失较股票要小。②在市场利率上升时,债券价格的变动幅度较股票价格的波动幅度低,投资损失较股票要小。

(2)持有到期的稳定收益。相比较股票,债券持有人是在股东之前按事先确定的利息率获取固定的收益,债券利息不因公司经营状况的变化而变化,从这个意义上讲,债券收益比较股票股利收益稳定。此外,若持债人能将债券持有到期,则投资收益也非常稳定,没有风险。值得注意的是,若持债人中途将债券卖掉,很可能面临一个不稳定的收益。

与股票投资相比,债券投资有以下缺点:

(1)易遭受通货膨胀风险。由于债券具有固定的面值和票面利息,其价值不随通货膨胀率的上升而增加,因此,在通货膨胀条件下,债券投资易遭受价值的损失。

(2)投资收益率较股票低。由于债券具有固定的票面利息,因此,在公司经济效益好时,也只是获取按票面利率计算的固定利息收益率。相对于股票投资而言,债券投资的收益较低。

(3)无权对发行债券的主体施加影响和控制。债券持有人与债券发行人之间是一种债权债务的关系,作为债权人,债券持有人拥有的只是到期收回本金和获取利息的权力,也就是说,由于债券投资的本金和利息有保证,在债券发行人按时还本付息的前提下,债券持有人无权对债券发行人施加任何控制和影响。

第四节 债券收益率的决定因素

债券收益率代表了一种资金借贷的利率水平,其高低是由何种因素决定的呢?我们本节将讨论这个问题。我们将发现,任何特定债券的收益率实际上都是多个因素的综合反映。

一、利率的期限结构

读者有去银行存款的经历会发现,一般地说,在任何时点,储蓄存款的短期利率和长期利率都是不同的。

短期利率和长期利率之间的关系被称为利率的期限结构(term structure of interest rates)。更确切地说,利率期限结构告诉我们任一到期期限的无风险、纯贴现债券的名义利率。从本质上说,这些利率是纯利率,因为它们不包含违约风险、而且其未来是单笔全额支付的,其到期收益率不受再投资收益率变化的影响。换句话说,利率的期限结构告诉我们不同时间长度下金钱的纯时间价值。

利率的期限结构归纳起来有四种基本的形状:①向上倾斜状,表明在某一时点上债券的投资期限越长,收益率越高;②向下倾斜状,表明在某一时点上债券的投资期限越长,收益率越低;③水平状,表明收益率的高低与投资期限的长短无关;④驼峰状,或者波动收益率曲线,表明债券收益率随投资期限不同而呈现波浪变动。见图 5-3。

在一般情况下,债券收益率曲线通常是向上倾斜状的曲线,即长期利率应在相当程度上高于短期利率。这是由投资者的流动性偏好引起的,由于期限短的债券其流动性要好于期限长的债券,作为流动性较差的补偿,期限长的债券收益率也就要高于期限短的收益率。当然,当资金紧俏导致供需不平衡时,也可能出现短高长低的向下倾斜状曲线。

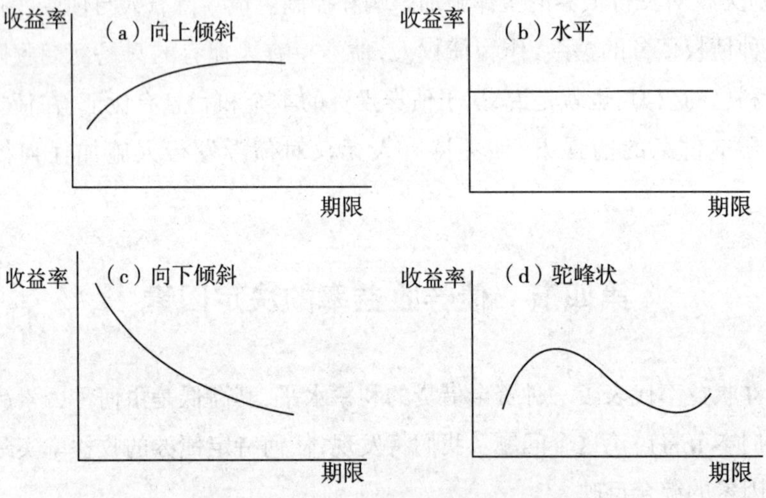

图 5-3 典型的利率期限结构曲线形状

到底是什么因素决定了期限结构的形状呢?主要有三个基本的组成部分。前两个是我们在前面讨论的实际利率和通货膨胀率,实际利率是投资者对于放弃资金使用权所要求的补偿。在调整了通货膨胀后,你可以将其视为货币的纯时间价值。

实际利率是许多因素的综合函数。比如,我们现在来想一想预期的经济增长。高预期的经济增长有可能会使实际利率上升,而低预期的经济增长有可能会使实际利率下降。实际利率还有可能因成熟期的不同而不同,这是由于其他因素所导致的经济增长的预期不同。但是,实际利率对于期限结构的形状的影响其实比较小。

相反,未来的通货膨胀则会强劲地影响期限结构的形状。投资者考虑借出不同期限的资金时,他们意识到未来发生的通货膨胀将会侵蚀所回报的货币的价值。因此,投资者通过要求更高的名义利率的方式对这部分损失求得补偿,而这额外的补偿就是通货膨胀溢价(inflation premium)。

如果投资者认为未来通货膨胀将会更高,长期名义利率将高于短期利率,那么向上倾斜的期限结构就反映出通货膨胀的预计增长。同样,向下倾斜的期限结构就反映出未来通货膨胀降低的预期。

与期限结构有关的第三个部分是利率风险。由于长期借贷中的利率风险更高,所以投资者会意识到这种风险,他们要求更高的名义利率补偿这种风险。这额外的补偿就是利率风险溢价(interest rate riak premium)。利率风险溢价将随着到期期限的增加而增加。但正如前节所讨论的,利率风险的增加呈现递减的速率,因此,利率风险溢价的增加也具有同样的特点。

将所有部分放在一起,我们看到期限结构反映出实际利率、通货膨胀溢价和利率风险溢价三者的综合影响。图5-4和图5-5展示了这些相互影响形成向上倾斜状(图5-4)和向下倾斜状的期限结构(图5-5)。

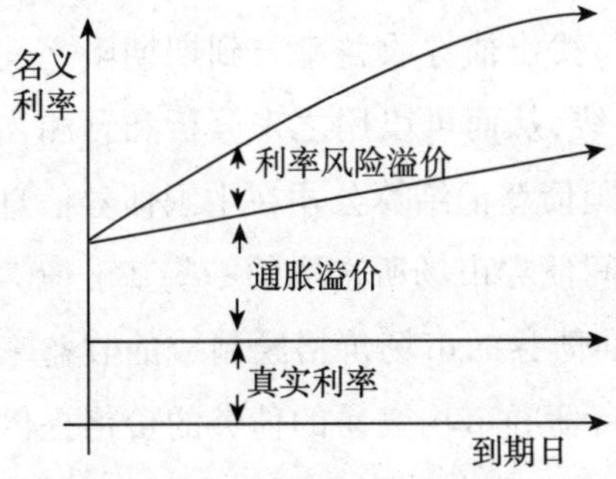

图5-4　向上倾斜状的期限结构

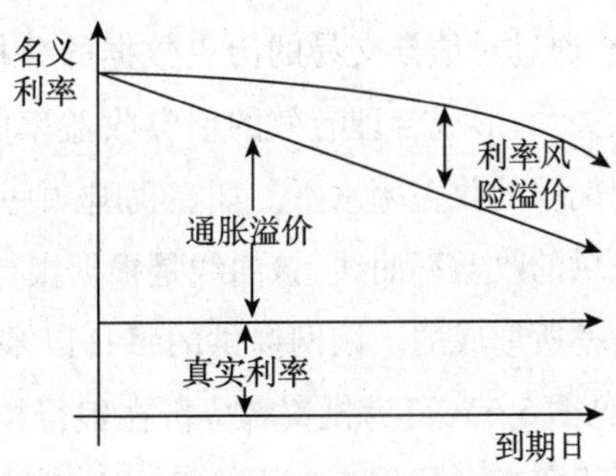

图5-5　向下倾斜状的期限结构

图5-4中,要注意预期通货膨胀是如何逐步增加的。同时,利率风险溢价上升的速率呈下降趋势,因此,其综合效果就是向上倾斜的期限结构。图5-5中,预期通货膨胀在未来下跌,而这种下跌足以抵消利率风险溢价,就产生了向下倾斜的期限结构。如果预期通货膨胀在未来下跌很轻微,无法抵消利率风险溢价,就仍然可能产生向上倾斜的期限结构。因此,期限结构的形状可用以揭示通货膨胀预期的信息。

需要注意,图5-4和图5-5绘制中,我们假设了实际利率不变,事实上未来是有可能变化的。同时,为了简化,假设了通货膨胀直线上升或下降,但实际中可能先升后降。

二、债券收益率曲线

收益率曲线是对利率期限结构的图形描述,二者几乎是同一个事物,唯一的区别在于期限结构基于纯贴现债券,而收益率曲线基于普通债券的收益率。债券收益率曲线是描述在某一时点上(或某一天)一组可交易债券的收益率与其剩余到期期限之间数量关系的一条趋势曲线,即在直角坐标系中,以债券剩余到期期限为横坐标、债券收益率为纵坐标而绘制的曲线。一条合理的债券收益率曲线将反映出某一时点上(或某一天)不同期限债券的到期收益率水平。

研究债券收益率曲线具有重要的意义,对于投资者而言,可以用来作为预测债券的发行投标利率、在二级市场上选择债券投资券种和预测债券价格的分析工具;对于发行人而言,可为其发行债券、进行资产负债管理提供参考。

债券收益率曲线是静态的,随着时点的变化债券收益率曲线也随着变化。但是,通过对债券交易的历史数据的分析,找出债券收益率与到期期限之间的数量关系,形成合理有效的债券收益率曲线,从而可以用之来分析和预测当前不同期限的收益率水平。如在我国,中央国债登记结算公司在中国债券信息网上提供的收益率曲线,该曲线是根据银行间债券市场所选取的一些基准债券的收益率所形成的。该网提供的每日以基准债券的市场价格绘制成的收益率曲线(见图5-6),可为投资者分析在银行柜台债券市场交易的债券的价格提供参考。投资者在其收益率曲线界面上,只要输入债券的剩余到期期限,就可得到相应的收益率水平。通过该收益率水平可计算出相应债券的价格,由此可作为投资者的交易参考。

投资者还可以根据收益率曲线不同的预期变化趋势,采取相应的投资策略的管理方法。如果预期收益率曲线基本维持不变,且目前收益率曲线是向上倾斜的,则可以买入期限较长的债券;如果预期收益率曲线变陡,则可以买入短期债券,卖出长期债券;如果预期收益率曲线将变得较为平坦时,则可以买入长期债券,卖出短期债券。如果预期正确,上述投资策略可以为投资者降低风险,提高收益。

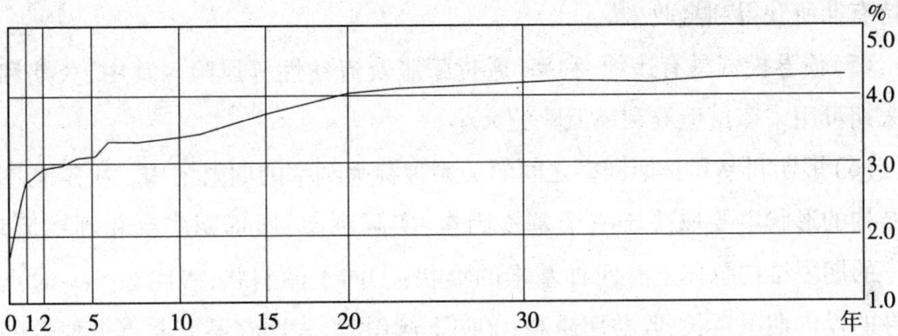

图 5-6 2013 年 5 月 2 日我国银行间固定利率国债到期收益率曲线

本章小结

(1)债券的价值由持券人在未来获得的所有现金流的贴现值构成。应用到分期付息债,其价值就是由持券人在未来获得的各期利息的贴现值和到期偿付的本金贴现值构成,公式可以表示为:债券价值 $= \sum_{t=1}^{n} \frac{Fr}{(1+i)^t} + \frac{F}{(1+i)^n}$,其中,$Fr$ 表示每期获得的利息额,F 是债券面值,i 为每期贴现利率,t 为期数,n 为总期数。该原理适用于其他类型债券,如纯贴现债券(也称为零息债券)的价值为:$PV = \frac{F}{(1+i)^n}$;永久债券的价值为:$PV = \frac{Fr}{i}$。

(2)运用债券的估价原理,可以解决两类问题:一是给定投资者要求的必要报酬率,估算债券价值;二是给定债券的价格,估算投资债券的报酬率。

(3)债券的到期收益率是投资者买入债券后一直持有到期,其获得的复利年收益率。或者说,YTM 是复利方式下使债券未来现金流入现值等于债券买入价格的贴现率。

(4)债券当期收益率和持有期收益率是两种衡量债券投资报酬的粗略指

标,这两个指标没有考虑货币时间价值。其中,当期收益率用公式表示:$r_c = \frac{C}{P}$,其中,C 为债券的年利息支付,P 为债券的市场价值,r_c 为债券的当期收益率。持有期收益率用公式表示:$yield = \frac{P_2 - P_1 + I}{P_1} \times 100\%$,其中,$yield$ 表示持有期收益率,P_1 表示债券的购买价格,P_2 表示债券的出售价格;I 表示债券持有期所获得利息收入。

(5)债券投资具有违约、利率、通货膨胀及流动性等风险。其中,久期和修正久期可用来衡量债券利率风险的大小。

(6)短期利率和长期利率之间的关系被称为利率的期限结构。决定利率期限结构的形状主要取决于三个基本因素:实际利率、通货膨胀率和利率风险。利率的期限结构总体上有四种基本的形状:①向上倾斜状,表明在某一时点上债券的投资期限越长,收益率越高;②向下倾斜状,表明在某一时点上债券的投资期限越长,收益率越低;③水平状,表明收益率的高低与投资期限的长短无关;④驼峰状,或者波动收益率曲线,表明债券收益率随投资期限不同而呈现波浪变动。典型的利率期限结构形状是向上倾斜状。

(7)债券收益率曲线是描述在某一时点上(或某一天)一组可交易债券的收益率与其剩余到期期限之间数量关系的一条趋势曲线。债券收益率曲线与利率的期限结构之间虽然有点区别,但二者几乎是同一个事物,广泛运用于金融市场投资决策或资产负债管理。

附录 1:普通公司债案例

债券合约是一种合法的文件,通常长达数十页,而且读起来单调乏味。虽然如此,最重要的信息通常包含在债券合约的发行基本情况中。为了让读者对我国债券合约情况有个更具体的了解,这里随机地从上海和深圳市场找到了一家发债公司:陕西秦川机械发展股份有限公司(股票简称:秦川发展,股票代码:000837),发行的 13 秦川债已经成功在深圳证券交易所挂牌交易(该债交易代码:112151)。根据公司公告,基本条款如下:

(1)债券名称:陕西秦川机械发展股份有限公司 2013 年公司债券。

(2)发行规模:人民币 4.50 亿元(含 4.50 亿元)。

(3)票面金额及发行价格:本次债券面值为100元,按面值平价发行。

(4)债券品种和期限:本次债券为固定利率债券,期限为5年期,附第3年末发行人上调票面利率选择权和投资者回售选择权。

(5)债券利率或其确定方式:本次债券的票面利率根据网下询价结果,由公司与保荐人(主承销商)按照国家有关规定协商确定票面利率为5.65%。该利率在债券存续期限前3年保持不变;如发行人行使上调票面利率选择权,则未被回售部分债券在存续期限后2年的票面利率为债券存续期限前3年票面利率加上上调基点,在债券存续期限后2年固定不变;如发行人未行使上调票面利率选择权,则未被回售部分债券在存续期限后2年的票面利率仍维持原票面利率不变。本次债券采用单利按年计息,不计复利,逾期不另计利息。

(6)债券形式:实名制记账式公司债券。投资者认购的本次债券在债券登记机构开立的托管账户托管记载。本次债券发行结束后,债券持有人可按照有关主管机构的规定进行债券的转让、质押等操作。

(7)还本付息方式及支付金额:本次债券采用单利按年计息,不计复利。每年付息一次,到期一次还本,最后一期利息随本金的兑付一起支付。本次债券于每年的付息日向投资者支付的利息金额为投资者截至付息债权登记日收市时所持有的本次债券票面总额与对应的票面利率的乘积;于兑付日向投资者支付的本息金额为投资者截至兑付债权登记日收市时所持有的本次债券最后一期利息及所持有的债券票面总额的本金。

(8)起息日:2013年1月28日。

(9)付息、兑付方式:本次债券本息支付将按照本次债券登记机构的有关规定来统计债券持有人名单,本息支付方式及其他具体安排按照债券登记机构的相关规定办理。

(10)付息日:2014年至2018年每年的1月28日为上一个计息年度的付息日(如遇法定及政府指定节假日或休息日,则顺延至其后的第1个工作日;顺延期间付息款项不另计利息)。如投资者行使回售选择权,则其回售部分债券的付息日为2014年至2016年每年的1月28日(如遇法定及政府指定节假日或休息日,则顺延至其后的第1个工作日;顺延期间付息款项不另计利息)。

(11)兑付日:本次债券的兑付日为2018年1月28日(如遇法定及政府指

定节假日或休息日，则顺延至其后的第 1 个工作日；顺延期间兑付款项不另计利息）。如投资者行使回售选择权，则其回售部分债券的兑付日为 2016 年 1 月 28 日（如遇法定及政府指定节假日或休息日，则顺延至其后的第 1 个工作日；顺延期间兑付款项不另计利息）。

（12）发行人上调票面利率选择权：发行人有权决定是否在本次债券存续期的第 3 年末上调本次债券存续期后 2 年的票面利率，调整幅度为 0 至 100 个基点（含本数），其中 1 个基点为 0.01%。发行人将于第 3 个付息日前的第 20 个交易日，在中国证监会指定的上市公司信息披露媒体上发布关于是否上调本次债券票面利率以及上调幅度的公告。若发行人未行使上调票面利率选择权，则本次债券后续期限票面利率仍维持原有票面利率不变。

（13）投资者回售选择权：发行人发出关于是否上调本次债券票面利率及上调幅度的公告后，投资者有权选择在第 3 个计息年度的付息日将其持有的全部或部分债券按面值回售给发行人。第 3 个计息年度的付息日即为回售支付日，发行人将按照深交所和证券登记机构相关业务规则完成回售支付工作。

（14）回售申报：自发行人发出关于是否上调本次债券票面利率及上调幅度的公告之日起 3 个交易日内，债券持有人可通过指定的方式进行回售申报。债券持有人的回售申报经确认后不能撤销，相应的公司债券份额将被冻结交易；回售申报期不进行申报的，则视为放弃回售选择权，继续持有本次债券并接受上述关于是否上调本次债券票面利率及上调幅度的决定。

（15）担保人及担保方式：本次债券由秦川集团提供全额无条件不可撤销的连带责任保证担保。

（16）信用级别及资信评级机构：经中诚信证评综合评定，发行人的主体长期信用等级为 AA，本次公司债券信用等级为 AA。

（17）保荐人、主承销商、债券受托管理人：广州证券有限责任公司。

（18）发行对象：在证券登记机构开立合格证券账户的社会公众投资者和机构投资者（法律、法规禁止购买者除外）。

（19）发行方式：本次债券采取网上面向社会公众投资者公开发行和网下面向机构投资者询价发行相结合的方式一次性发行。具体发行方式见发行公告。

（20）向公司股东配售安排：本次债券发行不向公司原股东配售。

（21）承销方式：本期债券由主承销商广州证券有限责任公司负责组建承销

团,对本期债券认购不足 4.50 亿元的部分,由主承销商以余额包销的方式承销。

(22)发行费用:本次债券的发行费用预计不超过本次债券募集资金的 1.50%。

(23)募集资金用途:本次债券发行募集的资金,在扣除发行费用后拟用 32 500万元偿还银行贷款,调整债务结构;剩余资金用于补充公司流动资金。

读者很容易明白债券条款中关于担保、信用评级的意义。对于发行人上调票面利率选择权、投资者回售选择权等条款则略显复杂,不妨留给读者通过资料查询来解答。

读者从巨潮资讯网上可以查找到不少公司可能发行的是可转换为股票的债券,简称可转债,如中国船舶重工股份有限公司发行的重工转债(交易代码 113003)、中国工商银行股份有限公司可转换公司债券(交易代码 113002)等。可转债通常会包含赎回条款、回售条款等比较复杂的内容。本书不再赘述,相信读者完全可以从其他地方找到对这些条款的解说。

附录 2:Excel 在债券估价中的应用

一、PV 函数计算债券价值

【附例 5-1】 已知债券的票面价值为 100 元,票面利率为 15%,6 年期限,年付息一次,贴现率为 6%,债券的持有期限为 6 年,求债券的价格。如附图 5-1 所示,我们把已知条件依次输入 PV 函数里,然后点击确认就可以得到我们要计算的债券的价格,也就是计算出来的现值。这个函数不难,但是需要我们注意的是:在输入利率的时候,用的是贴现利率而不是票面利率,否则得到的结果就是错误的。

使用 Excel 的好处就是,在我们上图 Excel 里面的函数里,只要更改函数里的数据,不管是期限变化了还是利率变化了,只要输入进去,一个回车就能自动计算出来,很简便。

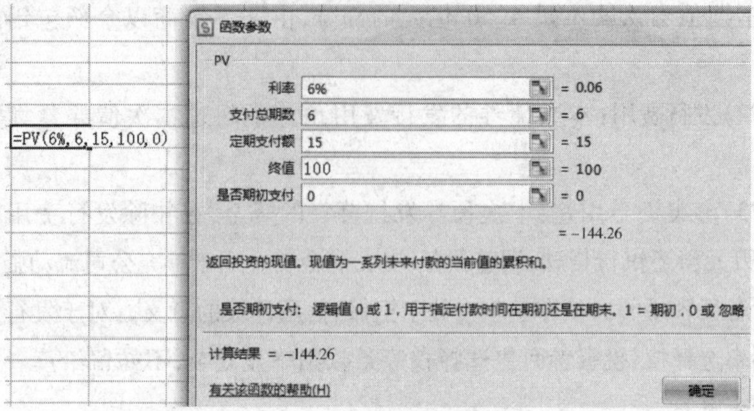

附图 5-1

二、计算收益率

1. IRR 函数和 RATE 函数

【附例 5-2】 有面值为 1 000 元的债券，其息票率为 8%，半年付息一次，30 年到期。投资者以 1 276.76 元购买此债券，求该债券的到期收益率。

分析：由于我们共需要付息 60 次，现金流为：-1 276.76，40，40，…，40，40 +1 000，将其输入 Excel 表中。因为此现金流太长，为了节约篇幅，附图 5-2 中并没有显示完整。但读者完全可以自己输入 Excel 表中完整的现金流。然后在 Excel/插入函数/财务/中找到 IRR 函数，并在 IRR 函数对话框中填入适当参数 A1: A61，如附图 5-3 点击 OK，输出结果 3%，即为该债券半年期的收益率。

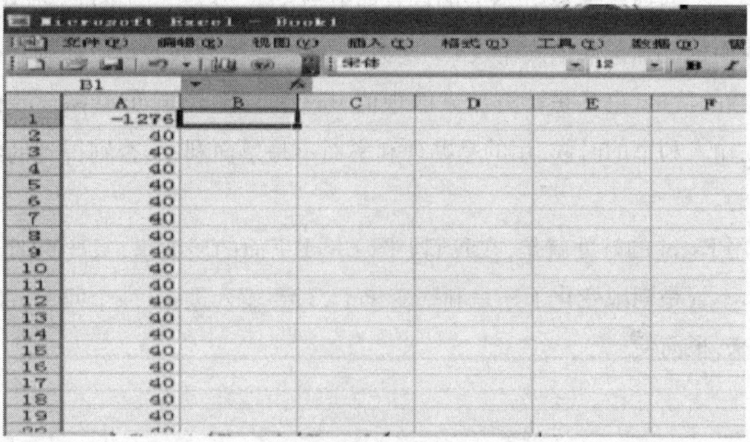

附图 5-2

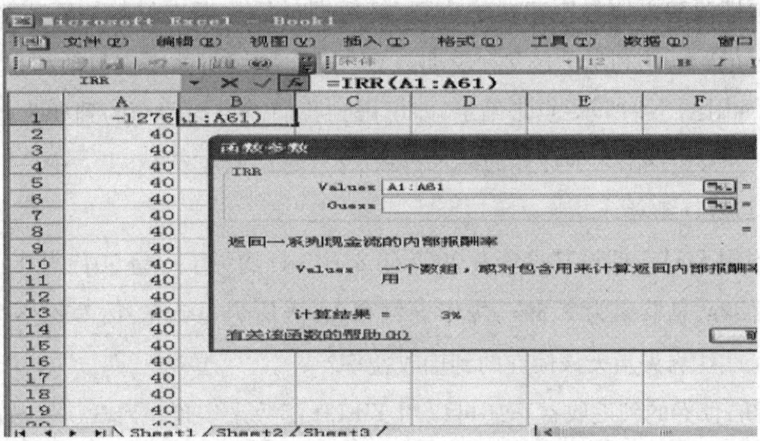

附图 5-3

从以上我们的计算过程来看,用这个 IRR 函数来计算债券的收益率是没问题的,但是你会发现,当你在输入每期支付的利息的时候,60 次也还算是不太麻烦,如果是几千、几万次分期支付利息,每次都要手动输入,那么工作量将十分之大。于是,我们引入另外一个函数,不仅能完成以上 IRR 函数能完成的内容,而且还省了输入每期的利息。这个函数就是 RATE 函数。下面讲解在 Excel 中使用 RATE 函数来计算债券的到期收益率。

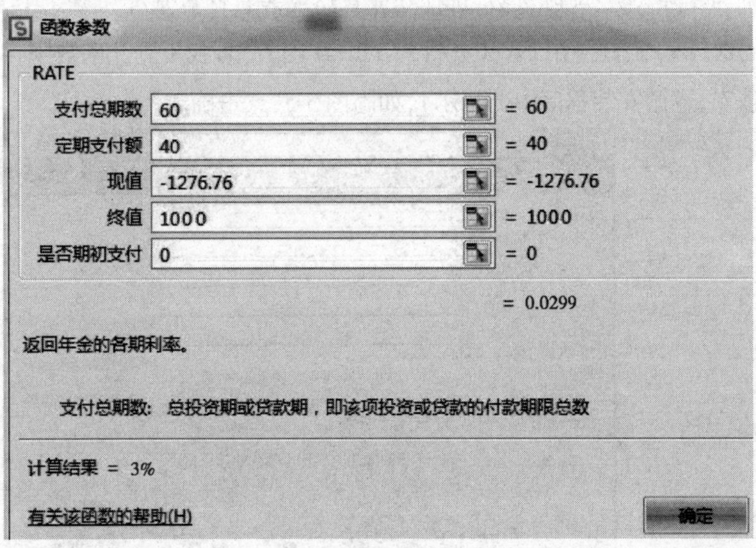

附图 5-4

在 Excel 里插入 RATE 函数,然后输入支付利息的总期数、定期支付的利息额、现值即起初买债券所花费的金额、终值即最后一期支付的票面值,特别注意,如果最后一期利息已包含在总期数60中了,则终值就不应包括利息。具体的过程如附图5-4所示:点击确定,即可得到我们需要的债券的到期收益率,其结果为3%,和我们之前计算的结果一致。

2. YIELD 函数计算收益率

【附例5-3】 假设某投资者2007年8月9日购买了一份2013年8月9日到期的债券,息票率为2.5%,按年支付利息,面值为100元,债券价格为94.5元,如何计算购买当天该债券的到期收益率?

分析:债券的到期收益率还可以用YIELD函数来实现。YIELD函数的功能是返回定期付息、面值为100元的有价证券的收益率,可用于计算债券到期收益率,输入方式为YIELD(settlement, maturity, rate, pr, redemption, frequency, basis)。其中:settlement为有价证券的成交日(用DATE函数来输入日期);maturity为有价证券的到期日(用DATE函数来输入日期);rate为有价证券的年票面利率;pr为面值100元的有价证券的价格;redemption为面值100元的有价证券清偿价值;frequency为年付息次数。若按年支付,则frequency=1;若按半年期支付,则frequency=2;若按季支付,则frequency=4。basis为日计数基准类型(选择1代表日计算基准为实际天数/实际天数,选择0或省略代表日计算基准为US(NASD)30/360,我们选择1)。直接在Excel里找到YIELD函数(若找不到此函数则在工具菜单中加载宏,遵循安装程序中的指示),如附图5-5,点击确定。

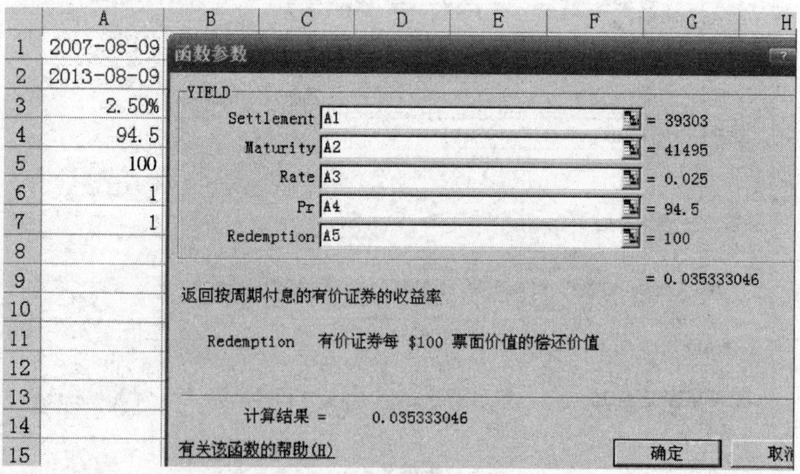

附图5-5

在附图5-5中输入相应的值，确定，之后得到0.03533。或者直接在Excel单元格中输入“ = YIELD（‘2007 - 08 - 09’，‘2013 - 08 - 09’，2.5%，94.50，100，1，1）”并回车，就得到该债券到期收益率为3.53%。

3. 利用单变量求收益率

【附例5-4】 利用单变量求不规则数据的到期收益率。我国的国债917的基本资料如附表5-4所示。

附表5-1

发行额（亿元）	240.00	发行价（元）	100.00	期限（年）	20
年利率（%）	4.26	计息日	7.31	到期日	2021 - 07 - 31
债券类型	固定	付息方式	年付	类别	固定
剩余年限（年）	8.230 1	应计利息	3.31	结算全价（元）	108.915
到期收益率（%）	3.46	修正久期	—	凸性	—

剩余期限为8.230 1年，当前的市场价格（净价，不包含应计利息）为105.6元。到期收益率3.46%已经报告出来。但我们想知道如何用财务函数快速准确地计算出当前价格下的到期收益率？

分析：“单变量求解”是一组命令的组成部分，这些命令有时也称作假设分析工具。如果已知单个公式的预期结果，而用于确定此公式结果的输入值未知，则可使用“单变量求解”功能，通过单击“工具”菜单上的“单变量求解”即可使用“单变量求解”功能。当进行单变量求解时，Microsoft Excel会不断改变特定单元格中的值，直到依赖于此单元格的公式返回所需的结果为止。简单地说，就是知道一个公式的结果，求一个公式中包含的单个单元格的值。下面具体列出了在Excel里的操作步骤：

首先在Excel里输入各期的期数、现金流量及其预先设定的到期收益率，再利用PV现值函数计算各期的现金流量现值（命令和过程前已述及），然后，利用SUM函数计算现金流量现值的合计值，结果见附表5-2，请结合附图5-6一起看。

附表 5-2　国债 917 剩余期限为 8.2301 年时债券价值估算

(按任意贴现率 5% 计算的结果)

期数	现金流量	现金流量现值	函数公式输入说明
0.230 1	4.26	￥4.21	C2 = PV($C$12, $A2,0, - $B2)
1.230 1	4.26	￥4.01	
2.230 1	4.26	￥3.82	C3: C10 依次填充，这里运用了公式复制
3.230 1	4.26	￥3.64	
4.230 1	4.26	￥3.47	
5.230 1	4.26	￥3.30	
6.230 1	4.26	￥3.14	
7.230 1	4.26	￥2.99	
8.230 1	104.26	￥69.78	
现金流量现值合计		￥98.37	C11 = SUM(C2: C10)
预先设定的任意贴现率		5.00%	

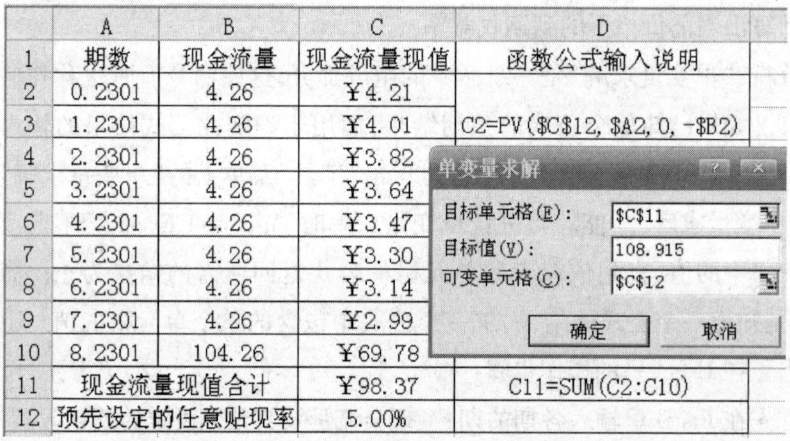

附图 5-6

在工具中找到单变量求解，把现金流量现值合计数设为目标变量(本例中为单元格 C11)，目标值为当前的结算全价(含债券净价和应计利息，本例中为 108.915 元)，可变单元格设为 C12，即税前到期收益率，见附图 5-6。点击确定，即得到附表 5-3 中报告的到期收益率 3.46%(税前收益率)，见附表 5-3。

附表 5-3 国债 917 剩余期限为 8.2301 年时债券收益率估算

（按当前价格 108.915 元计算的结果）

期数	现金流量	现金流量现值	函数公式输入说明
0.2301	4.26	¥4.23	C2 = PV($C$12, $A2,0, - $B2)
1.2301	4.26	¥4.09	
2.2301	4.26	¥3.95	C3: C10 依次填充，这里运用了公式复制
3.2301	4.26	¥3.82	
4.2301	4.26	¥3.69	
5.2301	4.26	¥3.57	
6.2301	4.26	¥3.45	
7.2301	4.26	¥3.33	
8.2301	104.26	¥78.80	
现金流量现值合计		¥108.91	C11 = SUM(C2: C10)
预先设定的任意贴现率		3.46%	

三、求债券久期和修正久期

【附例 5-5】 某股份有限公司 2013 年 11 月 27 日发行企业债券 32 亿元，面值为 100 元，息票率为 1.6%，到期日为 2019 年 11 月 27 日，发行价与面值相等，每年付息一次，到期一次还本。在 2013 年 12 月 29 日，债券收盘价为 81.96 元，剩余年限为 5.912 3 年。假设你在当天购买了这一债券并持有至到期，你的税后到期收益率为多少？假设个人所得税税率为 20%。采用 Excel 计算债券久期。

分析：如果债券每期支付利息（等额），到期一次性偿还本金，根据 Excel 电子表格计算债券久期，输入公式为：

= DURATION（计算日，到期日，息票率，到期收益率，频率，基准）

其中，结算日是指债券结算日或购买日；到期日是指债券到期日；频率是指每年利息支付的次数；基准是指“天数的计算基准”。

首先，利用 RATE 函数计算税后到期收益率。其次，利用 DURATION 函数计算债券久期。如附表 5-4 所示。最后，根据计算出来的久期计算修正久期。

附表 5-4　债券税后到期收益率及久期计算

	A	B	公式说明
1	当前日期	2013-12-29	B1 = DATE(2013,12,29)
2	期限(年)	6	
3	到期日	2019-11-27	B3 = DATE(2019,11,27)
4	剩余年限(年)	5.9123	B4 = (5×365+365-32)/365
5	每期利息(票面利率1.6%)	0.016	
6	债券面值(元)	100	
7	债券市场价格(元)	81.96	
8	个人所得税率	0.2	
9	到期收益率(税前)	0.0523	B10 = RATE(B4,B5,-B7,B6)
10	到期收益率(税后)	0.0486	B11 = RATE(B4,B5×0.8,-B7,B6)
11	频率	1	
12	久期(年)	5.681	B12 = DURATION(B1,B3,B5,B10,B11)
13	修正久期(年)	5.417	B13 = B12/(1+B10)

思考题

1. 为什么对同一种证券的价值,两个有见识的人会得出不同的结论?如果他们获得的信息相同,这种情况还会发生吗?

2. 描述一下债券的特征,要运用以下概念:

期限/到期日	面值
负债比资产净值	购买债券
非分期偿还	一个借款者/多个出借者
风险	与股东相抵触

3. 有两种利率与债券定价有关。请描述并定义这两种利率。它们是如何应用的?

4. 如果债券按固定利率支付利息,那么债券每年在二级市场上如何出售?概括收益率是如何随市场利率变化而发生调整的。

5. 债券价格和利率之间有什么关系?口头描述这种关系如何产生。我们如何运用这种关系来估计债券的价值。

6. 用语言来描述确定某一给定售价的债券的到期收益率的过程。

7. Altoona公司5年前发行一份面值1 000元的25年期债券,债券按年利率10%每半年支付一次利息。

(1)如果类似的新发行债券的利率为12%,那么该债券现在价格是多少?

(2)如果利率为8%,那么该债券现在价格是多少?

(3)从投资者可得到的机会方面来解释(1)和(2)部分所得到的结果。

(4)如果利率为10%,那么债券现在价格应为多少?

(5)说明(4)部分得出的结论。

8. 计算1 000元面值债券在下面情况下的市场价格。

	票息率	仍有到期时间	目前市场利率
(1)	12%	15年	10%
(2)	7%	5年	12%
(3)	9%	25年	6%
(4)	14%	30年	9%
(5)	5%	6年	8%

9. 长途货车运输公司将于明天发行20年期债券,面值2 000元。债券的票息率为8%,是计划发行债券时的市场利率。然而,利率突然上升,预计债券在市场上出售时,利率将达到9%。明天该公司每张债券售价将为多少?

10. Apollo公司的债券是在10年前发行的,期限30年,面值1 000元。当时的市场利率很高,因此债券的票息率为20%。目前的利率是10%。Alpha债券应以什么样的价格出售?

11. Mustaine伟业公司在市场上的债券是每年付息一次,16年到期,面值1 000美元,销售价格为870美元。在这个价格上,债券的收益率为6.8%。Mustaine公司债券的票面利率是多少?

12. Mullineaux公司1年前发行了一种11年期的债券,票面利率为8.2%,面值1 000美元。该债券每半年付息一次。如果YTM为7.4%,那么,目前债券的价格是多少?

13. Clapper公司在2年前发行了一种12年期的债券,票面利率为8.6%,面值1 000美元。该债券每半年付息一次。如果这些债券目前是以面值的97%出售,YTM是多少?

14. Barely Heroes公司在市场上的债券还有14.5年到期,YTM为7.5%,目前的价格为 1 145 美元。该债券每半年付息一次。Barely Heroes 公司债券的票面利率应该是多少?

15. 如果目前国库券的报酬率是 6%,而通货膨胀率是 4.5%,则近似实际利率是多少?准确的实际利率是多少?

16. Lifehouse 软件公司的债券票面利率为 8.4%,9 年到期,每半年付息一次,面值 1 000 美元。目前是以面值的 104% 卖出。Lifehouse 公司债券的现行收益率是多少? YTM 呢?有效年收益率呢?

17. BDJ 公司想要发行一种新的 20 年期债券以满足扩展项目所需。目前该公司有一票面利率为 8%,面值 1 000 美元,每半年付息一次,剩下 20 年到期的债券在市场上卖 1 095 美元。如果公司想要以面值发行,则票面利率应定为多少?

进一步阅读书目

[1]斯蒂芬·A.罗斯,伦道夫·W.韦斯特菲尔德,杰弗里·F.杰富.公司金融[M].北京:机械工业出版社,2009.

[2]杨丽荣.公司金融学[M].北京:科学出版社,2005.

[3]岳军,冯日欣,闫新华.公司金融[M].北京:经济科学出版社,2003.

[4]中国注册会计师协.财务管理成本[M].中国财政经济出版社,2009.

[5]冯曰欣,王俊籽.公司金融[M].北京:经济科学出版社,2006.

[6]刘淑莲.公司理财[M].北京:北京大学出版社,2007.

第六章

股票估价

本章要点

1. 股利贴现模型
2. 零增长模型
3. 固定增长模型
4. 多元增长模型
5. 市盈率模型
6. 市现率模型
7. 市售率模型和市净率模型

第一节　股利贴现估值模型

一、股票估价概述

有个故事讲述的是华尔街两位炒手交易一罐沙丁鱼罐头。每次交易,一方都以更高的价钱从对方手中买进这罐沙丁鱼罐头,不断交易下来,双方都赚了不少钱。有一天,其中一位决定打开罐头看看,了解一下为何一罐沙丁鱼要卖这么高的价钱?结果他发现这罐沙丁鱼是臭的。他以此指责对方卖假货。对方回答:“谁要你打开的?这罐沙丁鱼是用来交易的,不是用来吃的!”

这个故事形象地说明了资本市场中不少参与者进行的交易活动属于博傻性质,这与价值投资有着迥然不同的交易理念。

格雷厄姆作为一代投资大家,首倡投资要注重安全边际。投资者买进证券的价格远低于证券的内在价值,则投资的安全边际就高;投资者买进证券的价格越接近证券的内在价值,则投资的安全边际就低;如果买进证券的价格高于证券的内在价值，则投资没有安全边际可言，在价值投资理念下被认为是非常危险的事。

试图估计出股票的内在价值也就成了价值投资理念下一项重要的事情。那么股票的内在价值如何来确定呢？

资产价值的确定中资本化是一种重要的方法。所谓资本化，是指资产凭其收益转化成资产现期交换价值的过程。资本化的目的在于为资产的市场交易提供一个基准价格。

马克思、马歇尔、费雪都对收入（或收益）资本化的思想进行过阐述。费雪（Irving Fisher）1906 年出版的《资本的性质与收益》（The Nature of Capital and Income）一书中提出，价值是未来收益的现在值，这命题构成了现代评估技术的理论基础。因此，收入资本化理论认为，任何资产的内在价值都取决于持有资产可能带来的未来的现金流入的贴现值。

由于未来现金流取决于投资者的预测，其价值大小不同于相同金额的当前值，所以，需要选用适当的贴现率将未来的现金流贴现为现值。在选用贴现率时，不仅要考虑货币的时间价值，而且需要反映未来现金流的风险大小。本书后面章节将专门介绍适当贴现率的确定，因此，这里就不详细讨论此问题，假设贴现率的选取给定。

假定对所有未来的现金流选用相同的贴现率，则资产内在价值可用数学公式表示，如式（6－1）。

$$V = \frac{C_1}{(1+r)} + \frac{C_2}{(1+r)^2} + \frac{C_2}{(1+r)^3} + \cdots = \sum_{t=1}^{\infty} \frac{C_t}{(1+r)^t} \qquad (6-1)$$

其中，V 代表资产的内在价值，C_t 表示第 t 期的现金流，r 是贴现率。

收入资本化法可运用于普通股估价分析。戈登（M. J. Gordon）于 1959 在《股利、收益与股票价格》文中指出，股票内在价值是该股票未来预期股利流量的折现值，其模型称为股利（或股息）贴现模型（dividend discounted model，DDM）。股利贴现模型是现金流贴现定价法中最简单也是最古老的一种定价模型。

假设投资者无限期持股，则股利是投资股票唯一的现金流，理论上公司具有无限寿命的可能，因此，投资者将获得无限期的股利现金流，这些无限期的股利现金流的折现值用数学符号表达如式（6－2）。

$$PV = \frac{D_1}{(1+r)} + \frac{D_2}{(1+r)^2} + \frac{D_3}{(1+r)^3} + \cdots = \sum_{t=1}^{\infty} \frac{D_t}{(1+r)^t} \quad (6-2)$$

其中,PV 代表普通股票的内在价值,D_t 是普通股第 t 期支付的股利,r 是贴现率。

事实上,绝大多数投资者并非在投资之后永久性地持有股票,即他们在购进股票一段时间之后可能抛出该股票。所以,有限期持股下的未来现金流就包括持有期内获得的股利现金流和卖出股票的现金流入。

假设投资者购入股票后在未来 T 时期卖掉,那么他预期可获得的现金流分为两部分:一部分是在 T 时期及之前的预期股息,另一部分是 T 时期股票的预期售价 P_T。股票的内在价值就等于这两部分预期现金流的贴现值之和,见式(6-3)。

$$\begin{aligned} PV &= \frac{D_1}{(1+r)} + \frac{D_2}{(1+r)^2} + \frac{D_3}{(1+r)^3} + \cdots + \frac{D_T}{(1+r)^T} + \frac{P_T}{(1+r)^T} \\ &= \sum_{t=1}^{T} \frac{D_t}{(1+r)^t} + \frac{P_T}{(1+r)^T} \end{aligned} \quad (6-3)$$

由于股票的预期售价 P_T 依然是由 T 期之后的预期股息贴现和所决定的,即:

$$P_T = \frac{D_{T+1}}{(1+r)} + \frac{D_{T+2}}{(1+r)^2} + \frac{D_{T+3}}{(1+r)^3} + \cdots \quad (6-4)$$

将式(6-4)代入式(6-3),可得:

$$\begin{aligned} PV &= \sum_{t=1}^{\infty} \frac{D_t}{(1+r)^t} + \frac{1}{(1+r)^T}\left[\frac{D_{T+1}}{(1+r)} + \frac{D_{T+2}}{(1+r)^2} + \frac{D_{T+3}}{(1+r)^3} + \cdots\right] \\ &= \sum_{t=1}^{\infty} \frac{D_t}{(1+r)^t} \end{aligned} \quad (6-5)$$

所以,不管投资者购入股票后永久持有,还是在未来某一时期卖掉,股票的内在价值都可以用公式 $PV = \sum_{t=1}^{\infty} \frac{D_t}{(1+r)^t}$ 来表示,这就是股利贴现模型。

现实中,存在有些公司,他们具有很强的盈利能力,但分红派息却总是很少,也就是说分红派息水平可能跟盈利能力割裂。但一般的情况是,股票股息的多少跟公司的盈利能力存在一定的正相关关系。未来股息的多少又决定了公司股票价值的大小。所以,一般地说,当公司盈利能力强时,公司发放的股息倾向于较多,股票价值也就较高。反之,公司的盈利能力弱时,公司发放的股利倾向于较少，股票价值也就较低。总的来说，符合下列条件时，股利贴现模型适用于评估股票价值：

(1)公司发放股息，并且有一个稳定的股息政策，这样才可以准确地预测未来的股息；

(2)股息多少与公司的盈利能力正相关；

(3)投资者处于一个非控股股东的地位，很难影响到公司的股息政策。

在对股票未来每期股息进行预测时，关键在于预测每期股息的增长率。如果用 g_t 表示 t 期的股息增长率，其数学表达式为：

$$g_t = \frac{D_t - D_{t-1}}{D_{t-1}} \tag{6-6}$$

根据对股息增长率的不同假定，股息贴现模型可以分成零增长模型、固定增长模型、两阶段模型、三阶段模型、多元增长模型。

二、零增长模型

零增长模型(zero - growth model)是股息贴现模型的一种特殊形式，它假定每期的股息是固定不变的。换而言之，股息增长率等于零。零增长模型不仅可以用于普通股票的价值分析，而且还适用于统一公债(或称永久公债)和优先股的价值分析。用符号表示股息不变的特点，如下：

$$D_0 = D_1 = D_2 = \cdots = D_\infty \text{ 或者}, g_t = 0$$

将上式代入式(6－2)便得到式(6－7)。

$$PV = \sum_{t=1}^{\infty} \frac{D_t}{(1+r)^t} = D_0\left[\sum_{t=1}^{\infty} \frac{1}{(1+r)^t}\right] = \frac{D_0}{r} \tag{6-7}$$

式(6－7)也是第4章永续年金的现值公式。

【例 6-1】 预期某公司支付的股息将永久地固定在 6 元/股，贴现率为 10%，那么该公司内在价值等于多少？

解：所有未来股利构成永续年金的特点，可用式(6－7)计算，过程如下：

$$PV = \frac{D_0}{r} = \frac{6}{0.1} = 60(\text{元})$$

如果该公司的股票市场价格为 56 元，则该股票被低估了 4 元，因此投资者就可以考虑买进该股票来套利。

零增长模型的应用似乎受到相当的限制，因为假定某一股票尤其是普通股永远支付固定的股息是不合理的。但在特定的情况下，比如在决定优先股的内在价值时，这种模型是相当有用的，因为大多数优先股支付的股息是固定的，不会因每股收益变化而变化，而且优先股没有固定的生命期，预期支付显然是能永远进行下去的。

三、固定增长模型

固定增长模型又称为戈登增长模型（gordon model），该模型有三个假定条件：

(1)股息的支付在时间上是永久的；

(2)各期的股息增长率 g_t 恒等于常数 g；

(3)模型中的贴现率大于股息增长率，即 r > g。

根据以上三个条件可以得到：

$$D_t = D_{t-1}(1+g), \text{则 } D_t = D_0(1+g)^t \qquad (6-8)$$

代入式(6-2)得到：

$$PV = \sum_{t=1}^{\infty} \frac{D_t}{(1+r)^t} = \sum_{t=1}^{\infty} \frac{D_0(1+g)^t}{(1+r)^t} = D_0 \sum_{t=1}^{\infty} \frac{(1+g)^t}{(1+r)^t} \qquad (6-9)$$

又因为 $r > g$，根据等比数列公式或永续增长年金现值公式，可得：

$$PV = D_0 \sum_{t=1}^{\infty} \frac{(1+g)^t}{(1+r)^t} = D_0 \frac{(1+g)}{(r-g)} = \frac{D_1}{r-g} \qquad (6-10)$$

式(6-10)是固定增长模型的表达式，其中的 D_0、D_1 分别是初期（或当前）和第一期支付的股息。当增长率等于零时，固定增长模型就变成了零增长模型。所以零增长模型是固定增长模型的一种特殊形式。

【例 6-2】 某公司股票初期的股息为 2.5 元/每股。经预测该公司股票未来的股息增长率将永久性地保持在 5% 水平上，假定贴现率为 10%。那么公司股票的内在价值应该等于多少？

解：$$PV = \frac{2.5(1+0.05)}{(0.1-0.05)} = \frac{2.625}{0.05} = 52.5(\text{元})$$

公司股票的内在价值等于 52.5 元，可以作为股票市场价格被高估或低估的一个参考。

虽然固定增长模型比零增长模型有较小的应用限制，但是假设公司各期股息按固定比例增长仍不太现实，为了弥补这一缺陷，在固定增长模型的基础上衍生出了多元增长模型。

四、多元增长模型

事实上,大多数公司要经历其本身的生命周期。在不同的发展阶段,公司的成长速度不断变化,相应地,股息增长率也随之改变。在发展初期,由于投资的盈利机会较多,公司的派息比率一般比较低,但股息的增长率相对较高。随后公司进入成熟期,由于竞争,投资机会越来越少,公司会提高派息比率。由于公司扩张机会的减少,股息增长的速度会放慢。

多元增长模型(multistage dividend discount model)是较为普遍地被用来确定普通股票内在价值的股息贴现模型。该模型假设股息的变动在开始一段时间内并没有特定的模式可以预测,但在某时点 T 以后,股息按不变的比率增长。因此,股息现金流可以分为两个部分:

第一部分包括在股息无规则变化时期的所有预期股息的现值,用 PV_{T-} 表示,则有:

$$PV_{T-} = \sum_{t=1}^{T} \frac{D_t}{(1+r)^t} \tag{6-11}$$

第二部分包括在时点 T 之后即股息增长率不变时期的所有预期股息的现值。

首先,该股票在时点 T 的价值 PV_T 可以通过固定增长模型求出,即:

$$PV_T = D_T \frac{(1+g)}{(r-g)} = \frac{D_{T+1}}{r-g} \tag{6-12}$$

然后,求出 PV_T 在0时刻的现值 PV_{T+} 为:

$$PV_{T+} = \frac{PV_T}{(1+r)^T} = \frac{D_{T+1}}{(r-g)(1+r)^T} \tag{6-13}$$

将两部分预期股息的现值相加,可得到股票的价值 PV 为:

$$PV = PV_{T-} + PV_{T+} = \sum_{t=1}^{T} \frac{D_t}{(1+r)^t} + \frac{D_{T+1}}{(r-g)(1+r)^T} \tag{6-14}$$

如果 $T=0$,即股息从0时刻就开始固定增长,这就是一个固定增长模型公式。因此,固定增长模型可以看做多元增长模型的一种特例。

目前,多元增长模型中用的比较多的就是二阶段和三阶段增长模型。

(一)二阶段增长模型

二阶段增长模型(two-stage dividend discount model)假设股息的增长分为

两个阶段，在 时间 T 之前按固定比率 g_1 增长，在时间之后按固定比率 g_2 增长。即在时间 T 之前

$$D_t = D_0(1 + g_1)^t$$

在时间 T 之后 $D_{T+m} = D_T(1 + g_2)^m \quad m = 1,2,3\cdots$

于是有：

$$PV = \sum_{t=1}^{T} \frac{D_0(1 + g_1)^t}{(1 + r)^t} + \frac{D_T(1 + g_2)}{(r - g_2)(1 + r)^T} \quad 其中 r > g_2 \quad (6-15)$$

值得注意的是，有些公司，在时间 T 之前，股息的增长可能被假设为不规则增长，也就是说只要公司股利的增长可以分为两个不同特点的阶段，就可以称为二阶段增长模型。式(6－15)显得有些繁杂，事实上用例子说明更简单。

【例 6-3】 H 公司刚刚派发每股 2 元的现金股利。投资者对这种投资所要求的报酬率为 16%。如果预期接下来 3 年的股利将以 20% 的比率增长，然后就降为一直是每年 8%，那么目前股票应该卖多少钱？

解：根据公司情况，2 元的现金股利属于当前股利，第一年末的股利将在此基础上增加 20%，为 2.4 元。公司股利的增长可以分为两个不同特点的阶段：接下来的 3 年和以后无限期 8% 的增长，公司内在价值就由两阶段的股利贴现总和构成。为清晰见，列表 6-1 所示。

表 6-1　H 公司各年股利情况表

年末	股利增长速度(%)	股利(元)
1	20	2×(1+0.2)=2.4
2	20	2.4×(1+0.2)=2.88
3	20	2.88×(1+0.2)=3.456
4	8	3.456×(1+0.08)=3.732
5	8	3.732×(1+0.08)=4.031
⋮	8	⋮

前 3 年的股利现值和很容易估算，分别是

$$\frac{D_1}{1 + r} + \frac{D_2}{(1 + r)^2} + \frac{D_3}{(1 + r)^3}$$

代入数字是：

$$\frac{2.4}{1 + 0.16} + \frac{2.88}{(1 + 0.16)^2} + \frac{3.456}{(1 + 0.16)^3}$$

3 年后，股利增长率无限期地降为 8%，即 $g_2=8\%$。因此，3 年末的股价 P_3 为：

$$P_3=\frac{D_4}{r-g_2}\text{ 或者 }P_3=\frac{D_3\times(1+g_2)}{r-g_2}$$

代入数字是：

$$P_3=\frac{3.456\times1.08}{0.16-0.08}=46.656$$

当前股票价值 P_0 就等于：

$$P_0=\frac{D_1}{1+r}+\frac{D_2}{(1+r)^2}+\frac{D_3+P_3}{(1+r)^3}$$

用数字表示为：

$$P_0=\frac{2.4}{1+0.16}+\frac{2.88}{(1+0.16)^2}+\frac{3.456+46.656}{(1+0.16)^3}$$

$$P_0=36.31\text{（元）}$$

（二）三阶段增长模型

三阶段增长模型（three - stage dividend discount model）假设股息的增长分为三个不同的阶段，第一阶段从 0 时刻到时间 A，股息增长率为常数 g_a；第二阶段为从时间 A 到时间 B，股息增长率以线性的方式从 g_a 变化到 g_b，如果 $g_a>g_b$，则表示递减的股息增长率，反之为递增的股息增长率。第三阶段，股息增长率是个常数 g_b，该增长率是公司长期的正常率。第二阶段的任意时期 t，由于股息增长率呈线性变化，因此有：

$$g_t=g_a-(g_a-g_b)\times\frac{t-A}{B-A}\qquad(6-16)$$

则第二阶段贴现值为：

$$PV_0^2=\sum_{t=A}^{B}\frac{D_t}{(1+r)^t}=\sum_{t=A}^{B}\frac{D_{t-1}(1+g_t)}{(1+r)^t}\qquad(6-17)$$

将三个阶段的股息贴现值相加，可得三阶段增长模型计算公式为：

$$PV_0=PV_0^1+PV_0^2+PV_0^3$$

$$=D_0\sum_{t=1}^{A-1}\left(\frac{1+g_a}{1+r}\right)^t+\sum_{t=A}^{B}\frac{D_{t-1}(1+g_t)}{(1+r)^t}+\frac{D_B(1+g_b)}{(1+r)^B(r-g_b)}\qquad(6-18)$$

【例 6-4】 假定某股票初期支付的股息为 1 元/每股；在今后两年的股息增长率为 6%；股息增长率从第 3 年开始递减；从第 6 年保持 3% 的增长速度。另外，贴现率为8%。计算股票价值为多少？

解：根据公司的情况，股利增长有三个不同的阶段，$A=2,B=6,g_a=6\%$，$g_b=3\%,r=8\%,D_0=1$。代入式(6－16)，得到：

$$g_1=0.06-(0.06-0.03)\times\frac{(3-2)}{(6-2)}=5.25\%$$

$$g_2=0.06-(0.06-0.03)\times\frac{(4-2)}{(6-2)}=4\%$$

$$g_3=0.06-(0.06-0.03)\times\frac{(4-2)}{(6-2)}=3.75\%$$

将上述数据整理，列入表6-2。将表6-2的数据代入式(6－18)，即可计算该股票的内在价值等于22.64元。

表6-2 股票三阶段的股息增长率

	年份	股息增长率(%)	股息(元/每股)
第一阶段	1	6	1.06
	2	6	1.124
第二阶段	3	5.25	1.183
	4	4	1.236
	5	3.75	1.282
第三阶段	6	3	1.320

$$PV_0=1\times\sum_{t=1}^{2}\left(\frac{1+0.06}{1+0.08}\right)^t+\sum_{t=3}^{5}\frac{D_{t-1}(1+g_t)}{(1+0.08)^t}+\frac{D_5(1+0.03)}{(1+0.08)^5\times(0.08-0.03)}$$
$$=22.64(\text{元})$$

五、股利贴现估值模型中的参数估计

前面介绍了股利贴现估值的多种模型，读者可能已经发现，无论是哪种模型的运用，一个关键的问题是预测公司未来股利的增长g。g从何而来？希望读者可以从下节的内容找到答案，在此不赘述。

至于估值中的贴现率r又从何而来呢？

在后面的章节，我们将对贴现率r进行讨论，但现在我们想检验股利增长模型中必要收益率的含义。读者可以回忆，当公司股利具有固定增长特点的时候，股票的估值可以运用如下公式计算：

$$P_0 = \frac{D_1}{r-g}$$

上述等式与式(6-10)完全相同,只不过我们特意加了 P 的下标 0,表示股票的估值是当前的估值,以区分等式右边的分子股利 D 的时点是下期,故表示为 D_1 。整理这个等式,可以解出 r 。

$$r = \frac{D_1}{P_0} + g$$

贴现率 r 由两部分组成,第一部分 $\frac{D_1}{P_0}$ 称为股利收益率,第二部分是 g ,我们可以很容易地证明,股利的增长率同时也是股票价格的增长率。因此,这个增长率可以理解为资本利得收益率,也就是投资价值的增长率。

考虑一个简单例子证明股利增长模型中股利的增长率同时也是股票价格的增长率。

比如,一只每股股价为 20 元的股票,下一年的股利将为每股 1 元。假设股利增长速度估计为 10%,请计算股票带给你的收益率是多少?

根据股票必要收益率由股利收益率 $1 \div 20 = 5\%$ 和资本利得收益率 10% 两部分组成,股票带给你的收益率是 15%。

我们现在运用必要收益率 15% 验证一年后股票价格 P_1 是否增长了 10%。由于下一年的股利将为每股 1 元,股利增长速度为 10%,所以,下一年股利应该是 1.1 元。基于股利增长模型,一年后的股价 P_1 将为:

$$P_1 = \frac{D_2}{r-g} = \frac{1.1}{15\% - 10\%} = 22(\text{元})$$

P_1 比目前的 20 元股价增长了 10%,与前面的结论一致。

第二节　股票相对估值模型

第一节讲述的股利贴现模型依赖公司未来股利绝对水平的预测,因此,这种估值方法又称为绝对估值方法。绝对估值方法的困难是显然的,因为对未来无限期股利的预测实在是非常有挑战性的预测。因此,实践中还存在着一些被经常使用的比较简单的相对估值法。

相对估值是使用市盈率(英文缩写 P/E)、市净率(P/B)、市售率(或称为市销率,用符号表示 P/S)、市现率(EV/EBITDA)等价格指标与其他多只股票(可比股票)进行对比,如果低于可比股票的相应指标值的平均水平,则可以认为股票价格被低估,股价将很有可能上涨,使得指标回归可比股票的平均值。

相对估值通常的对比做法,一是和该公司历史数据进行对比,二是和国内同行业企业的数据进行对比,确定它的位置,三是和国际上的(特别是香港和美国)同行业重点企业数据进行对比。

一、市盈率模型

市盈率为每股市价与每股收益之比,反映投资者愿意为每单位盈利所支付的价格。市盈率模型(price - earnings ratio model)是一种较为常用的相对估值法。通过对股票正常市盈率与实际市盈率的比较,投资者也就知道了该股票是高估还是低估,从而决定是否买入。当然,知道了正常(或合理)市盈率倍数,则可知道股票估值。

股票估值 = 正常(或合理)市盈率倍数 × 股票每股收益

如何确定出正常或合理的市盈率是市盈率模型的关键。为此,我们需要借助股息贴现模型来推导。设 E_t 表示第 t 年的每股收益,并且 E_t 的增长率为 g_t ,b_t 表示第 t 年的派息率, D_t 表示第 t 年发放的股息,则有如下关系:

$$D_t = b_t E_t$$

$$E_1 = E_0(1 + g_1)$$

$$E_2 = E_1(1 + g_2) = E_0(1 + g_1)(1 + g_2)$$

$$\vdots$$

$$E_t = E_{t-1}(1 + g_t) = E_0(1 + g_1)(1 + g_2) \times \cdots \times (1 + g_t) = E_0 \prod_{i=1}^{t}(1 + g_i)$$

于是有:

$$PV = \sum_{t=1}^{\infty} \frac{b_t E_t}{(1 + r)^t} = E_0 \sum_{t=1}^{\infty} \frac{b_t \prod_{i=1}^{t}(1 + g_i)}{(1 + r)^t}$$

$$\frac{PV}{E_0} = \sum_{t=1}^{\infty} \frac{b_t \prod_{j=1}^{t}(1 + g_j)}{(1 + r)^t} \tag{6-19}$$

从式(6 - 19)可以看出,正常的市盈率大小取决于三个变量:每股收益增长率、折现率、派息率。派息率和每股收益增长率提高时,正常的市盈率就高;折现率提高时正常的市盈率就低。当派息率和折现率既定,正常的市盈率主要取决于每股收益的增长速度。读者观察资本市场会发现,成长性好、发展速度快的公司股票往往有更高的市盈率,道理就在此。

当正常的市盈率 $\frac{PV}{E_0}$ 大于实际的市盈率时,估价被低估;反之则为高估。

与股息折现模型类似,市盈率模型也分为零增长模型、固定增长模型和多元增长模型。

(一)市盈率的零增长模型

与零增长的股息折现模型对应,零增长的市盈率模型假设派息率为1,即每股收益以股息的方式全部支付给股东,因而每股收益和每股股息的增长率为0。为了证明派息率为1的假设意味着每股收益和每股股息的增长率为0,推导如下:

首先假设:没有外部融资;派息率为 b 且不变;股东权益报酬率为 ROE 且不变,t 期每股账面价值(或每股净资产)为 C_t。

根据股东权益报酬率的定义和不变的假设,得:

$$ROE = \frac{E_{t+1}}{C_t} = \frac{E_t}{C_{t-1}}$$

在没有外部融资的情况下,每股股票账面价值的变化等于每股收益减去每股股息 D_t,即:

$$C_t - C_{t-1} = E_t - D_t = (1-b)E_t$$

因此有:

$$\frac{C_t - C_{t-1}}{C_{t-1}} = \frac{(1-b)E_t}{C_{t-1}} = (1-b)ROE$$

又因为:

$$\frac{C_t - C_{t-1}}{C_{t-1}} = \frac{(C_t - C_{t-1})ROE}{C_{t-1}ROE} = \frac{E_{t+1} - E_t}{E_t}$$

$$\frac{E_{t+1} - E_t}{E_t} = \frac{b(E_{t+1} - E_t)}{bE_t} = \frac{D_{t+1} - D_t}{D_t}$$

所以有:

$$\frac{E_{t+1} - E_t}{E_t} = \frac{D_{t+1} - D_t}{D_t} = (1-b)ROE \tag{6-20}$$

式(6-20)意味着,在公司没有外部融资;派息率不变;股东权益报酬率不变等假设下,每股收益的增长率和股息增长率相等,增长率的大小受派息率和权益报酬率的影响。

当 $b<1$ 时,增长率为正;当 $b=1$ 时,公司留存收益比率为0,每股收益和股息增长率都为0。

事实上,$(1-b)$ 是公司的留存收益比率,代表了净利润中多大比例留存在公司内部。所以,换句话说,每股收益的增长率和股息增长率的大小受留存收益比例和权益报酬率的影响。因此,我们可以得出估计每股收益和每股股息增长率的一个简单办法,即公司可持续增长率的公式:

$$g = \text{留存收益比率} \times ROE$$

运用此方法估计的 g 不仅可运用于式(6-19)以估计适当的市盈率,还可运用到股利贴现模型中对股利增长速度的预测。

市盈率的零增长模型假定公司派息率为1,每股收益不变,代入式(6-19),则正常或合理的市盈率公式为

$$\frac{PV}{E_0} = \sum_{t=1}^{\infty} \frac{1}{(1+r)^t} = \frac{1}{r} \tag{6-21}$$

式(6-21)中,r 为贴现率。

【例6-5】 某公司股票现在的市场价格为16元,每股股息为1元,并且该公司每年将全部利润用于发放股利,折现率为10%,问投资者应该购买这种股票吗?

解:正常市盈率为1/10%=10,实际的市盈率却为市场价格16元除以每股收益1元,等于16倍,因此该股票市盈率偏高,价格被高估,投资者不宜购买。

(二)市盈率的固定增长模型

市盈率的固定增长模型假设每股收益的增长率为常数 g,并且派息率为 b 且不变。因为:

$$\frac{D_t - D_{t-1}}{D_{t-1}} = \frac{b(E_t - E_{t-1})}{bE_{t-1}} = \frac{E_t - E_{t-1}}{E_{t-1}} = g$$

所以,事实上股息增长率也为 g,依据式(6-19),于是有:

$$\frac{PV}{E_0} = \sum_{t=1}^{\infty} \frac{b_t \prod_{i=1}^{t}(1+g_i)}{(1+r)^t} = \sum_{t=1}^{\infty} \frac{b(1+g)^t}{(1+r)^t} = \frac{b(1+g)}{r-g} \tag{6-22}$$

【例 6-6】 设某公司股票现在的市场价格为 32 元,过去的一年的每股收益为 4 元,派息率为 50% 且保持不变,折现率为 10%,预期股息增长率为 5%,问投资者应该购买这种股票吗?

解:正常的市盈率 $\frac{PV}{E_0}=\frac{b(1+g)}{r-g}=50\%\times\frac{1+5\%}{10\%-5\%}=10.5$

实际的市盈率为 32 元/4 元 = 8 倍,因此,实际的市盈率小于正常市盈率,该股票被低估了,投资者应该购买这种股票。

(三)市盈率的多元增长模型

与多元股息折现模型对应,该模型假定在某一时点 T 之后每股收益增长率和派息率不变,分别为 g 和 b,但是在这之前两者都是可变的。

在时点 T 之前

$$E_t=E_0\prod_{i=1}^{t}(1+g_i),D_t=b_tE_0\prod_{i=1}^{t}(1+g_i)$$

在时点 T 之后

$$E_{T+m}=(1+g)^mE_T=E_0(1+g)^m\prod_{i=1}^{T}(1+g_i)$$

$$D_{T+m}=b(1+g)^mE_T=E_0b(1+g)^m\prod_{i=1}^{T}(1+g_i)\ m=1,2,3,\cdots$$

于是有:

$$\frac{PV}{E_0}=\sum_{t=1}^{\infty}\frac{b_t\prod_{i=1}^{t}(1+g_i)}{(1+r)^t}$$

$$=\sum_{i=1}^{T}\frac{b_t\prod_{i=1}^{t}(1+g_i)}{(1+r)^t}+\frac{b(1+g)\prod_{i=1}^{t}(1+g_i)}{(1+r)^T(k-g)}\tag{6-23}$$

【例 6-7】 某公司股票当前的市场价格等于 55 元,初期的每股收益和股息分别等于 3 和 0.75 元。第一和第二年的有关数据见下表。

第 i 年	D_i	E_i	g_i	b_i
1	2	5	0.67	0.40
2	3	6	0.20	0.50

另外,从第二年年末开始每年的每股收益增长率和股息增长率都等于 10%,并且派息率恒等于 0.50,贴现率为 15%,计算该股票的正常市盈率和实

际市盈率?

解:该股票的正常市盈率和实际市盈率分别等于 18.01 和 18.33。由于两者比较接近,所以,该股票的价格处于比较合理的水平。具体过程如下:

$$正常市盈率=\frac{0.40\times(1+0.67)}{(1+0.15)}+\frac{0.5\times(1+0.67)\times(1+0.20)}{(1+0.15)^2}+$$

$$\frac{0.5\times(1+0.67)\times(1+0.20)\times(1+0.10)}{(0.15-0.10)\times(1+0.15)^2}$$

$$=0.58+0.76+16.67=18.01$$

$$实际的市盈率=\frac{55}{3}=18.33$$

市盈率模型将公司的股票价格和盈利状况联系在一起考察,不仅能反映出决定公司价值的基础因素,如预期收益增长率、派息率等的作用,而且在公开市场上也比较容易计算得到,所以在现实中得到广泛的应用,其历史比股息贴现模型更为悠久。

市盈率模型还具有以下优点:①由于市盈率是股票价格与每股收益的比率,即单位收益的价格,所以市盈率模型可以直接应用于不同收益水平的股票的价格比较。②对那些在某段时间内没有支付股息的股票,市盈率模型同样适用,但是股息贴现模型却不能用。③市盈率方法下所涉及的变量预测比股息贴现模型要简单。

相应地,市盈率模型也存在一些缺点:①理论基础较薄弱,而股息贴现模型的逻辑性较为严密;②在进行股票之间的比较时,市盈率模型只能决定不同股票市盈率的相对大小,不能决定股票绝对的市盈率水平;③当每股收益很小时,市盈率会变得很不稳定,当每股收益接近于 0 时,市盈率将趋于无穷大,显然没有意义,这也是所有比例估价方法的通病。

二、市现率模型

由于现金流比净利润更能清楚地反映公司的盈利能力和财务状况,因此市现率(price - to - cash flow ratio, P/CF)很受投资者欢迎。

$$P/CF=\frac{普通股市价}{每股现金流}$$

其中,每股现金流 = EBITDA/发行在外的普通股股数。

对于每股现金流,有些投资者使用 EBITDA(earnings before interest, taxes,

depreciation, and amortization),即未计利息、税项、折旧及摊销前的利润;有些则使用的是现金流量表中经营活动的现金流。我们这里使用的就是 EBITDA。

在使用该指标进行股票估值时,其过程与市盈率方法相似的,即把该比率与一个预期的现金流相乘即得到股票的内在价值。

$$每股价格 = 每股现金流 \times 市现率$$

估价过程中需要解决的一个难题是确定适当合理的市现率倍数,同时,要对每股现金流进行预测。把两个数值相乘即可以得到股票的内在价值。

例如,某公司现在的 EBITDA 为 3.25 亿元,且预期增长率为 12.5%,则一年后 EBITDA 增至 3.65 亿美元。假设用 3.65 亿美元除以流通的普通股股数得到预期的每股现金流为 6.50 美元,假如适当合理的市现率为 8,则股票内在价值为 52 美元(6.50×8)。如果该股票当前的市场的价格为每股 46 美元,则股票被低估,可以进行投资。

三、市售率和市净率模型

对于某些当前利润很少或根本没有利润的公司来说,无法根据市盈率或市现率对其估值,因此投资者通常采用市售率(又称市销率,英文缩写 P/S)与市净率(P/B)。因为即使公司没有利润,但肯定会有销售(或营业)收入和净资产。市售率和市净率的公式分别为:

$$P/S = \frac{普通股市价}{每股销售收入}$$

$$每股销售收入 = 每年销售收入 / 发行的普通股股数$$

$$P/B = \frac{普通股市价}{每股净资产}$$

一般来说,*P/S* 比率越低越好,很多投资者愿意投资该比率小于 2.0 的股票,认为这些股票升值的潜力更大。*P/S* 比率小于 1.0 时股票最有吸引力的。值得注意的是,高的 *P/S* 比率不一定就是坏事,要根据该公司的净利润决定 *P/S* 比率是否合理。利润率高的公司通常都会有很高的 *P/S* 比率。

市净率 *P/B* 也是越低越好,但没有 *P/S* 比率那么低。当 *P/B* 低于 1,即股票市价低于每股净资产时,说明资产质量差,没有发展前景。一般来说,市净率 *P/B* 达到 3 可以树立较好的公司形象。事实上,在不存在市场整体被高估的情况下,市净率通常会在 5 之下。除非公司资产结构中权益的数量相当小,过高的市净率通常是不正常的。通常，市净率达到8以上，该股票被高估。

读者已经了解了以上介绍的股票绝对估值和相对估值等多种方法。事实上，每一种估值方法都不可能是完美的，因此，实践中采用多种方法估计股票的价值可能更明智。

需要提醒读者注意的是，股票估值会降低某些未知的风险，但我们也应意识到，市场上其他参与者在未来愿意为我们的股票出什么价格也将危及我们投资组合的收益。我们无法预测市场上其他参与者将怎样给股票估值。因此，为了避免因市场情绪波动造成的损失，作为投资者，我们能做的就是坚持不懈地认真做好估值的分析工作，识别优秀的公司，然后只在一个合理估值的折扣价格买入。请记住，按照股票估值的全价买入很难投资成功。

那么你投资的安全边际应该有多大呢？在美国著名的投资咨询公司之一晨星公司，安全边际对有较强竞争优势的稳定公司为20%，对没有竞争优势的高风险公司为60%，平均来讲，对大多数公司，一个30%～40%的安全边际值得考虑。当然，这需要结合公司的具体情况灵活运用。

本章小结

（1）收入资本化法可用于普通股的价值分析，具体表现为股息贴现模型。股票的内在价值等于持股人在未来能够获得的所有现金流的贴现值构成。股票的内在价值与持股人持股时间的长短没有关系，而主要取决于公司派发现金股利的能力和贴现率的高低。

（2）对于股息贴现模型，如果股票的市场价格低于（或高于）其内在价值，说明该股票价格被低估（或高估）；如果股票的贴现率低于（或高于）其内部收益率，说明该股票价格被低估（或高估）。

（3）根据对股息增长率的不同假定，股息贴现模型可以分成零增长模型、固定增长模型、两阶段模型、三阶段模型、多元增长模型。其中，固定股利增长模型有一个假定：股利的增长率同时也是股票价格的增长率。

（4）投资股票要求的必要收益率由股利收益率和资本利得收益率两部分组成，用公式表示如下：$r = \frac{D_1}{P_0} + g$，其中，D_1表示预期的未来股利，P_0表示现在的股价，g表示股利增长率。

（5）普通股价值分析的方法除了有股息贴现模型等绝对估值方法外，还有市盈率模型、市现率模型、市售率模型、市净率模型等相对估值方法。

(6)对于市盈率模型,如果股票的实际市盈率低于(或高于)其正常市盈率,说明该股票价格被低估(或高估)。正常的市盈率大小取决于三个变量:每股收益增长率、折现率、派息率。派息率和每股收益增长率提高时,正常的市盈率就高;折现率提高时正常的市盈率就低。当派息率和折现率既定,正常的市盈率主要取决于每股收益的增长速度。

(7)市现率是股票价格与每股现金流之比,现金流比利润更能反映公司盈利能力和财务状况,把一个合理的市现率倍数与一个预期的现金流相乘就可以得到股票的合理估值。

(8)对于没有利润或者利润很少的公司来说,市售率和市净率是比市盈率更合适的估值模型。

(9)实践中采用多种方法估计股票的价值可能更明智,按照股票估值的全价买入很难投资成功。

思考题

1. 为什么股票的内在价值与持股时间的长短没有关系,而取决于预期的股利水平?

2. 根据股利贴现估值模型,股利增长率与股票价格增长率是一致的,正确吗?

3. 某公司将在下一年支付的股利为每股3.60元,如果你投资的必要报酬率为13%,那么今天你会支付多少钱来购买该公司的股票?如果公司保证无限期地增加公司的股利支付,股利每年增加4.5%,那么今天你又愿意支付多少钱来购买该公司的股票?

4. A公司是家正在快速成长的公司。在接下来的3年内,股利预期将会以30%的速度增长,第4年是18%,之后公司的股利永远以8%的速度增长。股票的必要报酬率为14%,现在公司股票每股价格为70.00元。请问,公司下一年的股利预期是多少?

5. Shocking公司预计它的股利将无限期地维持每年6%的固定增长率。如果该公司的股利收益率是3.9%,则必要报酬率是多少?

6. 假定你知道一家公司的股票目前每股销售价格为70元,必要报酬率为

12%。你还知道,该股票的总报酬均等地分为资本利得收益率和股利收益率。如果该公司目前的政策为固定股利增长率,那么目前的股利每股是多少?

7. Metallica Bearings 是一家刚起步的公司。因为它必须把赚取的钱用来支持所需的增长,因此在未来9年都没有股利可派发。公司10年后开始派发每股8.00元的股利,而且每年增长6%。如果必要报酬率是13%,当前股价是多少?

8. South Side 公司预期在接下来的4年中每年的股利依次为:8.00元,6元,3元,2元。此后,公司保证股利将以5%的固定比率永远增长下去。如果该股票的必要报酬率为13%,目前的每股价格是多少?

9. Super Growth 公司增长迅速。预期未来3年的股利增长率为25%,此后,就掉到固定的7%。如果必要报酬率为13%,而且该公司刚刚派发每股2.80元的股利,目前的每股价格是多少?

10. 假定某公司股票现在的市场价格为18元,每股股息为2元并且该公司每年将全部利润用于股利发放,折现率为5%,请用市盈率模型来分析投资者是否应该购买这只股票。

11. 某投资者于2013年4月10日以11元的价格买入某股票,后于12月9日以12元的价格卖出。持股期间:发放现金股息每股1元,于4月26日除息;然后有偿配股,配股率为60%,配股价为6元,于8月7日除权;最后无偿送股,送股率为30%,于11月5日除权。试计算该投资者的持有期收益率。

12. 试讨论,如果我们的社会没有金融市场,创业者的财富积累是依靠怎样的方式进行的?今天,我们的社会有了金融市场,股票价格是未来无限期股利的贴现值,请讨论这种资本化的机制对于当今社会创业者财富的影响?

进一步阅读书目

[1]〔美〕斯蒂芬·A. 罗斯,伦道夫·W. 韦斯特菲尔德,杰弗里·F. 杰富. 公司理财[M]. 北京:机械工业出版社,2009.

[2]〔美〕滋维·博迪,亚历克斯·凯恩,艾伦·J. 马库斯. 投资学[M]. 北京:机械工业出版社,2009.

[3]金德环. 投资学[M]. 北京:高等教育出版社,2007.

[4]宋军. 财务报表分析[M]. 上海:复旦大学出版社,2012.

[5]〔美〕帕特·多尔西. 股市真规则[M]. 北京:中信出版社,2006.

第三部分　投资决策篇

第七章

资本预算决策

本章要点

1. 净现值法、内含报酬率法、回收期法及其他投资准绳

2. 项目增量现金流量的估计

3. 固定资产更新决策

4. 通货膨胀的处置

5. 项目的不确定性分析方法

6. 实物期权与资本预算

第一节　投资决策方法及比较

近年,由于汽油价格创历史新高,很多公司开始发展可替代性的新能源。比如,某大型石油公司最近宣布将耗资 10 亿美元在某地建造一座 80 万吨级的生物柴油工厂,这家工厂将成为世界上规模最大的生物柴油项目之一。对于这类决策,价值高达 10 亿美元,无疑是公司主要的工程,其风险和回报也应该谨慎地评估。

当然,很多公司或企业可能面临的工程价值要小得多。比如,面对电子商务在我国的快速增长,物流服务的需求增长旺盛,某中小企业准备耗资数千万元进军社区的物流服务。

无论投资金额的高低,以上决策都涉及资本预算。资本预算又称建设性预算或投资预算,是指企业为了今后更好地发展,获取更大的报酬而做出的资本支出计划。

毫无疑问,在竞争激烈的市场中,寻找到有令人满意的获利能力的项目是

非常困难的。一个新的盈利项目计划,将面临着反应主动而迅速的市场竞争。因此,一个公司必须客观谨慎地评估资本预算计划涉及的资金占用和资金来源。资本预算已经成为财务经理和财务部人员最重要的职责。

在评估所有这些项目时,我们需要用到的基本工具和方法将是本章探讨的重点问题。所有这些评估都会始终围绕公司财务管理的目标,即提高公司股票的价值。

本节主要介绍四种投资决策的方法,基本方法是现金流量折现法,包括净现值法和内含报酬率法。此外还包括一些辅助方法,包括回收期法、会计报酬率法。

一、净现值法

净现值(用符号 NPV 代表)是指特定项目未来现金流入的现值与项目现金流出的现值之间的差额,它是评价项目是否可行的最重要的指标。

净现值(NPV)=项目未来现金流入的现值-项目现金流出的现值

净现值法的步骤如下:

(1)估计项目整个寿命期的相关现金流量;

(2)按适当的贴现率(即后面章节要介绍的项目资本成本)计算每一年现金流量(包括现金流入量和现金流出量)的现值;

(3)将贴现的现金流量现值汇总,得出项目的净现值;

(4)如果项目的净现值大于零,这个项目可以接受;否则,放弃这个项目。

净现值的计算公式如下:

$$NPV = \sum_{k=0}^{n} \frac{I_k}{(1+r)^k} - \sum_{k=0}^{n} \frac{O_k}{(1+r)^k}$$

其中,n 为项目期限;r 为适当的贴现率;I_k 表示第 k 年的现金流入量;O_k 表示第 k 年的现金流出量。

【例 7-1】 设企业适当的贴现率(或称资本成本)为 10%,有两项投资项目,寿命都为 3 年,有关数据如表 7-1 所示,求两项投资的净现值?

表 7-1　A、B 两项目现金流估计　　单位:万元

	第 0 年	第 1 年	第 2 年	第 3 年
A 项目	-9 000	1 200	6 000	6 000
B 项目	-12 000	4 600	4 600	4 600

解：

$$NPV(A) = 1\,200 \times (P/F, 10\%, 1) + 6\,000 \times (P/F, 10\%, 2) + 6\,000 \times (P/F, 10\%, 3) - 9\,000$$
$$= 1\,200 \times 0.909\,1 + 6\,000 \times 0.826\,4 + 6\,000 \times 0.751\,3 - 9\,000$$
$$= 1\,557(\text{万元})$$

$$NPV(B) = 4\,600 \times (P/A, 10\%, 3) - 12\,000$$
$$= 4\,600 \times 2.487 - 12\,000$$
$$= -560(\text{万元})$$

由此可见，A 项目的净现值为正，说明这个项目的投资报酬率超过了 10%，应该采纳。B 项目净现值为负，说明该项目的报酬率达不到 10%，应放弃。

读者可能疑惑，为何企业贴现率（或称资本成本，或必要报酬率）选用 10%，而不是其他呢？事实上，贴现率选取不同，NPV 的结果可能有很大的差异。在表 7-2 中，我们列举了一些高低不等的贴现率计算出了 A 项目和 B 项目对应的净现值。

表 7-2　贴现率选取对项目 NPV 的影响

贴现率水平(%)	A 项目的 NPV(万元)	B 项目的 NPV(万元)
8	2 018	-145
10	1 557	-560
12	1 125	-952
20	-361	-2 310.19

可见，贴现率选取对 NPV 的结果有较大的影响，甚至可能改变决策结论。本书的后面章节中将专门介绍贴现率的确定问题，不过这里可以简单介绍一个基本原则，那就是某一项目的贴现率是投资者投资于相同风险的金融资产所能获得的收益率，也就是机会成本的高低可以用来确定适当的贴现率，因为公司对该项目进行投资，股东就失去了把资金投资金融资产的机会。

净现值法的原理很简单，在决策中经常被采用，这是因为净现值法具有以下三个特点：

(1) 净现值使用了现金流量。公司可以直接使用项目投资和经营过程中所花费或获得的现金流量来决策。与使用利润数据比较，使用现金流量可以减少人为的调节因素，因为现金比利润更可靠。

(2)净现值包括了项目的全部现金流量。其他一些方法可能只考虑项目特定时期内的现金流量,没有全面反映项目寿命创造的所有现金,决策可能带有偏见,如后面将介绍的回收期法则。

(3)净现值对现金流量进行了合理折现。对现金流量折现考虑了货币时间价值。贴现率是依据投资者投资于相同风险的金融资产所能获得的收益率来确定的,因此,贴现率的高低反映了项目风险的大小。

但是净现值法仍然存在一些缺点:① 贴现率的确定较为困难,特别是在经济不稳定情况下,资本市场的利率经常变化更增加了确定的难度。②净现值法说明投资项目的盈亏总额,但没能说明单位投资的效益情况,即投资项目本身的实际投资报酬率。这样会造成在投资规划中着重选择投资大和收益大的项目而忽视投资小,收益小,但投资报酬率高的更佳投资方案。

二、内含报酬率法

(一)内含报酬率计算原理

内含报酬率(IRR)是指能够使未来现金流入现值等于未来现金流出现值的折现率,或者说是使投资项目净现值为零的折现率。内含报酬率具有净现值的一部分特征,常缩写为 IRR,在实务中经常用来代替净现值。内含报酬率本身不受资本市场利息率的影响,而是取决于项目的现金流量,是每个项目的内生变量。

【例 7-2】 甲公司欲投资项目 A,初期投资为 200 万元,其后 3 年每年流入 100 万元,公司的适当贴现率为 25%,请问 A 项目是否值得投资?

解:求内含报酬率的时候,通常会用到逐步测试法。

首先设内含报酬率为 20%,根据净现值公式得 $100 \times (P/A, 20\%, 3) - 200 = 10.65$(万元)。

再设内含报酬率为 30%,根据净现值公式得:$100 \times (P/A, 30\%, 3) - 200 = -18.39$(万元)。运用逐步测试法得:

$$\frac{r - 20\%}{30\% - 20\%} = \frac{0 - 10.65}{-18.39 - 10.65}$$

计算得 r = 23.37%,则该项目的内含报酬率为 23.37%。当然,运用 Excel 的财务函数 IRR 也可快速准确计算出内含报酬率为 23.37%。由于该公司的资本成本为 25%,大于内含报酬率 23.37%,所以该项目应放弃。

很明显,项目投资的判定法则可以概括为:若内含报酬率大于公司资本成本,项目可以接受;否则,应放弃该项目。

下面我们通过净现值曲线图 7-1 说明贴现率、净现值与内含报酬率之间的关系。

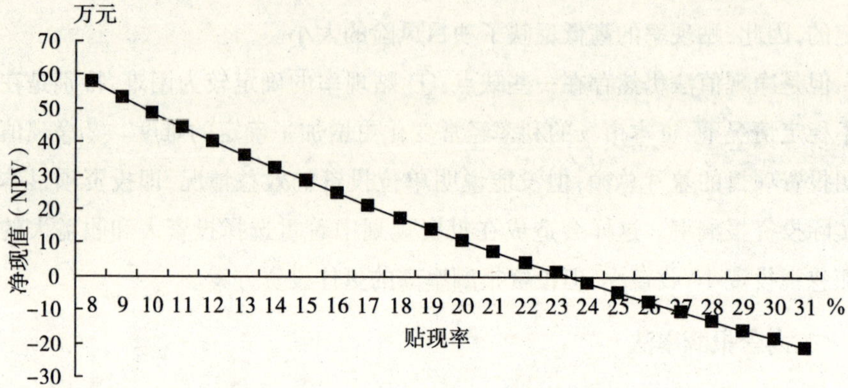

图 7-1　贴现率、净现值与内含报酬率

通过图 7-1 可以清楚地知道:内含报酬率是净现值曲线与 X 轴的交点,对应的 NPV =0;当贴现率小于内含报酬率时,净现值为正;贴现率大于内含收益率时,净现值为负。如果我们接受了贴现率小于内含报酬率的项目,那么等同于我们接受了净现值为正的项目。

与净现值法比较,内含报酬率有自己的优点。因为净现值法虽然考虑了货币的时间价值,能说明投资项目的报酬率低于或高于公司的资本成本,但没有揭示项目本身可以达到的报酬率是多少。而内含报酬率是根据项目的现金流量计算的,是项目本身特征所决定的报酬率。

(二)内含报酬率法存在的问题

在实际应用中,内含报酬率法虽然有其自身的优点,比如它考虑了货币的时间价值,从相对指标上反映了投资项目的收益率。但其也存在一些固有的缺陷。

1. 多重收益率问题

假设现在有这样一项投资,其各期的现金流为(-100 元,230 元,-132 元)。从条件中我们注意到该项目每期的现金流依次为负的现金流、正的现金流、负的现金流,即项目的现金流的符号改变了2次,我们称这种现金流量为"非常规现金流量"。这种现象在实际中也是存在的。比如采矿业中的开采项目,第一期投资开掘矿脉;第二期就可以获得利润;但在第三期必须追加投资以开垦土地或是为了满足环境保护法规的规定。

在上面的例子中我们可以得出2个内含报酬率,即10%和20%(见图7-2)。那么我们应该选择哪个报酬率更为合适呢?在这里我们就不能单单使用内含报酬率法进行项目的选择。

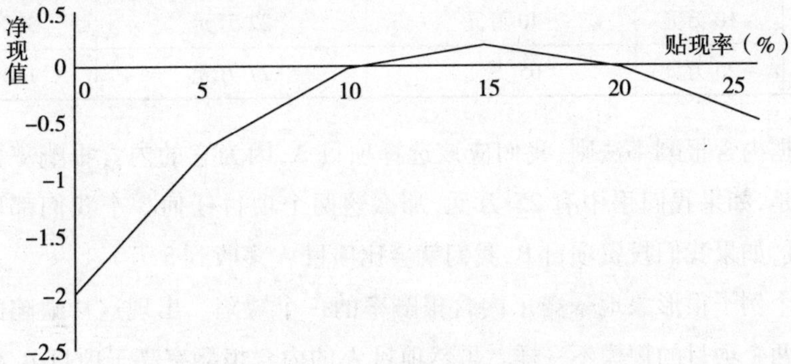

图7-2 非常规现金流量的多重IRR

解决多重收益率问题的一种方法就是利用净现值法(NPV)。从图7-2中我们可以看出当折现率在10%~20%时,项目的净现值为正数,其他时刻都为负值。因此当折现率在10%~20%时,根据净现值法则,项目是可以接受的。如果折现率在此范围之外,则拒绝此项目。

根据项目现金流的符号变化,我们可以发现项目究竟有没有多重收益率问题(见表7-3)。

表7-3 项目现金流的符号变化与收益率个数

现金流量	IRR个数	IRR法则	NPV法则
首期为负,其余为正,现金流符号变1次	1	若IRR大于折现率,接受;若IRR小于折现率,拒绝	若NPV大于0,接受;若NPV小于0,拒绝
现金流符号变换2次以上	2个以上	IRR无效	若NPV大于0,接受;若NPV小于0,拒绝

2. 规模问题

规模问题是互斥项目选择所出现的问题。我们来看两项互斥项目的现金流量:A 和 B。两项目都是在初期有现金流出,第一年后现金流入,然后项目就结束,我们只能二选一,即 A 和 B 属于互斥项目。A 和 B 现金流量的大小见表 7-4。

表 7-4　A 和 B 互斥项目的现金流量及收益率

	初始投资	第一期末现金流入	NPV(折现率 25%)	IRR
项目 A	-10 万元	40 万元	22 万元	300%
项目 B	-25 万元	65 万元	27 万元	160%

根据内含报酬率法则,我们应该选择项目 A,因为它的内含报酬率要大一些。但是,如果我们手中有 25 万元,那么这两个项目任何一个我们都可以选择,而且,如果我们投资项目 B,我们就会比项目 A 多收到 5 万元。

这个例子很形象地暴露了内含报酬率的一个缺陷。出现这种缺陷的原因就在于两个项目的规模不一样。虽然项目 A 的内含报酬率高于项目 B,但它的投资额太小。换句话说,项目 A 的高收益率掩盖了其获益的绝对值偏低的不足。

针对规模不同的互斥问题,我们的决策有 3 种解决方案可以遵循:

(1)比较净现值。

从表 7-4 中我们可以很清楚地发现项目 B 的净现值要大一些,既然是二选一,我们应该尽可能增加股东财富,所以应选择项目 B。

(2)计算增量净现值。

计算增量净现值也就是考虑两项目投资的差额所带来的现金流入差额是否满足 NPV 法则。比如,项目 B 比 A 多投资 15 万元,在未来项目 B 比 A 的现金流入也要多 25 万元,货币有时间价值,项目 B 带来的现金增量流入 25 万元现值是否能大于等于 15 万元呢?见表 7-5。在贴现率为 25% 下,增量净现值 $=-15+25\div(1+25\%)=5$ 万元,因此,我们应该选择项目 B。

表 7-5　规模不同的互斥项目与增量净现值计算

	增量初始投资	增量现金流入	增量净现值（贴现率 25%）
增量现金流(B－A)	－25－(－10) ＝－15 万元	65－40 ＝25 万元	－15＋25÷(1＋25%)＝5 增量净现值大于 0

当然，增量现金流也可考虑(A－B)，原理一样。

(3)比较增量内部收益率与贴现率。

增量内部收益率，又称交叉报酬率。增量内部收益率的计算与增量净现值的思路类似，但这里计算的指标不是 NPV，而是 IRR。简单地说，就是针对两项投资的相对现金流求出的内含报酬率。

运用上例中数据，增量内部收益率(B－A)求解方程：$0 = -15 + 25 \div (1 + IRR)$。通过求解 IRR＝66.67%，这就是增量内部收益率。显然它大于贴现率或必要报酬率 25%，所以我们应该选择项目 B。具体过程见表 7-6。如果我们选择增量内部收益率(A－B)，结果会一样。

图 7-3 显示，交叉报酬率指两项目净现值相等时的贴现率。若贴现率高于交叉报酬率，则项目 A 的 NPV 大于项目 B 的 NPV，应该选择项目 A。若贴现率低于交叉报酬率，则项目 B 的 NPV 大于项目 A 的 NPV，应该选择项目 B。本例中，贴现率或必要报酬率为 25%，低于交叉报酬率，应该选择项目 B。这与计算的结论是吻合的。

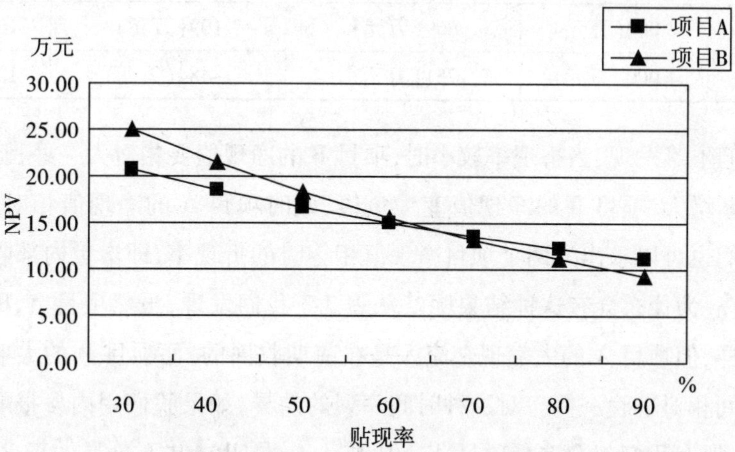

图 7-3　互斥项目 NPV 与交叉报酬率

表 7-6 规模不同的互斥项目与增量内部收益率计算

	增量初始投资	增量现金流入	增量内部收益率
增量现金流(B-A)	-25-(-10)=-15 万元	65-40=25 万元	0=-15+25÷(1+IRR) 增量内部收益率=66.67%
增量现金流(A-B)	-10-(-25)=15 万元	40-65=-25 万元	0=15-25÷(1+IRR) 增量内部收益率=66.67%

3. 时间序列问题

下面我们讨论一下在互斥项目选择决策中应用内含报酬率法存在的另一个问题。表 7-7 仍然是两项互斥项目的各年现金流量情况。如果用 IRR 决策，这时会出现什么问题呢?

表 7-7 互斥项目 A、B 寿命期现金流量 单位:万元

	初始投资	第一年现金流	第二年现金流	第三年现金流
项目 A	-10 000	10 000	1 000	1 000
项目 B	-10 000	1 000	1 000	12 000

针对上述例子,我们给出不同贴现率水平计算的净现值,同时也计算出项目的内含报酬率,列于表 7-8。

表 7-8 互斥项目 A、B 的 NPV 和 IRR

	NPV(折现率 0)	NPV(折现率 10%)	NPV(折现率 15%)	IRR
项目 A	2 000(万元)	669(万元)	109(万元)	16.04%
项目 B	4 000(万元)	751(万元)	-484(万元)	12.94%

我们不难发现,当折现率较小时,项目 B 的净现值要相对大一些;随着折现率的不断增大,项目 B 的净现值变为负值,此时项目 A 的净现值相对大一些。而且我们也可以求出当两个项目净现值相等时的折现率,即增量内部收益率为 10.55%。为什么会有这种结果呢? 从表 7-7 我们发现,虽然项目 A、B 的初始投资一样,但项目 A 的大额现金流入是在前期收回的,而项目 B 的大额现金流入的时间相对较晚一些。对这种时间序列的差异,如果我们用内含报酬率法进行评估,那么我们都会选择项目 A。但项目 A 的 NPV 并不总是大于 B,这在公司的贴现率或必要报酬率比较低的时候就会出现。这显示,IRR 的决策结论可

能与 NPV 有冲突。作为互斥项目,我们应该相信 IRR 还是 NPV 呢？显然,应该依据 NPV 来决策。

类似 IRR 在处理互斥项目存在规模差异的问题时一样,IRR 处理时间序列问题无能为力,我们仍然有三种解决方案。

(1)比较净现值。

利用表 7-8 的方法,我们可以针对不同的折现率求出项目各自的净现值,然后选择既定折现率下净现值较大的项目进行投资。

(2) 比较增量内部收益率与贴现率。

表 7-9　互斥项目 A、B 的增量内部收益率　单位:万元

年份	0	1	2	3	增量内部收益率	折现率 0	折现率 10%	折现率 15%
B - A	0	-9 000	0	11 000	10.55%	2 000	83	-593
A - B	0	9 000	0	-11 000	10.55%	-2 000	-83	593

通过表 7-9 可以发现,增量内含收益率为 10.55%,也就是说,当折现率小于 10.55% 时,应当选择项目 B;反之,应该选择项目 A。

(3)计算增量净现值。通过表 7-9 我们可以看到,当折现率小于 10.55% 时,(B - A)增量净现值为正,选择项目 B;反之,当折现率高于 10.55% 时,(B - A)增量净现值为负,选择项目 A。这个结论与考察(A - B)的增量净现值一致。

三、盈利能力指数

盈利能力指数法(用 PI 符号表示,也叫成本效益比率。)是初始投资以后所有预期未来现金流量的现值和初始投资的比值。

盈利能力指数(PI) = 初始投资所带来的后续现金流量的现值 ÷ 初始投资

【例 7-3】 甲公司欲投资一个项目,初始投资为 20 万元,第一年可以带来 70 万元的现金流入,第二年可以带来 10 万元的现金流入。公司的必要报酬率为 12% 。计算项目的盈利能力指数?

解:项目的初始投资所带来的现金流量的现值 $=70/(1+12\%)+10/(1+12\%)^2=70.5$,盈利能力指数 $PI=70.5/20=3.53$。

盈利能力指数 3.53 意味着该项目每 1 元资金的投入将产生 3.53 元的现金流入,显示投资效率较高。

下面我们分三种情况讨论运用盈利指数法选择项目的方法。

(1)独立项目。根据净现值法的规则,只要净现值为正就可以采纳。净现值为正时,也就是盈利能力指数大于1。因此,PI 的投资法则是:对于独立项目而言,若 PI 大于1,则可以接受;若 PI 小于1,则应该拒绝。

(2)互斥项目。承接例 7 - 3,假如甲公司还有一项投资项目可以选择,初始投资为10万元,第一年可以带来15万元的现金流入,第二年带来40万元的现金流入。现在我们将两个项目的信息结合在一张表7-10中。

表7-10　甲公司两互斥项目比较　　单位:万元

项目	初始投资	第一年	第二年	后续现金流量的现值(贴现率为12%)	盈利指数	净现值
1	-20	70	10	70.5	3.53	50.5
2	-10	15	40	45.3	4.53	35.3

假如两个项目只能选择一个,根据净现值法,我们应该选择项目1,而根据盈利指数法我们应该选择项目2,这可能会有一个错误的决策。盈利指数法与内含报酬率法在处理互斥项目存在规模差异的问题时是一致的。项目2的PI大于项目1,这是由于PI是一个比值,这样就忽略了项目1的投资额比项目2大这一事实。解决方法和内含报酬率法类似,有三种解决方案,在此不赘述。

表7-11　甲公司两互斥项目的增量盈利能力指数　　单位:万元

项目	初始投资	第一年	第二年	贴现率为12%的后续现金流量的现值	盈利能力指数	净现值
(1-2)	-10	55	-30	25.2	2.52	15.2

由于增量现金流量的盈利能力指数大于1,我们应选择项目1。

(3)资本配置。以上两种情况都是假设甲公司有充足的资金,现在我们假设公司只有20万元进行投资,并且还有项目3可供选择。

表7-12　甲公司可选项目3的情况　　单位:万元

项目	初始投资	第一年	第二年	贴现率为12%的后续现金流量的现值	盈利指数	净现值
3	-10	-5	60	43.4	4.34	33.4

由于项目 1 的初始投资 20 万元，所以如果甲公司选择项目 1，就不能选择其他项目。而项目 2 和 3 都只需要 10 万元的投资，可以同时选择两个项目。也就是说在有限的资金下，公司可以选择项目 1，也可以选择项目 2 和 3。根据净现值法，就单个项目比较，我们当然会选择项目 1，但是如果把项目 2 和 3 的净现值相加，就会大于项目 1，因此我们会选择项目 2 和 3。根据盈利能力指数法我们也会得出相同的结论。所以在资金有限的情况下，我们不仅仅要依靠净现值法，也要依靠盈利指数法。

四、回收期法

回收期法也称偿还期法，或还本期法，该方法是将投资项目的预计投资回收期与要求的投资回收期进行比较，确定投资项目是否可行。回收期是指通过投资项目所带来的年现金净流入量回收该项目初始投资所需的时间（年限）。初始投资是指投资项目筹建时所发生的投资支出，亦称净投资额或现金净流出量。年现金净流入量是指年税后净利与年折旧费之和。

在原始投资一次支出，每年现金净流入量相等时：

回收期 = 原始投资额/每年现金净流入量

【例 7-4】 贾某上大学时贷款了 3 万元，准备用于缴纳学费，这可以视为大学教育的初始投资支出。贾某在毕业后准备每个月归还 1 200 元，那么贾某何时可以还完贷款？

解：贾某归还完贷款的时间 = 30 000 ÷ 1 200 = 25 个月，由此可知贾某在毕业后的 2 年零 1 个月就可以归还完贷款。

若贾某以递增的速度还款，第一月归还 1 200 元，以后每月还款额增加 200 元钱，直到全部还清为止。则大学学费的回收期多久呢？这个问题就留给读者自己估算。

回收期法的优点是：计算简便，容易被决策者正确地理解；可以大体上衡量项目的流动性和风险。

回收期法的缺点是：①没有考虑项目整个寿命周期的现金流水平；②没有考虑资金的时间价值。一般只在项目初选时使用。

五、折现回收期法

一些投资人为了克服回收期法不考虑时间价值的缺点，提出了折现回收期法。

【例 7-5】 假设公司的适当贴现率为 10%，初始投资为 10 000 万元，第一年流入 6 000 万元，第二年流入 7 000 万元，该项目的折现回收期为几年？

解：计算过程如表 7-13 所示。

表 7-13 折现回收期的计算 单位：万元

项目 A	现金流量	折现系数(10%)	现金流现值	累计现金流现值
原始投资	-10 000	0	-10 000	-10 000
第 1 年流入	6 000	0.9091	5 455	-4 545
第 2 年流入	7 000	0.8264	5 785	1 240

折现回收期 = 1 + (4 545 ÷ 5 785) = 1.79(年)

六、会计报酬率法

会计报酬率是指项目的原始投资所获得的年平均净收益率。会计报酬率法就是将投资项目的会计报酬率与该项投资的适当贴现率(或资金成本)加以比较，判断投资是否可取，然后在可取投资方案中选择会计报酬率大的投资方案的一种决策方法。计算公式如下：

会计报酬率 = 年平均净收益/原始投资额

【例 7-6】 某投资项目的有关数据如表 7-14 所示，公司适当贴现率(或资金成本)为 14%。

表 7-14 投资项目初始投资和未来各年净收益 单位：万元

	第 0 年	第 1 年	第 2 年	第 3 年	第 4 年	第 5 年
项目 A	-100 000	5 000	10 000	15 000	20 000	25 000

解：投资项目预计年平均净收益 = (5 000 + 10 000 + 15 000 + 20 000 + 25 000) ÷ 5

= 15 000 万元

会计报酬率 = 15 000 ÷ 100 000 = 15%，大于公司的适当贴现率(或资金成本)，应当接受。

会计报酬率的优点：它是一种衡量盈利性的简单方法，使用的概念利于理解；使用财务报告的数据，容易取得；考虑了整个寿命期的全部利润。

会计报酬率的缺点:使用账面收益而非现金流量,忽视了折旧对现金流量的影响;忽视了净收益的时间分布对于项目经济价值的影响。

下面我们对投资决策准绳进行一下总结,见表7-15。

表7-15 投资决策准绳小结

准绳	法则	优点	缺点
NPV	NPV>0,接受; NPV≤0,拒绝	(1)现金流量的数据比利润更可靠,公司可以直接使用项目所获得的现金流量决策;(2)净现值包括了项目的全部现金流量;(3)净现值对现金流量进行了合理折现,考虑了风险	(1)资金成本率的确定较为困难,特别是在经济不稳定情况下,资本市场的利率经常变化更加重了确定的难度。(2)净现值法说明投资项目的盈亏总额,但没能说明单位投资的效益情况,即投资项目本身的实际投资报酬率
IRR	IRR>必要报酬率,接受; IRR≤必要报酬率,拒绝	它考虑了货币的时间价值,从相对指标上反映了投资项目的收益率,更易交流	(1)会出现多重收益率问题;(2)如果两个互斥项目的投资规模不同,可能会产生错误的决策;(3)对于互斥项目而言,如果大额的现金流回收的时间不同,可能也会产生错误的决策
PI	PI>1,接受; PI≤1,拒绝	考虑了货币时间价值,有助于选出投资效率高的项目	(1)如果两个互斥项目的投资规模不同,可能会产生错误的决策;(2)对于互斥项目而言,如果大额的现金流回收的时间不同,可能也会产生错误的决策
回收期	回收期<要求的回收期,接受;回收期≥要求的回收期,拒绝	计算简便,容易被决策者所正确的理解;可以大体上衡量项目的流动性和风险	(1)没有考虑项目整个寿命周期的盈利水平,对长期项目不利;(2)没有考虑资金的时间价值
折现回收期	折现回收期<要求的回收期,接受;折现回收期≥要求的回收期,拒绝	计算简便,容易被决策者正确理解;可以大体上衡量项目的流动性和风险。并且考虑了货币的时间问题	没有考虑项目整个寿命周期的盈利水平,对长期项目不利

续表

准绳	法则	优点	缺点
会计报酬率	会计报酬率 > 必要报酬率,接受;会计报酬率 ≤ 必要报酬率,拒绝	它是一种衡量盈利性的简单的方法,使用的概念利于理解;使用财务报告的数据,容易取得;考虑了整个寿命期的全部利润	使用账面收益而非现金流量,忽视了折旧对现金流量的影响;忽视了净收益的时间分布对于项目经济价值的影响

第二节 项目增量现金流估计

一、项目增量现金流量的概念

现金流量是现代理财学中的一个重要概念,是指企业在一定的会计期间按照现金收付实现制,通过一定经济活动(包括经营活动、投资活动、筹资活动和非经常性项目)而产生的现金流入、现金流出及其总量情况的总称,即企业一定时期的现金和现金等价物的流入和流出的数量。

现金流量中的现金既可以是各种货币资金,也可以是项目所需的非货币资源的变现价值。例如,一个项目需要使用原有的厂房、设备和材料等,则相关的现金流量是指它们的变现价值,而不是其账面价值。

在确定投资项目相关的现金流量时,应遵循的最基本的原则是:只有增量现金流量才是与项目相关的现金流量,才纳入决策范畴。

所谓增量现金流量,是指接受或拒绝某一个投资项目时,企业总现金流量因此发生的变动。只有那些由于采纳某个项目引起的现金流量增加额,才是该项目的相关现金流量。

判断一笔现金流量是否是增量现金流量(或相关的现金流量),只要掌握一点:无论项目是否投资,该笔现金流量都存在,则就是无关的现金流量;反之,则是相关的现金流量。

为了简化项目增量现金流量的估计,一般我们都遵循区分原则,即将项目视为一微型公司,其全部的资产仅来自该项目。这样一来,我们就可将项目现金流量与公司原有的庞大而复杂的现金流量相区分,达到简化估计的效果。

二、增量现金流量估算注意的问题

对增量现金流量的估算是投资决策中最重要的部分,对增量现金流量估算的准确与否将直接影响项目的评价结果。在进行增量现金流量估算时,应注意下面几个方面:

(一)区分相关成本和非相关成本

相关成本是指与相关决策有关的、在评价分析中必须考虑的成本。例如,差额成本、未来成本、重置成本、机会成本等。与此相反,与特定决策无关的、在分析评价时不需要考虑的成本为非相关成本。比如沉没成本、过去成本、账面成本等。

例如,甲公司在2011年打算新建一个厂房,并请一家中介机构做过可行性分析,支付咨询费3万元。后来由于公司有更好的投资机会,就没有新建厂房。2012年公司又旧事重提,那么在当初投资分析时的咨询费就不应该成为相关成本。因为该笔支出已经发生,不管公司是否新建厂房,它都不能收回,属于沉没成本,是无关成本。

如果将非相关成本纳入投资方案的总成本,则一个有利的方案可能变成不利,一个较好的方案可能变成一个较差的方案,从而造成决策的失误。

(二)不要忽视机会成本

在投资方案的选择中,如果选择了一个投资方案则必须放弃其他的投资方案,则其他投资方案可能取得的收益是实行本方案的一种代价,被称为这项投资方案的机会成本。

例如,甲公司新建厂房需要使用公司拥有的一块土地。则土地的成本也要考虑进去。因为如果公司不新建厂房,土地可以用来出租收取租金,所以这笔收入将构成新建厂房的一项成本。

机会成本有别于我们通常所说的成本,它不是一种支出或费用,而是失去的收益。这种收益不是实际发生的,而是潜在的。机会成本总是针对具体方案的,离开被放弃的方案就无从计量确定。

(三)要考虑投资方案的副作用

当我们采纳一项新的项目后,该项目可能对公司的其他项目造成不利或者有利的影响。不利的影响被称为侵蚀作用,有利的影响可被称为溢出效应。

例如,如果新建厂房生产的产品上市后,原有的产品可能会销量下降,而且整个公司的销售额可能不增加甚至减少。因此公司在进行投资分析时,不应将新车间的销售收入作为增量收入来处理,而应扣除其他项目因此减少的收入。当然,也可能有相反的结果。

(四)对净营运资本的影响

一般情况下,当公司开办一个新业务并使销售额扩大后,对于存货和应收账款等经营性流动资产的需求也会增加,公司必须筹措新的资金以满足这种需求。同时,作为公司扩充的结果,应付账款与一些应付费用等经营性流动负债也会增加,从而降低公司营运资金的实际规模。项目对净营运资本的影响是增量现金流,必须考虑。

当投资方案的寿命周期快要结束时,公司将与项目有关的存货出售,应收账款变成现金,应付账款与应付费用也随之偿还,营运资本恢复到原有水平。通常,在进行投资分析时,假设开始投资时筹措的营运资本在项目结束时都能收回。

(五)考虑税收的影响

税收是相关成本,项目需要缴纳的税收是增量现金流出。

(六)融资成本无关

在评估项目优劣时,我们并不考虑支付的利息或任何其他的融资成本,例如派发股利或偿还本金。因为,我们所关心的是项目资产所创造的现金流量。付出的利息等融资费用是流向债权人或其他投资者现金流量的一部分,而不是来自资产的现金流。

更一般地说,项目评估的目的是比较来自项目的现金流量和取得该项目的成本,以计算 NPV,帮助识别优秀的项目。公司在为一个项目筹集资金时所选择的负债和权益之间的特定组合是一个管理变量,因公司而异,因公司所处发展阶段不同,因此,我们不希望这样的一个管理变量干扰了我们对项目优劣的客观判断。

三、增量现金流量的构成

增量现金流量由哪些内容构成呢?如何估计?下面将从时间和内容两个

角度讨论增量现金流量的构成。

(一)从时间上划分增量现金流量

从时间上看增量现金流量一般由初始期增量现金流量、经营期增量现金流量、终结期增量现金流量三部分构成。

1.初始期增量现金流

初始期是指从投资开始日至取得经营收入前的期间。初始期增量现金流量是指投资开始时发生的现金流量。一般包括：

(1)购置新资产的支出,例如初始时购进的固定资产所花费的购入成本；

(2)额外的资本性支出,例如购买固定资产时的运输成本、安装成本、调试支出等；

(3)营运资本的增加(或减少)；

(4)废旧资产出售的净收入(重置项目时会发生),值得注意的是要考虑所得税对其的影响。

【例7-7】　甲公司某重置项目将已使用3年的旧设备出售。该设备原价为60 000元,使用年限是10年,目前的账面净值是42 000元,售价为50 000元。假设公司所得税率为20%,求出售旧设备的增量现金流量?

解:如果售价是50 000元,那么甲公司需要缴纳的所得税为

(50 000 − 42 000) × 20% = 1 600(元)

则出售旧设备的净现金流为50 000 − 1 600 = 48 400(元)

如果我们将上述例子中固定资产的卖价改变,又会出现怎样的结果呢?

【例7-8】　甲公司某重置项目将已使用3年的旧设备出售。该设备原价为60 000元,使用年限是10年,目前的账面净值是42 000元,售价为40 000元。假设公司所得税率为20%,求出售旧设备的增量现金流量?

解:如果售价小于固定资产的净值,那么出售该固定资产就会有节税的作用。

节约的所得税 = (42 000 − 40 000) × 20% = 400(元)

则出售旧设备的增量现金流为40 000 + 400 = 44 000(元)

在现金流量的计算中,为了简化计算,一般都假定各年投资在各年年初一次进行,各年营业现金流量视为各年年末一次发生,把终结期现金流量视为最后一年年末发生。

2. 经营期增量现金流

经营期是指项目取得营业收入持续的期间，它至少为一年，多则几十年。经营期增量现金流量是指投资项目投入使用后，在其使用周期内由于生产经营所带来的增量现金流入和流出量的差额，通常称为经营（或营业）现金流量（OCF），这种现金流量一般以一年为单位进行计算。假设公司销售收入全部收现，[①]则：

经营现金流量（OCF）= 销售收入 − 付现成本

这种计算经营现金流量（OCF）的思路称为 OCF 计算的顺推法或"自上而下"的方法，因为是从收到的现金中扣除所有现金支出。其中，付现成本在这里是指需要每年支付现金的成本，包括材料成本、人力成本和税收等成本。非付现成本是指成本中不需要支付现金的部分，其中主要是折旧费。所以付现成本可以看成是全部成本减去折旧。

付现成本 = 全部成本 − 折旧

因此，经营现金流量（OCF）= 销售收入 − 全部成本 + 折旧

由于净利润 = 销售收入 − 全部成本，因此：

经营现金流量（OCF）= 净利润 + 折旧

这种依据净利润倒推出经营现金流量（OCF）的思路称为 OCF 计算的逆推法或"自下而上"的方法。

根据 OCF 计算的逆推法，可以知道：

经营现金流量（OCF）=（销售收入 − 成本）×（1 − 所得税率）+ 折旧

=（销售收入 − 付现成本 − 折旧）×（1 − 所得税率）+ 折旧

= 销售收入 ×（1 − 所得税率）− 付现成本 ×（1 − 所得税率）+ 折旧 × 所得税率

其中，折旧 × 所得税率被称为"折旧税盾"，意指由于折旧计入成本，冲减利润而少交所得税。这部分少交的所得税形成了项目的现金流入量。因此，这种计算 OCF 的方法又称为税盾法。

---

① 虽然该假设很严格，但是现实中也不是不可能，而且多数公司总是处于不断的赊销和回收应收账款的循环中。

3. 终结期增量现金流

终结期是指经营现金流入终止日至项目资产清理完毕的期间。终结期增量现金流是指投资项目完结时所发生的非经营性的增量现金流,主要包括:

(1)处置或出售资产的残值变现价值。

(2)与资产处置相关的纳税影响。处理方法可参照例 7-7 和例 7-8。

(3) 净营运资本的变动。通常指原来垫支在各种流动资产上的资金的收回。为了简化,我们通常假设项目结束时可 100% 收回初期垫支的净营运资本。

(二)从内容上划分增量现金流量

从内容上看,增量现金流量一般由三部分构成:项目经营现金流量、项目净资本性支出和项目净营运资本的变动。

项目增量现金流量 = 项目经营现金流量(OCF)

– 项目净资本性支出(CAPEX)

– 项目净营运资本变动(ΔNWC)

其中,项目经营现金流量的计算有三种方法,包括顺推法、逆推法和税盾法,在前文已论述,三种方法得到的经营性现金流是一样的。项目净资本性支出指的是项目固定资产上的投资或花费,当然,固定资产清理带来的税后增量现金流量是资本性支出的部分抵减。项目净营运资本变动主要指项目在净营运资本上的资金投入,通常在项目初期表现为现金流出,项目结束时回收。项目寿命的中途是否有增量净营运资本投入则会因生产经营需要的不同而差异。项目增量现金流量与第 2 章所学的来自资产的现金流是一回事。

四、增量现金流估计及投资决策:案例

【例 7-9】 德文公司欲投资一个高尔夫球生产线。在投资之前,该公司做了市场调查,调查成本 25 万元。在初始时生产线需要投资 100 万元,第五年该设备可卖 30 万元,企业所得税率 34% ,生产线采用加速折旧法在 5 年内折旧完毕,各年折旧金额见表 7-16。

此外,已知该生产线需要占用该企业的一个仓库,如果将仓库及占用土地出售则可卖 150 万元。但现在公司决定使用该仓库。等项目结束时即第 5 年末该仓库依然可以按照 150 万元的税后收入出售。各年高尔夫球生产线预计的销售收入、成本等有关数据见下表 7-16。

表 7-16　高尔夫球生产线项目的数据　单位:万元

	第 0 年	第 1 年	第 2 年	第 3 年	第 4 年	第 5 年
1. 高尔夫球机器设备	-100					21.76
2. 累计折旧		20	52	71.2	82.72	94.24
3. 仓库(机会成本)	-150					150
4. 净营运资本	10	10	16.32	24.97	21.22	0
5. 净营运资本变化	-10	0	-6.32	-8.65	3.75	21.22
6. 销售收入		100	163.2	249.72	212.2	129.9
7. 销售成本(付现成本)		50	88	145.2	133.1	87.84
8. 折旧		20	32	19.2	11.52	11.52

解:首先,需要判断所发生的现金流是否是相关现金流或增量现金流。本例中在投资初期的市场调查成本 25 万元是不予考虑的。因为无论此项目是否投资,该成本都已经付出,应作为一项沉没成本,不应考虑在项目的决策中。除此之外,本例中其他现金流都是决策相关数据。

表 7-16 中在第 5 年年末,我们将设备卖了 30 万元,通过表中的信息我们可以得出 5 年后该设备的账面净值为 100 - 94.24 = 5.76 万元,那么该设备所带来的资本利得 = 30 - 5.76 = 24.24 万元。对于这些资本利得我们是需要纳税的,税额 = 24.24 × 34% = 8.24 万元,则我们出售设备最终的税后资本利得 = 30 - 8.24 = 21.76 万元。在此例中,我们选择加速折旧法对设备进行折旧。

在此例中,我们将仓库成本 150 万元作为该生产线的一个成本的原因是:如果公司接受了高尔夫球项目,它将使用一个原本可以用来出租的仓库或者土地。因此仓库和土地的预计收入应作为该项投资的一个机会成本考虑在该项目投资决策中。正如表 7-16 中第 3 行所示。值得一提的是,如果该生产线结束,第 5 年年末该仓库可以按照 150 万元的税后收入出售。

这样,初期的资本性支出包括仓库成本 150 万元和生产线投资 100 万元,共 250 万元。结束期资本性支出的回收就包括税后残值收入和仓库税后出售现金流入,共 171.76 万元。

表 7-16 中第 4 行净营运资本是预测的各年所需净营运资本总规模。第 5 行净营运资本变化则是根据前后年度净营运资本总规模的差异计算的,下一年的净营运资本增加了,则表示资金的净投入,以负号表示。反之,下一年的净营运资本减少了,则表示资金的流入,以正号表示。注意的是,最后一年末即第 5

年年末我们将生产经营中所有的净营运资本100%回收。

表7-16中最后两行提供的销售收入和销售成本数据可以用以估计各年净利润(见表7-17),净利润=(销售收入-销售成本-折旧)×(1-所得税税率)。

表7-17　高尔夫球生产线项目各年的净利润　单位:万元

	第1年	第2年	第3年	第4年	第5年
1. 销售收入	100	163.2	249.72	212.2	129.9
2. 销售成本	50	88	145.2	133.1	87.84
3. 折旧	20	32	19.2	11.52	11.52
4. 税前利润	30	43.2	85.32	67.58	30.54
5. 所得税(34%)	10.2	14.94	29.01	22.98	10.38
6. 净利润	19.8	28.51	56.31	44.6	20.16

然后,依据净利润则可让我们计算出经营现金流量(OCF),这些都是项目相关的现金流,或者说项目增量现金流。经营现金流量=净利润+折旧,各年的计算结果见表7-18。

表7-18　高尔夫球生产线项目各年的经营现金流　单位:万元

	第1年	第2年	第3年	第4年	第5年
净利润	19.8	28.51	56.31	44.6	20.16
折旧	20	32	19.2	11.52	11.52
经营现金流量OCF	39.8	60.51	75.51	56.12	31.68

增量现金流包括项目经营现金流量、项目净资本性支出和项目净营运资本的变动三部分。根据以上的数据准备,可以将高尔夫球生产线项目带来的增量现金流列于表7-19中。

表7-19　高尔夫球生产线项目的增量现金流　单位:万元

	第0年	第1年	第2年	第3年	第4年	第5年
经营现金流量	0	39.8	60.51	75.51	56.12	31.68
资本性支出	-250	0	0	0	0	171.76
净营运资本变化	-10	0	-6.32	-8.65	3.75	21.22
项目总现金流量	-260	39.8	54.19	66.86	59.87	224.66

最后,我们可以将项目寿命期全部的增量现金流量按照适当贴现率计算NPV,列于表7-20中。

表7-20　高尔夫球生产线项目的NPV

折现率(%)	4	10	15	15.67	20
NPV(万元)	123.64	51.59	5.47	0	-31.35

从以上案例可以看出,资本预算决策大体上可以按照以下思路开展:

首先,判断现金流量是否相关。

其次,运用相关现金流量或增量现金流量进行以下估算(五步)

第一步:编制预计利润表,估计经营现金流(OCF);

第二步:估计净营运资本的变动(NWC变动);

第三步:估计资本性支出,包括考虑固定资产的税后残值收入;

第四步:计算项目每年增量现金流量,由经营现金流量、项目净资本性支出和项目净营运资本的变动相加;

第五步:用投资准绳决策。

当然,以上的第一步、第二步、第三步并没有严格的先后顺序,可以自由选择顺序。

第三节　固定资产更新决策

一、固定资产是否更新的决策

固定资产更新是指对技术上或经济上不宜继续使用的旧资产,用新的资产更换,或用先进的技术对原有设备进行局部改造。

随着科学技术不断的发展,固定资产更新的周期大大缩短。尽管旧设备还能使用,但可能材料或人工的消耗会比新设备更高,所以,企业通常会面临着"要不要投资新设备"的问题。这样,继续使用旧设备、购置新设备就成了两个互斥的方案。这成为企业长期投资决策的一项重要内容。固定资产是否更新的决策需要注意的事项是:

(1)继续使用旧设备时,旧设备的变现收入属于机会成本,视为现金流出。

(2)将旧设备变现收入与账面折余价值比较考虑税收影响。

如果旧设备变现收入>账面折余价值,则其差额要补交所得税,补交的所得税抵减变现收入。即：

旧设备的变现收入净额 = 变现收入 -（旧设备变现收入 - 账面折余价值）×所得税率

如果旧设备变现收入 < 账面折余价值，其差额则抵减所得税，抵减的所得税增加变现收入。即：

旧设备的变现收入净额 = 变现收入 +（账面折余价值 - 旧设备变现收入）×所得税率

（3）折旧减税、残值减税的计算与净现值法相同。需注意的是：在进行固定资产更新决策与净现值法决策时一样，考虑的只是税法规定的折旧对现金流量的影响。

对于固定资产更新决策，也可站在新固定资产的角度，运用增量原理进行分析。如果增量净现值大于零；或增量内部回报率大于基准折现率；或增量获利能力指数大于1，则应该接受新固定资产。对以上注意事项的运用可通过下例说明。

【例7-10】 甲公司正考虑用一台效率更高的新机器取代现有的旧设备。旧设备的账面折余价值为150 000元，其变现价值为90 000元，预计尚可使用5年，预计5年后清理残值收入为7 000元，税法规定的折旧年限尚有5年，直线折旧法，税法规定的净残值可以忽略不计。购买和安装新机器需要500 000元，预计可以使用5年，预计清理残值收入为12 000元，税法规定新设备采用双倍余额递减法按4年计提折旧，法定残值为原值的10%。由于新设备效率较高，可以每年节约付现成本140 000元。公司的所得税税率为30%。如果该项目在任何一年出现亏损，公司将会得到亏损额的30%计算的所得税额抵免。假设公司投资本项目的必要报酬率为10%，计算确定是否采用更新决策方案。

解：直线折旧法下旧设备每年折旧 = 150 000元 ÷ 5 = 30 000元

双倍余额递减法下新设备第1年折旧 = 500 000 ×（2 ÷ 4）× 100% = 25万元

第2年折旧 =（50 - 25）× 50% = 12.5万元

第3年折旧 =（50 × 90% - 25 - 12.5）÷ 2 = 3.75万元

第4年折旧 =（50 × 90% - 25 - 12.5）÷ 2 = 3.75万元

方法一：由于本项目新、旧设备使用年限相同，则可以比较两种决策下现金流出总额的大小。

我们知道，购买新设备，需要大笔现金流出购买设备。但新设备成本更低，而且折旧计提更多将对税收产生影响。

我们不妨将新设备节约的付现成本作为旧设备的现金流出。同时，继续使用旧设备，虽然不需要花费实际的现金去购置设备，但放弃了旧设备变现的收入及由此产生的税收影响。因此，旧设备变现价值及由此产生的税收影响属于机会成本，应该考虑。

无论是继续使用旧设备，还是购买新设备，设备报废都有残值收入，都是初期投资的部分回收，同时税收影响不能忽视。

表7-21分别计算了继续使用旧设备和新设备两方案的现金流出总现值。然后，将两现金流出总现值相减，便可判别优劣。

表7-21　使用新设备或旧设备的净现值计算　　单位：元

项目	计算过程	现金流量	时间	折现系数(10%)	现值
1. 继续使用旧设备					
(1)旧设备变现价值		-90 000	0	1	-90 000
(2)变现损失减税	(90 000-150 000)×30%	-18 000	0	1	-18 000
(3)=(1)+(2)		-108 000	0	1	-108 000
(4)每年税后付现成本	140 000×(1-30%)	-98 000	1-5	3.790 7	-371 488.6
(5)每年折旧抵税	30 000×30%	9 000	1-5	3.790 7	34 116.3
(6)清理残值收入	7 000	7 000	5	0.620 9	4 346.3
(7)清理残值收入纳税	-7 000×30%	-2 100	5	0.620 9	-1 303.89
(8)=(6)-(7)		4 900	5	0.620 9	3 042.41
旧设备流出现值合计(3)+(4)+(5)+(8)					-442 329.89
2. 使用新设备					
(1)初始投资		-500 000	0	1	-500 000
(2)第一年折旧抵税	250 000×30%	75 000	1	0.909 1	68 182.5
(3)第二年折旧抵税	125 000×30%	37 500	2	0.826 4	30 990
(4)第三年折旧抵税	37 500×30%	11 250	3	0.751 3	8 452.13

续表

项目	计算过程	现金流量	时 间	折现系数（10%）	现值
2. 使用新设备					
(5)第四年折旧抵税	37 500×30%	11 250	4	0.683 0	7 683.75
(6)清理残值收入	12 000	12 000	5	0.620 9	7 450.8
(7)残值损失减税	(50 000－12 000)×30%	11 400	5	0.620 9	7 078.26
新设备流出现值合计 (1)+(2)+(3)+(4)+(5)+(6)+(7)					－370 162.56
净现值	新设备流出现值合计－旧设备流出现值合计				72 167.33

注：表格中＋表示现金流入，－表示现金流出。以下表格同。

值得注意的是，方法一中我们将新设备节约的付现成本作为旧设备的现金流出。事实上，这种安排也有另外的替代安排。比如，将新设备节约的付现成本作为新设备自己的现金流入，这种流入可回收部分的初始投资。现在，我们用方法二重新分析本案例。

方法二：将继续使用旧设备和采购新设备作为两个互斥的方案，且将新设备节约的付现成本作为新设备的现金流入，分别计算两方案的现金流出总现值，最后判别方案优劣。

表 7-22　使用新设备或旧设备方案净现值的计算　　单位：元

项目	计算过程	现金流量	时 间	折现系数	现 值
1. 继续使用旧设备					
旧设备变现价值		－90 000	0	1	－90 000
变现损失减税	(90 000－150 000)×30%	－18 000	0	1	－18 000
每年折旧抵税	30 000×30%	9 000	1～5	3.790 7	34 116.3
清理残值收入	7 000	7 000	5	0.620 9	4 346.30
清理残值收入纳税	－7 000×30%	－2 100	5	0.620 9	－1 303.89
旧设备流出现值合计					－70 841.29

续表

项目	计算过程	现金流量	时间	折现系数(10%)	现值
2. 使用新设备					
初始投资		-500 000	0	1	-500 000
第一年折旧抵税	250 000×30%	75 000	1	0.909 1	68 182.5
第二年折旧抵税	125 000×30%	37 500	2	0.826 4	30 990
第三年折旧抵税	37 500×30%	11 250	3	0.751 3	8 452.13
第四年折旧抵税	37 500×30%	11 250	4	0.683 0	7 683.75
每年节约税后付现成本	140 000×(1-30%)	98 000	1~5	3.790 7	371 488.60
清理残值收入	12 000	12 000	5	0.620 9	7 450.8
清理残值损失减税	(50 000-12 000)×30%	11 400	5	0.620 9	7 078.26
新设备流出现值合计					1 326.04
净现值	新设备流出现值合计-旧设备流出现值合计=				72 167.33

以上两方法计算结果一样,结论相同,应选新设备。当然,我们还可以考虑两方案产生的差额现金流量,并计算增量净现值。这里不赘述。

需要说明的是,以上固定资产更新决策貌似与前节的资本预算决策差别很大,事实上原理完全一样。因为:设备的初始投资属于资本性支出,考虑残值带来的税后现金流则是资本性支出的部分回收,二者都属于资本性支出部分。考虑折旧抵税,则属于经营现金流的估计,因为折旧对企业现金流的影响就是少交税,增加了公司经营现金。考虑付现成本的差异也属于经营现金流的估计。当然,无论新设备还是旧设备,都没有带来新增的销售量,但由于折旧和付现成本的差异仍然会影响不同方案的经营现金流 OCF 的大小。本例中,设备的新旧对净营运资本的影响没有差异,换句话说没有新增的净营运资本。

所以,虽然无论新设备还是旧设备都没有带来新增的销售量,但前节的资本预算决策原理仍然适用于固定资产更新决策。读者不妨照前节的资本预算决策步骤重新分析本案例,你会发现结论相同。

二、固定资产更新设备的选择

当企业已经决定更换新设备以后,通常会面临着买哪种新设备的问题。通常,好设备昂贵,但使用中成本低,寿命还长;差设备虽然便宜,但使用中成本高,寿命还短。面对互斥的选择,如何分析呢?

(一)约当年成本法

对于互斥的设备更新,约当年成本是一个重要的方法。约当年成本(equivalent annual cost,简写 EAC)又称平均年成本法,是考虑货币时间价值下资产引起的现金流出的年平均值。平均年成本可以按照下列公式计算:

平均年成本 = [投资额 + 年运行成本 × $(P/A,i,n)$ - 残值 × $(P/F,i,n)$]/$(P/A,i,n)$

可见,约当年成本是在机器的寿命期内,机器购买和运营的成本总现值等额分摊到每年的数额,适用于收入相同或收入不变,寿命期不同的设备的比较选择。选择的标准是选取平均年成本较小的方案。

【例 7-11】 北方公司打算用一台效率更高的设备去替代旧设备。旧设备原值是 2 000 元,预计使用 10 年,目前估计还可使用 5 年,寿命期满后残值是 200 元,如果现在出售可得 500 元,每年的付现成本为 700 元。新设备购置成本 2 500 元,估计使用 10 年,期满有残值 200 元,每年付现成本 400 元。假设该公司的资本成本 15%,不考虑所得税的影响,新旧设备均采用直线法折旧。试做出决策。

解:旧设备的平均年成本 = [500 + 700 × $(P/A,15\%,5)$ - 200 × $(P/F,15\%,5)$]/$(P/A,15\%,5)$

= 819.49 元

新设备的平均年成本 = [2 500 + 400 × $(P/A,15\%,10)$ - 200 × $(P/F,15\%,10)$]/$(P/A,15\%,10)$

= 888.27 元

通过上式的计算可知,使用旧设备的平均年成本较低,因此不宜进行设备的更新。

平均年成本的特点有如下几点:

一是平均年成本法是把继续使用旧固定资产和更新固定资产看成是两个互

斥方案:一个方案是用500元购买旧固定资产,可使用5年;另一个方案是用2 500元购买新固定资产,可使用10年。采用平均年成本的高低判断优劣。

二是假定在固定资产剩余使用期结束后,可以按原来的平均年成本再买一台。即可以购买和现在固定资产磨损程度完全相同的固定资产。这样,平均年成本的高低在以后若干期都适用。倘若设备报废后无法继续购买相同的固定资产,则决策结论可能发生变化。由于在用固定资产的购置支出属沉没成本,因此在用固定资产的现金流出主要包括目前的市场价值和运行成本。

三是平均年成本法是在预期各种固定资产的产销量一致,销售收入相等的情况下采用的。假若前提不成立,则必须结合现金流入量因素,采用净现值法等进行评价。

(二)共同年限法

固定资产更新决策是互斥项目。对于项目寿命相同的情形,我们无论比较净现值总额还是约当年成本,都可判别优劣。显然,互斥项目肯定以净现值较大或约当年成本较小的为优先,因为它可以给股东带来更多的财富。

如果两个项目寿命不同,我们运用前面的约当年成本法肯定可以比较优劣。但是,约当年成本法并不是唯一方法,共同年限法也是可以选择的方法。

共同年限法的原理是:假设投资项目在终止时可以重置,这与约当年成本法的假设一样。通过重置使两个项目的年限变成相同,然后再比较净现值。

【例7-12】 假设公司资本成本是10%,有A和B两个互斥项目。A项目的投资年限是6年,净现值是12 441万元,内含报酬率是19.73%;B项目的年限是3年,净现值是8 324万元,内含报酬率是32.67%。试分析哪个项目较好。

解:我们用共同年限法分析:假设B项目终止时可以重置一次,该项目的年限就延长至6年,与A项目相同。两个项目的现金流量分布表如表7-23所示。

表7-23 共同年限法选择互斥项目

单位:万元

项目		A		B		重置B	
时间	折现系数	现金流	现值	现金流	现值	现金流	现值
0	1	-40 000	-40 000	-17 800	-17 800	-17 800	-17 800
1	0.909 1	13 000	11 818	7 000	6 364	7 000	6 364
2	0.826 4	8 000	6 612	13 000	10 744	13 000	10 744

续表

项目		A		B		重置 B	
时间	折现系数	现金流	现值	现金流	现值	现金流	现值
3	0.751 3	14 000	10 518	12 000	9 016	-5 800	-4 358
4	0.683 0	12 000	8 196			7 000	4 781
5	0.620 9	11 000	6 830			13 000	8 072
6	0.564 5	15 000	8 467			12 000	6 774
净现值			12 441		8 324		14 577

注：重置 B 项目在第 3 年的现金流是 -17 800 + 12 000 = -5 800，即重置成本和旧设备现金流入之差。

从表 7-23 中可看出，重置 B 项目后，净现值变为 14 577 万元，因此 B 项目优于 A 项目。

共同年限法有一个缺陷：共同比较期可能很长，例如一个项目的年限是 7 年，另一个项目的年限是 6 年，这就需要以 42 年作为共同比较期。不但数据运算量大，而且对于未来数据的预测也比较困难。所以我们通常采用约当年成本进行两个项目的比较。

约当年成本法和共同年限法都存在共同的缺点：①有的领域进步快，目前就可以预期升级换代不可避免，但不可能原样复制；②如果通货膨胀比较严重，必须考虑重置成本的上升，两个方法都没有考虑；③从长期来看，竞争会使净利润下降，甚至被淘汰，对此，两种分析方法都没有考虑。

三、固定资产更新时机的选择

上面关注的是互斥的两套固定资产新设备之间如何选择的问题。公司也可能面临着何时以新设备来更换旧设备的决策。这种分析事实上很容易理解。重置应该在旧设备的约当年均成本超过新设备的约当年均成本之前进行。

【例 7-13】 某公司正考虑是否替换已有的机器设备。该公司正处于免税期。用于替换的成本为 9 000 元，并且需要在 8 年内每年年末支付 1 000 元的修理费。8 年后该设备将被出售，残值为 2 000 元。已有设备需要支付每年递增的修理费，它的残值逐年递减。已有设备现在能以 4 000 元价格出售，如果 1 年后出售，售价变成 2 500 元，这 1 年为保证正常运行需要修理费 1 000 元。为简化，假定年末支付修理费。旧设备其余年份数据如表 7-24。如果公司必要报酬率 15%，它应该何时替换该设备？

表 7-24　旧设备修理费和残值　　单位：元

年	修理费	残值
现在	0	4 000
1	1 000	2 500
2	2 000	1 500
3	3 000	1 000
4	4 000	0

解：通过分别计算新旧设备的约当年均成本，判断何时替换最佳。

首先，计算新设备的约当年均成本。新设备的成本总现值为：

$$PV_{新} = 9\ 000 + 1\ 000 \times (P/A, 15\%, 8) - \frac{2\ 000}{1.15^8}$$

$$= 9\ 000 + 1\ 000 \times 4.487\ 3 - 2\ 000 \times 0.326\ 9$$

$$= 12\ 833(元)$$

上述计算中最后一项是残值的现值，是设备购买成本的部分回收，故与前面两项符号相反。公司因为免所得税，故残值收入不考虑税收影响。如果不免税，则税后残值收入的处理同前面几节的处理。

$$新设备的约当年均成本(EAC) = \frac{12\ 833}{4.487\ 3} = 2\ 860\ (元)$$

这意味着购买新设备相当于租赁一个年付费为 2 860 元的机器。

表 7-25　新设备使用成本　　单位：元

	第 1 年	第 2 年	第 3 年	第 4 年	……
马上替换新设备的费用	2 860	2 860	2 860	2 860	……

然后，计算旧设备的约当年均成本。旧设备的成本由三部分构成：一是设备当前的售价，相当于机会成本，我们继续使用该设备就放弃了目前出售的收入，或者说是重置旧设备的成本；二是每年修理费这项付现成本；三是旧设备不用后的残值收入。这三部分成本构成类似于上述新设备的成本组成。当然，旧设备的成本总额大小取决于旧设备使用期限。以旧设备使用 1 年后替换来计算：

旧设备的成本总现值(折现到现在)为:

$$PV_{旧} = 4\ 000 + \frac{1\ 000}{1 + 15\%} - \frac{2\ 500}{1.15} = 2\ 696(元)$$

旧设备使用 1 年的费用相当于年末支付 3 100 元。

如果旧设备继续保留 1 年,即 2 年后替换:

旧设备在第 2 年的成本(为便于比较,计算时点为第 2 年末)为 $FV_{旧} = 2\ 500 \times 1.15 + 2\ 000 - 1\ 500 = 3\ 375$ 元。其中,2 500 元是旧设备在第 1 年末的残值,将其复利到了第 2 年末。

表 7-26　旧设备使用年限和成本计算　　单位:元

	第 1 年	第 2 年	第 3 年	第 4 年	……
旧设备使用 1 年后替换的费用	3 100	2 860	2 860	2 860	……
旧设备使用 2 年后替换的费用	3 100	3 375	2 860	2 860	……

显然,公司立即替换设备的年成本最低。当然,以上新旧设备都被假设不影响公司收入。如果存在这种影响,则可以将某设备的增量收入视为成本的抵减,很容易修正收入的差别。

四、通货膨胀的处置

通货膨胀是指在一定时期内,物价水平持续、普遍上涨的经济现象。通货膨胀会导致货币购买力下降,从而影响项目投资价值。通货膨胀对资本预算的影响表现在两个方面:一是影响现金流的估计;二是影响资本成本的估计。

如果企业对未来现金流的预期是基于预算年度的价格水平,并去除了通货膨胀的影响,那么这种现金流量称为实际现金流量。包含了通货膨胀影响的现金流称为名义现金流。两者的关系为:

$$名义现金流量 = 实际现金流量 \times (1 + 通货膨胀率)^{n}$$

其中,n 表示相对于基期的期数。

在编制资本预算的过程中,应遵循一致性原则。名义现金流量用名义资本成本进行折现,实际现金流量用实际资本成本折现。

【例 7-14】 假设某项目的实际现金流量如表 7-27 所示,名义资本成本为 12%,预计一年内的通货膨胀为 8%,求该项目的净现值。

表 7-27　某项目实际现金流量　　单位:万元

时间	0	1	2	3
实际现金流量	-100	45	60	40

解:第一种方法是将名义现金流量用名义资本成本进行折现。此时需要先将实际现金流量调整成为名义现金流量,然后用12%进行折现。具体计算过程如表 7-28 所示。

表 7-28　名义现金流量计算净现值　　单位:万元

时间	0	1	2	3
实际现金流量	-100	45	60	40
名义现金流量	-100	$45 \times 1.08 = 48.6$	$60 \times 1.08^2 = 69.98$	$40 \times 1.08^3 = 50.39$
现值(按12%折现)	-100	$48.6 \times 0.8929 = 43.39$	$69.98 \times 0.7972 = 55.79$	$50.39 \times 0.7118 = 35.87$
净现值	NPV = -100 + 43.39 + 55.79 + 35.87 = 35.05			

第二种方法:将实际现金流用实际资本成本进行折现,此时需要把名义资本成本换算为实际资本成本,然后再计算净现值。具体计算过程如表 7-29 所示。

$$\text{实际资本成本} = (1 + \text{名义资本成本}) \div (1 + \text{通货膨胀率}) - 1$$
$$= (1 + 12\%) \div (1 + 8\%) - 1 = 3.7\%$$

表 7-29　实际现金流量计算净现值　　单位:万元

时间	0	1	2	3
实际现金流量	-100	45	60	40
现值(按3.7%折现)	-100	$45 \div 1.037 = 43.39$	$60 \div 1.037^2 = 55.79$	$40 \div 1.037^3 = 35.87$
净现值	NPV = -100 + 43.39 + 55.79 + 35.87 = 35.05			

可以看到两种方法得到的结果是一样的,都可得到没有偏差的净现值。

值得注意的是:①通货膨胀对于投资决策是非常重要的。即使每年的通货膨胀率不严重,但长期积累起来对项目盈利性也会产生巨大影响,因此长期投资项目评价必须对通货膨胀进行处理。②在实际中调整资本成本极为困难,而调整现金流量相对简单,因此很少采用第二种方法。③对通货膨胀率的估计不可能很精确,所以通货膨胀不仅使资本预算增加了复杂性,也增加了分析结论的不确定性。

第四节　不确定下项目评估

项目评估是一种预测未来、研究"未来型"问题的数学描述方法。在前面的分析中,我们都假设项目的现金流量是可以确定的,但实际上投资项目总是有风险的,项目未来的现金流量总会具有某种程度的不确定性。由于各个项目有其本身的特点,呈现多样性和较多的不确定性因素,操作上难度就更大。在此,探讨不确定性因素对项目评估的影响度就显得尤为重要。

一、不确定性的产生原因

(一)信息的不完全性与不充分性

信息在质与量两个方面不能完全或充分地满足预测未来的需要,而获取完全或充分的信息要耗费大量金钱与时间,不利于及时地做出决策。

(二)人的有限理性

人的有限理性决定了人不可能准确无误地预测未来的一切。人的能力等主观因素的限制加上预测工具以及工作条件的限制,决定了预测结果与实际情况肯定有或大或小的偏差。

(三)市场供求变化的影响

项目的建设期比较长,投产后的经济寿命较长。在市场经济条件下,商品供求关系主要靠价值规律调节,人们的需求结构变化、需求数量变化,产品供求结构、供给数量变化频繁且难以预测,尽管可以通过分析目前的投入及投入结构来预测未来的供给,但要做到这点是很困难的,因此由于市场供求关系引起的项目投入与产出价格的变化,将成为影响项目经济分析的最重要的变化。

(四)技术变化的影响

现代科学技术飞速发展,新材料、新技术、新工艺的发展日新月异,尽管投资者在投资时所采用的技术工艺是最先进的,但可能很快就有新的技术、工艺来替代它,每一种新技术都会给某些行业带来新的市场机会,同时也会给某些行业的企业造成环境威胁。在项目可行性研究和项目评估时，不可能对新技术的出现及其影响有准确的预测，这就造成了项目的不确定性，因此，对技术发展的预测，是一种降低投资风险的手段，在投资决策时应该力求做好。

（五）经济环境变化的影响

在市场经济条件下，国家的宏观经济调控政策、各种改革措施以及经济发展本身对投资项目有着重要影响，都会影响投资项目的效益，使投资具有不确定性。

此外，社会、政策、法律、文化、自然条件和资源方面的影响也会增加投资项目的不确定性。在不确定性分析中要找出对项目财务效益影响较大的不利因素，并分析其对投资项目的影响程度，研究预防和应变措施，减少和消除对项目的不利影响，保证项目顺利实施，达到预期的效益，这是进行不确定性分析更积极的目的。

二、不确定下项目风险处理的方法

（一）定性分析

我们已经知道，既定贴现率下 NPV 大于 0 的项目，意味着项目报酬率超过了贴现率。而贴现率通常是根据机会成本来确定，这说明 NPV 大于 0 的项目有超过机会成本的收益。这在竞争非常充分的行业显然是比较困难的。因此，面对 NPV 大于 0 的项目，我们要有清醒的认识：究竟是项目具有比较优势还是我们过分乐观地估计了产生的预测风险呢？

比较优势可能来自新产品的研发带来的利润高速增长，比如近年苹果公司在 iPad、iPhone 等产品上的优势带来巨额现金流。比较优势也可能来自成本的优势，或者进入壁垒（可能因为技术、行政管制、垄断性资源等原因导致），比较优势还可能来自企业内部管理的变革带来的效率提升。当然，作为一项有比较优势的项目，我们需要清醒地认识到比较优势可能会在不久的将来丧失，因为竞争者可能快速跟进，或者技术的扩散和创新等原因。作为项目分析，我们需要对未来这些不确定因素有清醒地认识。

（二）定量分析

1. 敏感性分析

投资项目的敏感性分析，是假定其他变量不变的情况下，某一个变量发生特定变化时，计量净现值（或内含报酬率）发生多大变动的一种分析方法。主要步骤为：

（1）给定计算的基准净现值。

（2）选择一个变量，假设其发生一定幅度的变化，而其他因素保持不变，重新计算净现值。

（3）计算选定变量的敏感系数。

敏感系数 = 目标值变化百分比/选定变量变动百分比

它表示选定变量变化 1% 时导致目标值变动的百分比，可以反映目标值对于选定变量的敏感程度。

（4）根据上述分析结果，对项目特有风险作出判断。

【例 7-15】 A 公司拟投资一个新项目，预期每年增加税后营业现金流入 100 万元，增加税后营业现金流出 60 万元；预计需要初始投资 90 万元，项目寿命为 4 年，直线法折旧完毕；设备报废后没有残值收入。公司的所得税税率为 20%，贴现率为 10%，计算税后营业现金流入增减 5%（其他因素不变）的净现值，以及税后营业现金流入变动对净现值的敏感系数。

解：第一步，我们考虑基本情况下的 NPV。

计算 NPV 的过程，遵循前述章节的资本预算原理，首先，估算项目新增利润和 OCF。

该项目每年折旧 90 ÷ 4 = 22.5 万元。每年折旧税盾 = 22.5 × 20% = 4.5 万元。根据税盾法，每年 OCF = 44.5 万元，这构成一个 4 年期年金。这由表 7-30 中第 3 列的前 5 行给出。

4 年 OCF 流入总现值 141.06 万元（10% 贴现率）。

其次，考虑项目资本性支出，初始投资 90 万元。没有残值。

再次，项目对净营运资本的变动没有影响。

最后，汇总以上增量现金流量。净现值 NPV = 51.06 万元。有关数据如表 7-30 所示。

第二步，仅变动每年税后营业现金流入规模，增减 5%，重新计算其他因素不变下的净现值。表 7-30 显示，税后营业现金流入每增加 1%，净现值就会提高 6.2%。或者说，税后营业现金流入每减少 1%，净现值就会下降 6.2%。

表 7-30 敏感程度法 单位:万元

变动百分比	-5%	基准情况	5%
每年税后营业现金流入	95	100	105
每年税后营业现金流出	60	60	60
折旧抵税(20%)	4.5	4.5	4.5
每年税后营业现金净流量(OCF)	39.5	44.5	49.5
年金系数(10%,4 年)	3.169 9	3.169 9	3.169 9
现金流入总现值	125.21	141.06	156.91
初始投资	90	90	90
净现值(NPV)	35.21	51.06	66.91
营业现金流入的敏感程度	[(66.91 - 51.06) ÷ 51.06] ÷ 5% = 6.2		
	[(35.21 - 51.06) ÷ 51.06] ÷ 5% = -6.2		

敏感分析法是一种最常用的风险分析方法,计算过程简单,也易于理解,帮助我们把握项目最敏感的变量,揭示了降低预测风险的着力点。

敏感性分析的局限性:首先,在进行敏感性分析时,只允许一个变量发生变动。而假设其他变量保持不变,但在现实世界中这些变量通常是相互关联的,会一起发生变动。其次,该分析方法每次测定一个变量对净现值的影响,可以提供一系列分析结果,但是没有给出每一个结果发生的概率。

2. 情景分析

情景分析有些类似于敏感性分析,但情景分析包含了各种变量的同时变动,测定这些变动对净现值的影响。情景分析一般设定三种情况:最好情况、基准情况(最可能出现的情况)及最坏情况。

情景分析的主要过程是:根据不同情景的三组现金流量分别计算净现值,然后计算期望净现值及其离散程度。

【例 7-16】 假设某项目需要购买一台设备,支付现金 240 000 元,设备寿命期 6 年,没有残值,采用直线法折旧。项目的资本成本是 10%,所得税税率是 25%。其他信息见表 7-31 所示。请进行情景分析。

表 7-31　投资项目的相关信息　　单位:元

项目	基准	最坏	最好
(1)概率	0.5	0.25	0.25
(2)销售量(件)	7 000	6 000	8 000
(3)单价	85	82	87
(4)单位变动成本(元/件)	60	65	55
(5)每年固定成本	60 000	70 000	50 000

解:项目设备年折旧 = 240 000 元/6 = 40 000 元。

计算 NPV 的过程,仍然遵循前述章节的资本预算原理。表 7-32 中前 7 行是预计利润表。年销售收入(3 × 2)表示销售收入由表 7-31 中单价 × 销售量(件)得到。其他栏目不再赘述。

年 OCF = 净利润 + 折旧,列于第 8 行。

基本情形下 6 年 OCF 流入总现值 419 198 元(10% 贴现率)。

其次,考虑项目资本性支出,初始投资 240 000 元。没有残值。

再次,项目对净营运资本的变动没有影响。

最后,汇总以上增量现金流量。基本情形下净现值 NPV = 179 198 元。计算过程见表 7-32。

最坏情形下净现值 NPV = −91 920;

最好情形下净现值 NPV = 476 447。

根据三种情形发生概率,可以计算期望净现值。期望净现值 = $\sum$NPV 结果 × 发生概率。

表 7-32　投资项目的情景分析　　单位:元

序号	项目	基准	最坏	最好
1	销售收入:(3) × (2)	595 000	492 000	696 000
2	变动成本总额(4) × (2)	420 000	390 000	440 000
3	固定成本(5)	60 000	70 000	50 000
4	折旧	40 000	40 000	40 000
5	利润	75 000	−8 000	166 000

续表

序号	项目	基准	最坏	最好
6	所得税	18 750	-2 000	41 500
7	净利润	56 250	-6 000	124 500
8	年营业现金流量 OCF	96 250	34 000	164 500
9	年金现值系数(10%,6年)	4.355 3	4.355 3	4.355 3
10	现金流入总现值	419 198	148 080	716 447
11	初始投资	-240 000	-240 000	-240 000
12	净现值 NPV	179 198	-91 920	476 447
13	期望净现值	89 599	-22 980	119 112
14	期望净现值合计	185 731		
15	净现值的总体标准差	201 054.24		
16	净现值的变化系数	1.08		

根据结果可知,项目有一个正的期望净现值 185 731 元,有希望盈利;最坏情况的净现值是 -91 920 元,要看决策者能否接受;最好的情况的净现值是476 447元。净现值的变化系数是 1.08 可以反映项目的特有风险,可以与其他项目的变化系数相比。

情景分析与敏感性分析的区别:①情景分析需要知道未来可能出现的有限情景,以及每一情况出现的概率,而敏感分析只知道现金流量有不确定性,但不知道有几种情景及其概率;②情景分析允许多个因素同时变动,敏感分析只允许一个因素变动。

情景分析的局限性是:只考虑有限几种状态下的净现值,实际上有无限多的情景和可能结果;估计每种情况出现的概率,往往有一定主观性,其结论的可信性依赖于分析人员的经验和判断力。

3. 盈亏平衡分析

盈亏平衡分析(break - even analysis)是确定项目或公司盈亏平衡时所需的销售量,是敏感性分析方法的有效补充。盈亏平衡分析又称保本点分析。由于保本点(或盈亏平衡)的界定角度不同,盈亏平衡分析又可分为:会计盈亏平衡分析(即会计保本点分析)、现值盈亏平衡分析(即现值保本点分析)。

(1)会计盈亏平衡分析。会计盈亏平衡被定义为:公司或项目净利润(不扣利息费)等于零的销售量。这里,我们依然遵循区分原则,就是将项目看做一个微型公司,考察微型公司的盈亏平衡状态。所以,公司净利润与项目净利润一回事,而且这里的净利润是不扣利息费的净利润,因为资本预算中利息费等筹资费用无关。

根据会计盈亏平衡这个定义,很容易推导出会计盈亏平衡时的销售量。

设 S 表示项目销售收入,D 为折旧,VC 代表变动成本总额,由单位变动成本 vc 与销售量 Q 乘积得到,FC 代表固定成本总额,T 表示公司所得税率。则考察净利润等于零的状态,无异于考察:

$$(S - VC - FC - D) \times (1 - T) = 0$$

由于(1 - T)不可能等于零,所以净利润等于零等价于息前税前利润等于零,即:

$$S - VC - FC - D = 0$$

从上式可以变形得到:

$$Q = \frac{FC + D}{单价 - 单位变动成本}$$

其中,(单价 - 单位变动成本)是税前价差,又称为单位边际贡献(contribution margin),即税前每增加销售一件产品对税前利润所起的贡献。当然,边际贡献也可以基于税后的,只不过要考虑税后贡献。

【例 7-17】 假设你准备开一家网络的零售箱包店。以每件平均 100 元价格零售箱包。进货价格平均每件 50 元。每年固定成本 6 000 元,1 000 元的固定资产折旧。计算会计保本点年销售量?

解:单位边际贡献 = 100 - 50 = 50 元

Q = (6 000 + 1 000)/单位边际贡献

= 7 000/50 = 140 件

其含义是:年销售 140 件产品,就可以弥补每年固定成本 6 000 元和固定资产折旧 1 000 元,达到会计盈亏平衡状态。如果年销售多于 140 件产品,则可盈利;反之,则会出现会计亏损。用图 7-4 表示更直观。我们注意到,会计盈亏平衡分析无须考虑税收,因为公司处于盈亏临界状态下。

(2)现值盈亏平衡分析。公司理财中关注现金流比利润更重。因此,从现金流的盈亏平衡角度界定则是现值盈亏平衡分析,显然,现值盈亏平衡分析是计算现金流入和现金流出处于盈亏平衡时的销售量。由于货币具有时间价值,

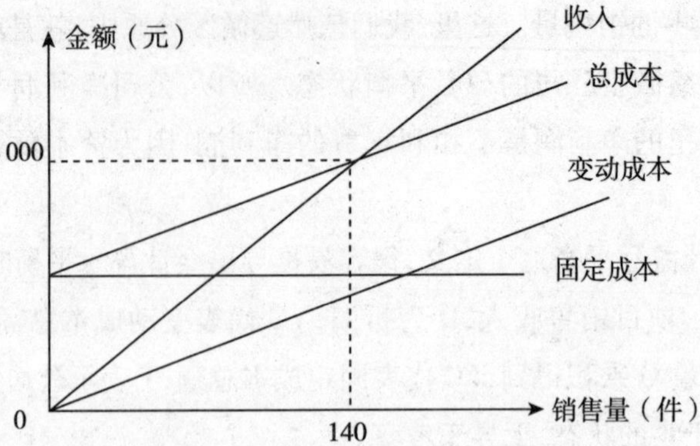

图 7-4 会计盈亏平衡分析图例

所以，我们要计算现金流入现值和现金流出现值处于盈亏平衡时的销售量。换句话说，是确定 NPV = 0 的销售量，这种保本点被称为财务保本点，因为公司财务经理常关注。

【例 7-18】 某公司研发一种小型摩托车新产品，项目初始投资 150 亿元，估计寿命 10 年，直线折旧法，10 年后设备没有残值。忽略净营运资本变动。预计摩托车销售价格可达 375 000 元，摩托车单位变动成本为 300 000 元，项目生产经营年固定成本 30 亿元。假设公司所得税率 50%。公司用 10% 作为贴现利率。计算项目的财务保本点销售量？假设项目寿命期各年销售规模相当。

解：要让 NPV = 0，则项目的现金流入现值和现金流出现值相等。该项目现金流出现值为 150 亿元，则未来 10 年 OCF 流入现值 = 150 亿元。假设项目寿命期各年销售规模相当，则 OCF 构成年金。即：

10 年 OCF 年金现值 = 15（10 亿元）

年 OCF = 150/（10 年期 10% 利率的年金现值系数）= 15/6.144 6 = 2.44（10 亿元）

实现年度 OCF 每年所需净利润 = OCF − 折旧 = 2.44 − 1.5 = 0.94（10 亿元）

每年所需 EBIT = 0.94 ÷ 50% = 1.88（10 亿元）

因为（S − VC − FC − D）= EBIT

每年所需 S − VC = EBIT + FC + D = 1.88 + 3 + 1.5 = 6.38（10 亿元）

S − VC =（Price − vc）× Q = 6.38（10 亿元）

（375 000 − 300 000）× Q = 6.38（10 亿元）

Q = 85 066 件

显然，只要读者已经掌握了资本预算决策的基本原理，要估算财务保本点销售量只是它的逆运算而已。

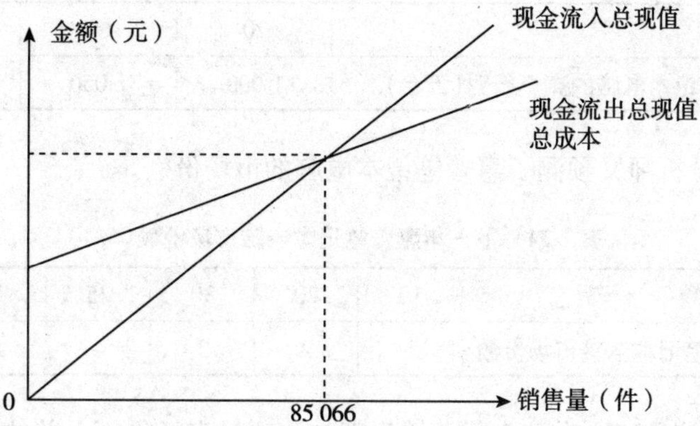

图 7-5　财务盈亏平衡分析图例

4. 蒙特卡罗模拟法

敏感性分析和情景分析虽然在现实生活中很常用，但它们还是存在自身的局限性。敏感性分析只允许每次变动一个变量，而在现实生活中很多变量可能在同一时间一起变化。情景变化则是设定特殊的情景，它不能涵盖所有变动的来源。基于这种情况，我们提出了蒙特卡罗模拟。

蒙特卡罗模拟是对现实世界的不确定性建立模型。这种方法有五个基本步骤，用例子说明。

【例 7-19】　惠普公司准备生产一种新型的笔记本电脑，财务总监 A 认为运用简单的分析方法得到的结果不是很理想，所以准备使用蒙特卡罗模拟对这一新型的笔记本电脑的生产进行评估。

解：步骤一：构建基本模型。

首先，应将现金流分成三部分：年均收入，年均成本和初始投资。

年收入 = 整个行业的笔记本销量 × 新型惠普笔记本的市场份额 × 笔记本的单位价格

年成本 = 制造的固定成本 + 制造的变动成本 + 市场推广成本 + 销售成本

初始投资 = 申报专利成本 + 试销成本 + 生产设备成本。

步骤二：确定模型中每个变量的分布。

这一步骤相对比较困难。分析师首先要确定年收入的三个组成部分。他首先模拟出整个市场的容量,即整个市场的笔记本电脑的销量,编制了表7-33。

表7-33 下一年笔记本电脑的整个行业规模

概率(%)	20	60	20
下一年笔记本电脑的整个行业(万台)	1 000	1 050	1 100

之后,分析师又预测了惠普笔记本电脑的市场份额。

表7-34 下一年惠普笔记本电脑市场份额(%)

概率	10	20	30	25	10	5
下一年惠普笔记本电脑市场份额	1	2	3	4	5	8

这个预测是建立在整个行业销售额与该项目市场份额无关的假设之上的,即两个变量是相互独立的。因为经济繁荣虽然能使行业的笔记本电脑的销售量提高,但是此项目所占的市场份额却和经济条件无关。

分析师接下来就要对惠普笔记本电脑的单价进行预测。最终决定:下一年新型惠普笔记本电脑的售价 =2 900 元 +1 元 × 行业销售总量(百万台) ±3 元。也就是说,单价是以行业总销售量而定,并且通过"±3 元"的浮动,来模拟随机变量。即50%的几率出现 +3 元,50%的几率出现 -3 元。比如,当行业的销售量达到1 100万台时,每台笔记本电脑的价格有两种情况:2 900 元 +11 元 +3 元 =2 914 元 (50%几率),2 900 元 +11 元 -3 元 =2 908 元(50%几率)。

目前为止,分析师已经建立了收入三大因素在下一年的概率分布。另外,通过利用其他学者的预测,分析师预测了后年整个行业销售额的增长比率。

表7-35 笔记本电脑行业销售量预测(%)

概率	20	60	20
后年行业销售量增长率	1	3	5

已知了行业销售量下一年的分布以及后年该变量的增长率,我们就可以计算后年行业销售量的概率分布。以此类推,我们可以得到在后一年的分布。分析师用同样的方法,计算出收入中另两个变量的概率分布情况。

以上的讨论阐述了如何对收入的三大因素进行模拟。通过此类方法,步骤2也完成了对成本以及投资这两大因素的模拟。特别要注意的是,变量之间的相互作用,因为无效的管理层很有可能使不同的成本同步上升。了解这些之后,第二个步骤也就完成了。

步骤三:通过计算机抽取一个结果。

在我们的模型中,下一年的收入有三个部分组成。假设通过电脑随机抽取样本,即当整个行业的销售量为1 000万台时,新型惠普笔记本电脑的市场份额为2%,且价格的随机变动量为+3元。那么下一年惠普笔记本电脑的价格为2 900+10+3=2 913元。由此可得下一年惠普笔记本电脑的收入将为1 000×2%×2 913=58 260万元。

目前为止,我们并没有算出所有结果。我们必须要模拟出未来的每一年的收入及成本,最后还要对初始投资进行模拟。如此一来,通过对模型中每一变量的模拟,可以得到未来每一年的现金流量。

比如,整个行业销售量为1 000万台的概率是20%,市场份额为2%的概率为20%,以及随机价格变动+3元的概率为50%,我们可以得到上述结果出现的概率=20%×20%×50%=2%。

我们可以同样得到未来几年的收入,成本和初始投资的概率。

这一过程中,我们生成的每一年现金流量只是所有结果中较简单的一种,我们还需要知道每年各种结果产生现金流量的分布。通过计算机无数次的抽样,我们可以得到这一分布,这就是我们在这一步骤的目的。

步骤四:重复上述过程。

通过上述的步骤我们得到了一个结果,然而蒙特卡罗模拟的核心是通过大量的重复操作来实现的。依据特定的条件,计算机会随机生成成千上万个结果,即生成未来每年现金流的分布。

通过重复抽样,我们可以模拟出新型惠普笔记本电脑未来第三年可以给企业带来的现金流。同样我们可以得到未来每一年的现金分布。

步骤五:计算净现值。

如图7-6的现金流分布,我们可以得到未来第三年的现金流。同样的方式,我们可以得到未来每一年的现金流量。并根据适当的比率对该项目的现金流量进行折现,得到项目的净现值。

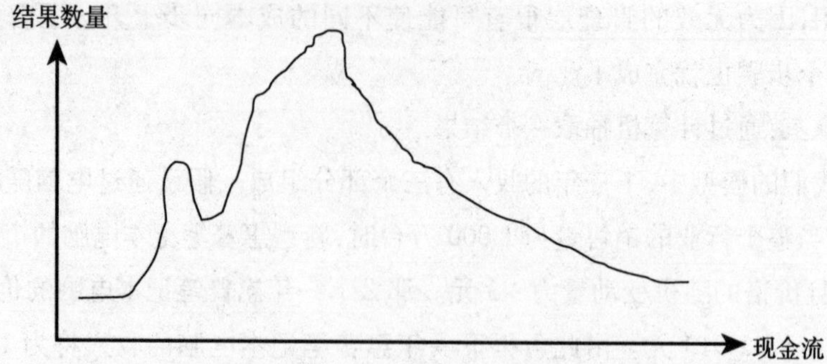

图 7-6　新型惠普笔记本电脑未来第三年带来的现金流分布

蒙特卡罗模拟是从敏感分析和概率分布原理相结合的产物。该模拟使用计算机输入影响项目现金流量的基本变量,然后模拟项目运作的过程,最终得出项目净现值的概率分布。采用蒙特卡罗模拟分析需要知道未来现金流量的连续分布概率。

蒙特卡罗模拟常常认为是优于敏感性分析和情景分析的方法。在蒙特卡罗模拟中,明确指出了变量间的相互作用。所以至少在理论上来说,这种方法提供了一个更为完整的分析。模拟方法主要局限于基本变量的概率信息难以取得。由于分析员很难挑选到合适的分布来描述某个变量,也很难选择该分布的各种参数。当这些选择进行得很随意时,我们所得到的模拟结果在实际上可能毫无用处。

5. 概率法

概率法是指通过计算投资项目的年期望现金流量和期望净现值来评价风险投资的一种方法。一般适用于每年的现金流量相互独立的投资项目。其计算公式为:

$$NCF_t = \sum_{t=0}^{n} NCF_{ti} \times P_{ti}$$

其中,NCF_t 为第 t 年期望净现金流量;NCF_{ti} 为第 t 年的第 i 种结果的净现金流量;P_{ti} 为第 t 年第 i 种结果对应的概率。

【例 7-20】　某企业的一个投资项目各年的现金流量和概率分布如表 7－36 所示,资本成本为 12%,判断此项目是否可行。

表 7-36　各年的现金流量及其发生概率　　单位:元

第 0 年		第 1 年		第 2 年		第 3 年	
NCF_0	概率 P_0	NCF_1	概率 P_1	NCF_2	概率 P_2	NCF_3	概率 P_3
-35 000	1.0	25 000	0.3	9 000	0.2	8 000	0.3
		15 000	0.7	10 500	0.6	25 000	0.4
				10 000	0.2	15 000	0.3

解:(1)计算各年期望现金流

$E(NCF_1)=25\,000\times0.3+15\,000\times0.7=18\,000$

$E(NCF_2)=9\,000\times0.2+10\,500\times0.6+10\,000\times0.2=10\,100$

$E(NCF_3)=8\,000\times0.3+25\,000\times0.4+15\,000\times0.3=16\,900$

(2)计算投资项目的期望净现值

$E(NPV)=18\,000\times(P/F,12\%,1)+10\,100\times(P/F,12\%,2)+16\,900\times(P/F,12\%,3)-35\,000$

$=1\,153.34$

从以上分析可以看出,按风险程度对现金流量进行调整后,计算出的净现值为正数,故可以进行投资。

6. 调整现金流量方法

所谓调整现金流量法就是把不确定的各年现金流量,调整为确定的现金流量,然后用无风险报酬率作为折现率计算净现值来评价风险投资项目的分析方法。其计算公式为:

$$风险调整后的净现值=\sum_{t=0}^{n}\frac{A\times 现金净流量}{(1+无风险报酬率)^t}$$

其中 A 为确定当量系数。

确定当量系数表示确定的现金流量对与之相当的、不确定的期望现金流量的比值。在进行评价时,可根据各年现金流量风险的大小,选取不同的确定当量系数。当现金流量确定时 A 为 1;当现金流风险很小时,A 可取 0.8 ~1.0;当风险一般时,A 可取 0.4 ~0.8;当现金流风险很大时,A 可取 0 ~0.4。

确定当量系数的选取,可能会因人而异,敢于冒险的分析者会选取较高的确定当量系数,而不愿冒险的投资者可能会选取较低的系数。为了防止决策者因偏好不同而导致的决策失误,有些企业根据标准离差率来确定系数。标准离差率与确定当量系数的经验对照关系如表 7-37 所示。

表 7-37　确定当量系数表

标准离差率	确定当量系数 A
0.01 ~ 0.07	1
0.08 ~ 0.15	0.9
0.16 ~ 0.23	0.8
0.24 ~ 0.32	0.7
0.33 ~ 0.42	0.6
0.43 ~ 0.54	0.5
0.55 ~ 0.7	0.4

【例 7-21】 假设南方公司准备进行一项投资,其各年的现金流量与确定当量系数如表 7-38 所示,无风险报酬率为 10%,判断此项目是否可行。

表 7-38　南方公司各年的现金流量与确定当量系数　　单位:元

年限	0	1	2	3	4	5
现金流量 CF	-20 000	5 000	5 000	5 000	5 000	5 000
确定当量系数 A	1	0.9	0.8	0.7	0.6	0.6

解析:$NPV = 5\ 000 \times 0.9 \times (P/F, 10\%, 1) + 5\ 000 \times 0.8 \times (P/F, 10\%, 2) + 5\ 000 \times 0.7 \times (P/F, 10\%, 3) + 5\ 000 \times 0.6 \times (P/F, 10\%, 4) + 5\ 000 \times 0.6 \times (P/F, 10\%, 5) - 20\ 000 = 13\ 937.8$

所以,该投资是可行的。

调整现金流量方法对时间价值和风险价值分别进行调整,先调整风险,然后把确定现金流量用无风险报酬率进行折现。对不同年份的现金流量,可以根据风险的差别使用不同的肯定当量系数进行调整。但是,标准离差率与确定当量系数之间并没有一致公认的客观标准。因此,标准离差率如何分档,各档的确定当量系数如何规定,均取决于决策者对风险的厌恶程度。这是该方法的局限性所在。

以上内容显示,不确定分析方法种类繁多。只要我们掌握了资本预算决策的基本原理,我们可以拓展出不确定分析的诸多思路。其他不确定分析方法限于篇幅,在此不再赘述。

第五节 实物期权与资本预算

一、实物期权的种类

众所周知,我们在进行项目资本预算时,大部分人更倾向于 NPV,因为比较其他方法(比如回收期法),NPV 有一定优势。但是,无论学界还是业界都认为 NPV 分析存在一些问题,比如 NPV 方法不可避免地忽视了现实中企业在接受项目时可以根据实际情况做一些调整。这个调整被称为实物期权。从这个角度而言,NPV 具有其本身的保守性,低估了项目真实的价值。通过一些例子我们来解释实物期权,并说明 NPV 分析的保守性。

期权(option)是一种赋予持有人在某给定日期或该日期之间的任何时间以固定价格购进或售出一种资产之权利的合约。可见,期权是持有人的一种权利。金融期权思想和定价理论不仅广泛应用于现代金融领域中,还越来越多地应用于实物投资领域,成为处理一些具有不确定性投资结果的实物投资决策工具。所以,本节内容仍然是上节关于不确定下项目评估分析内容的延续。

针对投资项目的具体情况不同,实物期权可以细化为拓展期权,放弃期权,择机期权,暂时停止生产的期权,改变生产要素和产品的期权。下面我们简要举例说明。

(一)拓展期权

拓展期权指的是在一系列相互关联的项目中,早期的投资(例如研发,租赁未开发的土地,石油储备,战略并购)或者战略性投资是先决条件,为利用未来的成长机会(比如新的产品或流程,石油储备,进入新的市场,加强核心竞争力,加强战略地位的投资)奠定了基础。

举个例子,企业家威廉最近得知一种可以使水在 100 华氏温度而不是 32 度时结冰的化学方法。在所有可以运用这项技术的项目中,威廉先生最喜欢冰雕旅馆这个主意。威廉先生估计在初始投资为 1 200 万美元的情况下,一家冰雕旅馆每年可以带来的现金流量为 200 万美元。他认为 20% 为恰当的折现率,即为新投资的风险。当假设每年产生现金流为永续时,按照 NPV 的算法,此时 $NPV = -12\ 000\ 000 + 2\ 000\ 000/0.2 = -2\ 000\ 000$ 美元,NPV 为负。大多数的老板面对这个负的 NPV 一般会选择放弃这项目。但是威廉先生则认为,NPV 分析方法遗漏了价值的隐性来源。威廉先生虽然非常肯定初始投资会消耗 1 200万美元,但每年的现金流则不一定。当估计每年现金流时,实际是有两种可能:一是每年产生 300 万美元的现金,发生概率为 50%;另一种是每年 100 万美元现金,发生概率也为 50%。这对应的 NPV 分别有两种情况:

一是乐观情况:NPV = -12 000 000 +3 000 000 ÷0.2 =3 000 000(美元),NPV 为正。

另一种是悲观情况:NPV = -12 000 000 +1 000 000 ÷0.2 = -7 000 000(美元),NPV 为负。

当然,两种预测的平均情况是:50% ×(3 000 000 -7 000 000) = -2 000 000(美元)。

这与前面的结果一样。

然而,如果 1 年后实际情况是乐观的预测兑现了,则威廉先生会选择拓展旅馆规模。比如说威廉先生认为全国大约有 10 个地区会支持这种冰雕旅馆;如果 1 年后是悲观情形兑现了,则威廉先生将不再有任何拓展计划。考虑这种情况,那么投资的净现值将是:

50% ×(3 000 000 ×10 -7 000 000) =11 500 000(美元)

我们看到,投资的真正的净现值是很大的正数。这好比创办饭店的人,他们中大部分都失败了,但是即使会失败,也会义无反顾地做,原因就是只要有哪怕一点点机会就有可能成为下一个麦当劳或肯德基。

(二)放弃期权

放弃期权指的是如果市场情况持续恶化或公司生产出现其他原因导致当前投资项目出现巨额亏损,则管理者可以选择放弃现在经营的项目并在二手市场上卖掉各种设备和其他资产。

比如前面所举的冰雕旅馆的例子,当威廉先生看到第一年的现金流仅为 100 万美元时,他就会放弃该项目。这样做,他看似胆怯,却保住了企业大量的资金和流动性,而且不用在未来的几年中反复担忧现金流的不良状况。

当然,在现实情况下,很多项目并不像以上项目经营一年就可以简单地放弃,对一些项目来说,可能要经营好几年才可能放弃。在这个过程中残值会随项目放弃而产生。在冰雕旅馆的例子中我们假设了不存在残值。无论经营时间长短，放弃期权有时不失为一个明智的决定，在现实生活中非常普遍。

（三）择机期权

择机期权，顾名思义指的是，虽然目前的条件不适合开展项目，或者说立即投资该项目无利可图，但企业可以等待，等将来市场价格变化再做出是否开发的决定。

比如，人们经常会寻找一些闲置多年的城市土地，购买后又再出售。为什么人们要花钱购买没有收入来源的土地？而这个恰恰是NPV分析法无法解决的问题，当然，实物期权分析法可以很好地解释。

假如土地最佳利用是修建办公大楼。而大楼总的建筑成本估计为100万美元。每年永续的净租金估计为90 000美元，折现率为10%，那么这栋大楼可以带来的NPV为：

$$NPV = 1\,000\,000 - 90\,000 \div 0.1 = -100\,000（美元）$$

可见，NPV为 -10万美元。因为该NPV为负的，所以老板们不会选择立即投资该土地。但是，假设说市政府正在规划在该区域新建一个开发区，那么可以预计，这块土地的价值将会大幅度提升，相应的大楼的租金也将会大幅度增长。等租金充分上涨以后，老板们就会建造这栋办公大楼，届时项目就变得有利可图。但如果没有市政府的规划，则老板们就会按兵不动，选择等待，持有该土地。

所以，我们可以说该土地的所有者拥有择机期权。他们可以根据现实中的两种情况来做出相应的决策，一是当租金大幅度上涨，他们就会兴建大楼；二是当租金保持不变或者下降，他们就会静待时机。这种择机期权可以解释为什么闲置土地通常会有价值，因为在租金上涨很多时，就会抵消持有这块土地而产生的费用。

择机期权也经常用于矿业的经营。当你拥有一座矿山时，你会等到该矿产的价值超过你所需要开采的费用，你就会开始行动。反之，你就会一直持有它，而不是草率行事。

（四）暂时停止生产的期权

暂时停止生产的期权指的是如果经营情况不如预期好，那么就可以暂停项目，以后再启动。

你当然也可以把它看做择机期权。因为这种期权具体的例子也是采矿这类自然资源开采业。比如,如果现金收入不足以弥补可变经营成本并且在经营和闲置之间转换的成本相对较小,那么就可以暂停经营。

当然一般来说,关闭或重开矿井是有成本。停止生产的期权使矿井的价值不会比停止经营的残值减掉关闭矿井的成本还低。同样的是,当运营的价值减去重开成本的价值超过停止经营的价值,应当恢复矿井的经营。当然这其中还有一些转换成本。

(五)改变生产要素和产品的期权

改变生产要素和产品的期权指的是如果价格或需求发生变化,可以改变生产设备制造的产品(产品的灵活性)。同时,同样的产品也可以有不同的过程和生产要素(过程的灵活性)。

比如火力发电站的生产系统是一个可以改变投入要素的例子,假如这时有三个可以选择的方案,一是单独使用煤,二是单独使用天然气,最后是两者结合使用。当相对价格发生变动时,最后一种选择更具有灵活性,从而选择当前价格相对便宜的燃料。实际上,这是一种可以从一种风险资产转向另一种风险资产的期权。

二、实物期权对资本预算的影响

(一)资本预算与贴现现金流分析

资本预算指的是企业长期投资的计划和管理过程。在资本预算中,财务经理试图识别那些给企业带来的财富超过其取得成本的投资机会。宽泛的讲,它意味着一项资产所产生的现金流量的价值超过该资产的成本。

一般考虑的投资机会的类型,部分取决于企业的业务性质。例如,对像沃尔玛这样的大型零售商而言,决定是否开一家新的商店,可以算是一项重要的资本预算决策。同样,对于像微软这样的软件公司而言,一项新的工作表格的开发和上市决策,将会是一项主要的资本预算决策。有的决策,例如购买何种类型的电脑系统,可能不会如此依赖于特殊的业务类型。

无论所考虑的投资机会的具体性质如何,财务经理必须不仅关注他们所期望收回现金的多少,而且关注他们期望什么时候收回和收回的可能性如何。评价未来现金流量的规模,时机和风险是资本预算的精髓。实际上,不管我们何时评价一项经营决策,相对而言我们所要考虑最为重要的是现金流量的规模,时机和风险。

在以往的资本预算或者是现在的学术研究中大多采用NPV、回收期法则、贴现回收期、IRR以及其他的投资准绳。他们适合分析确定决策环境中并不复杂的项目,其预测在相对稳定的环境中更可靠。这些方法各有其优点,但有着其无法解决的缺陷,忽视了管理者未来的选择权利。

(二)实物期权分析与贴现现金流分析的不同

实物期权指的是对于是否或怎样进行商业投资的选择。实物期权分析(real option analysis,ROA)帮助管理层做出推迟、扩张、放弃或重组投资的决定。一个风险资本家决定对他启动不久的零售连锁店进一步投资和决定怎样,向何处扩张,或一个跨国公司决定是否卖出不盈利的分公司或是将业务转到另一个国家,这些都是在不确定的情况下实物期权的决策。用以应对未来不确定性的实物期权理论为我们提供了公司理财和公司战略的新视角。随着实物期权的发展,实物期权被越来越多的投资者所接受。

在做出战略投资决策时,实物期权估值方法是很好的工具。

首先,它考虑到管理的灵活性,扩展了净现值(NPV)方法。其次,它能研究复杂的,具有不确定性的管理系统,并能将系统简化为由那些基本类型的实物期权组成的分析结构。

具体来讲,传统的现金流贴现法(DCF)的一个重要假设是:投资项目的未来结果可预测并固定,而且最初制定的所有决策在以后是不能改变的和发展的,这显然是一种单一决策路线。而实物期权法则是多重决策路线,在选择最优战略时将未来高度不确定性与管理层的灵活性联系起来,是发展过程中可以利用的新信息出现时的选择权。也就是说,当未来存在不确定性,管理层可以灵活地在中途修正战略。当信息变得可以利用并且不确定性被消除后,管理层可以选择最优战略执行。传统的现金流贴现假定一个单一的静态决策,而实物期权则假定一个多方面的动态决策序列,在这种情况下,管理层可以灵活地根据既定商业环境的变化作出调整。

以另一种方式看待这个问题,考虑以下两个特殊时点:第一,初始投资点,在这一点上,必须作出战略投资决策;第二,最终目标点,即作出使企业投资回报和股东财富最大的最优决策。在传统的现金流贴现法中,连接这两点的是一条直线。然而实物期权方法看起来就像一幅图,途中有很多条路径都能从起点到达最终目标,每条路径都和其他路径相连。前者暗示着一次性决策过程,后者暗示着一个动态的决策过程,在那里,投资者会随时间的流失和时间的展开而不断了解并且做出不同的最新决策。

如上所述,和贴现现金流相关联的传统方法有自身的缺点。实物期权提供了超过传统方法分析的额外洞察力。低调地说,实物期权对贴现现金流法得到的结果进行了一场谨慎的测试;高调地说,当它与现金流贴现法一起使用时,就成为一种比较完善的方法。实物期权蕴含的理论是完美的,并且使用的时候也是十分合理的。两种分析方法的差别见表 7-39。

表 7-39　实物期权分析法与贴现现金流分析法的区别

贴现现金流法	实物期权法
认为不确定性会降低项目价值	认为不确定性可能增加项目价值
认为项目未来信息的价值是有限的	认为项目未来信息的价值是很高的
仅承认项目有形的成本和利润	承认项目决策的灵活性等其他无形资产
认为项目决策的形成是固定或一次性的	承认决策形成受未来信息和管理者的自主决策能力的影响

资料来源:汉密尔顿.实物期权管理,转引自郁洪良.金融期权与实物期权比较和应用[M].上海:上海财经大学出版社,2003.

三、实物期权的实例

这一节将讲述一个例子说明期权的思想对于投资项目分析的影响。

假定某电影公司正面临着一个抉择:是购买一部电影的版权还是购买畅销作家的一部小说?

假定该公司为了独家享有从现在起在 1 年内将此书改拍为电影的权利,需要向作家支付 100 万元。如果小说成功了,公司将会把它搬上银幕;如果它失败了,公司将不会执行把它改拍为电影的期权。图 7-7 用决策树的形式描述了该投资项目。

该公司目前需要决策的问题是:是否向作家支付 100 万元?在图中,它表示为树末端的一个决策盒。该决策盒右边的分支表示决定支付 100 万元购买此书的电影版权,下边的分支则表示不购买。

与右面分支相连的决策环代表管理所不能控制的问题:此书是否会获得成

功。该决策环又引出两个分支：上面的分支表示该书获得成功，下面的分支表示该书失败，两种可能性的概率为 50%。该工作室的工作人员预计，如果此书获得成功，1 年后该电影创造的净现值为 400 万元；如果此书失败，1 年后该电影造成的净现值损失为 400 万元。

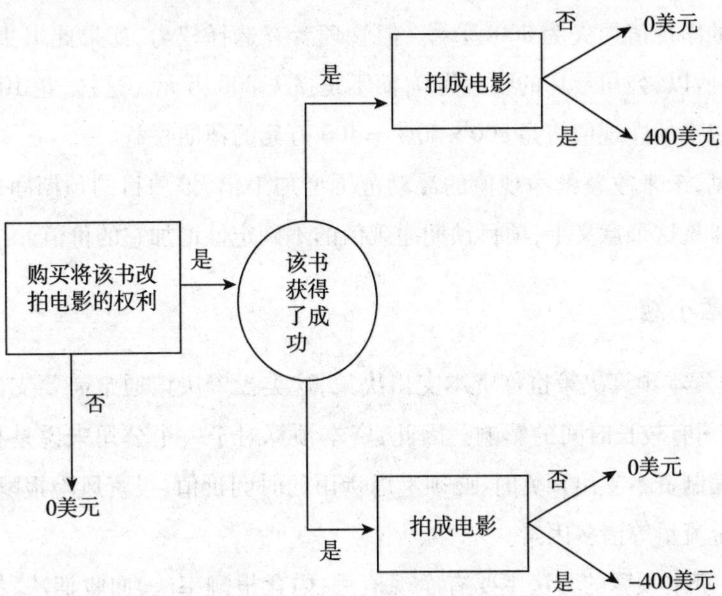

图 7-7　投资电影项目的决策树

请注意，与决策环相连的还有一个决策盒，它表示管理者必须做的决策，即是否把书改拍为电影？如果不考虑管理者 1 年后放弃拍摄的可能来分析该项目，这个项目现在应该被否决。因为对于 1 年内一定选择拍摄的情况来讲，拍电影的预期收益(400 - 400) × 50% = 0。预期收益的现值也必然是 0。因此，无论项目的资本成本有多低，管理者肯定不能花 100 万购买一个预期收益的现值是 0 的项目。但这种情况不是对投资机会的正确理解，因为管理者如果花 100 万元购买，则表示管理者获得了 1 年内改拍为电影的权利，而不是义务。如果小说成功，公司将获得净现值为 400 万元；如果此书失败，公司获得净现值将是 0，即公司放弃拍摄避免 400 万元损失。这样，花 100 万元购买期权带来的净现值将是 400 × 50% = 200 万元的预期收益。只要用于计算这 200 万元预期收益的现值的资本成本小于 100%，该项目的预期收益的现值就大于 100 万的购买成本。

因此,在投资分析中,考虑管理者对未来变化的适应能力是非常重要的。

根据期权理论,我们还可以了解如何在分析项目时考虑不确定性的作用。例如,假定未来收益的净现值的浮动范围增加1倍,而预期值仍然为0,即此书获得成功,1年后该电影创造的净现值为800万元;如果此书失败,1年后该电影造成的净现值损失为800万元。但管理者有选择权力,如果此书失败,将放弃拍摄,所以,公司最坏的收益为0,而不是损失800万元。这样,花100万元购买期权带来的净现值将是800×50% =400万元的预期收益。

可见,未来收益的净现值的浮动范围增加1倍,该项目的预期净现值也增加1倍。从这个意义上,项目预期净现值的不确定性增加它的价值。

本章小结

(1)资本预算决策也称资本支出决策,这类投资决策通常需要支出大量资金,对公司有较长时间的影响。因此,资本预算对于一个公司来说是相当重要的。在编制资本支出预算时,必须考虑货币的时间价值、投资风险报酬、资本成本和现金流量等诸多因素。

(2)资本预算的方法主要有净现值法、内含报酬率法、回收期法、折现回收期法和会计报酬率法。贴现方法比非贴现方法科学、准确;在所有贴现方法中,一般认为净现值是最佳的投资决策方法。

(3)项目决策所依据的现金流是项目的增量现金流。无论项目是否投资,如果某笔现金流量都存在,则就是无关的现金流量;反之,则是增量或相关的现金流量。增量现金流的估计一般来说需要关注机会成本、税收、净营运资本的变动、副作用等现金流。筹资费用和沉没成本无关。

(4)从内容上看,增量现金流量一般是由三部分构成:项目经营现金流量、项目净资本性支出和项目净营运资本的变动。其中,经营现金流量有折旧税盾等多种估计方法。

(5)固定资产更新是企业资本预算决策的重要内容之一,涉及固定资产是否需要更新、互斥新设备间的选择以及固定资产更新决策的时机选择等问题。约当年成本是互斥新设备间选择的重要概念。

(6)对于项目未来现金流量的估计具有很大的不确定性,可能导致预测风险。为了降低预测风险,我们需要清醒地认识项目比较优势所在及未来可能的变化。此外,可以选择运用敏感性分析、情景分析、盈亏平衡分析、蒙特卡罗模拟分析、概率法、调整现金流量法等方法进行不确定性量化分析。实物期权也经常用于项目不确定性分析。

附录:Excel 在资本预算决策中的应用

一、运用财务函数估算投资评价指标

(一)净现值(NPV)函数

净现值函数是在已知未来连续期间的现金流量及贴现率的条件下,返回某项投资的净现值。投资的净现值是指未来各期支出(负值)和收入(正值)的当前值之和。

语法是:NPV(rate,value1,value2, …)

参数:rate 是各期现金流量的折现率;

value1,value2, …代表流入或流出的现金流量;

说明:value1,value2, …所属各其长度必须相等,而且现金流入和现金流出必须发生在期末;NPV 函数根据 value1,value2, …的顺序来解释现金流量的顺序。所以一定要保证现金流入和现金流出的数额按正确顺序输入。

【附例 7-1】 某企业欲投资 90 万元,以后 4 年每年年底将收回 10 万元、25 万元、40 万元、50 万元,企业的资本成本为 8%,利用 Excel 中的净现值函数计算其净现值。

解:首先在 Excel 工作表中选择任意单元格;输入其计算净现值的公式 = NPV(8%,10,25,40,50) -90 或在财务函数中选择 NPV 函数,然后输入对应的数据;按 Enter 键可得结果 9.2 万元。见附图 7-1、附图 7-2。

B3 fx =NPV(8%,10,25,40,50)-90

	A	B	C	D	E	F
1		0	1	2	3	4
2	现金流量	90	10	25	40	50
3	NPV	¥9.20				

附图 7-1

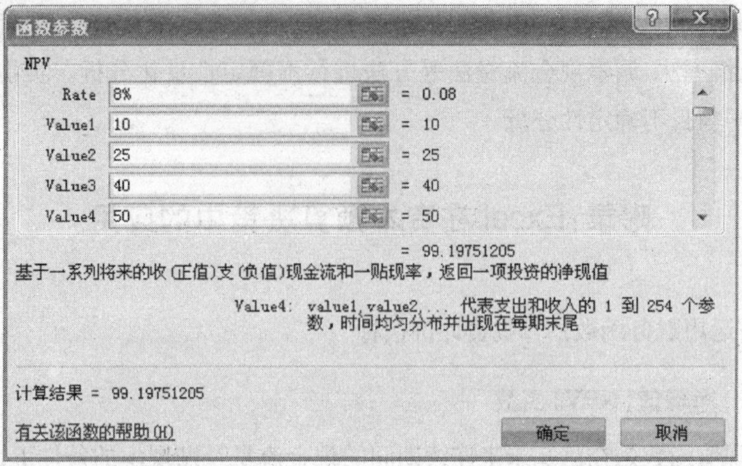

附图 7-2

(二)内含报酬率(IRR)函数

内含报酬率是每年的净现值折现后的总金额与初始投资相等时的折现率。内含报酬率法有一个特点就是如果各年的现金流量交替出现正负时,就会出现多个内含报酬率,在这一部分我们主要介绍多个 IRR 的情况。

语法是:IRR(values,guess)

参数:values 是一个数组,它包括初始投资以及各年的现金流量;

guess 是内含报酬率的猜测值。

如果项目只有一个 IRR,那么上述参数 guess 可忽略。

【附例 7-2】 某个项目初始投资 145 万元,前 4 年每年收回 100 万元,第 5 年由于宏观经济影响,损失 275 万元,试求出该项目的内含报酬率。

解:首先,在 Excel 里输入题中所已知的各数据,具体见附图 7-3;然后在空白处选择一个单元格;在财务函数中选择 IRR 函数;在打开的对话框中输入对应的数据,第一次在 guess 中不输入任何数据,按确认键,可得结果8.78%;重复引用 IRR 函数再操作一次,但是这次在 guess 中输入猜测数据 0.3(这是一个任意输入的数据,直到结果计算出来),按确认键,可得结果 26.65%。见附图 7-3 至附图 7-5。

	A	B	C	D	E	F	G
1		0	1	2	3	4	5
2	每年现金流量	-145	100	100	100	100	-275

附图 7-3

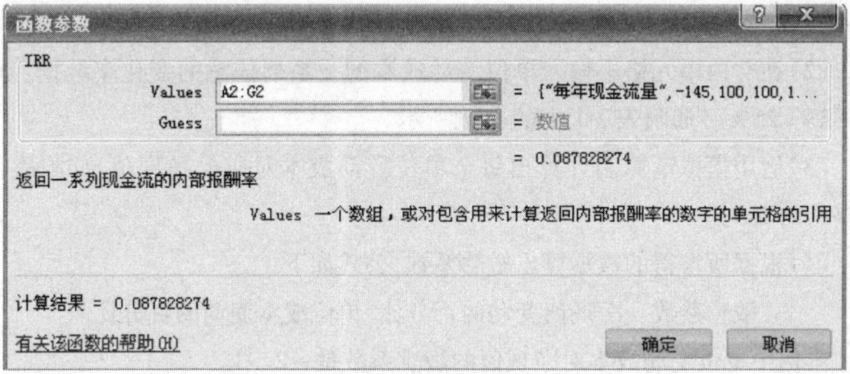

附图 7-4

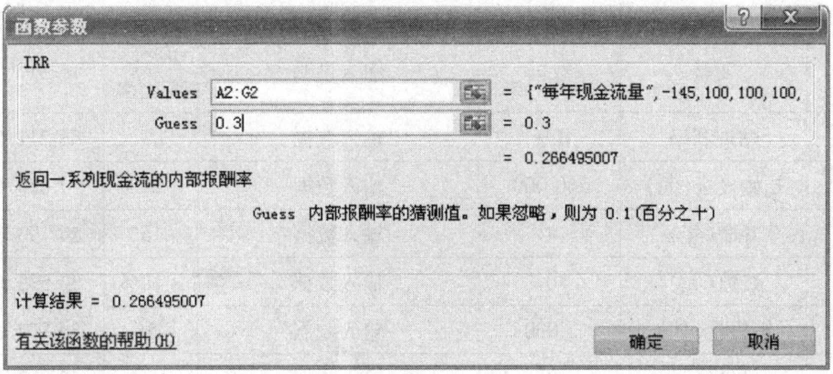

附图 7-5

值得注意的是，在求 IRR 多个值时，可能需要在 Guess 输入框中经过多次测试，才会找出 IRR 值。

二、Excel 在项目敏感性分析中的使用

【附例 7－3】　东方公司拟投资一项目，初始投资额 250 000 元，寿命可持续 4 年，直线法在寿命期折旧完毕。忽略残值和净营运资本变动。以后每年销量为 5 000 件，单价 40 元，单位变动成本(表格中简称为单变)10 元，每年的固定成本是50 000元。公司的所得税税率为 20%，公司资本成本 10%。试计算单位变动成本对净现值的敏感系数。

解：

(1)将给出的已知数据输入到 Excel 中，并根据资本预算决策原理进行必要的计算，算出项目 NPV。需要注意的是每个需要计算的变量都要在单元格中

输入公式,不可直接填写数据。NPV 的计算在附表 7-1 中的 B 列。

(2)在空白单元格中输入单位变动成本的一系列任意的变化率数据:从 -20% 到 +25%。如附表 7-1 中的 D 列所示。

(3)运用模拟运算表计算出每个单位变动成本对应的净现值,如附表 7-1 表格中的 E 列。

(4)根据所求得的数据算出敏感系数,公式如下:

敏感系数 = 净现值变动的百分比/单位成本变动的百分比

本例中单位变动成本对净现值的敏感系数是 -2.93。

附表 7-1　Excel 在项目敏感性分析中的使用

1	A	B	C	D	E
2	变量	数据	输入说明	单变变化率	NPV
3	贴现利率	10%	输入数据		43 212.55
4	初始投资(元)	250 000	输入数据	-20%	17 853.63
5	寿命(年)	4	输入数据	-15%	24 193.36
6	残值(元)	0	输入数据	-10%	30 533.09
7	销售量(件)	5 000	输入数据	-5%	36 872.82
8	单价(元)	40	输入数据	0	43 212.55
9	单变(元)	10	输入数据	5%	49 552.28
10	固定成本(元)	50 000	输入数据	10%	55 892.02
11	折旧	62 500	B4/B5	15%	62 231.75
12	TAX	20%	输入数据	20%	68 571.48
13	EBIT	37 500	B7 × (B8 - B9) - B10 - B11	25%	74 911.21
14	净利润	30 000	B13 × (1 - B12)		
15	OCF	92 500	B14 + B11	单变的敏感系数	
16	4 年年金现值系数	3.169 865 4	PV(B3, B5, -1)	-2.93	
17	4 年现金流入现值	293 212.55	B16 × B15		
18	NPV	43 212.554	B17 - B4		

注:为节约篇幅,单位变动成本在表格中用“单变”表示。

类似的，也可以按照同样的方法分析销量、单价、固定成本等对净现值的敏感系数。还可运用此 NPV 计算模板快速完成情景分析。

思考题

1. 项目投资一般包括哪些程序？决策时应注意哪些问题？

2. 项目投资现金流量的具体估算方法有哪些？

3. 说明主要投资评价指标的含义、计算方法、特点和决策方法。

4. 不确定下对项目进行分析可采取哪些方法？至少列举 3 种。

5. 某企业计划进行某项投资活动，原始投资 150 万元，其中固定资产投资 100 万元，流动资金 50 万元，全部资金于建设起点一次投入，经营期 5 年，到期残值收入 5 万元，预计投产后年营业收入 90 万元，年总成本 60 万元（包含折旧）。固定资产按直线法折旧，全部流动资金与终结点收回。公司资本成本为 10%。计算该项目的净现金流量，投资回收期，内部收益率。

6. 思考某公司的两个互斥项目，项目适当贴现率为 10%。具体如下：

	初始现金流（元）	第一年末现金流（元）	第二年末现金流（元）	盈利指数	NPV
A	-1 000	1 000	500		
B	-500	500	400		

请将盈利指数和 NPV 两栏数据填完整。后来证实，公司选择了承担 A 项目。在股东的午宴上，其中一个股东是某养老基金管理者，其拥有公司很大部分股份。他不解为何选择项目 A 而不是项目 B。如果你是公司 CFO，你如何评价公司这一行为？是否在某些条件下，公司将选择项目 B？

7. 某公司采用 IRR 法则对项目进行评估。如果必要报酬率为 18%，该项目是否应被投资？

年份	0	1	2	3
现金流（元）	-30 000	20 000	14 000	11 000

8. 对于第 7 题中的现金流，假定公司采用 NPV 法则，在 11% 机会成本下，该项目是否应被投资？

9. 某石油公司在评估一个具有下列现金流的项目：

年份	现金流(元)
0	-28 000
1	53 000
2	-8 000

(1)如果公司机会成本为10%,是否应接受该项目?为何?

(2)计算IRR。项目有几个IRR?如果采用IRR决策,是否应接受该项目?

10. 某游戏生产公司,现在有一个关于冒险游戏的想法。这个新想法的实现有两种不同的营销模式,现金流也不相同。但公司只能选其中之一。假设公司机会成本为10%。

年份	A方案现金流(元)	B方案现金流(元)
0	-600	-1 900
1	700	1 400
2	150	900
3	100	400

(1)基于回收期法,应选择哪个方案?

(2)基于NPV法,应选择哪个方案?

(3)基于IRR法,应选择哪个方案?

(4)基于增量IRR法,应选择哪个方案?

11. 罐头水果公司的出纳员预测了项目A、B、C的现金流,假设公司年机会成本为12%。如下:

年份	A现金流(元)	B现金流(元)	C现金流(元)
0	-200 000	-400 000	-200 000
1	140 000	260 000	150 000
2	140 000	260 000	120 000

(1)分别计算三项目的盈利指数。

(2)分别计算三项目的NPV。

(3)假定三项目独立,基于盈利指数法,罐头水果公司选哪个项目?

(4)假定三项目是互斥的,基于盈利指数法,罐头水果公司选哪个项目?

(5)假定公司在这些项目上投入预算为600 000元,项目不可拆分,公司应接受哪个或哪几个项目?

12. 公司正讨论是否投产一新品。对以下收支发生争论,你认为不应列入项目现金流量的有( )

A. 新品占用NWC80万元,可在公司现有周转资金中解决,不需另外筹集;

B. 动用为其他产品储存的原料200万元;

C. 拟借债为本项目筹资,每年利息50万元;

D. 新品销售会使本公司同类产品减少收益100万元,如果本司不推出此新品,竞争对手也会推出;

E. 该项目利用公司闲置厂房和设备,如将其出租可获益200万元,但公司规定不得出租以免对本司产品形成竞争。

13. Mont Blanc Livestock Pens公司预计,它的一项扩张项目在第2年的销售收入为1 650美元,付现成本通常为销售收入的60%,即990美元;折旧费用为100美元,税率为35%。经营现金流量是多少?

14. 某项资产的成本为320 000美元,采用直线法在它的8年税法年限内折旧完毕。该资产被使用于一个5年期的项目中,到项目结束时该资产可以卖70 000美元。如果适用的税率是35%,卖掉该资产的税后现金流量是多少?

15. Bush Boomerang公司正在考虑一项初始固定资产投资为210万美元的3年期扩张项目。这项固定资产将在它的3年寿命期内采用直线法折旧完毕,此后该资产将一文不值。预计这个项目每年可以创造1 900 000美元的销售收入,其付现成本为850 000美元。如果税率为35%,该项目的OCF是多少?如果必要报酬率为15%,则该项目的NPV是多少?

16. Franks公司正在考虑一条安装费用为410 000美元的香肠生产线。这笔成本将在项目的5年寿命期内采用直线法折旧完毕,届时该系统的残值为70 000美元。这条生产线每年可以为公司节约115 000美元的税前营业成本,但是需要15 000美元的初始净营运资本性投资。如果税率为34%,贴现率为10%,这个项目的NPV是多少?

17. 你在评估两台不同的机器。机器一成本为270 000元,使用期限3年,每年税前营运付现成本为45 000元。机器二成本为370 000元,使用期限5年,每年税前营运付现成本为48 000元。如果都用直线法折旧,在使用期限内折旧完毕，而且没有残值。不管选哪台机器，在它使用期限内都不会替换，折现率12%，计算两台不同的机器的约当年成本？你更倾向于哪台机器？

18. 现金流分析的另一个应用就是设定一个项目的竞标价。为了计算竞标价，将使项目 NPV =0，然后找出必要价格。因此，竞标价就是项目的财务盈亏平衡点。某物流服务公司需要有人每年为其提供 130 000 把储物机柜的钥匙，以支持其未来5年的服务需求，你现在决定为合同竞标。为了开始生产你所必需的机器安装将花费 830 000 元，你会在项目存续期内直线折旧完毕该机器，假设没有残值。你的固定生产成本为每年 210 000 元，可变成本是每把钥匙 8.5 元，你同时需要初始投资 75 000 元于净营运资本。如果你公司所得税率为35%，你资金机会成本为14%，那么请问你给出多高竞标价？

19. 接上题，如果每把钥匙的价格为 14 元，请计算项目 NPV。你的答案告诉你竞标价是多少？如果你想仍然保持盈亏平衡，你需要售出的数量有什么变化？如果销售价格为 14 元不变，销售量为 130 000 把不变，你保持盈亏平衡下所能承受的最高固定成本水平是多少？

20. 某投资项目，其各年的现金流量、确定当量系数如表 7-37 所示，假设无风险报酬率是 7%，计算该项目的净现值，并判断该项目是否可行。

	0	1	2	3	4	5
预计现金流量（元）	−120 000	15 000	26 000	19 000	20 000	42 000
确定当量系数	1.00	0.96	0.90	0.86	0.79	0.74

21. 某公司正在考虑一项广告计划，每月支付 2 000 元，每月收入 15 000 元，每月成本 600 元，假设所得税税率为 25%，该项广告的税后成本是多少？

22. A 公司准备购入一台设备以扩大生产能力，现有甲、乙两个方案可供选择。甲方案需投资 15 000 元，一年后建成投产。使用寿命为 6 年，采用直线法计提折旧，6 年后设备无残值。6 年中每年的销售收入为 6 000 元，每年的付现成本为 2 500 元。乙方案需投资 18 000 元，一年后建成投产时需另外增加营运资金 3 000 元。该方案的使用寿命也是 6 年，采用直线法计提折旧，6 年后有残值 3 000 元。6 年中每年的销售收入为 8 500 元，付现成本第一年为 3 000 元，以后每年将增加维修费 300 元。假设所得税率为 25%。计算项目各年净现金流量。

23. 估计一个项目的投资资本为896 000元，期限8年，没有残余价值。假设计提折旧采用直线法，折旧年限8年，无残值。每年销量10万件，每件价格38元，可变成本每件25元，固定成本为每年90万元，税率为35%，并且我们要求这个项目的投资报酬率为14%，假设项目所给定的价格，数量，可变成本及固定成本都在±10%浮动，且概率各为50%，估计最优的和最差的净现值。

24. 蓝布公司研发了一种新型的手机，如果该项目成功，产品投放市场盈利的净现值为2 000万元。反之，如果失败，项目的净现值为500万元。产品进入市场，成功率50%。公司可以晚一年推出产品，并花费300万元对市场进行测试。市场测试允许企业改善产品，并将成功率提升到75%。折旧率为15%。企业需要市场测试么？

进一步阅读书目

[1]西蒙·本尼卡. 财务金融建模[M]. 上海：上海出版社，2010.

[2]周立媛，付艳. Excel在财务管理中的应用[M]. 大连：东北财经大学出版社，2007.

[3]秦志敏，任翠玉. 财务管理[M]. 北京：北京大学出版社，2006.

[4]吴英宇，陈良华. 公司财务管理[M]. 北京：北京师范大学出版社，2008.

[5]李冠众. 财务管理[M]. 北京：机械工业出版社，2006.

[6]威廉·R. 拉舍. 财务管理实务[M]. 北京：机械工业出版社，2004.

[7]兹维·博迪，罗伯特·C. 莫顿. 金融学[M]. 北京：中国人民大学出版社，2000.

第八章

风险与报酬

本章要点

1. 收益与风险
2. 组合收益与风险
3. 分散化与投资组合风险
4. 资本配置线
5. CAPM 模型
6. APT 模型
7. EMH 假说

第一节　收益和风险的度量

一、单个资产的收益

(一)实际收益值

假设蒙牛公司有数千股已发行的股票,你是股东之一。进而假设你是在年初购买了这一公司的一些股票。到了年末,你想了解一下这一投资有多成功。

与债券和其他投资一样,股票投资的收益来自如下两个方面。

一方面,作为蒙牛公司的持股者,你是公司的所有者之一,如果公司盈利,它通常会把利润的一部分分配给股东。因此,作为股东,在这一年中你将收到一些被称为“股利”的现金。这些现金就是你的投资收益中的“利润的组成部分”。

另一方面,除了股利,你得到的投资收益的另一部分是“资本利得”,资本利得也就是股票价格变动带来的收益。如果期末的股票价格高于期初的股票的购买价格,那么资本利得为正值。反之,如果期末的股票价格低于期初的股票的购买价格，那么资本利得为负值，我们称其为“资本损失”或“负资本利得”。

股票投资的收益由股利收益和资本利得两部分组成。为了说明这点，假设我们正在考虑一个股票投资项目的现金流量，在年初以每股37元购买了100股，那么你的总投资是：$c_0 = 37 \times 100 = 3\ 700$ 元。

假设在过去的一年内公司支付每股股利1.85元，那么你获得了185元的股利收入：

$$Div = 1.85 \times 100 = 185(\text{元})$$

假设年末每股市场价格是40.33元，由于股票价格上升，你获得了资本利得：

$$\text{资本利得} = (40.33 - 37) \times 100 = 333(\text{元})$$

同股利一样，资本利得也是由于投资者持有蒙牛股票而获得的一部分收益。当然，如果股票价格下跌，例如每股34.78元，那么你就遭受资本损失：

$$\text{资本损失} = (34.78 - 37) \times 100 = -222(\text{元})$$

你的投资总收益是股利收入和资本利得（或资本损失）的总和。

$$\text{总收益} = \text{股利收入} + \text{资本利得（或资本损失）}$$

从现在开始，我们把资本损失当做负的资本利得，对二者的使用不加以区分。第一个例子的总收益是：

$$\text{总收益} = 185 + 333 = 518(\text{元})$$

值得注意的是，如果你在年末出售股票，你的现金总收入，应该是初始投资加上总收益：

$$\begin{aligned}\text{现金收入} &= \text{初始投资} + \text{总收益}\\ &= 3\ 700 + 518\\ &= 4\ 218(\text{元})\end{aligned}$$

作为现金总收入，实际上它也等于出售股票的收入 + 股利收入：

$$\begin{aligned}\text{现金总收入} &= \text{出售股票的收入} + \text{股利的收入}\\ &= 40.33 \times 100 + 185\\ &= 4\ 033 + 185\\ &= 4\ 218(\text{元})\end{aligned}$$

由以上叙述我们不禁要问，如果在年末不出售蒙牛公司的股票，而继续持有，那么你是否应将资本利得视为你所获得的收益的一部分呢？如果答案是肯定的，这是否违反我们在前面提出的只有现金流而不是利润才是我们应该考虑的原则呢？

对于第1个问题我们可以很肯定地回答“是”；而对于第二个问题，我们也可以同样肯定地回答“否”。无可非议，资本利得就像股利，是你所获得的收益的一部分，当然应该计入总收益。你决定持有而不出售股票，或者说不去实现资本利得或者损失，丝毫不改变这样一个事实：如果你愿意，你可以获得相当于股票价值的现金收入。别忘了你总是可以在年末卖出股票然后立刻把它买回来。年末你可以拥有现金量是518元的投资收益加上3 700元的初始投资。当你再次买回这100股，你将不会错过这个收益。实际上这和你完全没有卖出股票的收益是一样的（假设出售股票不影响税收，没有经纪人手续费）。

（二）实际收益率

因为用百分比表示的收益与投资金额的大小无关，所以用百分比表示收益比用绝对值表示收益更加简明扼要。从现在开始，我们所讲的收益都是指百分比表示的收益率。

我们所要回答的问题是：每投资1元钱我们能获得多少收益？为了回答这一问题，我们用t表示观察的年份，p_t表示年初股票的价格，Div_{t+1}表示持有股票一年中可获得的股利，现在，考虑这样一个例子：

年初每股价格是37元，一年中所获得的股利是1.85元，因此股利收益率是：股利收益率$=\frac{Div_{t+1}}{p_t}=\frac{1.85}{37}=0.05=5\%$。

资本利得收益率是股票价格变动除以初始价格。用p_{t+1}表示年末的股票的价格，我们可以这么计算资本利得收益率：

$$\text{资本利得收益率} = \frac{p_{t+1}-p_t}{p_t} = \frac{40.33-37}{37} = 0.09 = 9\%$$

将股利收益率和资本利得收益率相加，就可以得出一年中投资于蒙牛公司股票的实际总收益率，用R_{t+1}来表示，则有：

$$R_{t+1} = \frac{Div_{t+1}}{p_0} + \frac{p_{t+1}-p_t}{p_t} = 5\% + 9\% = 14\%$$

本例中，14%就是投资于蒙牛公司股票的实际收益率，又称历史收益率，是在特定时期投资者实际获得的收益率，它是已经发生的、不可能通过这一次决策所能改变的收益率。

(三)期望收益及其期望收益率

在现实的股票投资中,股票未来的收益往往是不确定的,其收益存在多种可能的结果。那么,在这一系列的可能的结果中最有可能发生的结果是多少呢?因此我们希望运用一些统计量来概括较大范围的可能结果,最常用的度量指标是均值或者期望值。对于期望值,我们在数学中已经很熟悉它们了,其定义如下:

$$E(x) = \sum_{i=1}^{N} p_i x_i \tag{8-1}$$

其中,p_i 表示随机事件 x_i 的概率,N 表示可能事件的数量。如果我们用 R 表示收益,用 r 表示收益率,可以知道:

$$期望收益 = \sum_{i=1}^{N} p_i r_i \tag{8-2}$$

期望收益率通常用 $E(r)$ 表示,有时也用 $\bar{r}$ 表示,是投资者在下一个时期所能获得的收益率预期。期望收益率与实际收益率不相同。下一个时期的期望收益率可能高于下一个时期我们实际的收益率,也可能低于我们实际的收益率。两者之间的差异越大,风险就越大,反之,风险就越小。估算风险资产的期望收益率,我们常用的最佳方法就是对各种可能结果分配一个概率。

【例 8-1】　现在我们考虑某投资项目,计划投资额为 1 000 万元,收益率概率分布如下:

表 8-1　项目收益率及其概率分布

市场状况	概率	项目收益率(%)
好	0.2	20
一般	0.6	10
差	0.2	5

试计算该项目的期望收益率。

解:期望收益率 $=20\% \times 0.2 + 10\% \times 0.6 + 5\% \times 0.2 = 11\%$

二、单个资产的风险

(一)风险的概念

当一个人不能确定将来会发生什么时,就存在不确定性。风险即不确定性,它之所以重要是因为关系到人们的福利。不确定性是风险的必要条件而非充分条件。任何一种存在风险的情况都是不确定的,但是在没有风险的情况下依然存在不确定性。

例如,假设你要召开聚会,请了12位朋友。你认为最好12人中有10人能来,但是这里存在着不确定性。可能12个人全来,也可能只来8个人。然而只有当这种不确定性大大影响了你召开聚会的计划时才有风险。知道了确切的客人数能改变你的行动吗?如果不能,那就只存在不确定性而不存在风险。

例如,在为聚会做准备时,你必须确定要准备多少食物。如果你已经确定了有10位客人要来,你会为那10个人准备足够的食物,不多也不少。如果实际上来了12位客人,食物就不够了,你会因为这个结果而心中不快,因为有些客人会饿着肚子,不满意你的招待。如果实际上来了8位客人,那就有了过多的食物,你也会不高兴,因为你把有限的资源浪费在多余的食物上。在这里不确定性产生了影响。

反过来设想,你已经告诉你的客人举办的是家常便饭式的晚餐,请每一位客人自己带足食物参加。那么不管来的客人是多于10位还是少于10位,都不会影响你准备聚会。在这种情况下只存在不确定性而不存在风险。

(二)风险的度量

如果资产收益率上下波动程度很大,则持有这个资产的风险自然较大。资产收益的波动性依赖于可能的结果和极端价值产生的概率。金融领域广泛用来量化和测量资产收益概率分布波动性的统计指标包括方差(variance,σ^2,或称Var)或标准差(standard deviation,σ,或称SD)。方差的公式为:

$$\sigma^2 = p_1[r_1 - E(r)]^2 + p_2[r_2 - E(r)]^2 + \cdots + p_n[r_n - E(r)]^2$$

$$= \sum_{i=1}^{n} p_i[r_i - E(r)]^2 \qquad (8-3)$$

标准差(σ):

$$\sigma = \sqrt{p_1[r_1 - E(r)]^2 + p_2[r_2 - E(r)]^2 + \cdots + p_n[r_n - E(r)]^2}$$

$$= \sqrt{\sum_{i=1}^{n} p_i[r_i - E(r)]^2} \qquad (8-4)$$

式(8-3)是方差计算公式,式(8-4)是标准差计算公式。

【例 8-2】 我们试图用方差和标准差来度量蒙牛和伊利两家牛奶公司股票回报的风险,蒙牛和伊利两家公司股票投资的回报率及其概率分布用表 8-2 给出,请计算蒙牛和伊利两家公司股票回报的方差(σ^2)以及标准差(σ)。

表 8-2　蒙牛和伊利公司回报率的概率分布

经济状况	蒙牛公司的回报率(%)	伊利公司的回报率(%)	概率
看好	50	30	0.20
一般	10	10	0.60
衰退	-30	-10	0.20

解:根据以上的数据分别计算蒙牛和伊利公司股票回报的期望收益率,然后计算方差和标准差,可以得到:

蒙牛公司股票的方差是:

$$\sigma^2_{蒙牛} = 0.2 \times (0.5 - 0.1)^2 + 0.6 \times (0.1 - 0.1)^2 + 0.2 \times (-0.3 - 0.1)^2$$

$$= 0.064$$

蒙牛公司股票的标准差是:

$$\sigma_{蒙牛} = \sqrt{0.2 \times (0.5 - 0.1)^2 + 0.6 \times (0.1 - 0.1)^2 + 0.2 \times (-0.3 - 0.1)^2}$$

$$= 25.30\%$$

伊利公司股票的方差是:

$$\sigma^2_{伊利} = 0.2 \times (0.3 - 0.1)^2 + 0.6 \times (0.1 - 0.1)^2 + 0.2 \times (-0.1 - 0.1)^2$$

$$= 0.016$$

伊利公司股票的标准差是:

$$\sigma_{伊利} = \sqrt{0.2(0.3 - 0.1)^2 + 0.6(0.1 - 0.1)^2 + 0.2(-0.1 - 0.1)^2}$$

$$= 12.65\%$$

蒙牛公司股票的标准差是伊利公司股票标准差的 2 倍,也就是说从标准差对风险的度量上来说蒙牛公司股票的风险是伊利公司股票风险的 2 倍。

在现实生活中,股票收益的范围并不像先前的例子中那样局限于几个数值,回报率可以是任何数值。因此我们说,股票回报率的分布是连续的概率分布，这种分布最广泛的应用是类似钟形曲线的正态分布（如图 8-1）。

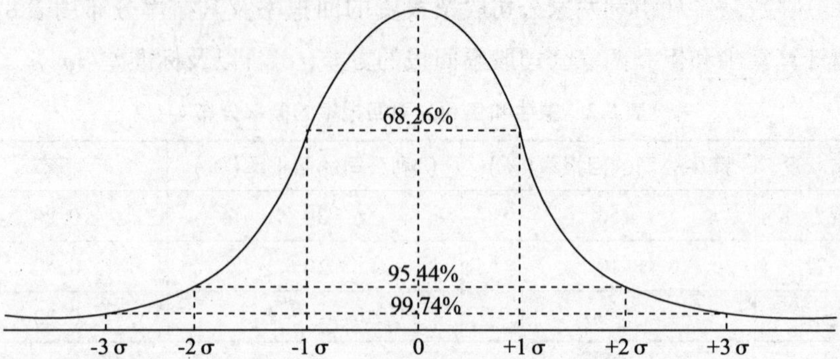

图 8-1　概率的正态分布

对正态分布和其他类似的均衡分布而言，标准差是衡量波动率的通常方法，波动性和标准差两个术语通常可以互相替代。因为正态分布具有对称分布的特点，只用它的两个参数：均值和标准差就可以确定分布的全部性质。假设资产收益率呈正态分析正是为了处理的便利。

在正态分布的情况下，收益率在围绕其均值左右 1 个标准差的区间波动的概率为 68.26%；收益率在围绕其均值左右 2 个标准差的区间波动的概率为 95.44%；收益率在围绕其均值左右 3 个标准差的区间波动的概率为 99.73%。

接着上面的例子我们继续思考以下问题：假设我们同时购买蒙牛公司和伊利公司的股票各 100 股，如果蒙牛公司每股上涨 1 元，而伊利公司每股下降 1 元，对于两种股票构成的投资组合，尽管每一种股票的价格发生了波动，但是由于二者的波动方向完全相反，所以总收益并没有发生任何改变。那么，我们不禁要问，对于投资组合而言，用标准差来度量其风险是否恰当？风险和收益之间有着怎样的关系？人们常说的高风险意味着高收益有其理论依据吗？接下来我们将继续对以上问题进行理论和实际情形的探讨。

第二节　分散化与投资组合风险

上一节我们介绍了单个资产风险和收益的概念及其统计度量的方法，为了探讨组合资产风险和收益之间的关系，我们需要了解马科维兹的现代投资组合理论。马科维兹的现代投资组合理论是资产定价理论，包括资本资产定价模型

(CAPM)、消费资本资产定价模型(CCAPM)、套利定价模型(APT)等的基础。

一、两项资产构成组合的风险和收益衡量

正如上一节例子中所说,如果我们同时购买蒙牛和伊利的股票,或者我们购买包含更多股票的组合,那么由这样的一组资产构成的投资称为投资组合(portfolio)。由多种资产构成的投资组合,可以减少投资风险,这符合分散化原则。收益率"好"的股票会抵消那些收益率"坏"的股票,理性的投资者会持有由多种股票构成的投资组合,而不是把所有的鸡蛋放在一个篮子里。

有效投资组合是在任何既定的风险程度上,期望收益率最高的投资组合。也可以说是在任何既定的期望收益率的水平上,风险最低的投资组合。根据风险—收益均衡原则,投资者希望得到高收益、低风险,因此投资者只希望投资于有效的投资组合。

现在我们来看看构成投资组合的单个资产的风险和期望收益率与投资组合的风险和期望收益率的关系。

假定资产1的收益率是 R_1,期望收益率是 r_1,标准差是 σ_1。资产2的收益率是 R_2,期望收益率是 r_2,标准差是 σ_2。假定在整个投资组合中,资产1的比例为 ω_1,那么资产2的比例为 $(1-\omega_1)$,可以证明,投资组合的期望收益率是:

$$r_p = \omega_1 r_1 + (1-\omega_1) r_2 \tag{8-5}$$

上式说明投资组合的期望收益率是单项资产的期望收益率的加权平均值,其权数是各项资产投资金额在总投资中所占的比重。因而,投资组合的期望收益率就是单个资产期望收益率的线性函数。

投资组合的风险与单个资产风险之间的关系则要复杂得多。

投资组合的方差 σ_P^2 可以表达为:

$$\sigma_P^2 = \omega_1^2\sigma_1^2 + 2\omega_1\omega_2\sigma_{12} + \omega_2^2\sigma_2^2 \tag{8-6}$$

其中 σ_1^2 和 σ_2^2 分别为资产1和2收益率的方差,方差是衡量随机变量可能实现值的离散程度。σ_{12} 为资产1和2收益率的协方差。协方差则是衡量两个随机变量变动的统计相关程度,其计算如式(8-7)。

$$\begin{aligned}\sigma_{12} &= Cov(r_1, r_2) = E[(r_1-\overline{r_1})\times(r_2-\overline{r_2})]\\ &= \sum_{i=1}^{n} P_{1i,2i}(r_{1i}-\overline{r_1})\times(r_{2i}-\overline{r_2})\end{aligned} \tag{8-7}$$

式(8-7)中,r_{1i} 和 r_{2i} 分别表示资产1和2在某种经济情形下的收益率,$\overline{r_1}$

和 $\overline{r_2}$ 则分别是资产 1 和 2 收益率 r_1 和 r_2 的期望值，$P_{1i,2i}$ 表示两个离差同时发生的概率，i 表示各种经济情形，比如繁荣、萧条等不同的状况。

从资产组合的方差公式(8－6)中可以发现，资产组合的风险（方差 σ_P^2）不仅要受到单个证券风险（方差 σ_1^2 和 σ_2^2）的影响，还要受到证券收益率之间波动相关性（协方差 σ_{12}）的影响。

在实际中，由于不同变量所用的衡量单位并不相同，造成不同资产之间的协方差往往会因为衡量单位的差异而难以比较，因此人们将表示两个资产收益率之间相关关系的协方差变量，除以两个资产各自标准差予以标准化，就得到了相关系数（correlation coefficient，以 ρ_{12} 表示）。由于 ρ_{12} 消除了衡量单位问题，因此往往被作为衡量不同资产间收益率变动相关性的统一指标。

$$\rho_{12} \equiv Corr(r_1, r_2) = \frac{\sigma_{12}}{\sigma_1 \cdot \sigma_2} \tag{8-8}$$

其中，ρ_{12} 是两项资产收益率之间的相关系数，容易证明：$-1 \leqslant \rho_{12} \leqslant 1$。若 ρ_{12} 值为正，则 r_1 和 r_2 变动呈现正相关（$\sigma_{12} > 0$）。若 ρ_{12} 值为负，则 r_1 和 r_2 变动呈现负相关。而 $\rho_{12} = 0$ 表示两者无关。下图则表示随机变量 r_1 和 r_2 变动相关程度的三种最基本类型（完全正相关、完全负相关、不相关）。

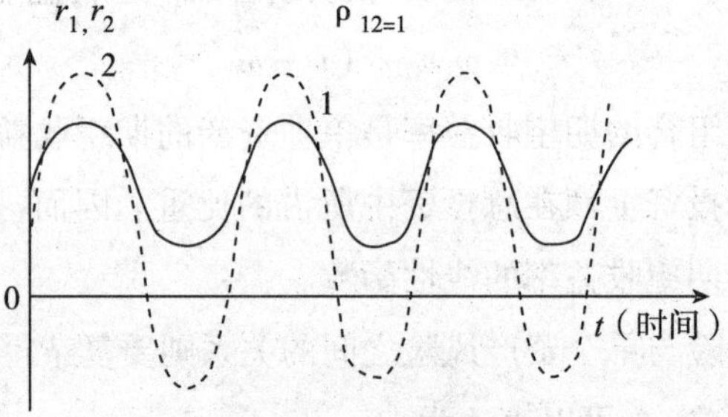

图 8-2　完全正相关

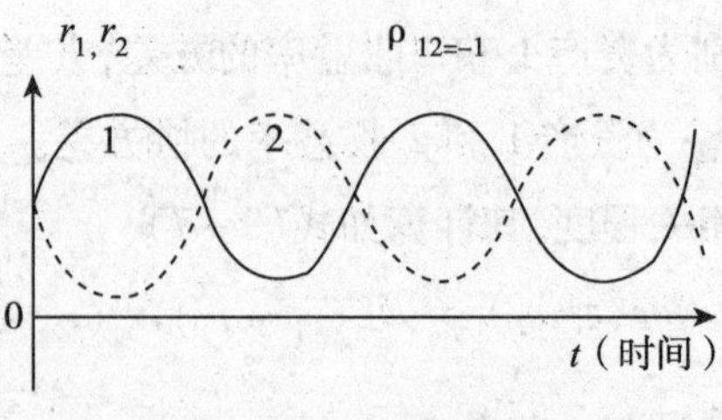

图 8-3　完全负相关

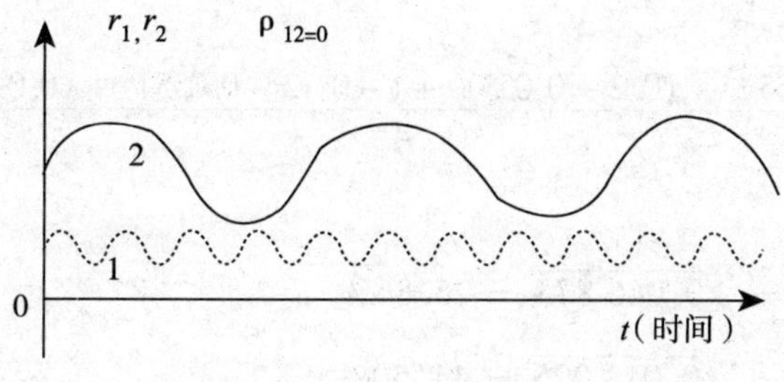

图 8-4　完全不相关

将式(8－6)和式(8－8)整理,可得到用相关系数表示的组合标准差计算公式,如式(8－9)。

$$\sigma_p = \{\omega_1^2\sigma_1^2 + (1-\omega_1)^2\sigma_2^2 + 2\omega_1(1-\omega_1)\rho_{12}\sigma_1\sigma_2\}^{1/2} \quad (8-9)$$

可见,投资组合的风险不是单个资产风险的简单加权平均,只要 ρ_{12} 不等于1,两种资产组合以后都具有降低风险的效果。

【例 8-3】 公司或厂商股票收益率都受到商业周期波动不同程度的影响,假设商业周期波动可分为四种状态:萧条、低迷、正常以及繁荣,而且每一种状态发生的概率相同(25%)。假设在四种不同景气状态下,A、B 两家公司股票预期收益率为:

不同状态下股票收益率	A 公司	B 公司
景气萧条(i=1)	-20%	5%
景气低迷(i=2)	10%	20%
景气正常(i=3)	30%	-12%
景气繁荣(i=4)	50%	9%

计算 A、B 两股票组合的预期收益率和方差?

解:首先计算这两家公司股票各自的预期收益率和方差:

$$\overline{r_A} = \frac{-20\% + 10\% + 30\% + 50\%}{4} = 17.5\%$$

$$\overline{r_B} = \frac{5\% + 20\% - 12\% + 9\%}{4} = 5.5\%$$

$$\sigma_A^2 = \frac{(-0.2-0.175)^2 + (0.1-0.175)^2 + (0.3-0.175)^2 + (0.5-0.175)^2}{4}$$

$=6.6875\%$

$$\sigma_B^2=\frac{(0.05-0.055)^2+(0.2-0.055)^2+(-0.12-0.055)^2+(0.09-0.055)^2}{4}$$

$=1.3225\%$

$\sigma_A=\sqrt{\sigma_A^2}=\sqrt{0.066\,875}=25.86\%$

$\sigma_B=\sqrt{\sigma_B^2}=\sqrt{0.013\,225}=11.50\%$

可以发现A公司股票的预期收益率高于B公司股票,但是持有A公司股票的风险(25.86%)较持有B公司股票的风险(11.5%)高。

根据式(8-7),

$$\sigma_{AB}=Cov(r_A,r_B)=E[(r_A-\overline{r_A})\cdot(r_B-\overline{r_B})]$$

$$=\sum_{i=1}^{4}P_{Ai,Bi}(r_{Ai}-\overline{r_A})\cdot(r_{Bi}-\overline{r_B})$$

其中,$i=1,2,3,4$ 表示萧条、低迷、正常以及繁荣四种不同的商业周期,$P_{Ai,Bi}$ 表示两个离差同时发生的概率,本例中统一等于25%。最终可以计算出A、B公司股票协方差为:

$$\sigma_{AB}=Cov(r_A,r_B)=\frac{-0.019\,5}{4}=-0.004\,875$$

根据式(8-8),相关系数

$$\rho_{AB}=Corr(r_A,r_B)=\frac{\sigma_{AB}}{\sigma_A\cdot\sigma_B}=-0.163\,9$$

A公司股票和B公司股票收益率的相关系数为-0.163 9,表明两家公司的股票波动存在着负相关关系。如果构造一个价值1 000万元的资产组合,其中对较高风险的A公司投资的股票价值为600万元,则对较低风险的B公司股票价值400万元,则投资组合的期望收益和方差为:

$r_P=\omega_A\overline{r_A}+\omega_B\overline{r_B}=60\%\times17.50\%+40\%\times5.5\%=12.70\%$

$\sigma_p^2=\omega_A^2\sigma_A^2+2\omega_A\omega_B\sigma_{AB}+\omega_B^2\sigma_B^2$

$=(60\%)^2\times6.687\,5\%+2\times60\%\times40\%\times(-0.004\,875)+(40\%)^2\times1.322\,5\%$

$=2.385\,1\%$

从本例投资组合的方差等于2.385 1%可以看出,虽然我们投资了较大比例(60%)资金到较高风险的股票A中,但由于A、B公司股票具有负相关关系,使组合后的风险降低效果比较显著。

【例 8-4】 计算投资组合的风险和期望收益率。

下表给出了四种情况下，"成熟股"（简称股票 1）和"成长股"（简称股票 2）两项资产相应的可能收益和概率。用前面的公式计算其期望收益率、标准差、相关系数得到下表的结果。

表 8-3 股票 1 和股票 2 的收益率估计

经济状况	出现概率	成熟股	成长股
衰退	0.10	−3.0%	2.0%
稳定	0.30	3.0%	4.0%
适度增长	0.40	7.0%	10.0%
繁荣	0.20	10.0%	20.0%
期望收益率		5.4%	9.4%
标准差		3.7%	6.1%
相关系数		0.90	

假设投资组合中 1 和 2 两种股票的比重相同，那么投资组合的期望收益率和风险是多少？

解：由于每种股票的比重相同，即 $\omega_1 = \omega_2 = 0.5$，因此，根据公式，我们可以求得投资组合的期望收益率是：

$$r_p = 0.5 \times (5.4\%) + 0.5 \times (9.4\%) = 7.4\%$$

接下来，根据协方差和相关系数的公式计算可以得到：

$$\begin{aligned} cov(R_1, R_2) &= 0.1 \times (-8.4) \times (-7.4) + 0.3 \times (-2.4) \times (-5.4) \\ &\quad + 0.4 \times (1.6) \times (0.6) + 0.2 \times (4.6) \times (10.6) \\ &= 20.24 \end{aligned}$$

$$\rho_{12} = \frac{2.024}{(3.7)(6.1)} = 0.90$$

由两种股票的相关系数等于 0.9 可知，这两种股票的波动属于高度正相关。根据投资组合的标准差公式可以得到：

$$\sigma_p = [(0.5)^2 \times (3.7)^2 + (0.5)^2 \times (6.1)^2 + 2 \times (0.5) \times (0.5) \times (0.9) \times (3.7) \times (6.1)]^{1/2}$$

$$= 4.8\%$$

从本例可以知道，股票 2 是两种资产中较高风险的资产，虽然两股票收益波动高度正相关，但相关系数 <1，组合后的风险 4.8% 的标准差依然低于其中较高风险资产的标准差 6.1%，仍然有风险降低效果。

二、两项资产构成组合的风险—收益相互关系

在我们前面所列举的资产组合的例子中，两项资产的权数和相关系数都是特定的值。如果考虑两项资产的权数是任意的值，资产组合的机会集会是什么情况呢？如果考虑两项资产的相关系数是更多的值，则资产组合的机会集又会有什么改变呢？

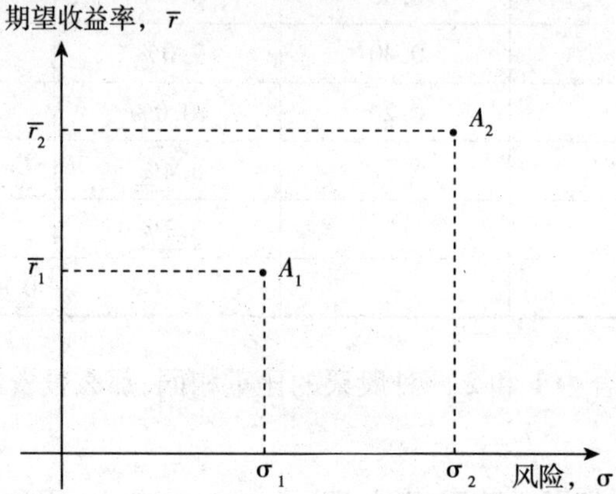

图 8-5　资产 1 和资产 2 的期望收益率和风险

图 8-5 表示了各项资产的期望收益率和风险。纵轴(y)表示了期望收益率的大小，横轴(x)表示风险的大小，假设资金全部投向资产 1，或者全部投向资产 2，那么风险—收益率的组合点分别应该是点 A_1 或者是 A_2，但是我们更感兴趣的是资金同时投向两种资产的"真实"的投资组合，此时每种资产都会有资金投入。

式(8－5)，$r_p = \omega_1 r_1 + (1-\omega_1) r_2$ 表明了各项资产的期望收益率和投资组合的期望收益率之间的关系。式(8－9)，$\sigma_p = \{\omega_1^2\sigma_1^2 + (1-\omega_1)^2\sigma_2^2 + 2\omega_1(1-\omega_1)\rho_{12}\sigma_1\sigma_2\}^{1/2}$，表明了各项资产的风险与投资组合的风险之间的关系。设相关系数 ρ_{12} 为特定值(则 σ_{12} 也被相应地确定)，并使比重 ω_1 在0～1任意变动，我们就能看出将式(8－5)和式(8－9)组合起来之后的结果。

(一)完全负相关

当 $\sigma_{12} = -1$，图 8-6 给出了在 $0 \leqslant \omega_1 \leqslant 1$ 区间，由式(8－5)，$r_p = \omega_1 r_1 + (1$

$-\omega_1)r_2$ 和式(8－9)，$\sigma_p = \{\omega_1^2\sigma_1^2 + (1-\omega_1)^2\sigma_2^2 + 2\omega_1(1-\omega_1)\rho_{12}\sigma_1\sigma_2\}^{1/2}$ 联合所得到的各个投资组合的风险—收益率对应的点的图形。

值得注意的是，在图8-6中存在一种比例，按照这个比例，投资两项风险资产，整个投资组合的风险为零(图8-6中A点对应的风险就是零)，这一结论可以由完全负相关直接推导而来，当资产1的实际收益率高时，资产2的实际收益率低；反之亦然。当资产1的实际收益率适中时，资产2的实际收益率也适中。因此，若是两项资产按照图8-6中的组合A所代表的比例进行投资，高的收益率和低的收益率会完全抵消，投资组合的期望收益率将固定，意味着标准差为零。

你可以投资两项风险资产，而最后的投资组合的风险为零。这种想法绝非仅是一种直觉。1952年哈里·马科维兹就指出了这种现象，并引发了投资思维方式的革命。

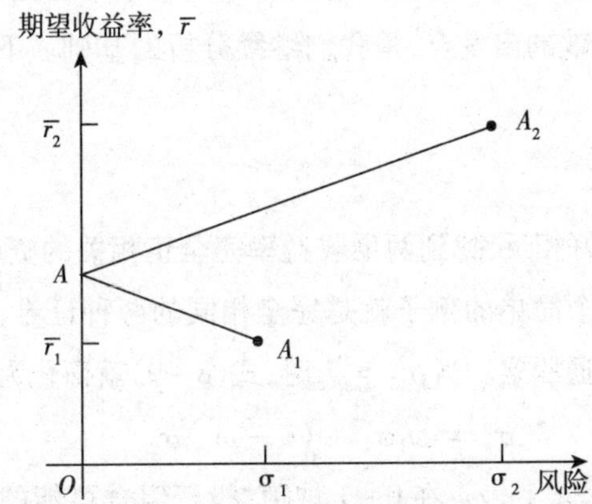

图8-6　完全负相关($\rho_{12}=-1$)

图8-6给出了投资组合的风险的最小值为0的特殊情况，当$\rho_{12}=-1$时，经过分析我们可以求出分别投资于两种资产的准确的比例ω_1和$(1-\omega_1)$，使投资组合无风险。由式(8－9)，即 $\sigma_p = \{\omega_1^2\sigma_1^2 + (1-\omega_1)^2\sigma_2^2 + 2\omega_1(1-\omega_1)\rho_{12}\sigma_1\sigma_2\}^{1/2}$，令其等于0，求出$\omega_1$就很容易得到这两个比例，如式(8－10)和式(8－11)。

$$\omega_1 = \frac{\sigma_2}{\sigma_1 + \sigma_2} \quad (8-10)$$

$$\omega_2 = 1 - \omega_1 \quad (8-11)$$

【例8-5】 假设风险资产A(股票)的期望收益和标准差分别为20%和

0.2,风险资产 B(债券)的期望收益和标准差分别为 5% 和 0.1。假设某投资者有 100 万元,准备利用 A 和 B 构建一个投资组合。$\rho_{AB} = -1$ 时,应该如何构建投资组合,使组合的风险为零?

解:假设投资于 A 的权重为 ω_1,则投资于 B 的权重为 $(1-\omega_1)$。根据式(8-10),当 $\omega_1 = 0.1 \div (0.2 + 0.1) = 0.3333$ 时,即 A 投资 33.33 万元,B 投资 66.67 万元时组合的风险为零。可以验证如下:因为 $\sigma_P^2 = \omega_A^2\sigma_A^2 + 2\omega_A\omega_B\sigma_{AB} + \omega_B^2\sigma_B^2$,或者 $\sigma_P^2 = \omega_A^2\sigma_A^2 + 2\omega_A\omega_B\rho_{AB}\sigma_A\sigma_B + \omega_B^2\sigma_B^2$,将相关数据代入可得:

$$\sigma_P^2 = 0.3333^2 \times 0.2^2 - 2 \times 0.3333 \times (1 - 0.3333) \times 0.2 \times 0.1 + (1 - 0.3333)^2 \times 0.1^2$$
$$= 0$$

现实生活中是否存在完全负相关的证券呢?答案可能是否定的。但是,这个假设提供了一个有效的出发点,是我们继续分析的基础。下面我们再来考虑另一种极端情况。

(二)完全正相关

与第一种情况正好相反,找到两项收益率完全正相关的资产不仅是可能的,而且也是容易的。一个简单的例子就是完全相同的两种证券,如同一家公司的(比如宝洁)的两只普通股票。当 $\rho_{12} = 1$ 时,式(8-9)就简化为:

$$\sigma_p = \omega_1\sigma_1 + (1 - \omega_1)\sigma_2$$

图 8-7 说明了 $\rho_{12} = 1$,ω_1 在 0~1 取值,投资组合可能的风险和期望收益是在 A_1 和 A_2 之间的一条直线上。

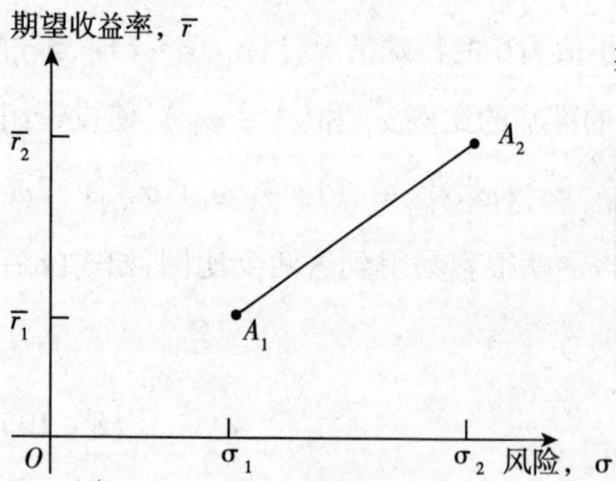

图 8-7 完全正相关 ($\rho_{12} = 1$)

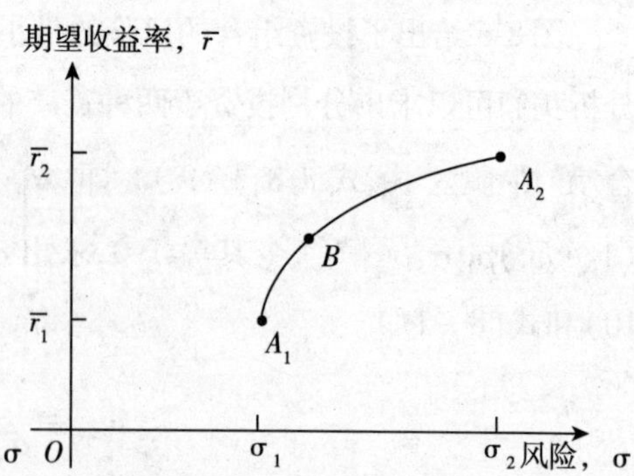

图 8-8 正相关($\rho_{12} = 0.4$)

(三)一定程度正相关

图 8-8 说明了当相关系数等于 0.4，ω_1 在 0～1 取值时，投资组合可能的风险和期望收益率并不是在 A_1 和 A_2 之间的一条直线上。将 $\omega_1 = 1.0$ 的投资组合点(全部的资产都投资于资产 1)与 $\omega_1 = 0.5$ 的投资组合点(途中的 B 点)相比较，可以发现，B 点的收益率大约处于投资资产 1 和资产 2 的中间位置，标准差却只处于投资资产 1 和资产 2 的 1/5 位置。

在这种情况下对投资者来说，选择 ω_1 在 0.5 和 1.0 之间的投资组合要比 ω_1 在 0 和 0.5 之间的投资组合更有利，因为在增长单位风险的情况下，就期望收益率的增长比例来讲，前者大于后者，用数学语言说就是 ω_1 在 0.5 和 1.0 之间时，图形的坡度大。

有些投资者非常厌恶风险，他们不愿意投资资产 2；另一些投资者，则可能对多承担一些风险毫不在意，会把全部的资金投向资产 2。但是我们相信，大部分投资者会认为分散投资更有吸引力。这使我们得到一个有趣的规律：

当资产的收益率并非完全正相关时，在给定的期望收益率的水平下，分散投资能减少投资组合的风险。

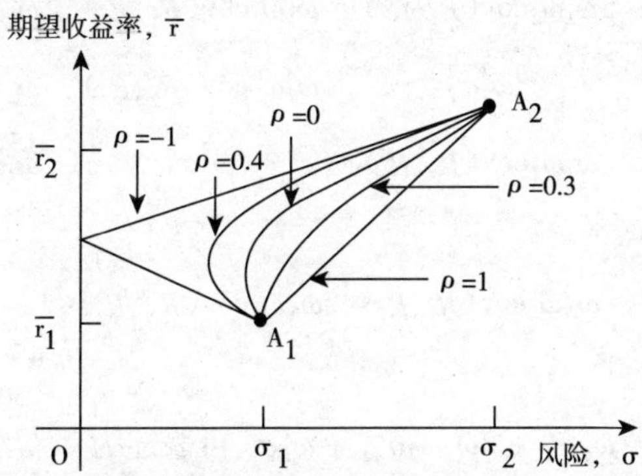

图 8-9 相关系数对由两项资产构成的所有投资组合的影响

换言之，当各项资产的收益率不是完全正相关时，沿着图 8-8 中的曲线移动会形成不同比例的分散化投资组合，从而使各种投资组合的风险都会低于单独投资资产 2 的风险(资产 2 较资产 1 风险更高)。

图 8-9 说明了相关系数是如何影响由两项资产构成的所有可能的投资组合。相关系数越大，图形就越接近直线。值得注意的是，图中的每一条曲线都有一个相关系数；也就是说，每一个相关系数所对应的所有可能的投资组合，都

用一条曲线表示。

三、扩展体系:包含两项以上资产的投资组合

(一)多种风险资产组合的风险和收益

假设由 N 种风险资产组成的投资组合，ω_1，ω_2 …，ω_N 分别为在组合中的投资权重，$\overline{r_1}$，$\overline{r_2}$，…，$\overline{r_N}$ 是 N 种资产的预期收益率，则 r_P 表示的投资组合收益率可以表达为：

$$r_P = \sum_{i=1}^{N} \omega_i \overline{r_i} \tag{8-12}$$

即投资组合的预期收益率，是组合中每种资产预期收益率的简单加权平均(以市场价值为权重)。

对由 N 种风险资产组成的投资组合，组合的方差 σ_P^2 可以表达为一个 N×N 的矩阵，就是 N 种风险资产组合的组合，其方差一共是 N×N 项的加和。因为式(8-6)也可以表达为式(8-13)的形式，因此可见原来两种风险资产投资组合的方差同样适用于该原则，式(8-6)只是式(8-13)的特例。

$$\begin{bmatrix} \omega_1^2\sigma_1^2 & \omega_1\omega_2\mathrm{cov}(R_1,R_2) & \omega_1\omega_3\mathrm{cov}(R_1,R_3) & \omega_1\omega_N\mathrm{cov}(R_1,R_N) \\ \omega_2\omega_1\mathrm{cov}(R_2,R_1) & \omega_2^2\sigma_2^2 & \omega_2\omega_3\mathrm{cov}(R_2,R_3) & \omega_2\omega_N\mathrm{cov}(R_2,R_N) \\ \omega_3\omega_1\mathrm{cov}(R_3,R_1) & \omega_3\omega_2\mathrm{cov}(R_3,R_2) & \omega_3^2\sigma_3^2 & \omega_2\omega_N\mathrm{cov}(R_3,R_N) \\ \vdots & \vdots & \vdots & \vdots \\ \omega_N\omega_1\mathrm{cov}(R_N,R_1) & \omega_N\omega_2\mathrm{cov}(R_1,R_2) & \omega_N\omega_3\mathrm{cov}(R_N,R_3) & \omega_N^2\sigma_N^2 \end{bmatrix} \tag{8-13}$$

式(8-6) $\sigma_P^2 = \omega_1^2\sigma_1^2 + 2\omega_1\omega_2\sigma_{12} + \omega_2^2\sigma_2^2$ 可表述为：

$$\begin{bmatrix} \omega_1^2\sigma_1^2 & \omega_1\omega_2\mathrm{cov}(R_1,R_2) \\ \omega_2\omega_1\mathrm{cov}(R_2,R_1) & \omega_2^2\sigma_2^2 \end{bmatrix}$$

从式(8-13)可以发现，投资组合风险 (方差)同时受到单个证券的风险(方差)、证券之间收益率的相关程度(协方差)的共同影响。在矩阵(8-13)所包含的 N^2 项中，涉及单个证券方差的项目一共为 N 项(矩阵的对角线项)，而涉及证券之间协方差的项目一共为 N^2-N 项(矩阵的非对角线项)，这可以反映出：在一个投资组合中，两种证券之间收益率的相关性(协方差)对组合收益的方差影

响，远大于每种证券的风险（方差）对投资组合风险的影响。因此，我们在投资组合的构建中，往往更加看重证券之间收益率的相关性，而非单个证券的方差。

（二）多种风险资产组合的机会集

现在，让我们把思维从两项资产中扩展开来。考虑在深交所和上交所进行公开交易的所有的股票，这些可供选择的股票超过 1 000 种，并且只要股票所占的比例不同，就可以形成无数个投资组合。

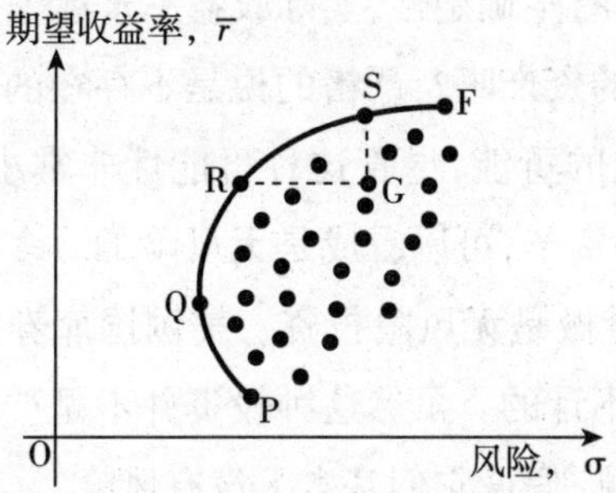

图 8-10　所有可能投资组合的风险和收益率

想要把所有的投资组合都列出来是很困难的。但是，根据过去股票实际收益率的历史数据，我们可以大致画出所有投资组合的风险—收益率对应点的集合的形状。图 8-10 给出了所有可能投资组合的机会集的情况，机会集包括了 PQRSF 边界及右边区域内无数的点，每个点都代表一种可能的组合。

（三）多种风险资产组合的有效集

我们真正关心的是：在投资者面对多种可选择的投资方案时，应该如何选择？他们应该选择位于图 8-10 中间投资组合的点 G 吗？不，因为 G 点不是一个有效的投资组合，在给定的风险水平下，不可能得到最高的期望收益率。组合 G 可以用投资组合 *S* 来代替，因为在同样的风险水平下 *S* 的期望收益率的水平更高。或者，可以用投资组合 *R* 来代替，因为在同样的期望收益率的水平下，*R* 的风险水平更低。

正如我们所注意到的，投资者仅愿意投资于有效投资组合，因为在给定的风险水平下，能够得到较高的期望收益率。由有效投资组合组成的点集叫做有效边界，形状如图 8-10 中西北边界部分（曲线 QRSF 部分）。由此我们可以得出一个重要的投资规律：

不管你愿意承担多大的风险，永远不要投资处于有效边界以下的投资组合。

四、引入无风险资产的投资组合

当投资组合的另一个组成部分是无风险资产时,无风险收益率对投资者投资风险资产的决策有重要的影响。

(一)无风险资产

什么是无风险资产?简单地说,无风险资产就是标准差为零的资产。也就是说,它的未来收益不具有不确定性,实际收益率永远等于期望收益率。

在现实中存在这样的资产吗?严格的说是不存在的。债务人,即使是联邦政府,也有不能按时还款的可能,尽管这种可能性非常小。实践中为了方便起见,有些标准差非常小的资产,可以看成是无风险的。多数经济学家认为,美国政府 90 天国库券可以看做是无风险投资。美国国库券在发行后 90 天内发生违约的风险是可以忽略不计的。虽然这种投资并不是严格的无风险,但我们仍可以按照大多数人的意见,假设它们基本上没有风险。

(二)同时投资无风险资产和风险资产

1. 无风险资产和风险资产构成组合的风险和收益

同时投资无风险资产和投资一个风险性的投资组合,由此形成的投资组合很像我们已经分析过的两项资产构成的投资组合,因而我们可以运用学过的有关两项资产构成投资组合的知识。假设资产 1 是无风险的,资产 2 是风险性的投资组合,总投资组合是由资产 1 和资产 2 构成的。

式(8-5)和式(8-9)给出了投资组合的期望收益率和标准差的表达式。但是式(8-9),$\sigma_p = \{\omega_1^2\sigma_1^2 + (1-\omega_1)^2\sigma_2^2 + 2\omega_1(1-\omega_1)\rho_{12}\sigma_1\sigma_2\}^{1/2}$,可以进一步简化,当 $\sigma_1 = 0$ 时,式(8-9)可以简化为:

$$\sigma_p = [(1-\omega_1)^2\sigma_2^2]^{1/2} = (1-\omega_1)\sigma_2 \tag{8-14}$$

式(8-14)表明总投资组合的风险 σ_p 是资产 2 的风险 σ_2 的简单线性函数。

2. 资本配置线

代表无风险的资产 1 和代表风险性的资产 2 所有可能的投资组合构成了从无风险资产到选定的风险性资产组合点的一条直线,这条直线上的点代表了由无风险资产和一种风险性资产组成的所有组合的集合,这条直线被称为资本配置线(capital allocation line,简称 CAL)。

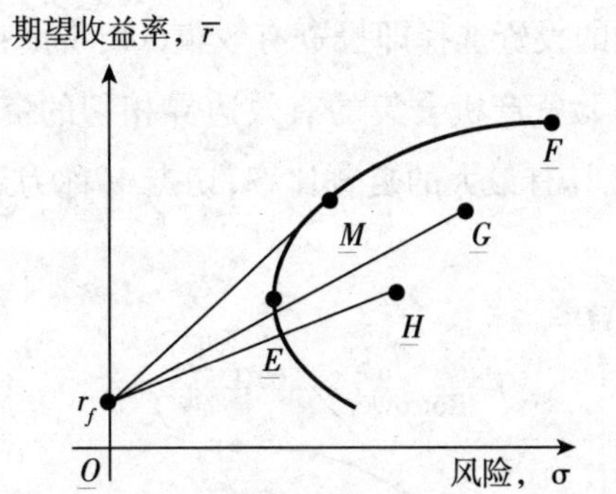

图 8-11　风险性投资组合和无风险资产构成的总投资组合

图 8-11 说明了当选定风险性投资组合为 G 时的资本配置线。投资组合 G 是从所有的可能的风险投资组合的集合中任意选定的。为何资本配置线是直线呢?

我们以无风险资产 r_f 和风险组合资产点 G 构成的资本配置线为例,我们用 $E(r_G)$、σ_G 分别代表风险组合资产 G 的预期收益率和标准差,用 $E(r_p)$、σ_p 分别代表包含 r_f 和 G 构成的组合的预期收益率和标准差,则根据式(8 -5)和式(8 -14),可以整理出:

$$E(r_p) = r_f + \frac{[E(r_G) - r_f]}{\sigma_G} \times \sigma_p \tag{8 - 15}$$

式(8 - 15) 表明,$E(r_p)$、σ_p 是线性的关系,纵截距为 r_f,斜率为$\frac{[E(r_G) - r_f]}{\sigma_G}$,斜率表示我们选定的风险资产单位风险带来的风险溢酬,该斜率又被称为夏普比率。读者可以思考,该斜率越大,对投资者是否越有利呢?

3. 选择最佳的风险性投资组合

当我们同时投资于无风险资产和风险资产时,图 8-11 展示了从无风险收益率 r_f 到点 G 可以形成一条资本配置线。但风险性投资组合存在多种可能选择,既包括机会集内部的点 H、G 等可能的选择,也包括机会集边界的点 M、E 等可能的选择。也就是说,从无风险收益率 r_f 到点 H,或者到点 E,或者到点 M 都可以形成若干的资本配置线,这些点的选择事实上难以穷尽。这些资本配置线就构成了投资者在当前状态下的投资机会集(opportunity set)。

那么,以上哪个点的选择对投资者最有利呢?根据有效集定理,选择的风险性投资组合应该尽可能位于有效边界上。如果遵循这条规则,最佳风险性投资组合应该位于通过 r_f 点的有效边界的切线上。

所以，投资者最优化的投资选择即投资有效集（efficient set），必然是从无风险收益率 r_f 出发，到与风险资产机会集的有效边界相切的资本配置线（见图 8-12）。过切点 M 的这条线具有最大的夏普比率，切点 M 称为最佳（或最适）的风险性投资组合。

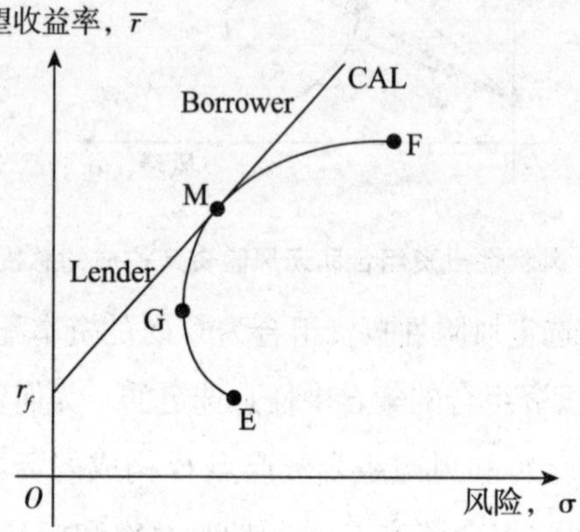

图 8-12　风险性投资组合 M 和无风险资产构成的总投资组合

4. 贷与借

投资无风险资产其实就是简单的贷出资金，相反，贷款则相当于对无风险资产进负投资。也就是说，借钱投资构成的组合中投资于无风险资产的比率 ω_1 是负的。这就如同说，我们欠你的钱对我而言是负投资，而对你而言是正投资。因此，借钱其实就是一种负投资。

当用 ω_1 取负值来代表借款时，存在一个问题，即暗含的借款利率是等于贷款利率的。乍一看，这似乎有些麻烦，因为我们知道，银行的贷款利率是高于存款利率的。

借贷利率不同对大多数人来说是实情，但是请考虑一下大公司的情况。许多大公司在商业票据市场上投资或者借入资金，某公司在今天是债权人，明天就可能是债务人，商业票据的价格基本上没有什么变化。

在实际中，银行存贷款利率之间的差额的存在，主要是因为把小额资金集中和转换需要交易费用。也就是说，把小规模的资金汇集成大规模的资金或者把大规模的资金分割成小规模的资金，银行付出了成本，所以需要收费。因此，借贷利率相同实际上就是相当于假设交易费用为零，根据资本市场有效的原则，交易费用为零是我们建立模型的一个很好的初始条件。

【例 8-6】 如果投资者甲拥有资金 100 万元，他除了可选择持有 ABC 公司股票外，他还可在信用市场以无风险利率借入或贷出资金。下表列出以下两种资产的预期收益率及收益率的标准差：

	ABC 公司	无风险资产
预期收益率	14%	10%
收益率的标准差	2%	0

问题：(1)假设甲决定投资 35 万元持有 ABC 公司股票，另拿 65 万元持有无风险资产（或甲在信用市场贷出 65 万元）。请问此项投资的预期收益率和标准差为多少?

(2)如果投资者甲改变投资策略，除了 100 万元外，他决定到信用市场再借 20 万元，全数用于持有 ABC 股票。请问此项投资的预期收益率和标准差为多少?

解：第一种情形下，$R_P = \frac{35}{100} \times 14\% + \frac{65}{100} \times 10\% = 11.4\%$

$$\sigma_P = 35\% \times 2\% = 0.7\%$$

可见当 $\omega_{ABC} < 1$ 时，这个由无风险资产和风险资产构成的投资组合，其风险和收益都介于两者之间。

第二种情形下，

$$R_P = \frac{120}{100} \times 14\% + \left(\frac{-20}{100}\right) \times 10\% = 14.8\%$$

$$\sigma_P = 120\% \times 2\% = 2.4\%$$

可见当 $\omega_{ABC} > 1$ 时，这个由无风险资产（借入）和风险资产构成的投资组合，其风险和收益都高于原来的风险资产。借款投资股票虽让预期收益率提高，却也让投资组合的风险增加。

允许 ω_1 取负值不会对式(8－5)和式(8－9)有什么影响。当存在借入资金的可能性时，并且借贷利率相等时，所有可能的投资组合的连线会通过点 M（图 8-12），以相同的斜率继续向前延伸，图 8-12 中 CAL 线上点 M 左边的点表示资金贷出方，点 M 右边的点表示资金借入方。

(三)分离定理

最佳风险性投资组合位于通过 r_f 点的有效边界的切线上，如图 8-11 或图

8-12中的点 M 就是最佳风险性投资组合。这让我们得出另一个重要的投资规律：

你应当将钱投到风险组合 M 上，并且通过贷出和借入资金来确定投资组合的收益率和风险水平。

可以发现，一旦无风险资产的收益率（r_f）确定，通过r_f点和风险资产效率边界相切的直线（如图 8-12 中资本配置线 CAL）、切点 M（最佳风险性投资组合）也随即确定。这表明，市场投资者所选择的最佳风险性投资组合不会因市场投资者的偏好而有不同。也就是说，无论市场投资者对风险持何种态度，只要他根据效率准则（efficiency criterion）进行决策，他就不可能在效率边界上选择点 M 以外的风险性投资组合。市场投资者若较厌恶风险，他的选择会落在点r_f和点 M 之间的投资组合。市场投资者若较不那么厌恶风险时，他的选择会落于接近点 M 甚至 M 点以右部分的资本配置线上。虽然，市场投资者会依其偏好在资本市场上选择其最偏好的投资组合，但最佳风险性投资组合（点 M）的决定却和市场投资者个别偏好无关。金融学中著名的分离定理（separation principle）就描述了这一问题，即市场投资者选择其最偏好的投资组合可拆解为以下两个相互独立的决策：

（1）计算个别资产的预期收益率、收益率的标准差以及资产间收益率协方差，然后依照投资组合的预期收益率和方差公式，算出风险资产组合的效率边界（如图 8-12 中的 GMF 曲线）。然后，在给定无风险资产收益率水平下，找到一条通过无风险利率点，并且和风险资产效率边界相切的射线。切点 M 就是市场投资者必须选择的最佳风险性投资组合。这时市场投资者的任务是计算各项资产的预期收益率、收益率的方差以及协方差，再导出资本配置线 CAL，他的偏好则不是考虑因素。

（2）在决定了 CAL 以后，市场投资者再依其偏好决定无风险资产以及最佳风险性投资组合（M）的持有比重。风险厌恶程度较高的投资者，可以将一部分的资金持有无风险资产，而将其余的资金持有最佳风险性投资组合 M，此时他的选择会落于资本配置线点 M 左边的部分，此时投资者是市场上以无风险利率贷出资金。对于风险厌恶程度较低的投资者，则可以在资本市场以无风险利率借入资金，将这些资金连同自有资金全数持有市场投资组合，此时他的选择会落在资本配置线点 M 右边的部分。此步骤中投资者的风险偏好才成为考虑因素。

第三节 证券市场线

一、市场均衡组合的定义

以上分析只涉及一个投资者。他对各种证券的期望收益和方差以及各对证券之间的协方差的估计纯属他个人的事。显然,其他投资者对上述变量有着不同的估计。但是,这些估计可能不会有太大差别,因为所有投资者的各种估计都是根据过去价格的变动和其他公开信息等相同的数据做出的。

金融经济学家通常假设,世界上所有投资者对各种证券的期望收益和方差以及各对证券之间的协方差有相同的估计。虽然这不符合现实,但可以认为这是一个关于简化和抽象的资本市场的假设:所有投资者都可以获得相同的信息源。这一假设被称为同质预期(homogeneous expectation)。

如果所有投资者具有一致的期望,图 8-12 就对所有投资者是相同的,因为他们有相同的机会集和 r_f,则必然有相同的有效集,因而就有相同的最佳风险性投资组合 M。

最佳风险性投资组合 M 具有十分重要的意义。因为每个人都投资于相同的投资组合,所以对于属于这个投资组合 M 的每一项资产,每个人都会拥有一部分。而市场上其他任何没有包括在 M 内的资产都不会被人持有。换句话说,市场上所有存在的资产都必须包括在 M 内。

进一步地,在组合 M 中,每项资产的投资组合比例如何确定呢?为了明白这个问题,重复一遍下面的结论很必要:

在一个具有同质预期的世界中,所有投资者都会持有点 M 代表的风险资产组合。

常识告诉我们:这个组合中所有的资产是按照市场价值加权的组合。

点 M 组合包含了市场中所有现存风险资产(如股票、债券、不动产等),而且每一种资产的投资比例是该资产市场价值占整个风险资产市场价值的比例,点 M 被称为市场组合(market portfolio,M 组合)。

由于市场组合在实际中可能并不存在,因此,具有广泛基础的证券市场指数通常被用来近似地代表市场组合 M,例如美国市场的 S&P500 指数,中国的上证综合指数等,作为市场组合的替代变量。

由无风险资产 r_f 和市场组合 M 构成的资本配置线，被称为资本市场线（capital market line，CML）。

资本市场线斜率是用纵坐标比上横坐标。对资本市场线而言，纵坐标是 $r_M - r_f$，横坐标是 $\sigma_M - \sigma_f$，但是因为 $\sigma_f = 0$，所以斜率等于：

$$CML\text{ 斜率} = \frac{r_M - r_f}{\sigma_M} \tag{8-16}$$

资本市场线的斜率衡量了市场组合单位风险对应的期望收益率，资本市场线斜率的分子 $r_M - r_f$，叫做市场风险溢价。

【例 8-7】 假设 $r_M = 15\%$，$r_f = 7\%$，$\sigma_M = 16\%$，资本市场线的斜率是多少？

解：根据式(8－17)，可以得到：

$$CML\text{ 斜率} = \frac{r_M - r_f}{\sigma_M} = \frac{15-7}{16} = 0.5$$

二、投资者持有市场组合时的风险定义

（一）可分散风险和不可分散风险

我们已经知道了投资组合的标准差不是构成组合的各个资产的标准差的简单的线性相加，分散化原则的本身也证明了这一点。为说明多种资产情形下，分散化如何降低投资组合的风险，先对前小节中 $N \times N$ 方差－协方差矩阵做三个简化假设：

(1) 所有的资产都有相同的方差：$\sigma_1^2 = \sigma_2^2 = \cdots = \sigma_n^2$；

(2) 不同资产间收益率的协方差完全相同：$\sigma_{12} = \sigma_{13} = \cdots = \sigma_{n-1n} = \text{cov}$；

(3)投资组合中，所有资产持有比重完全相同：$\omega_1 = \omega_2 = \cdots = \omega_N = \frac{1}{N}$。

在这三个假设下，前小节中的 N×N 矩阵就变成：

资产	1	2	3	…	N
1	$\left(\frac{1}{N}\right)^2\sigma^2$	$\left(\frac{1}{N}\right)^2\text{cov}$	$\left(\frac{1}{N}\right)^2\text{cov}$	…	$\left(\frac{1}{N}\right)^2\text{cov}$
2	$\left(\frac{1}{N}\right)^2\text{cov}$	$\left(\frac{1}{N}\right)^2\sigma^2$	…	…	…
3	⋮	⋮	⋮	⋮	⋮
N	$\left(\frac{1}{N}\right)^2\text{cov}$	$\left(\frac{1}{N}\right)^2\text{cov}$	…	…	$\left(\frac{1}{N}\right)^2\sigma^2$

其中，矩阵的 $N \times N$ 项中，有 N 项与单个资产的风险相关且完全相同（对角线的 N 个元素），有 $N^2 - N$ 项与资产间收益率的协方差相关且完全相同（非对角线的 $N^2 - N$ 元素）。此时，投资组合的总风险（方差）（σ_P^2）仍是上述矩阵中各元素的加总：

$$\sigma_P^2 = N\left(\frac{1}{N}\right)^2\sigma^2 + N(N-1)\left(\frac{1}{N}\right)^2\text{cov}$$

$$= \frac{1}{N}\sigma^2 + \left(1 - \frac{1}{N}\right)\text{cov}$$

从上式中可发现，投资组合的风险（方差）由两部分构成，第一部分是衡量个别资产收益率方差对投资组合收益率方差的影响度，而第二项则是衡量个别资产间收益率协方差对投资组合收益率方差的影响度。当加大投资组合的分散化力度，即组合中持有的个别资产种类愈来愈多（N 值愈大）时，投资组合风险就会变为：

$$\lim_{N \to \infty}\sigma_P^2 = \text{cov}$$

由此可见：

（1）分散化投资的确能够降低风险。随着投资组合中资产数量 N 的增加，投资组合的风险随之降低，投资的一部分风险可通过分散化投资来加以消除，这正是投资实践中常提到的"分散持有降低风险"或"不应将所有的鸡蛋放在同一个篮子内"。例如，A 银行计划将 1 亿元投入到给企业贷款中，A 银行如果选择将全部资金贷款给一家大型企业则将面临过大的风险，一旦该企业经营不善，A 银行可能面临全部贷款本金的损失。但是 A 银行如果将 1 亿元投入给 100 家小型企业，每家银行贷款 100 万元，则单个企业经营成败的风险可以在一定程度上相互抵消，银行贷款的总风险大大降低。银行贷款分散化的程度越大，贷款的总风险就越小。

（2）持有资产组合风险可以划分为两类。一类风险（与组合中个别资产的方差相关）可以通过分散化投资予以降低，充分分散化的（$N \to \infty$）组合可以完全消除此类风险；另一类风险（与组合中资产收益率之间的协方差相关）不能够通过分散化投资予以消除，即使在充分分散化（$N \to \infty$）组合中仍然存在此类风险。这两类风险的关系可以表示为图 8-13。

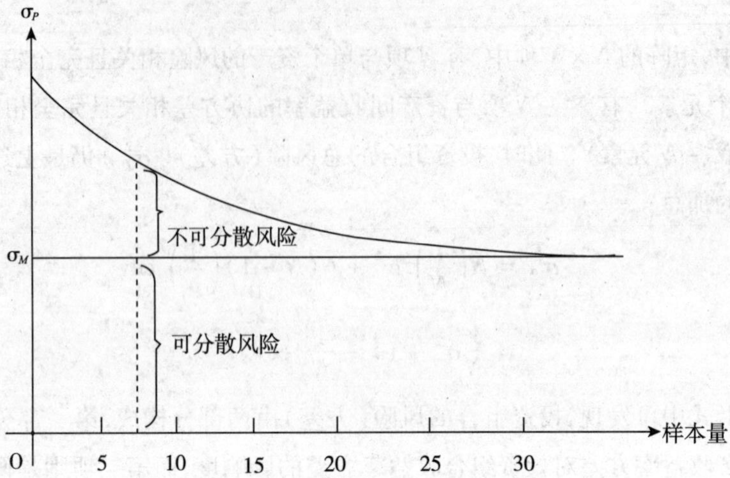

图 8-13　系统风险和非系统风险

图 8-13 中，无法通过分散化投资消除的风险常被称为系统性风险（systematic risk）或市场风险（market risk），市场风险反映的是一切足以影响所有资产收益率的总体经济因素（如油价变动、宏观经济周期波动、利率变动、战争等），这类风险是市场中所有资产都必须面临的风险，无法通过在不同资产之间分散投资予以回避。

可以通过分散化投资予以消除的风险，通常被称为非系统性风险（unsystematic risk）或独特风险（unique risk），这部分风险主要反映的是那些会影响到个别资产收益率的个别经济因素（如 A 企业生产成本提高、B 企业工人罢工、C 企业面临法律诉讼等），可以通过在不同资产之间的分散化投资予以消除。

由于投资组合的总风险（σ_P^2）会随持有资产数目增加而逐渐下降，但始终不可能完全消除。根据西方学术界实证研究的结果，在实际交易中（考虑到交易成本的情况下），大约持有 30 种资产（N = 30）的资产组合就可达到充分分散化，消除非系统风险。

(3) 在构建投资组合时，投资者更加关心资产收益率之间的相关性（协方差），而不是单个证券的风险（方差）。

对于任何可持有充分分散投资组合（比如市场组合时）的市场投资者来说，他不会关心个别资产风险的大小。因为投资者知道其中一部分（非系统风险，与个别资产的方差相关）可透过分散持有而消除，所以他真正关心的应是投资组合风险中不能被消除的部分（系统风险，与资产收益率间的协方差相关），而这部分的风险即是该项资产对整个投资组合风险的影响。

这也显示出，在不考虑分散持有情形下，个别资产的风险可以用该资产的收益率的方差（或标准差）来衡量，然而在允许分散持有情形下，方差、标准差衡量单个资产的风险就存在不足：因为个别资产的风险（σ^2）中有一部分风险将因分散持有而消除，此时 σ^2 就不是衡量个别资产适合的指标。

（二）系统性风险的衡量指标——贝塔系数

系统性风险是真正的风险，也就是说，单个资产的不可分散风险是与市场组合风险有机相连的那一部分风险，因而特定资产 j 的不可分散风险等于它与市场组合 M 的相关系数乘以它的标准差。

$$资产\ j\ 的不可分散风险 = \rho_{jM}\sigma_j$$

资产 j 的不可分散风险是其给市场投资组合所增加的风险，所以单个资产的不可分散风险需要有对应的期望收益率。但是在投资组合的期望收益率当中有多少是市场偿付单个资产的不可分散的风险的呢？市场风险的价格就是资本市场线的斜率，即公式（8－16），CML 斜率 $= \dfrac{r_M - r_f}{\sigma_M}$，它是单位风险的期望收益率。因此资产 j 的风险溢价，即高出无风险收益率的那一部分，等于它的不可分散风险乘以资本市场线的斜率：

$$资产\ j\ 的风险溢价 = \rho_{jM} \cdot \sigma_j \cdot \left[\frac{r_M - r_f}{\sigma_M}\right]$$

将这个公式变形，并用希腊字母 β_j 替代，可以得到：

$$\begin{aligned}资产\ j\ 的风险溢价 &= \rho_{jM} \cdot \sigma_j \cdot \left[\frac{r_M - r_f}{\sigma_M}\right] \\ &= \left[\frac{\rho_{jM} \cdot \sigma_j}{\sigma_M}\right] \cdot (r_M - r_f) \\ &= \beta_j \cdot (r_M - r_f) \qquad (8-17)\end{aligned}$$

贝塔系数是用来测量某特定资产的市场风险，即不可分散风险，贝塔系数可以用相关系数 ρ_{jM} 或者协方差 $\mathrm{cov}(j,M)$ 表示：

$$\beta_j = \frac{\rho_{jM} \cdot \sigma_j}{\sigma_M} = \frac{\rho_{jM} \cdot \sigma_j \cdot \sigma_M}{\sigma_M \cdot \sigma_M} = \frac{\mathrm{cov}(j,M)}{\sigma_M^2} \qquad (8-18)$$

式（8－18）表明，贝塔系数度量了一种资产对于市场组合风险的贡献程度。因为分子 $\mathrm{cov}(j,M)$ 表示了资产 j 同市场组合中所有其他股票的协方差，是资产

j 贡献给市场组合的不可分散风险。而分母 σ_M^2 表示市场组合的风险(因为充分分散化,仅包含系统风险),是由市场上所有资产贡献的风险汇总而成。因此,分子 $\mathrm{cov}(j,M)$ 是分母 σ_M^2 的组成部分之一,贝塔系数就度量了一种资产对于市场组合风险的贡献程度,换句话说贝塔系数度量了资产 j 系统风险的大小。

三、资本资产定价模型

(一)资本资产定价模型公式

资本资产定价模型(capital asset pricing model,CAPM)是由美国斯坦福大学 William Sharpe 教授(1964)和哈佛大学 Lintner 教授(1965)分别提出的。该模型首次以定量化数学模型的形式描述了资产收益和风险之间的线性正相关关系,该模型证明:任何个别资产的风险都可分解为系统风险和非系统风险,其中非系统风险可通过分散化投资而消除,因此市场只会对系统风险支付额外的风险溢价。CAPM 证明 β 系数是衡量个别资产的系统性风险的适当指标,而 β 的大小决定了该个别资产预期收益率的风险溢价。

资本资产定价模型如式(8-19)所示。

$$r_j = r_f + \beta_j(r_M - r_f) \tag{8-19}$$

资本资产定价模型认为,市场均衡下,单个证券的期望收益率 r_j 等于无风险资产收益率和它的风险溢价之和,风险溢价又是两个部分之积:一部分是贝塔系数 β_j,另一部分是市场的风险溢价($r_M - r_f$)。

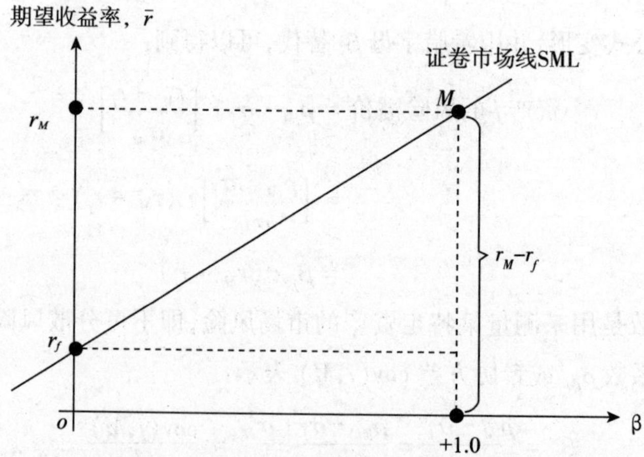

图 8-14 资本资产定价模型与证券市场线

式(8-19)在收益—贝塔坐标中是一条直线,被称为证券市场线(security market line,SML)(如图8-14)。图8-14表明,确定SML线只需要两个点,其一为SML线与Y轴的交点(即无风险利率 r_f),其二为市场组合点(该点的横坐标为 $\beta_M = 1$,纵坐标为市场组合的预期收益率 r_M)。证券市场线的斜率是市场的风险溢价($r_M - r_f$),代表对每单位的不可分散风险的回报率。投资者整体风险厌恶程度越高,市场风险的溢价就越高,证券市场线也就越陡峭。

资本资产定价模型很简单,你可能会奇怪,我们为什么要花费那么大的精力去推导此模型。原因是推导过程显示了适当的风险调整并不是直接得到的。资本资产定价模型中的风险调整是根据单个资产的收益率和市场投资组合收益率的相关关系确定的,它表明了单个资产是如何影响整个投资组合的风险的。

资本资产定价模型不仅适用于单个证券,也适用于证券组合。根据CAPM,证券组合的预期收益率是证券组合贝塔值的线性函数。很容易推导,证券组合贝塔值是单个证券贝塔值的加权平均。假定投资组合P中,股票有权重 ω_k ,k的值从1,2,…,n。对每一只股票均引用式(8-19)所示的资本资产定价模型,并乘以投资组合中各股票的权重,可以得到以下方程:

$$\omega_1 r_1 = \omega_1 r_f + \omega_1 \beta_1 (r_M - r_f)$$

$$\omega_2 r_2 = \omega_2 r_f + \omega_2 \beta_2 (r_M - r_f)$$

$$\vdots$$

$$\omega_n r_n = \omega_n r_f + \omega_n \beta_n (r_M - r_f)$$

根据组合收益等于各证券收益的加权平均,则我们可以得到以下方程:

$$r_p = r_f + \beta_p (r_M - r_f)$$

$$\text{其中},\beta_p = \sum_k \omega_k \beta_k$$

(二)套利与证券市场线

证券市场线上的所有点代表了市场均衡下的资产定价(比如股票的定价)。也就是说,构成市场组合的所有证券的 β 系数和期望收益率都应该落在证券市场线上。

假设有一种资产 l ,它对应的贝塔系数和期望收益率的交点在位于证券市场线以下,在图8-15中用点 l 来表示,会有人愿意投资于资产 l 吗?显然不会。

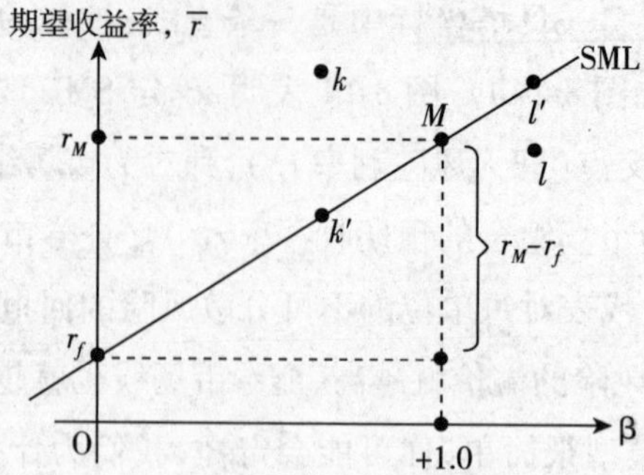

图 8-15　证券市场线与套利

这是因为存在贝塔系数与期望收益率的交点位于证券市场线上的资产 l'，资产 l' 与资产 l 的贝塔系数的值相同，也就是说它们对市场投资组合风险的贡献相同，但是资产 l' 的期望收益率高于资产 l 的期望收益率。在完美资本市场上，资产 l 的存在提供了套利机会，即投资者卖空 l 买进 l'，就可以在不改变证券投资组合的风险的同时获得了套利利润。

卖空是指借入一种证券并将其卖出，预期未来可以在一个较低的价位将其买回，从而赚取差额利润的交易行为。经纪公司可以从投资者购买的证券池中借入证券。所以卖空就是"借入"股票，买进是真正地拥有股票。卖空的利润的大小取决于投资者的头寸和 $r_{l'} - r_l$。

这种套利机会将持续多久呢？直到证券 l 的价格不断下降，使其贝塔系数与期望收益率的交点上移到证券市场线上。也就是说，直到资产 l 与资产 l' 的贝塔系数和期望收益率的对应点重合为止。

假设有一种资产 k，它的贝塔系数和期望收益率的交点位于证券市场线以上，在图 8-14 中用点 k 来表示。这种资产能够长期存在吗？同上面的情况一样，这种资产只能存在于非完美的资本市场上，投资者可能买进资产 k 而卖空资产 k'，在不改变证券投资组合风险的同时获取套利利润，预期利润取决于 $r_k - r_{k'}$。套利行为将一直持续下去，直到资产 k 的市场价值上升，其贝塔系数和期望收益率的交点下降到证券市场线上。

在完美资本市场上，套利行为没有任何交易成本（假设可以卖空），所有证券和所有证券投资组合的贝塔系数和期望收益率的交点都位于证券市场线上。这就赋予了证券市场线一个十分重要的意义：提供了资产定价的参照标准。

(三)用证券市场线估计必要收益率

根据资本市场有效的原则,在市场均衡的条件下,必要收益率等于期望收益率。因此,证券市场线(SML)可以用来计算单个证券的必要收益率。下面我们试着计算期望收益率,或者说必要收益率。

【例8-8】 假设 $r_f = 7\%$,$\text{cov}(j,M) = 250$,$\sigma_M^2 = 225$,$r_M = 15\%$,证券j的期望收益率或必要收益率是多少?

解:首先根据式(8-18)计算β系数:

$$\beta_j = \frac{\text{cov}(j,M)}{\sigma_M^2} = \frac{250}{225} = 1.11$$

然后,根据式(8-19)计算j的必要收益率:

$$r_j = r_f + \beta_j(r_M - r_f) = 7\% + 1.11 \times (15\% - 7\%) = 15.88\%$$

需要说明的是,假设我们知道市场上所有的资产收益率的分布,同时知道每种资产收益率与市场组合收益率的协方差,那我们就可以利用式(8-19):$r_j = r_f + \beta_j(r_M - r_f)$ 来确定每种资产的必要收益率。但是实际上我们不可能拥有这些信息。

在实际运用资本资产定价模型时,我们需要放弃完美市场的假设,而该模型正是在这一假设条件下推导出来的。我们可以用线性回归的统计方法来测算单个股票的收益率对于市场组合的收益率是如何变动的。我们可以把股票j的实际收益率R_j表示为实际市场的风险溢价($R_M - r_f$)的线性函数,从而有:

$$R_j = r_f + \tilde{\beta}_j \cdot (R_M - r_f)$$

我们用符号“~”来表示$\tilde{\beta}_j$是一个随机变量。

我们想要从历史数据中估计$\tilde{\beta}_j$,那我们需要收集R_j,R_M和r_f同期变化的样本,然后利用公式$R_j = r_f + \tilde{\beta}_j \cdot (R_M - r_f)$估计回归系数$\tilde{\beta}_j$。

回归系数$\tilde{\beta}_j$可以用来估计资产的贝塔系数。当我们有了资产的贝塔系数,就可以根据预测的R_M和r_f值计算出未来一段时期该资产的期望收益率。

因此,贝塔系数在资产定价中起着非常重要的作用。它是个别资产可以在多大的程度上影响市场投资组合标准差(特定风险)的线性测定,是既简单又好用的工具。在本章的附录部分将进一步介绍用 Excel 软件来实现股票贝塔系数估计。

四、资本资产定价模型的一些发展

(一)消费贝塔与市场贝塔

资本资产定价模型将投资者描绘成只关心未来财富的数量与不确定性,但这可能过于简单化了。譬如说,投资者也许习惯了某种特定的生活方式,于是,有了昨天的富有就会特难承受明日的贫穷。行为心理学家的观察发现,投资者关注的并不只是所持有资产的当前价值,还要反省其投资是否享有利润,有所收获,即使利润很小也会带来些许的满足。资本资产定价模型却不考虑投资者反省其所购股票价格的可能,而实际上,投资者却会为自己在股价谷底时的投资兴高采烈,在股价登顶时的建仓而懊恼不已。

当然,对大多数的人来说,财富并不是其最终的目的,如果有了财富但却不能消费,抑或是为家人或者财产继承者,因此,最重要的风险是可能削减未来消费的影响因素。

道格拉斯·布里登(Douglas Breeden)建立了这样的一个模型,其中的证券风险是以其对消费者消费水平变化的敏感程度来度量的。如果它的结论正确的话,股票的期望收益应该是随着消费贝塔而不是市场贝塔的变动而变化。图8-16总结了标准型与消费型资本资产定价模型的主要差异。在标准模型中,投资者只关心其未来财富的数量与不确定性,所有投资者的财富最终都与市场投资组合的收益完全相关,因此,对股票及其他风险资产的需求决定于它们的市场风险,投资的深层次的原因——实现最终的消费,也就完全排除在模型之外。

在消费型资本资产定价模型中,股票收益的不确定性与消费的不确定性直接联系起来,不过,虽然消费决定于财富,但模型中却并未明确地反映财富变量。

消费型资本资产定价模型具备一些相当有吸引力的特征。譬如说,我们无须划定一个市场,也无须找定一个标准投资组合,我们根本无须担心标准普尔综合指数能否反映债券、商品或房地产的收益。但是我们却必须设法度量消费。

插问:上个月你消费了多少?不难完成粮米数量、门票张数的清点,但是,房车或者洗衣机的折旧,房屋担保的保费的逐日的分摊又该如何处理呢?想必你对消费总量的估计相当粗略,或随意的人为的分摊,甚至任意假设。因而最

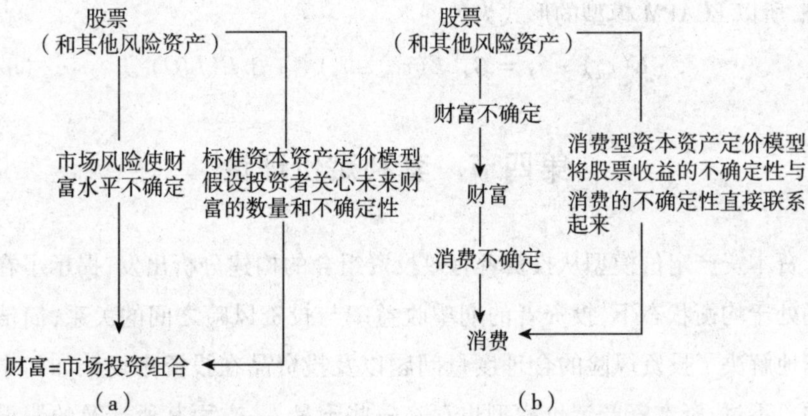

图8-16 （a）标准资本资产定价模型将消费排除在之外 （b）消费资本资产定价模型

终消费总量的货币价值已然难以得到。政府统计人员月复一月的估计我们大家的消费数量,任务之艰巨由此可见一斑。

与股票的价格相比,估计得到的消费总量随着时间的推移,平滑地渐渐地发生着变化,这种消费变化往往与股市并不协调,普通个股的消费贝塔往往较低且相当怪异。此外,消费的波动性也显得太低,难以解释普通股过去的平均收益。除非假设投资者的风险厌恶水平极高,高得难以置信才可以。这些问题也许反映了我们对消费的量度不够准确,也可能是对个人消费的时间安排的模拟不足,总而言之,现在要谈消费型资产定价模型的应用尚为时过早。

（二）其他发展

近 20 多年来,流动性与收益乃至与资产定价的关系成为学术界研究的热门话题之一。Amihud 与 Mendelson(1986)首次提出流动性溢价理论,他们从交易的微观成本角度出发,推导出预期收益与买卖价差的微观模型,并发现买卖差价与未来 1 年的月平均超额收益差的相关系数为正,即买卖价差越大,则股票月均超额收益越高,从而证实了市场上存在着流动性溢价现象。随着流动性溢价现象不断地被证实,人们开始考虑流动性是不是系统性风险,传统的资产定价模型可否解释流动性溢价现象,可否将流动性溢价引入资产定价模型等问题。现有研究成果表明,流动性调整下的 CAPM 模型(LCAPM)的研究,是对现有资产定价模型的扩展与修正,而基于我国证券市场实际情况得到的 LCAPM 模型显得更加有意义。

流动性调整后的 CAPM 模型(LCAPM)中,流动性因子 LIQ 代表流动性风险溢酬，所以 LCAPM 模型的形式为：

$$E(r_{it}) - r_f = \beta_{it}[E(r_{Mt} - r_f)] + \beta_{li}E(LIQ) \tag{8-20}$$

第四节　套利定价理论

资本资产定价模型从投资者有效投资组合的构建分析出发，揭示了在投资市场处于均衡状态下，投资者的期望收益率与投资风险之间的关系，简洁而又明确地解决了投资风险的合理度量问题以及投资品在投资市场上如何定价的问题。不过，资本资产定价模型也存在一些不足，一方面其所涉及的假设条件较多，另一方面缺少令人信服的经验验证的支持。正是基于资本资产定价模型的缺陷，人们提出了一种新的资本资产定价——套利定价理论（arbitrage pricing theory，APT）。该理论是由英国经济学家斯蒂芬·罗斯（Stephen Ross）于 1976 年首先提出，其基本思路是从套利的角度来考察套利与市场均衡的关系，应用套利原理得出在投资市场均衡状态下资本资产的定价关系。由于套利定价理论有同资本资产定价模型一样的经济解释功能，而所涉及的假设条件较少，与现实经济生活也较接近，因此该理论越来越受到理论界与实际工作者的重视。

一、因素模型

套利定价理论不再追循什么样的投资组合才为有效，而是首先假设资产收益由因素模型生成。

因素模型（factor model）按照复杂程度，又可以划分为单因素模型和多因素模型。

（一）单因素模型

单因素模型是美国经济学家威廉·夏普于 1963 年提出的，因此也称为夏普模型。它将证券收益过程归结为一种影响因素，由于因素模型为一统计模型，故表达式如下：

$$R_i = \alpha_i + \beta_i F + \varepsilon_i \tag{8-21}$$

其中，R_i 为某个时期证券 i 的回报率；α_i 为影响证券 i 的因素无变动时，证券预期收益率；F 为宏观因素 F 的预测值，是一个随机变量；β_i 为证券 i 收益率 R_i 对因素 F 的敏感度；ε_i 为随机误差项，它是由资产 i 与因素无关的自身特殊事件所引起的(如公司经营管理失误、主要管理者死亡等); α_i 和 β_i 为待估参数。如果宏观因素 F 由一个样本广泛的股票市场价格指数代替,则单因素模型又称为指数模型(index model)。

单因素模型的基本假设为:

(1) ε_i 与 ε_j 无关,即 $cov(\varepsilon_i,\varepsilon_j)=0$。在现实中表示各公司的特殊事件一般只影响本公司,与其他公司无关。

(2) ε_i 与因素 F 无关,即 $cov(\varepsilon_i,F)=0$。在现实中表示各公司的特殊事件与宏观因素(F)之间不相关。

(3) ε_i 的数学期望为零,即 $E(\varepsilon_i)=0$。在现实中表示公司可能会发生各种不可预测的特殊事件,但是从总体上看,这些特殊事件对资产收益的影响应该趋于零。

根据单因素模型可以得到如下结论:

(1)资产 i 的期望收益率

$E(R_i)=E(\alpha_i+\beta_iF+\varepsilon_i)=\alpha_i+\beta_iE(F)$

$E(F)$ 为因素 F 的数学期望。

(2)任一项资产的风险(方差)

$\sigma_i^2=\beta_i^2\sigma_F^2+\sigma_{\varepsilon i}^2$

如果事先假定随机误差项与因素不相关,同时任何两种证券的随机误差项之间也互不相关,则一种资产面临的风险可以表述为因素风险和非因素风险两个部分: σ_F^2 为因素 F 的方差, $\sigma_{\varepsilon i}^2$ 为随机误差的方差, $\beta_i^2\sigma_F^2$ 为资产 i 的收益率关于因素 F 的风险,简称为因素风险,它与因素 F 的自身风险成正比,其比例系数为 β_i。$\sigma_{\varepsilon i}^2$ 与因素 i 无关,所以称为非因素风险。

(3)投资组合的风险(方差)

当构建投资组合时,投资组合的风险(方差)可以表示为:

$$\sigma_P^2=\beta_p^2\sigma_F^2+\sigma_{\varepsilon P}^2$$

其中 $\beta_p=\sum_{i=1}^{n}x_i\beta_i$, $\sigma_{\varepsilon P}^2=\sum_{i=1}^{n}x_i^2\sigma_{\varepsilon i}^2$, x_i 表示组合中单个证券的投资比例(权重),即组合的风险仍然受到因素风险和非因素风险的共同作用。当投资分散化时,每一种证券所对应的 x_i 比例越来越小,此时 β_p 不会显著增大或减小,即因素风险趋于平均化;但是非因素风险 $\sigma_{\varepsilon P}^2$ 将会随证券个数的增加而降低。特别的,假设投资于 N 种证券,每种证券的投资比例相同时,非因素风险 $\sigma_{\varepsilon P}^2$ 将变化为:

$$\sigma_{\varepsilon P}^2 = \sum_{i=1}^{n} x_i^2 \sigma_{\varepsilon i}^2 = \frac{1}{N} \frac{(\sigma_{\varepsilon 1}^2 + \sigma_{\varepsilon 2}^2 + \sigma_{\varepsilon 3}^2 + \cdots + \sigma_{\varepsilon n}^2)}{N}$$

显然,随着投资的分散化(N 增大),投资组合的非因素风险将逐渐减小并趋近于零,这一结论与上节关于系统风险和非系统风险的观点相同。

【例 8-9】 假设某证券分析师认为,影响 A 公司股票收益率的宏观因素是国内生产总值(GDP),在过去的 8 年中,A 公司股票收益率和 GDP 增长率之间的历史数据如下表。如果第 9 年的 GDP 增长率为 3.8%,预测第 9 年 A 股票收益率?

表 8-4 样本期 A 公司股票收益率和 GDP 增长率数据

年份	GDP 增长率(%)	A 公司股票收益率(%)
1	5.5	14
2	6.0	17.5
3	7.2	19
4	5.0	12
5	6.6	17.6
6	3.2	11
7	3.0	9
8	4.1	15

解:如果将横轴表示为预期 GDP 增长率(X),纵轴表示为 A 股票收益率(Y),根据上面的单因素模型($E(R_i) = \alpha_i + \beta_i F + \varepsilon_i$),运用线性回归模型可以简单地拟合上述数据,可以求出 $Y = 3.86651 + 2.07310X$,即 $E(R_i) = 3.86651 + 2.07310F$。

如果第 9 年的 GDP 增长率为 3.8%,可以预测该年 A 股票收益率为 11.74%,如果第 9 年的 A 股票实际收益率为 13%,则表示出现了 1.256% 的随机误差 ε_i。

结合单因素模型可知:资产 i 收益率的总风险等于因素风险和非因素风险之和。敏感度较高的资产,一方面具有较高的因素风险,另一方面也具有较高的期望收益率;而非因素风险较高的资产,虽然其总风险较高,但是却未必有较高的期望收益率。

(二)多因素模型

单一因素模型仅是一个便于大家理解的简化模型。事实上,某一资产收益要受到多种因素的影响,例如某一证券资产的收益率将受到同时期 GDP 增长率、通货膨胀率、利率、人均可支配收入等多种因素的共同影响。反映证券收益受多种因素影响的多因素模型表达式为(8-22):

$$R_i = \alpha_i + \beta_{i1}F_1 + \beta_{i2}F_2 + \beta_{i3}F_3 + \cdots + \beta_{in}F_n + \varepsilon_i \qquad (8-22)$$

其中,R_i 为资产 i 的收益率;$F_1, F_2, \cdots, F_N$ 为影响资产 i 收益率的 N 个因素;ε_i 为随机误差项,且假定 ε_i 与因素 F 无关,ε_i 与 ε_j 无关,$E(\varepsilon_i) = 0$;β_{im} 为 R_i 关于因素 F_m 的敏感度($m = 1,2,\cdots,N$)。

多因素模型的期望收益率、方差、投资组合方差等分析与单因素模型相仿,由于篇幅所限不再展开。其基本原理包括:

(1)投资分散化导致因素风险平均化。

(2)投资分散化大大减少了非因素风险。

(3)对于一个处于良好投资分散化的证券组合,非因素风险将毫无意义。

值得注意的是,多因素模型本身并没有告诉我们模型中究竟应包含多少种因素,以及每个因素各自所代表的经济意义,这是该因素模型的不足之处。它不像资本资产定价模型(CAPM)那样明确指出只有一个因素,并且这个因素是市场组合的超额收益率。尽管如此,只要我们能根据经验加实际需要,合理而又准确地选择某些因素,利用多因素模型进行金融投资的分析研究,多因素模型仍是一个极为有效的方法。从现实来看,多因素模型已在投资分析的实践中得到了广泛的应用。

二、套利定价模型

(一)套利(arbitrage)

所谓套利(arbitrage),是指利用一个或多个市场上所存在的各种价格差异,在不冒任何风险或冒很小风险的情况下赚取较高收益的一种交易活动。也就是说,套利是利用投资品定价的失误、价格联系的失常,以及投资市场缺乏有效性等机会,通过买进价格被低估的投资品,同时卖出价格被高估的投资品来获取无风险利润的一种行为。

套利有五种基本形式,即空间套利、时间套利、工具套利、风险套利和税收套利。空间套利是证券市场主要的无风险套利形式,进行空间套利的投资者在相同市场内买入低价的证券或组合,卖空另一个风险相同的价高的证券或组合,两个证券或组合价格趋同时即达到获利的目的。

一种简单而又明显的空间套利机会是,某相同资产在两个市场上的价格不同且价格差高于交易成本。此时,投资者只需在价格高的投资市场上将该资产卖空并同时在价格低的市场上买入该资产,就可以在交易中获得无风险的套利利润。下面,我们用一个简单的例子解释何为"套利"。在一个邮票市场上,收集者聚集在一起以商议好的价格购买邮票,如果你参加了这种集会,发现一种邮票以1 000元出售,而在另一处,有人愿意以1 200元购买,你必然会以1 000买下这一邮票,而后以1 200元卖给他人,净赚200元。这一过程,便是一个简单的套利过程。当然,你不会总有这种机会,随着越来越多的人发现这种机会,采取类似行动,将导致原价1 000元的邮票价格上涨,愿意出1 200元的购买者由于购买渠道增多,愿意出的价钱也将降低。最终,这种套利机会将消失,此时,市场将处于均衡状态。证券市场也有类似情况。当两种同质证券(即受相同因素影响,且对因素具有相同灵敏度的证券)的价格不能向投资者提供同样的预期收益率时,投资者可以出售低收益率证券而购买高收益率证券,这样会引起低收益率证券价格下跌,而高收益率证券价格上升,最后证券的价格将是为投资者带来同样收益率的均衡价格。市场处于均衡状态是投资者的套利行为带来的。

利用因素模型,我们可以构造非均衡市场资产的套利组合。依照套利的定义,套利活动必须是无风险且有利润,同时又不占用资产,所以,对于多个资产的套利组合,应该满足以下三个条件。

(1)套利组合的资产占有为零。记 $\bar{P} = \{x_1, x_2, \cdots, x_n\}$ 为n种资产的套利组合,x_n 表示第n种资产的投资比例(小于零表示卖空),则本条件可写为:

$$x_1 + x_2 +, \cdots + x_n = 0$$

(2)套利组合不具有风险,即对因素的敏感系数为零。

(3)套利组合的预期收益率为正。

很明显,上述的那种套利机会一旦被发现,所有理性的投资者均会利用它进行套利,这样,即使是少数几个套利者的套利行为也能最终消除这种价格上的差异。因此,金融学中认为这种套利行为是动态的。一方面,金融市场中随时可能出现对均衡价格的偏离,产生出无风险套利的机会;另一方面,套利者的套利行为又能够在很短时间内消除这种套利机会,恢复均衡价格。金融市场上对这种消除了套利机会时所达到的状况称为无套利均衡(non - arbitrage equilibrium)

(二)套利定价模型

前面几节我们讲述了资本资产定价模型,从证券组合的可行域到有效边界到最佳组合,讲解并推导了资本市场线和证券市场线及相应的经济意义。所有的模型与曲线的推导分析都以证券或组合的预期收益率E(r)和风险σ_r作为基础(也就是常说的均值—方差分析),并且对投资者及市场有较强的假设。本节的套利定价模型以影响收益率的要素作为解释变量定义模型,对投资者行为的假设相对较宽松,只要求投资者对较高水平财富的偏好胜过对较低水平财富的偏好。套利定价模型的主要作者是斯蒂芬·A.罗斯(Ross S. A.),他在1976年12月《经济理论》杂志上发表了论文《资本资产定价的套利理论》及与别人合编的《金融中的风险与收益》中"风险、收益与套利"成为研究者大量引用的主要文献。

根据"一价定律",我们知道同一种资产不可能在一个或几个市场中以两种不同的价格出售,否则,就会出现套利机会。套利定价理论假设证券收益率也可以用因素模型来解释,其理论要点是证券的收益率与一组影响它的要素线性相关。现在我们假设它是双因素模型。

$$R_i = a_i + \beta_{i1}F_1 + \beta_{i2}F_2 + \varepsilon_i \tag{8-23}$$

其中,R_i为第i种证券的收益率,F_1、F_2表示对证券收益率有重大影响的因素,如国民生产总值GNP的增长率和通货膨胀率等。β_i为证券i的收益率对要素F的敏感程度,ε_i为随机误差项。

1. 纯要素证券组合

若有证券组合$R = \{x_1, x_2, x_3, x_N\}$,其中$\{x_1, x_2, x_3, x_N\}$表示组合中每种证券的权重,则组合的收益率公式为:

$$r_P = x_1r_1 + x_2r_2 + \cdots + x_Nr_N = \sum_{i=1}^{N} x_ir_i$$

若第i种证券的两因素模型为$r_i = a_i + \beta_{i1}F_1 + \beta_{i2}F_2 + \varepsilon_i$

对于投资组合 $R = \{x_1, x_2, x_3, x_N\}$ ，则有：

$$r_P = a_P + \beta_{P1} F_1 + \beta_{P2} F_2 + \varepsilon_P \qquad (8-24)$$

其中 $\beta_{P1} = \sum_{i=1}^{N} x_i \beta_{i1}$， $\beta_{p2} = \sum_{i=1}^{N} x_i \beta_{i2}$

下面举一例来说明一下纯要素证券组合特征。

【例 8-10】 假定有三种证券 A、B 和 C，两种风险因素 F_1、F_2，三种证券对应的灵敏度如下：

证券	β_{i1}	β_{i2}
A	-0.40	1.75
B	1.60	-0.75
C	0.67	-0.25

若有三种证券 A、B 和 C 组成的投资组合 P，其中 A、B 和 C 的比例分别为 $x_1 = 0.3, x_2 = 0.7, x_3 = 0$，计算投资组合 P 对风险因素 F_1、F_2 的敏感度？

解：根据公式(8-24)，则投资组合 P 对两种风险因素 F_1、F_2 的敏感度指标分别为：

$$\beta_{P1} = 0.3 \times \beta_{A1} + 0.7 \times \beta_{B1} + 0 \times \beta_{C1} = 0.3 \times (-0.4) + 0.7 \times 1.6$$
$$= -0.12 + 1.12 = 1$$

$$\beta_{P2} = 0.3 \times \beta_{A2} + 0.7 \times \beta_{B2} + 0 \times \beta_{C2} = 0.3 \times 1.75 + 0.7 \times (-0.75) = 0$$

可见，投资组合 P，对风险因素 F_1 的敏感度为 1，对风险因素 F_2 的敏感度为 0。如果投资组合中的证券个数足够，可以使 $\varepsilon_p \approx 0$，即非系统风险充分降低。由此，我们看到，通过调整 $P = \{x_1, x_2, \cdots, x_N\}$ 即投资组合中各种证券的投资比例，投资者可以研究一个收益率只对要素I敏感的组合 PI，即：

$$R_{P\text{I}} = a_{P\text{I}} + F_1 + \varepsilon_{P\text{I}}$$

上式有 $\beta_{P\text{I}1} = 1, \beta_{P\text{I}2} = 0$，这个组合 $P\text{I}$ 称为“纯要素组合”。

同样，上例中可以找出只对要素Ⅱ敏感“纯要素 2”的组合 PⅡ，PⅡ = {0.625，0，0.375}，有：

$$\beta_{P1} = 0.625 \times \beta_{A1} + 0 \times \beta_{B1} + 0.375 \times \beta_{c1} = 0.625 \times (-0.40) + 0.375 \times 0.67 = 0$$

$$\beta_{P2} = 0.625 \times \beta_{A2} + 0 \times \beta_{B2} + 0.375 \times \beta_{C2} = 0.625 \times 1.75 + 0.375 \times (-0.25) = 1$$

这样的投资组合，对风险因素 F_2 的敏感度为1，对风险因素 F_1 的敏感度为0。可得：$R_{P\text{II}} = a_{P\text{II}} + F_2 + \varepsilon_{P\text{II}}$。这个组合 PⅡ也称为“纯要素组合”。

2. 要素证券组合的预期收益率

对于纯要素组合，它的预期收益率取决于相关要素的预期值，为方便起见，这种预期收益可写成，设 $\lambda_1 = E(r_{P\text{I}}) - r_f$，$\lambda_2 = E(r_{P\text{II}}) - r_f$，即 λ_n 表示第 n 种纯要素组合的预期收益率高过无风险收益率的部分，即第 n 种因素的风险报酬率（风险溢价），则纯要素投资组合Ⅰ和Ⅱ的预期收益率可以表达为：

$$E(R_{P\text{I}}) = R_f + \lambda_1$$

$$E(R_{P\text{II}}) = R_f + \lambda_2$$

这里，我们把组合预期收益率分成无风险收益率 R_f（本书中 r_f 和 R_f 可替换使用）和风险溢价 λ 两个部分。类似的，我们还可以构造出很多这样的纯要素组合，这些纯要素组合可能有不同的组合方式，但根据无套利均衡原理，这些纯要素组合的预期收益率在均衡时肯定相等。原因在于：

如果有两个相对同一要素的不同的纯要素组合，在某个时刻有不同的预期收益率，此时有套利机会存在。投资者可买入预期收益高的组合，卖空预期收益低的组合，风险对冲为零。起初预期收益高的组合所含证券，经投资者买入后价格上升，预期收益率下降；而被卖空的组合内的证券因价格下跌，导致预期收益率上升，最后，两个组合的预期收益趋同，市场达到均衡。

所以，市场均衡状态（无套利均衡）下的相对同一要素的纯要素组合必有一致的预期收益率。且预期收益由无风险收益和风险溢价两部分构成，风险溢价来自要素的波动。

3. APT 模型

若投资者选择足够多的证券组合可降低非系统性风险，这在前面已讲，若假定证券 R 的收益率对要素 F_1、F_2 的灵敏度分别为0.8和1.5，则证券 R 的收益率可以用双因素模型表示为：

$$R_R = a_R + 0.8F_1 + 1.5F_2 + \varepsilon_R$$

而组合 K 由无风险证券 F，纯要素组合 PⅠ，纯要素组合 PⅡ构成（该三类资产的投资比例为{－130%，80%，150%}）：

$$R_K = -1.3r_f + 0.8R_{P\text{I}} + 1.5R_{P\text{II}}$$

设投资者有1 000元资金，若全部投向证券 R，则预期收益率：

$$E(R_R) = a_R + 0.8E(F_1) + 1.5E(F_2)$$

而组合 K 中,投资者有 1 000 元初始资金的话,加上卖空 1.3 倍的无风险证券(1 300 元),共 2 300 元中,800 元投向纯要素 Ⅰ 组合,1 500 元投向纯要素 Ⅱ 组合,故有:

$$\begin{aligned} E(R_K) &= -1.3E(r_f) + 0.8E(R_{P\mathrm{I}}) + 1.5E(R_{P\mathrm{II}}) \\ &= -1.3R_f + 0.8(R_f + \lambda_1) + 1.5(R_f + \lambda_2) \\ &= R_f + 0.8\lambda_1 + 1.5\lambda_2 \end{aligned}$$

我们注意到证券 R 和组合 K 对要素 F_1、F_2 有相同的灵敏度,故在均衡状态下,根据无套利均衡原理,证券 R 和组合 K 的预期收益率应趋向一致(原因是套利行为的存在)。最后有 $E(R_R) = R_f + 0.8\lambda_1 + 1.5\lambda_2$。

一般公式,对于任意一种证券 i,若它对要素 F_1、F_2 的灵敏度分别为 b_{i1}、b_{i2}, 则该证券 i 的预期收益率可以表示为:

$$E(R_i) = R_f + b_{i1}\lambda_1 + b_{i2}\lambda_2 \tag{8-25}$$

这就是套利定价理论的资产定价公式,也称 APT 模型(Asset Pricing Theory)。若有 m 种要素 $F_1, F_2, \cdots, F_m$,同样有:

$$E(R_i) = R_f + b_{i1}\lambda_1 + b_{i2}\lambda_2 + \cdots + b_{im}\lambda_m \tag{8-26}$$

套利定价理论公式揭示了两点事实:

(1)如果我们让公式中所有的系数 b 都取 0,则期望风险溢酬为 0。如果适当地选择分散化的投资组合使其对所有的宏观经济因素的敏感度皆为 0,那么得到的投资组合本质上就没有风险,因此其当前定价应使资产享有无风险利率的收益。否则,如果该投资组合有较高的收益,那么投资者可以通过借入资金,购进这种投资组合来获得无风险的收益。如果该投资组合的收益较低,那么我们就可以对上面的策略反其道而行之,以获得无风险的报酬。也就是说我们可以卖出这种零敏感性的分散化的投资组合,同时投资国债来获益。

(2)如果所选择的投资组合受到某种因素,譬如说,因素 1 的影响,则其风险溢酬将恰与其对此因素的敏感性成正比变化。例如,假设我们选取了两个投资组合,组合 A 和组合 B,它们都只受因素 1 的影响。如果投资组合 A 对因素 1 的敏感度两倍于投资组合 B,则投资组合 A 的风险溢酬应该两倍于投资组合 B。因此,如果我们将自己的资金等额投资于国债与投资组合 A,我们得到的投资组合对因素 1 的敏感度就与投资组合 B 完全相同,并将享有相同的风险溢酬。

如果套利定价公式并不成立，譬如说，如果上面的国债与投资组合 A 的结合可以产生较高的收益，那么，投资者就可以通过卖出投资组合 B，同时投资国债与 A 的投资组合来获得收益。

我们上面所说的套利应用于充分分散的投资组合，其独特风险已经通过分散消除，但是，如果套利定价公式对所有的投资组合都成立，那么它对普通的个股一般也会成立，每种股票就必须享有与其对投资组合所带来的风险相称的期望收益。套利定价理论认为，单个股票收益对宏观经济因素的意外变动的敏感度决定了其对投资组合风险的影响。

三、APT 模型与 CAPM 模型的区别和联系

（一）区别

套利定价理论与资本资产定价模型所描述的都是投资市场处于均衡状态下投资品的期望收益率与其投资风险的关系，即如何确定投资品的均衡价格。但是这两个理论并不相同，与资本资产定价模型相比，套利定价理论显得更有特点、更接近于实际。

第一，假设条件不同。套利定价理论假定投资品投资收益率水平受某些共同因素的影响，但是这些因素究竟是什么，以及有几个，理论本身没有硬性加以规定，从而使得投资者有了一个根据客观情况进行具体分析的机会，进而一定程度上使得投资者的分析更加接近实际。另外，套利定价理论对投资者的风险偏好未作特定的假设。而资本资产定价模型与套利定价理论不一样，它不仅事先假定投资品的收益率与市场组合的收益率有关，而且假定所有投资者都是以投资品期望收益率和标准差作为分析基础的，并按照均值—标准差准则选择投资方案。

第二，影响因素不同。套利定价理论允许投资品的投资收益与多种因素有关，而不仅仅限于一种因素，它比资本资产定价模型更清楚地指出了风险来自哪些方面，而且可以指导投资者根据自己的风险偏好和风险承受能力，调整对不同风险因素的承受水平。比如，当只有通货膨胀和企业经营两种风险因素时，若总风险为 30%，可以有 10% 来自通货膨胀风险，20% 来自企业经营风险，也可以有 25% 来自通货膨胀风险，5% 来自企业经营风险。这样，那些希望得到 30% 的风险报酬而通货膨胀风险承受力差的投资者，有可能选择企业经营风险

高而通货膨胀风险低的投资组合来达到自己的目的。而资本资产定价模型是单因素模型,它只能告诉我们投资者所承担的风险有多大,报酬有多高,但不能告诉我们风险来自哪些方面。

第三,市场均衡方式不同。套利定价理论考察的是当投资市场不存在无风险套利而达到均衡时,各种投资品是如何均衡地定价的。资本资产定价模型考察的是当所有投资者均以相似的方式进行投资、投资市场最终达到均衡时,各种投资品是如何定价的。由此,它们各自的理论出发点是完全不一样的。

第四,适用范围不同。套利定价理论是从不存在无风险套利的角度推导出来的。由于投资市场中有可能存在少数投资品定价不合理而整个投资市场处于均衡之中(比如,投资品数少到不足以产生无风险套利机会)的情况,所以套利定价理论所提供的定价关系有可能对少数投资品不成立。也就是说,在满足套利定价理论假设的情况下,用该理论给投资品或投资组合确定均衡价格,有出现偏差的可能。而资本资产定价模型是从它的假设条件经逻辑推理得到的,它提供了所有投资品及投资组合的期望收益率与投资风险关系的明确描述,只要模型条件满足,以此来确定的任何投资品或投资组合的均衡价格都是正确的。

第五,指导意义不同。与单因素的 CAPM 模型不同的是,套利定价理论的基础是多因素模型。该理论指出,金融投资者可以就每一种风险因素构造出一个只受该因素影响的投资组合(比如,只有敏感度 $\beta_{1i} \neq 0$,其余敏感度均为零)。这样,投资者将资金投资于该投资品就等于将资金投资于某"风险因素"。这一结论的另一种含义就是金融投资者可以通过有选择地构造投资组合而使该投资组合对某一类或某几类风险因素的敏感度为零。这就意味着金融投资者可以根据自己的风险偏好选择那些对自己可能有利、自己愿意和能够承担的风险,而完全回避掉那些对自己可能不利、自己不愿意或不能够承担的风险。这对金融投资者科学、合理地选择适合于自己的投资品是一个很重要的启迪。

当然,作为解释投资品定价行为的一种新的理论,套利定价理论在实证检验方面尚难得到深入的探讨。其最大的问题就是套利定价理论无法事先让我们知道影响投资品收益率的因素有哪些,从而使得我们在实际投资分析中感到有点束手无策。国内外的许多著名学者都曾力图从实证分析上来对套利定价理论作出科学的验证,但迄今为止,学术界仍无法明确到底有多少个因素共同影响着投资品的收益率。

但是，套利定价理论的基本前提——收益率是多因素变量而不是单因素变量的函数，具有很大的吸引力。如果因素变量能够确定，理论能给出实际问题较满意的回答，那么，套利定价理论很有可能取代资本资产定价模型来描述投资品预期收益率与其投资风险的均衡关系。

(二)APT 模型与 CAPM 模型的联系

由 APT 模型(8-25)式可知：证券 i 的预期收益率可以表达为纯要素组合的预期收益率的多元线性函数，即 $E(R_i)$（资产的预期收益率）与 λ_j（风险贴水）存在线性正相关关系，这一结论非常类似 CAPM 模型。但是在 APT 模型中，并没有像 CAPM 那样直接定义了风险溢价 λ_j 的含义，APT 模型中 λ_j 的大小如何计算是待定的。

与 APT 模型相比，CAMP 模型强调的是市场证券组合 M，其表达式为：

$$E(R_i) = R_f + [E(R_M) - R_f] \cdot \beta_i$$

$$\beta_i = \frac{Cov(R_i, R_M)}{\sigma_M^2}$$

由要素模型：$R_i = a_i + b_{i1}F_1 + b_{i2}F_2 + \cdots + b_{im}F_m$

可得：$Cov(R_i, R_M) = b_{i1}Cov(F_1, R_M) + b_{i2}Cov(F_2, R_M) + \cdots + b_{im}Cov(F_m, R_M)$

记：$\beta_i = \dfrac{Cov(R_i, R_M)}{\sigma_M^2} = \sum\limits_{j=1}^{m} b_{ij} \dfrac{Cov(F_j, R_M)}{\sigma_M^2}$

如果用 β_j 表示要素 j 的 β 系数，$j = 1, 2, \cdots, m$

则有：$\beta_i = b_{i1}\beta_{F1} + b_{i2}\beta_{F2} + \cdots + b_{im}\beta_{Fm}$

再把上式代入 CAPM 模型，有：

$$\begin{aligned} E(R_i) &= R_f + [E(R_M) - R_f]\beta_i \\ &= R_f + [E(R_M) - R_f](b_{i1}\beta_{F1} + b_{i2}\beta_{F2} + \cdots + b_{im}\beta_{Fm}) \\ &= R_f + \sum_{j=1}^{m} [E(R_M) - R_f]\beta_{Fj} b_{ij} \end{aligned}$$

对照 APT 模型 $E(R_i) = R_f + b_{i1}\lambda_1 + b_{i2}\lambda_2 + \cdots + b_{im}\lambda_m$，有：

$$\lambda_1 = [E(R_M) - R_f] \cdot \beta_{F1}$$

$$\lambda_2 = [E(R_M) - R_f] \cdot \beta_{F2}$$

$$\vdots$$

$$\lambda_m = [E(R_M) - R_f] \cdot \beta_{Fm}$$

由此可见,在套利定价理论与资本资产定价模型的假定条件均成立的情况下,套利定价模型所描述的投资市场均衡关系与资本资产定价模型所描述的均衡关系是相通的。只是 APT 模型并没有给出 λ_j 具体的大小,而 CAPM 却给了较具体的帮助。

四、APT 模型与三因素模型

套利定价模型(arbitrage pricing theory,APT)由罗斯在 1976 年提出,实际上也是有关资本资产定价的模型。模型表明,资本资产的收益率是各种因素综合作用的结果,诸如 GDP 的增长、通货膨胀的水平等因素的影响,并不仅仅只受证券组合内部风险因素的影响。

套利定价模型是资本资产定价模型(CAPM)的替代理论,虽然被称作套利定价模型,但实际与套利交易无关,是适用于所有资产的估值模型,其理论基础是,一项资产的价格是由不同因素驱动,将这些因素乘上该因素对资产价格影响的贝塔系数,加总后,再加上无风险收益率,就可以得出该项资产的价值。虽然 APT 理论上很完美,但是由于它没有给出都是哪些因素驱动资产价格,这些因素可能数量众多,只能凭投资者经验自行判断选择,此外每项因素都要计算相应的贝塔值,而 CAPM 模型只需计算一个贝塔值,所以在对资产价格估值的实际应用时,CAPM 比 APT 使用地更广泛。

套利定价模型,其理论要点是证券的收益率与一组影响它的要素线性相关,故有公式:

$$R_i = a_i + b_{i1}F_1 + b_{i2}F_2 + \varepsilon_i \qquad (8-27)$$

其中,R_i 为 i 第种证券的收益率,F_j 为第 j 个影响证券收益率的要素,b_{ij} 为证券 i 的收益率对要素 j 的敏感程度,ε_i 为随机误差项,有:

$$E(\varepsilon_i) = 0, E(\varepsilon_i\varepsilon_j) = 0 (i \neq j)$$

$$E[\varepsilon_i(F_j - \overline{F_j})] = 0, \forall j = 1,2,\cdots,R$$

法玛和弗伦奇的研究表明,小公司以及那些高账面市值比的公司的股票收益高于平均收益。这也许只是一种巧合而已。但也有证据表明这些因素与公司的盈利能力有关,因此,也许他们的确把握了简单的资本资产定价模型所未能反映的风险因素。

如果投资者在接受这些因素风险时,的确要求额外的收益,那么对期望收益,我们就会得到与套利定价理论看起来很是相似的计算公式:

$$r - r_f = b_{市场}(r_{市场因素}) + b_{规模}(r_{规模因素}) + b_{账面市值比}(r_{账面市值比因素}) \quad (8-28)$$

这一结论是广为人知的法玛－弗伦奇三因素模型(three－factor model)。

很多读者会问:以上的资产定价理论有何用处呢?在接下来的章节中我们将运用这些资产定价理论进行项目适当贴现率的估计,即资本成本的估计。在这些资产定价理论中,CAPM模型的运用简单而广泛。但运用CAPM模型所需要的数据如何获得呢?目前,很多商业的数据库都会提供上市公司股票的贝塔系数和市场的收益、无风险资产收益等数据,因此,我们可以运用这些数据很容易计算出一家上市公司股票期望的收益率水平。这可以为项目适当贴现率的确定提供帮助。具体方法将在以下章节介绍。本章的附录介绍了如何计算出上市公司股票的贝塔系数,可为运用CAPM模型提供数据准备。

第五节　有效市场假说

一、有效市场的定义

自20世纪60年代以来,市场效率理论一直是金融学中一个十分重要的议题之一,罗伯茨(Roberts,1967)从信息和价格反应的角度出发,将证券市场效率划分为弱式有效、半强式有效和强式有效三种形式。特别是芝加哥大学法玛(E. Fama,1970)教授从数学角度精确地定义了弱式有效市场、半强式有效市场和强式有效市场之后,有效市场假说(efficient market hypothesis,EMH)一直在西方金融理论中占据着主流位置,特别是在20世纪六七十年代经历了一段最为辉煌的时期,学者们广泛对此持有浓厚的兴趣,同时进行了大量的理论与实证研究。

有效的资本市场有所谓的内部有效市场(internally efficient markers)和外部有效市场(externally efficient markets)。内部有效市场又称交易有效市场(operationally efficient markets),它主要衡量投资者买卖证券时所支付交易费用的多少,如证券商索取的手续费,佣金与证券买卖的价差;外部有效市场又称价格有效市场(Pricing Efficient Markets),它探讨证券的价格是否迅速地反应出所有与价格有关的信息,这些"信息"包括有关公司、行业、国内及世界经济的所有公开可用的信息,也包括个人、群体所能得到的所有的私人的、内部非公开的信息。

本节讨论的有效市场主要指的是信息效率(外部有效市场),而不是分配效率(内部有效市场)。

有效市场假说是美国经济学家法玛(Fama)于20世纪60年代创立的,该假说认为,在一个充满信息交流和信息竞争的社会里,一个特定的信息能够在证券市场上迅速被投资者知晓,随后,股票市场的竞争将会驱使证券价格充分且及时反映该组信息,从而使得投资者根据该组信息所进行的交易不存在非正常报酬,而只能赚取风险调整的平均市场报酬率。只要市场充分反映了现有的全部信息,市场价格代表着证券的真实价值,这样的市场就称为有效市场。有效市场假说(EMH)是数量化资本市场理论的核心,同时也是现代金融经济学的理论基石之一。

二、有效市场的层次

在此假说中,证券市场中的信息有以下一些关系:

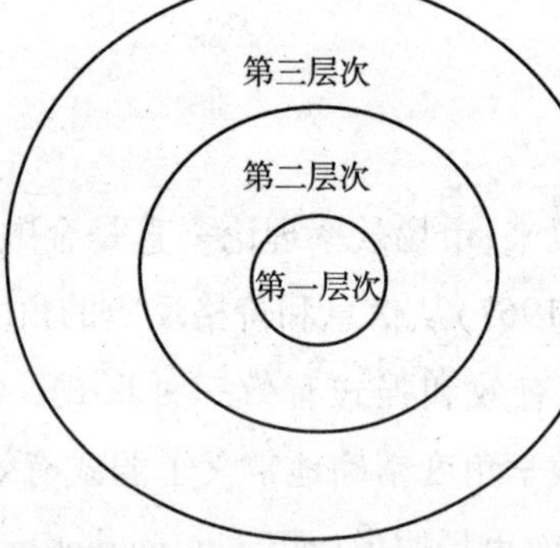

图8-17　有效资本市场及所对应信息集的不同层次

第一阶层:证券市场的历史价格信息;

第二阶层:所有公开的信息;

第三阶层:所有可知的信息,包括内部的和私人的信息。

三个阶层的关系如图8-17,它们是一个逐级包含的关系。

法玛教授定义的有效市场用文字描述指市场能够知晓所有可用的信息,并能正确地据此决定证券即期(t-1)期的市价。因此,在有效的资本市场下,证券价格能够充分地反映所有可以获得的信息。证券价格对有关信息的反映速度越快、越全面,证券市场就越有效率。根据证券价格对不同信息的反映情况,可以将证券市场的效率程度分为三等,即强式有效市场、半强式有效市场和弱式有效市场。

1. 弱式有效市场假说(weak form market efficiency)

该假说认为市场价格已充分反映出所有过去历史的证券价格信息,包括股票的成交价、成交量、卖空金额、融资金融等。因这些信息已免费公开给投资大众。假设这些历史信息中隐藏有关股票未来表现的信息,则投资大众会迅速地挖掘这些资料,采取买卖交易行为,使股价变动充分地反映出这些信息。弱式有效市场假说成立的话,证券市场的历史资料将失去作用,技术分析无用武之地,但基本分析尚可挖掘一些低价高值的股票。弱式有效市场的检验方法有时间序列相关检验、游程检验等。

2. 半强式有效市场假说(semi-strong form market efficiency)

半强式(semi - strong form)有效市场是指证券价格已经完全反映了所有公开可用的信息。这些信息不仅包括证券交易的历史数据,而且包括诸如公司的财务报告、管理水平、产品特点、持有的专利、盈利预测以及公布的宏观经济形势和政策等各种可用于基本分析的当前公开信息。同样,如果证券价格已经充分反映了这些信息,则分析这些信息对预测证券价格的未来变化也是无益的。

半强式有效市场的检验方法主要是事件研究(event studied),通过对公司重大事件宣布发生后股价走势变化的研究,给半强式有效市场提供证据。这些公司重大事件包括:公司购并、股利宣布、现金增资扩股宣布、股票分割宣布及营运利润公布等。

3. 强式有效市场假说(strong-sorm sarket efficiency)

强式(strong form)有效市场是最大程度的市场效率概念,在这种形式的假设下,证券价格已经完全反映了所有有关信息,不仅包括历史交易资料信息和所有公开可用的信息,而且包括仅为公司内部人掌握的内幕信息。一般来说,公司取得内部消息直至公开该消息给投资大众,无疑要一段时间,所以价格要迅速反应这些消息确属不易。公司内部人员或许会利用这些未公开的消息从事内幕交易,以此获取利润。各国和地区证券管理机构的责任之一就是打击这些内幕交易,维持股市交易的公平性。

强式有效市场检验的着重点在未公开的消息面上,而拥有未公开消息者,大都是公司的内部人士(insiders),其他外在投资者必须透过间接方法取得或推敲公司的内部消息,如基金管理公司的分析员会利用各种方式取得或推敲公司的内部消息。因为公司内部人士或基金随时可能拥有内部重大消息,而这些消息尚不为市场所知,因此,内部人士和基金只要在其他投资者之前采取买卖股票的动作,便有可能获得丰厚的利润。因此,强式有效市场假说的检验,主要以内部人士交易与基金的投资绩效为研究对象。实证研究的结果表明,内部人士交易确能获得丰厚的超额利润,不能支持强式有效市场假说的成立,换种说法就是市场要达到强式有效颇为不易,而基金的投资绩效并没反映出有超出市场平均水平的超额利润,似又支持强式有效假说。

三、违背有效市场假说的现象

资本市场的有效性研究在学术界是个有争议且又有重要性的课题。西方发达国家的证券市场中,20 世纪 50 年代以前,投资大众相信用基本分析或技术分析方法可获得超额利润;60—70 年代,学术界研究证明显示市场已达到相当程度的效率性,技术分析或基本分析无法提供投资者超额利润,而过去的近 20 年间,市场异例现象(marker anomalies) 又陆续有学者提出,市场有效性再度被质疑,故而迄今为止,市场有效性问题尚无明确结论。常见的市场异例现象包括:

1. 公司规模效应(size effect)

在股市中最有名的怪异现象要称小规模公司效应(the small-firm effect),平均地说,规模小的公司,其超额利润非常高,至少 20 世纪美国股市的历史资料显示了这样的结果。

2. 市盈率效应(P/E effect)

市盈率效应说明市盈率低的股票或投资组合,其超额利润较市盈率高的股票来得高。应该说明的是,这些超额利润均已经过风险贴水的调整。因根据有效市场假说,风险调整后的股票超额利润应该是一致的。也有解释认为不一致的原因是风险调整模型的不一致性。

3. 封闭式基金的折价效应(closed-end fund puzzle)

封闭式基金在交易所或柜台挂牌买卖,其买卖价格由市场内供需情况决定,因此,封闭式基金的买卖价格可能高于基金的资产净值,称溢价(premium),也可能比资产净值低,称折价(discount)。我国目前的投资基金中有部分封闭式基金,封闭式基金以折价成交为多。在美国和中国台湾的股市,封闭式基金同样地大多在以折价销售,折价幅度高达 20% 甚至 30%。因基金以股票为主要投资对象,在有效率的市场,其价格应与资产净值一致。

4. 周末效应与元月效应(weekend effect and january effect)

周末效应与元月效应均是与股市季节性有关的市场怪异现象。周末效应指的是,股价在周末收盘至下周一开盘间有大幅下跌的现象。周末效应可能的原因之一是公司或政府宣布对公司、经济有利的消息时,会挑选在股市交易时间内宣布此项利多,而对于利空消息,公司或政府大多会延迟至周末再宣布。由于股市在周末休市,投资者无法及时做出反应,故股价的向下调整会延迟反应在周一的开盘价上。

元月效应指的是股市元月份的报酬率异常地高于其他月份。在美国,投资者出于年底节税的动机,可能是造成元月效应的主要原因之一。年前售出持有股票,元月再实行买回,这样年前价格下跌,年后价格上升。年底节税之说,实际上有悖于有效市场假说。在国外市场,技术分析派人士常会劝说客户在周一买入股票,周五卖掉,或元月初入,元月中卖出。

本章小结

(1)对于单个资产,通常我们采用以某一特定期间内收益率的均值来衡量资产收益率的高低,采用资产收益率的方差(或标准差)衡量资产收益率的波动程度,即风险程度。平均来说,风险性资产可以赚取风险溢酬。

(2)投资组合的预期收益率是组合中每种资产的预期收益率的加权平均值,组合收益率的风险(方差或标准差)同时受到单个证券的风险(方差)、证券之间收益率的相关程度(协方差)的共同影响。在构建投资组合时,投资者更加关心资产收益率之间的相关性(协方差),而不是单个证券的风险(方差)。

(3)完全正相关资产组合后不具有风险降低的效果。但完全负相关资产组合,理论上可以将风险降低至零。一般来说,资产之间的相关系数在 1 和 -1 之间,所以,组合后都有一定程度的风险降低效果。这正是现代投资组合理论倡导分散投资的基础。

(4)资本资产定价模型(CAPM)首次以定量化数学模型的形式描述了资产收益和风险之间的线性正相关关系:个别资产 j 的预期收益率(r_j)与该资产的系统性风险(用 β_j 衡量)之间呈线性正相关关系。表达式如下:$r_j = r_f + \beta_j(r_M -$

r_f)，资本资产定价模型的图形表达被称为证券市场线(SML)。

(5)CAPM 模型认为，任何个别资产的风险都可分解为系统风险和非系统风险，其中非系统风险可通过分散化投资而消除，因此市场只会对系统风险支付额外的风险溢价。个别资产 j 的系统性风险可用贝塔系数(β_j)指标来衡量。β_j >1 时，表明资产 j 的系统性风险大于市场平均水平；β_j =1 时，资产 j 的系统性风险等于市场平均水平，资产 j 的风险收益特征就等同于市场投资组合；而 β_j <1 时，表示资产 j 的系统性风险小于市场平均水平。

(6)套利定价模型(APT)是资产定价理论的另一种重要理论，认为证券的预期收益受多种因素的影响，并可以表示为这些因素的函数。对于任意一种证券 j，若它对 m 种要素 $F_1, F_2, \cdots, F_m$ 的灵敏度分别为 b_{j1}，b_{j2} b_{jm}，则该证券 j 的预期收益率可以表示为：

$$E(R_j) = R_f + b_{j1}\lambda_1 + b_{j2}\lambda_2 + \cdots + b_{jm}\lambda_m$$

套利定价模型(APT)与资本资产定价模型(CAPM)既有联系，又有区别。

(7)经验研究中用得比较广泛的法玛—弗伦奇三因素模型使用了市场外风险源的代理变量，表达式如下：$r - r_f = b_{\text{市场}}(r_{\text{市场因素}}) + b_{\text{规模}}(r_{\text{规模因素}}) + b_{\text{账面市值比}}(r_{\text{账面市值比因素}})$

(8)有效市场假说(efficient market hypothesis，EMH)根据证券价格对不同信息的反映情况，将证券市场的效率程度分为三等，即强式有效市场、半强式有效市场和弱式有效市场。

弱式有效市场认为市场价格已充分反映出所有过去历史的证券价格信息，半强式指证券价格已经完全反映了所有公开可用的信息，强式有效市场是指证券价格已经完全反映了所有有关信息，不仅包括历史交易资料信息和所有公开可用的信息，而且包括仅为公司内部人掌握的内幕信息。

(9)违背有效市场假说的现象主要包括：公司规模效应(size effect)，市盈率效应(P/E Effect)，封闭式基金的折价效应(closed-end fund puzzle)，周末效应与元月效应(weekend effect and january effect)。

附录：Excel 应用于股票贝塔系数估计

根据本章所介绍的知识，我们选取长虹 2012 年 1 月 1 日到 2012 年 12 月 31

日交易日的个股收益率，同期市场综合收益率和无风险收益率数据，根据以下线性回归方程，可以计算出长虹公司的贝塔指数：

$$R_{长虹,t} - r_{f,t} = \beta(R_{M,t} - r_{f,t}) + \varepsilon_t$$

其中，$R_{长虹,t}$ 是长虹公司普通股在 t 交易日的个股收益率，在附图 8-1 中等价于 R(ch)，$r_{f,t}$ 是 t 交易日里的无风险收益率，$R_{M,t}$ 表示 t 交易日的市场收益率，β 是回归系数，ε_t 是误差项。为了简单起见，将应用 Excel 软件来估计长虹公司的贝塔系数，以下将介绍其简明的实现步骤：

	A	B	C	D
3	证券代码	交易日期	R(ch)-r(f)	R(m)-r(f)
4	600838	2012-12-31	0.005837	0.015263
5	600838	2012-12-28	0.005871	0.012663
6	600838	2012-12-27	-0.019194	-0.005518
7	600838	2012-12-26	0	0.005094
8	600838	2012-12-25	0.00969	0.02537
9	600838	2012-12-24	0.007813	0.002805
10	600838	2012-12-21	-0.015385	-0.005613
11	600838	2012-12-20	-0.020716	0.003094
12	600838	2012-12-19	-0.044964	0.00145
13	600838	2012-12-18	0.037313	-0.000071
14	600838	2012-12-17	0.09165	0.005204
15	600838	2012-12-14	0.044681	0.042956
16	600838	2012-12-13	-0.012605	-0.010902
17	600838	2012-12-12	0.004219	0.003245
18	600838	2012-12-11	0.002114	-0.004963
19	600838	2012-12-10	0.015021	0.011329
20	600838	2012-12-07	0.035556	0.017414
21	600838	2012-12-06	-0.006623	-0.001402
22	600838	2012-12-05	0.029545	0.030754
23	600838	2012-12-04	0.020882	0.009453
24	600838	2012-12-03	-0.037946	-0.014103
25	600838	2012-11-30	0	0.010015
26	600838	2012-11-29	-0.056842	-0.006049
27	600838	2012-11-28	0.086957	-0.011653
28	600838	2012-11-27	-0.03532	-0.015929
29	600838	2012-11-26	-0.008753	-0.007289

附图 8-1　数据整理

1. 查找并整理数据

首先,从 CSMAR 数据库中提取所需的2012 年度四川长虹(600839)每一交易日下的股票收益率,以及相应的沪深两市 A 股综合市场收益率。选择"股票市场列"⟶"CSMAR 中国股票市场交易数据库"⟶"个股交易数据",代码选择"600838",起始日期选择"2012 年 01 月 01 日",终止日期选择"2012 年 12 月 31 日",字段选择"证券代码"、"交易日期"及"考虑现金红利再投资的日个股回报率",提取并导出数据。

然后,在"综合市场交易数据"中提取市场收益率。证券代码及起至日期同上,字段选择"综合市场类型"、"交易日期"及"考虑现金红利再投资的综合日市场回报率(流通市值加权平均法)"。限制综合市场类型等于 5,即综合 A 股市场。将所得数据导出至 Excel 文档。整理股票收益率与市场收益率,再结合无风险收益率的数据,将数据综合整理得到以下数据表:

2. 数据格式化

将数据整理如图 1 所示。可以发现,C 列、D 列中的收益率格式均为文本,需要将其转化成对应的数字格式。先找到单元格格式按钮,然后选择数值按钮,如下图所示:

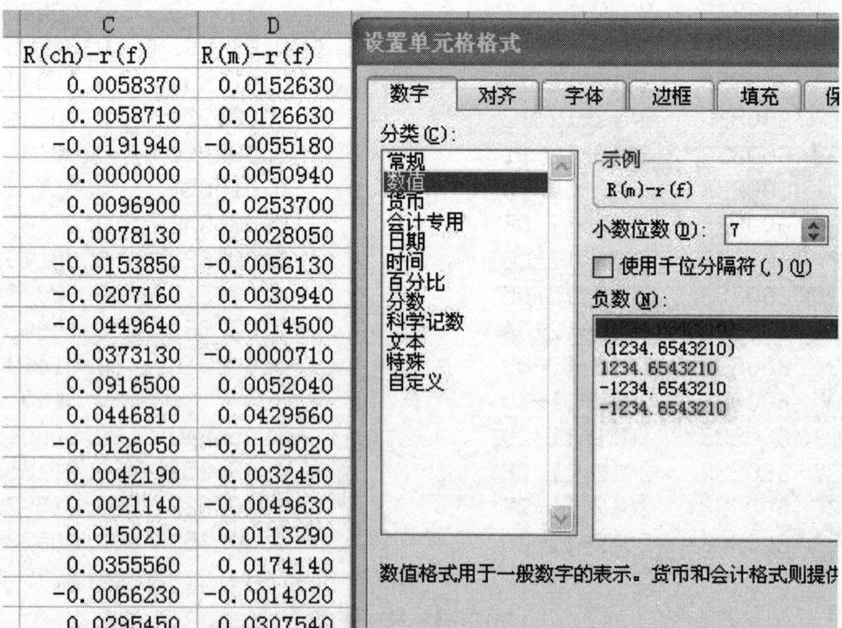

附图 8-2 数据格式化

3. 数据回归分析

然后，选择“数据”标签下的“数据分析”，找到“回归”一项。得到如下结果：

SUMMARY OUTPUT

回归统计	
Multiple	0.211629
R Square	0.044787
Adjusted	0.040807
标准误差	0.023
观测值	242

方差分析

	df	SS	MS	F	gnificance F
回归分析	1	0.005953	0.005953	11.25278	0.000924
残差	240	0.126964	0.000529		
总计	241	0.132917			

	Coefficien	标准误差	t Stat	P-value	Lower 95%	Upper 95%	下限 95.0%	上限 95.0%
Intercept	0.000152	0.001479	0.103058	0.918003	-0.00276	0.003066	-0.00276	0.003066
X Variabl	0.4205	0.125353	3.354516	0.000924	0.173567	0.667433	0.173567	0.667433

附图 8-3 回归结果

4. 整理结果

由以上回归结果，我们得到以下回归方程：

$$R_{长虹,t} - r_{f,t} = 0.000\,152 + 0.420\,5(R_{M,t} - r_{f,t})$$

由回归方程我们可以知道贝塔系数是 0.420 5。

思考题

1. 运用以下信息，计算 X 和 Y 的平均收益率、方差及其标准差：

年	收益率(%)	
	X	Y
1	15	18
2	23	29
3	−34	−31
4	16	19
5	9	11

2. 某只股票年末的价格与股利如下表所示：

年	价格(元)	股利(元)
1	49.62	—
2	55.83	0.68
3	57.03	0.73
4	50.25	0.84
5	53.82	0.91
6	64.18	1.02

请问这只股票的算术平均收益率和几何平均收益率是多少?

3. 如何在风险资产的有效集中确定最优的投资组合?

4. 根据如下信息,计算期望收益和标准差:

经济状况	经济状况发生的概率	经济状况发生时的收益率
衰退	0.10	-0.045
萧条	0.25	0.044
正常	0.45	0.120
繁荣	0.20	0.207

5. 考虑如下信息:

经济状况	经济状况发生的概率	经济状况发生时的收益率		
		股票 **A**	股票 **B**	股票 **C**
繁荣	0.20	0.30	0.33	0.33
良好	0.35	0.12	0.15	0.15
不佳	0.30	0.01	-0.05	-0.05
萧条	0.15	-0.06	-0.09	-0.09

(1) 你的组合中各投资30%于股票A和股票C,投资40%于股票B。这个组合的收益率是多少?

(2) 这个组合的方差是多少?标准差是多少?

6. 假定你有一个股票组合:投资25%于股票Q,投资20%于股票R,投资15%于股票S,还有投资40%于股票T。这四只股票的贝塔系数分别是0.75、1.90、1.38和1.16,这个组合的贝塔系数是多少?

7. 一只股票的期望收益是10.5%,它的贝塔系数是0.73,无风险利率是

5.5%，市场的期望收益是多少？

8. 一只股票的期望收益是16.2%，它的贝塔系数是1.75，市场的期望收益是11%。无风险收益必须是多少？

9. 假设你观察到如下情况：

经济状况	经济状况发生的概率	经济状况发生时的收益率	
		股票A	股票B
萧条	0.15	-0.08	-0.05
正常	0.70	0.13	0.14
繁荣	0.15	0.48	0.29

(1)计算每只股票的期望收益。

(2)假定资本资产定价模型有效且股票A的贝塔系数比股票B的贝塔系数大0.25，预期市场风险溢价是多少？

10. 为什么在市场上存在套利者？

11. CAPM模型的原理是什么？APT模型的内容是什么？

12. 怎样理解CAPM与APT模型的区别和联系？

13. 用有效市场假说分析中国股市价格的波动。

进一步阅读书目

[1]理查德·A.布雷利，斯图尔特·C.迈尔斯，富兰克林·艾伦，等．公司财务原理[M].方曙红，等，译．北京：机械工业出版社，2004.

[2]Stephen A. Ross，等.公司理财[M].北京：机械工业出版社，2009.

[3]滋维·博迪，等.投资学[M].陈收，杨艳，译．北京：机械工业出版社，2007.

[4]罗伯特·C.莫顿，兹维·博迪.金融学[M].北京：中国人民大学出版社，2007.

[5]郑长德.金融学：现代观点[M].北京：中国经济出版社，2011.

[6]道格拉斯·R.艾默瑞，等.公司财务管理[M].王化成，等，译.北京：中国人民大学出版社，1999.

[7]托马斯·E.科普兰，J.弗雷德·温斯顿，库尔迪普·萨斯特里，等.金融理论与公司政策(第4版)[M].柳永明，等，译.上海：上海财经大学出版社，2007.

[8]阿拉斯泰尔·L.戴.基于Excel的财务建模[M].北京：中国人民大学出版社，2004.

第四部分　融资与资本结构篇

第九章

资本成本

本章要点

1. 资本成本的概念
2. 权益资本成本的估计
3. 债务资本成本的估计
4. 加权资本成本的估计及用途
5. 项目资本成本的确定
6. 发行成本与加权资本成本

第一节　资本成本的概念

假设你是一家上市公司的总经理，现在你眼前有这么一个项目，初始投资为2 000万元，预计未来5年内每年能给公司带来600万元的现金流入，你该不该投资该项目呢？

显然，由之前学过的知识可知，对于是否接受一个项目需要知道该项目是否有一个正的净现值（NPV），若该项目净现值为正则可以对该项目进行投资，若该项目净现值为负就不应该投资该项目，那么该项目的净现值是多少呢？

要确定一个项目的净现值需要知道与该项目相关的现金流，并把这些现金流贴现，这就出现了一个问题，我们该以什么为这个项目的贴现率呢？本章将讨论的资本成本就是为了确定项目适当的贴现率。

一、必要报酬率和资本成本

什么是资本成本呢？为了理解这个概念，我们不妨回顾下第四章的基本现值等式，如下所示：

$$FV = PV(1 + i)^n$$

我们通常把一笔本金换算为未来价值的 i 称为利率或投资报酬率。上述基本现值等式也可用如下的另一种形式表达：

$$PV = \frac{FV}{(1 + i)^n}$$

已知终值，求现值的过程被称为贴现利率。所以，我们很容易看出，投资报酬率和贴现率本质上是同一事物的不同称谓。而我们早已知道，贴现率选择的基本原理是考虑机会成本。因此，报酬率、贴现率、机会成本三者在数值上是同样大小的事物。

资本成本与必要报酬率有何关系呢？

从字面意义上讲，成本是一种代价，公司资本成本应该是企业获得资金使用权需要付出的代价。考虑一个理想的金融市场，没有任何交易成本，没有税收，让渡资金使用权的投资者如果要求不低于 10% 的报酬率，则企业为了获得资金使用权需要付出的代价就是不低于 10%。因此，10% 就是公司投资的资本成本。它意味着当公司投资的报酬率超过 10% 时，这项目才能在补偿资金提供方后有剩余，即 NPV 才是正值。我们通常说一项投资的必要报酬率是 10%，其实就意味着投资的资本成本是 10%。资本成本与必要报酬率是一枚硬币的正反两面。

可见，资本成本与必要报酬率、适当的贴现率、机会成本等概念实际上可以相互替换。

二、资本成本由什么决定

在了解了资本成本的概念后我们不禁要问：既然资本成本是投资资金的机会成本，那资本成本的大小取决于哪些因素呢？

在回答这个问题前我们先来看看这种情形：当我们投资无风险项目时，由资本成本的定义可知，市场上无风险报酬率就是该无风险投资的资本成本；但当我们打算投资的项目具有风险时，在其他条件不变的情况下，根据证券市场线（SML），机会成本是金融市场上具有相当系统风险的投资的期望报酬率，因此我们所要求的报酬率会高于无风险报酬率，即风险项目的资本成本会高于无风险项目。这也就回答了我们一开始提的问题，即资本成本的大小主要取决于资金运用的风险，而不是资金的来源。

根据以上的结论,我们在这里很容易比较公司资本成本和项目资本成本两个不同的概念。所谓项目的资本成本是指项目本身所需投资资本的机会成本。不同投资项目的风险不同,所以它们要求的最低报酬率不同。每个项目都有自己的资本成本,它是项目风险的函数。

而公司的资本成本是投资人针对整个公司要求的报酬率。公司资本成本和项目资本成本的关系见表 9-1。可见,知道公司资本成本的水平,可能为我们估计项目资本成本提供些帮助。当然,两种资本成本的数量估计我们留在下面章节中详述。需要说明,我们本章在讨论这些资本成本时,假定公司的资本结构既定。

表 9-1　公司资本成本与项目资本成本比较

公司资本成本	是投资人针对整个公司要求的报酬率,或者说是投资者对于企业全部资产要求的最低报酬率
项目资本成本	是公司投资于资本支出项目所要求的最低报酬率
关系	1. 如果公司新的投资项目的风险与企业现有资产平均风险相同,则项目资本成本等于公司资本成本 2. 如果新的投资项目的风险高于企业现有资产的平均风险,则项目资本成本高于公司资本成本 3. 如果新的投资项目的风险低于企业现有资产的平均风险,则项目资本成本低于公司的资本成本

第二节　债务和权益资本成本的估计

我们都知道,公司的资金来源一般地说既包括债务资本,也包括权益资本。为了获得公司所有投资人要求的报酬率信息,本节将介绍债务资本成本、权益资本成本等个别资本成本的估算,并以此作为估计公司资本成本或项目资本成本的基础。

这里,一个可能让读者迷惑的问题是:既然资本成本的大小主要取决于资金运用的风险,为何还区分债务资本成本和权益资本成本,债务与权益难道不是根据资金来源在思考问题吗?

读者只要想明白,你既可以购买某家公司的股票,还可以同时购买该公司发的债券,资金来源都是你提供的,但你所要求的必要报酬率会否一样呢?事实上，债务资本与权益资本承担的风险不一样，所以，二者所要求的必要报酬率也会不一样。

如何估算个别资本成本的大小呢？我们已经熟悉了一个基本原则：资本成本与机会成本在数值上相当。金融市场提供了各种风险不等的投资机会，为我们估算机会成本的大小提供了理想场所。因此，观察金融市场上各种风险不等的投资机会的报酬率是估算个别资本成本的基本思路。我们先从简单的债务资本成本入手。

一、债务资本成本

债务资本成本，简称债务成本，是公司的债权人对新的借款所要求的报酬率。简单地说，公司通过发债券或申请借款等方式需要支付的利息率就是债权人所要求的报酬率。就发债券而言，报酬率或利率有多种统计，比如债券的票面利率、当期收益率、到期收益率等。显然，到期收益率是债务最合适的资本成本衡量。因为，票面利率、当期收益率都没有考虑货币时间价值，而到期收益率是最精确的利率。幸运的是，债券到期收益率可以在金融市场上直接观察到，或者通过以前所学内容很容易估计出来。

比如，两年前，某制造公司发行了1亿美元的债券，票面利率为7%。尽管债券一般都是按照面值发售，但在前两年的利息率致使他们折价发售。这份债券目前收益率为8%。为了扩张融资，该公司正在考虑大量发行债券。请问新债券的资本成本是多少？新债券的资本成本应该是8%左右，如果原有债券是以8%的收益率出售，那么新债券将不会以更低的收益率发售。票面利率7%其实是一个历史数据，通常称为债券的内嵌成本，与今天没有关联性。

如果公司新发行债券的评级已经知道，比如，AAA级，我们通过观察市场上已有AAA级公司债券的到期收益率很容易确定这款新发行AAA级公司债券的利率。如果我们在市场上无法找到相同评级的风险相当的可比债券，则可以通过政府债券（有相同的持有期）的到期收益率加上估计的公司信用风险溢价来确定。

申请金融机构的长期借款的资本成本估算原理同债券。但长期借款属于不可交易的债务，而且没有评级的信息，要寻找到可比债券的到期收益率可能有点困难。长期借款合约规定了借款利率，我们不妨用借款利率估算资本成本。

二、优先股资本成本

优先股永远在每期派发固定的股利，因此，优先股事实上构成永续年金，资本成本计算公式为：$\frac{D}{P_0}$。其中，D 为优先股股利；P_0为优先股价格。优先股成本就是优先股股利收益率。

三、权益资本成本

普通股资本成本的确定方法与优先股类似，但由于普通股的股利并不固定，通常是随着公司经营状况而变动的，因此，普通股资本成本的计算难度稍大，方法也并不唯一。

（一）股利增长模型法

股利贴现模型（符号 DDM 表示）中，股利固定增长模型 $P_0 = \frac{D_1}{r-g}$，很容易求出股票投资者要求的必要报酬率。

$$\text{必要报酬率} = \frac{D_1}{P_0} + g$$

即由股利收益率和资本利得率两部分构成。则普通股资本成本计算公式为：

$$\frac{D_1}{P_0} + g$$

其中，D_1 为预期的下年股利额；P_0 普通股当前市价；g 为股利增长率。

股利收益率很容易估算，但 g 的估计就略为困难。

关于 g 的估计方法有三种选择：

一是直接预测公司未来若干年的股利增长率。如果某公司预计的下年股利收益率为4%，而预计未来 5 年的股利年增长速度为 7%，则公司权益资本成本可定为 11%。显然，这种方法很有挑战性，因为面对未来的预测有很大的困难。

二是根据过去股利支付数据的平均水平衡量未来的股利增长率。显然，这是次优选择，但数据容易获得。股利增长率可以按几何平均数计算，也可以按照算术平均数计算。但我们知道，由于股利折现模型的增长率是一个长期的平均增长率，而几何平均数要小于算术平均数，采用几何平均数可能更符合实际的增长。

三是利用目前的财务数据计算可持续增长率,作为未来股利增长率的估计。公司在平衡融资策略下的增长速度被认为是可以持续的,可持续增长率的高低取决于 ROE 和留存比率的高低,即:

$$可持续增长率\ g = ROE \times 留存比率$$

利用利润表和资产负债表,很容易找到这两个指标,计算出可持续增长率作为公司未来股利增长率。

股利增长模型法简单,适用于派发股利稳定增长的公司,但该方法没有考虑风险,而我们已经强调,资本成本大小由资金运用的风险决定。

(二)CAPM 模型法

CAPM 模型提供了资产定价的一种方法,因为考虑了资金运用的风险,被广泛运用于权益资本成本的估计。根据 CAPM 模型,

$$普通股资本成本率 = 无风险报酬率 + 风险报酬率$$

$$风险报酬率 = \beta \times (股票市场平均报酬率 - 无风险报酬率)$$

贝塔系数反映了个别股票证券风险报酬率相对于所有股票证券平均风险报酬率变动程度的指标。

【例 9-1】 某公司股票的贝塔系数是 1.2,估计的市场风险溢酬 8%,无风险利率6%。公司上一次的股利是每股2 美元,预计股利将以 8% 的水平无限期增长下去。目前股票售价 30 美元。计算公司的权益成本?

解:根据 SML 法:权益成本 =6% +1.2 ×8% =15.6%

根据股利增长模型法

权益成本 = 2 ×(1 +8%)/30 +0.08 =15.2%

既然两种方法都有估算结果,不妨取两结果的平均值 15.4% 作为公司的权益成本。当然,很多时候我们可能受数据获得限制,只能计算出其中之一,那就以计算出的结果作为权益成本。

【例 9-2】 某大学教材出版商的贝塔系数为 1.3,它属于 100% 权益融资,即没有负债。该出版商正在考虑几个能使其规模扩大 1 倍的资本预算项目,这些新项目与公司目前的项目类似,因此假设新项目的平均的贝塔系数等于其现有的贝塔系数值。无风险利率是 5%,若市场风险溢价是 8.4%,这些新项目的贴现率是多少?

解:权益资本成本估计如下:

$$r_S = 5\% + 8.4\% \times 1.3$$
$$= 5\% + 10.92\%$$
$$= 15.92\%$$

本例中有两个重要假设:①新项目的贝塔风险与企业原有风险相同;②企业无债务融资。当然,如果存在债务融资,则处理会有变化,在此不详述,后面我们将介绍财务杠杆的存在对权益贝塔值的影响。

以上两例中我们是已知以下三个变量:①无风险利率 r_f;②市场风险溢价 $r_M - r_f$;③公司贝塔系数 β。而在实践中,我们如何估计这些参数呢?

1. 无风险利率

现实中没有一种债券可以做到完全无风险,而国债也只是没有违约风险。当然,短期的国债面临的利率风险、通货膨胀风险很小,可以忽略,因此,短期国债工具基本上可以视为无风险资产,其收益率可以作为无风险利率。在美国,货币市场基金有时也被认为是无风险资产。在我国,由于债券市场不发达,交易投资不活跃,债券品种的期限结构也不尽合理,因此,一年期银行存款利率有时也被作为无风险利率。此外,还可选择银行间同业拆借市场利率或银行间回购利率作为无风险利率。

2. 市场风险溢价

方法一:运用历史数据。我们可以运用市场的历史成交数据估计市场的历史收益率和风险溢价。当然,现在有不少商业的数据库会有偿提供此类数据。

方法二:运用股利折现模型(DDM)。我们都知道,每股股票的价格等于其所有未来股利的现值之和。更进一步的,如果预期公司股利保持固定速率 g 增长,那么每股股价 p 就可以写为:

$$p = \frac{Div}{r - g}$$

其中,Div 是明年收到的每股股利,r 是贴现率,g 是股利的固定年增长率。这个公式可以变形后得到以下形式:

$$r = \frac{Div}{p} + g$$

换句话说,一只股票的年收益率就是其下一年的股利收益率与股利的年增长率之和。这个公式不仅可以估计一只股票的总收益率,而且同样可以用来估计市场整体的总收益率。式子右边的第一项很容易进行估计，因为不管是公开的出版物还是网络服务都会计算市场的股利收益率。

当然，以上两种方法中，历史数据的运用更广泛，因为历史数据可以精确计算出来，几乎没有主观判断的空间，但历史数据并不代表现在和未来。DDM 方法中需要对未来股利增长进行估计，而这种估计的主观性将难以避免。所以，两种方法都不是完美的。

3. 贝塔的估计及影响因素

前面的例子中我们都假设公司的贝塔是已知的。但在实际工作中，贝塔是需要估计的。我们在上一章附录中介绍了估计贝塔值的一种过程。这里再简单说说对贝塔估计值产生影响的一些因素。

我们知道，股票的贝塔是股票收益率与市场组合收益率的标准协方差。对于股票 i，贝塔的计算公式为：

$$\text{股票 } i \text{ 的贝塔} = \frac{Cov(R_i, R_M)}{\text{Var}(R_M)} = \frac{\sigma_{iM}}{\sigma_M^2} \tag{9-1}$$

即贝塔是股票收益率与市场收益率的协方差除以市场收益率的方差。因此，估算公司贝塔值的基本方法是利用 $t = 1,2\cdots,T$ 个观测值按照如下公式进行估计：

$$\frac{Cov(R_i, R_M)}{\text{Var}(R_M)}(t = 1,2,\cdots,T\text{ 个观测值})$$

公司贝塔值估算中存在的问题：(1)贝塔可能随时间的推移而发生变化。(2)样本容量可能太小。(3)贝塔受财务杠杆和经营风险变化的影响。

解决办法：①对以上第(1)个和第(2)个问题可通过采用更加复杂的统计技术加以缓解。②根据财务风险和经营风险的变化对贝塔做相应的调整有助于解决第(3)个问题。③注意同行业类似企业的平均 β 估计值。

现实中的贝塔如何确定呢？我们知道，一只股票的贝塔不是与生俱来的，而是由企业的特征决定的。对贝塔产生重要影响的三个因素分别是：收入的周期性、经营杠杆和财务杠杆。

(1)收入的周期性与贝塔。有些企业的收入具有明显的周期性。也就是说，这些企业在商业周期的扩张阶段经营很好，而在商业周期的紧缩阶段经营很差。经验证据表明，高科技企业、零售企业和汽车企业随商业周期而波动，而公用事业、铁路、食品和航空类的企业则与商业周期相关不大。由于贝塔是个股收益率与市场收益率的标准协方差,所以周期性强的股票当然就有较高的贝塔值。

需要注意的是,周期性不是变动性。比如一个电影制片厂,因为其未来成功还是失败难以预料,所以收入的变动性大,但是,影片厂的收入更多地取决于影片的发行质量,而非商业周期,所以电影公司的周期性并不强。也就是说,股票的标准差大而其贝塔并不一定就高。

(2) 经营杠杆与贝塔。公司常常要面临固定成本与变动成本之间的权衡。例如,公司可以建造自己的工厂,从而导致其产生较高的固定成本。而另一种选择则是公司将生产过程外包给供应商,这将降低固定成本但却会提升变动成本。固定成本将会放大销售周期性的影响。即使是在销售水平很低的水平下,却仍然要支付固定成本,从而使得公司可能面临着大幅度的亏损。但采用固定成本替代变动成本,任何额外的销售额所产生的额外的成本较低,又能大幅提升公司的利润。

固定成本高而变动成本低的公司通常被称为拥有较高的经营杠杆。相反,固定成本低而变动成本高的公司经营杠杆较低。经营杠杆可以用经营杠杆系数(DOL)度量,表示为:

$$\mathrm{DOL}=\frac{\Delta EBIT/EBIT}{\Delta Q/Q}$$

即经营杠杆系数是息税前收益变动率与销售量变动率的倍数,反映了经营风险的大小。

经营杠杆放大了公司销售收入的周期性对贝塔值的影响。也就是说,如果公司在其生产过程中用固定成本替代变动成本,那么在销售收入既定的情形下,公司的贝塔值将会上升。

(3) 财务杠杆与贝塔。从名称上看,财务杠杆与经营杠杆是类似的概念。经营杠杆与企业生产经营的固定成本有关,而财务杠杆则反映了企业对债务融资的依赖程度,杠杆企业是指资本结构中有债务的企业,杠杆企业无论其销售情况如何都要支付利息,所以财务杠杆与企业固定的财务费用有关。

正如经营杠杆的上升会导致贝塔值的上升一样,财务杠杆的上升也会使贝塔值上升。为了说明这一点,我们可以先考虑公司的资本结构中包含部分负债和部分权益的情形。假定某人拥有企业全部的资产和负债,即拥有整个企业,那么他的这个由资产和负债构成的企业的组合贝塔系数是多少呢?

与任何其他组合一样,这个组合贝塔系数等于组合中每个单项贝塔的加权平均。D 代表企业债务部分的市场价值,E 代表企业权益部分的市场价值,则有以下公式:

$$\beta_{资产} = \frac{E}{E+D}\beta_{权益} + \frac{D}{E+D}\beta_{负债} \tag{9-2}$$

其中,$\beta_{权益}$ 是杠杆企业权益的贝塔。我们可以注意到,式中负债的贝塔 $\beta_{负债}$ 乘以负债在资本结构中的百分比 $E/(E+D)$ 。同样,权益的贝塔乘以权益在资本结构中的百分比 $D/(E+D)$ 。这个组合包括企业的负债和权益,所以组合贝塔就是资产贝塔。我们已经讲过,对于全部以权益融资的企业,资产贝塔可以看做普通股的贝塔。

在实际中负债的贝塔很低,一般假设为零。若假设负债的贝塔为零,同时,我们假设公司没有所得税,即不考虑债务的节税影响,[①]则:

$$\beta_{资产} = \frac{E}{E+D}\beta_{权益} \tag{9-3}$$

对于杠杆企业,$E/(E+D)$ 一定小于1,所以 $\beta_{资产} < \beta_{权益}$,将上式变形,有:

$$\beta_{权益} = (1+\frac{D}{E})\beta_{资产}$$

有财务杠杆的情况下,权益贝塔一定大于资产贝塔。换句话说,在其他条件都相同的情况下,杠杆公司的权益贝塔值总是高于全权益公司的权益贝塔值。我们用哪个贝塔值来进行回归估计呢,是资产贝塔还是权益贝塔?现实世界通常使用权益贝塔,因为在回归分析中我们通常用的是股票收益率的数据。如果要用资产的贝塔值,我们必须根据式子:$\beta_{资产} = \frac{E}{E+D}\beta_{权益}$ 来将权益贝塔转换成资产贝塔。

以上说明,财务杠杆对公司权益贝塔值会产生影响。

【例 9-3】 考虑一家树苗栽培公司,忽略公司所得税。公司目前是 100% 权益型,贝塔为 0.8。公司已经决定将资本结构改为负债—权益比为 1:2,但公司业务性质不变,请分析举债对公司权益贝塔的影响?如果公司的资本结构为 1:1的负债权益比呢?

解:由于公司的业务不变,其资产的贝塔应该保持不变,即 0.8。但是,在假

---

① 考虑公司所得税的情况下,公式会有所变化,详见后续章节。

设负债的贝塔为零的情况下，公司权益的贝塔将变成：

$$\beta_{权益} = (1 + \frac{D}{E})\beta_{资产}$$

$$= 0.8 \times (1 + \frac{1}{2}) = 1.2$$

如果公司的资本结构为1:1的负债权益比，那么权益的贝塔将等于：

$$1.6 = 0.8 \times (1 + 1)$$

但是，只要公司的业务不变，公司资产的贝塔将保持0.8不变。财务杠杆的效应将体现为权益贝塔的增加。

（三）DDM 模型与 CAPM 模型的比较

DDM 模型与 CAPM 模型是内在一致的，尽管学者们更偏爱 CAPM 模型。而且一项最近的研究表明，运用 CAPM 模型估计权益资本成本的公司所占的百分比接近3/4，而运用 DDM 模型估计相同参数值的公司却不到1/6。为什么钟摆偏向了 CAPM 模型的一边呢？

根据我们所知，到现在还没有系统的比较这两种方法，但是 DDM 模型看起来比 CAPM 模型包含更多的度量误差。问题就在于 DDM 模型中，当估计单个公司的增长率时，我们所介绍的三种估计 g 的方法其实都包含了许多的度量误差。相反，在 CAPM 模型中计算市场风险溢价时，DDM 模型被用于估计市场整体的增长率 g，尽管在这个过程中也存在着度量误差，但是这种误差却要小得多。这是因为当我们将度量的对象由单个公司转向市场整体时在估计单个公司的 g 时的大部分度量误差就被分散消除了。不管怎样，尽管我们一直对于 DDM 模型在实践中的应用持批判的态度，但是 DDM 模型仍提供了一些很重要的直觉判断。

四、留存收益资本成本

公司的留存收益是公司从历年实现利润中提取的留存于公司内部的积累，它来源于公司经营活动所实现的利润，是由公司的税后净利润形成的，它属于普通股股东的权益，因此留存收益资本成本的计算方法与普通股资本成本相同，差别只在于留存收益成本是一种机会成本，是股东放弃股利分配投资别处的报酬率，而不需要实际的现金支付。

第三节　加权平均资本成本及项目资本成本

一、加权平均资本成本(WACC)原理

在上一阶段的学习中,我们了解了个别资本成本的计算。但在实际应用中,对于大多数公司来说,其正常需要的项目资本实际上是由多种来源共同组成的。因此要衡量一家公司的资本成本,我们需要计算其加权平均资本成本。

所谓加权平均资本成本(WACC)是指:以各种资本占全部资本的比重为权数,对各种资本成本进行加权平均计算的综合资本成本。其计算公式为:

$$WACC = \sum_{i=1}^{n} W_i \times r_i$$

其中:W_i 为相应的第 i 项资本比重,即权数;r_i 为单项资本成本。

从以上计算公式中可知,要计算一家企业的加权平均资本成本,关键是要确定各类资本成本在资本总额中的比重。对此,现实中常用的方法有三种:账面价值法、市场价值法和目标价值法。

(一)账面价值法

所谓账面价值法是以公司资产负债表列示的债券、股票等资本的账面价值为基础,计算各类资本占总资本的比重,并以此作为权数来计算其加权平均资本成本的一种方法。此种方法的优势在于相关资料的取得比较容易,直接从资产负债表中就可得到有关数据,且计算结果较稳定;但当市场价值与账面价值偏离较大时,以此方法计算资本成本就会导致与实际资本成本产生较大偏差,不利于决策者制定相关决策。

(二)市场价值法

市场价值法与账面价值法计算方法类似,不同点在于市场价值法与当前资本市场的情况紧密相关,以当前市场价值为权数,所表示的是公司当前实际的资本成本,反映了当前的真实权重,更有利于公司进行相关决策。缺点在于公司各项资本的市场价值随时都在发生变化,比较难以获得准确的数据,反映的是当前某一时刻的资本成本,其计算结果具有不稳定性。

(三)目标价值法

目标价值法即以各类资本的目标价值为基础来计算各类资本占总资本的

比重,并以此为权数来计算加权平均资本成本的方法。该种方法能够体现公司所想要达到的资本结构,公司可以以此为基础来调节实际筹集的各项资本比重。但在现实运用中,由于各公司的目标价值具有很强的主观性,对最终的计算结果会产生较大影响。其计算方法与账面价值法和市场价值法类似。

表 9-2 加权平均资本成本三种权重方法比较

类别	性质	评价
账面价值法	反映过去的资本结构	优点:资料容易取得,计算方便 缺点:当资本的账面价值与市场价值差别较大时,计算结果与实际差别大,不一定符合未来状态,会扭曲资本成本
市场价值法	反映现在的资本结构	优点:计算结果反映企业目前的实际情况 缺点:证券市场价格变动频繁
目标价值法	反映未来的目标资本结构	优点:能体现期望的资本结构,据此计算的加权平均资本成本更适用于企业筹措新资金。目前大多数公司在计算资本成本时采用按平均市场价值计量的目标资本结构作为权数

介绍了权重确定方法以后,现考虑公司两种资本:债务资本成本和权益资本成本,则加权平均资本成本计算公式如下:

$$WACC = \frac{E}{V} \times r_E + \frac{D}{V} \times r_D \times (1 - T)$$

其中,E 表示公司股权价值,D 表示公司债务价值,V 则是二者和,T 为公司所得税率,r_E 和 r_D 表示股权资本成本和债务税前资本成本。之所以债务税前资本成本后多了(1 - T),主要原因是支付债务利息有节税的效果,因为利息是公司计算所得税之前的收入扣除项目。

比如,公司按照年 9% 的借款利率借款 10 000 元,所得税率 10%。则税前利息年 900 元,可以让公司少交税 900 × 10% = 90 元,因此,年税后利息总额就是 900 - 90 = 890 元,或者说债务税后资本成本为 890/10 000 = 8.9%。

【例 9-4】 某公司发行在外的股票 140 万股,目前每股销售价格 20 美元。公司债在市场上公开交易,市价为面值的 93%。债券的总面值 500 万元,目前市价对应的收益率 11%。无风险利率 8%,市场风险溢价 7%,估计的公司贝塔系数为 0.74。所得税税率为 34%,计算 WACC?

解:根据 CAPM,$r_E = 8\% + 0.74 \times 7\% = 13.18\%$

根据题意，$r_D = 11\%$

WACC =（2 800/3 265）×13.18% +（465/3 265）×11% ×（1 − 34%）= 12.33%

通过以上的学习我们可以很明显地看到，影响企业加权平均资本成本的主要因素有两个：一是个别资本成本；二是企业的资本结构。具体来说，个别资本成本和资本结构又主要受利率水平、税收政策、公司的资本结构等因素的影响。在上述各种影响资本成本的因素中，市场的利率水平和政府的税收政策是企业无法控制的因素，而公司的资本结构是企业可以自己控制的因素。

二、加权平均资本成本的用途

（一）投资决策

我们已经知道，一家公司评价某个投资项目的方法可以用净现值法和内含报酬率法。采用净现值法时，项目资本成本是折现率；采用内含报酬率法时，项目资本成本是取舍的标准或要求的最低报酬率。

1. 当投资项目风险与公司核心业务风险相当

加权平均资本成本反映了整个公司资本成本的大小，可以作为整个公司的必要报酬率。当拟议投资和公司现有业务相类似时，WACC 可作为该投资的适当贴现率，用以取舍项目。

【例 9-5】　某项目第 1 年年末节约 500 万元的税后现金流，节约额以后每年以 5% 的速度增长。该企业的债务权益率为 0.5，权益成本 29.2%，债务税前成本 10%。已知该项目与公司核心业务密切相关。假设公司所得税率 34%，什么情况下可以接受该项目？

解：已知该项目与公司核心业务密切相关，说明 WACC 可以作为该项目贴现率。先计算出 WACC，然后对项目未来现金流入进行贴现。

WACC =（2/3）×29.2% +（1/3）×10% ×（1 − 0.34）= 21.67%

$$项目未来现金流入\ PV = \frac{500}{21.67\% - 5\%} = 3\ 000（万元）$$

当投资成本低于 3 000 万元的情况下可以接受该项目。

2. 当投资项目风险与公司核心业务风险差别很大

当拟议投资的风险和公司总体风险有很大差别时如何确定项目贴现率呢？回答这个问题，略有点复杂，我们将留到项目资本成本估计部分。但有一点是肯定的,项目贴现率的确定与 WACC 密切联系。

(二)筹资决策

一家公司筹资决策的核心问题就是确定资本结构。虽然,资本结构并不是本章讨论的话题。但是,WACC 的用途之一就是筹资决策,面对诸多筹资方案,公司需要选择最优的资本结构。最优的资本结构也可以说是加权平均资本成本最低时的资本结构。

(三)营运资本的管理

资本成本可以用来评估营运资本投资政策和营运资本筹资政策。例如,用于流动资产的资本成本提高时,可以适当减少营运资本投资额,并采用相对激进的筹资政策。

(四)评估企业价值

评估企业价值时,主要的方法之一是采用现金流量折现法。用什么作为贴现率呢? WACC 反映了整个公司资本成本的大小,是整个公司资产的必要报酬率。因此,使用公司加权平均资本成本作为公司现金流量折现时的贴现率。

(五)业绩评价

资本成本是投资人要求的报酬率,与公司实际投资报酬率进行比较可以评价公司的业绩。业绩评价领域被广泛使用的经济增加值(又名剩余收益,economic value added,EVA)概念就是用(ROA - 资本成本)×资本额获得。ROA 是资产回报率或资产利润率。经济增加值概念非常直观,公司全部资产由投资者资金形成,投资者如果要求 5% 的必要报酬率,也就是公司全部资金的资本成本为 5%,当公司资产回报率可以实现 5% 以上,比如 8%,则在补偿完所有投资者以后还有剩余收益。否则,当公司资产回报率不能达到 5%,比如 4%,则公司创造的利润不够补偿投资者。显然,这样的管理层是否值得投资者委以重任呢? 如果没有客观原因,显然,管理层的业绩有明显缺陷。

三、项目或部门资本成本的确定

当拟议投资的风险和公司总体风险有很大差别时如何确定项目贴现率呢?根据前面的观点,资本成本由项目风险决定。既然,拟议投资的风险与公司总体风险有很大差别,那么,项目贴现率应该与 WACC 有差别。考察一种不科学的情况:比如公司用 WACC 评估所有项目或部门的投资决策,会出现什么呢?

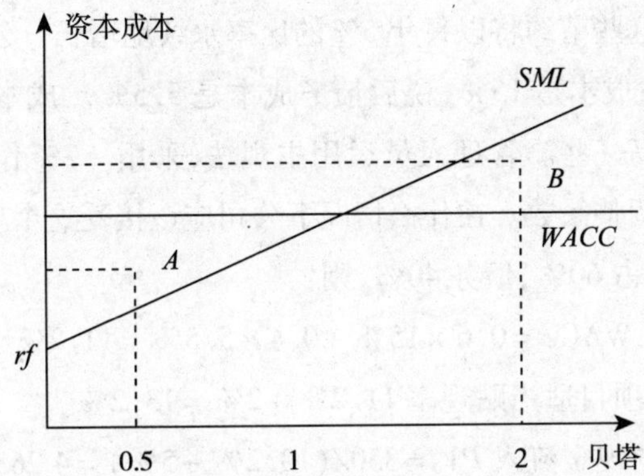

图 9-1　使用 WACC 评估所有项目(或部门)的投资存在的问题

从图 9-1 可以知道,公司有两个风险不等的项目 A 和 B。B 的实际报酬高于 WACC,A 的实际报酬低于 WACC。

但是,A 项目位于 SML 线之上,获得了比它的 0.5 的贝塔对应的均衡收益率更高的报酬,说明这个项目非常优秀,所以,应该选择。反观 B 项目,贝塔系数为 2,位于 SML 线之下,项目实际报酬低于了它的贝塔对应的均衡收益率,说明这个项目很糟糕,应该放弃。但如果公司用 WACC 评估所有项目,则会出现选择 B 而放弃 A 的情况。因此,当公司所投资项目风险不等,或者存在风险不一的不同部门,不能用 WACC"一刀切"所有项目或部门,否则会导致公司资源流向低效率项目或部门。

那如何估计项目或部门资本成本呢?由于单个项目或部门的贝塔系数很难准确获得,所以无法用 CAPM 模型估计。这里,有两种方法。

一种方法是专注法:观察类似项目(或部门)的专业上市公司的 WACC,作为新项目的适当贴现率。比如,我们公司原有业务是化工业,但现在准备介入进行房地产开发项目。对于房地产开发项目的适当贴现率可以观察和估算专业房地产上市公司的 WACC,因为房地产开发项目的系统风险与专业房地产上市公司的系统风险相当,应该有相当的报酬率。换句话说,专业房地产上市公司股票报酬率就是我们资金房地产开发项目的机会成本。可见,专注法适用范围是公司拟投资项目的系统风险与公司整体业务的系统风险迥异的情况。

另一种方法是主观法:在公司 WACC 基础上进行主观的风险调整后确定部门或新项目的适当贴现率。

【例 9-6】　某公司正在考虑一个项目,它将在第 1 年年末带来 350 万元的税后现金节约。这些节约将以每年5%的比率永续地增长。公司的目标债务权益率是0.65,权益成本是15%,税后债务成本是5.5%。成本节约建议比公司既有业务的风险高一些。管理人员运用主观法,采用+2%作为这种成本节约项目资本成本的调整系数。在什么情况下公司应该接受这个项目?

解:公司权益占60%,债务40%,则:

$$WACC = 0.6 \times 15\% + 0.4 \times 5.5\% = 11.2\%$$

利用主观法,项目适当贴现率 11.2% +2% =13.2%

该项目未来的现金流入 $PV = 350/(13.2\% - 5\%) = 4\ 265$(万元)

则成本节约项目投资少于4 265 万元时可以接受项目。

显然,主观法具有一定主观性。但是,用以确定项目或部门资本成本时还是可用的。

第四节　发行成本与加权平均资本成本

无论是股票还是债券融资,发行成本都是公司筹资时一笔不容忽视的费用。以我国上市公司的股票的首次公开发行(IPO)为例,海康威视股份公司IPO的发行费用为6 247.90 万元;碧水源股份公司IPO的发行费用为11 614.75万元;招商证券23 156.92 万元;分别占其发行总市值的1.8%、4.5%、2.08%。债券发行的平均费用比股票略低,但也始终存在。申请金融机构的长期借款,也会存在筹资费用。在前面的章节中,我们一直避而不谈这些发行成本。如果考虑这些发行成本,对加权平均资本成本有没有影响呢?

发行成本是否影响加权平均资本成本,事实上存在不同的处理。有些教科书认为,发行成本的存在应该调高加权平均资本成本。比如,以长期借款为例,假设某公司向银行举借500 万元,期限5 年,年利率10%,每年付息一次,到期一次还本。企业筹资费率为2%,则考虑筹资费用,该公司该笔长期借款的税前资本成本为:$\dfrac{500 \times 10\%}{500 \times (1 - 2\%)} = 10.2\%$。这个资本成本比忽略筹资费用下的成本10%要高。但本书并不打算遵循这种思路。再次强调,本书认为这种处理不是最优的。

事实上,我们一直强调资本成本的大小主要由资金运用风险决定。此外,资本预算决策中我们一直强调,利息与股利等筹资费用无关。因此,加权平均资本成本不应该受发行成本的影响。

问题在于,如果我们的项目必须通过发行证券来筹集项目所需资金,那如何体现发行成本的客观存在呢?

我们的基本思路是发行成本不影响加权平均资本成本,但影响投资项目的初始投资,进而会影响投资项目的净现值。

为了准确评估发行成本对投资项目的净现值的影响,我们需要先了解加权平均发行成本。因为通常情况下,项目资金既来自权益方式,也来自债务方式。因此,加权平均发行成本可以衡量项目资金的综合发行成本。加权平均发行成本以权益和债务两类不同资本的比重为权重,用个别发行成本加权平均的结果。其计算方法类似于加权平均资本成本。

【例 9-7】 公司新项目需要在初期投资 6 500 万元,考虑发行成本后初期实际投资是多少?已知目标资本结构为 80% 权益,20% 债务,权益发行成本为募集金额的 10%,债务发行成本是募集金额的 3%。如果项目未来每年带来现金流入 1 200 万元,项目寿命 10 年。假定公司 WACC = 10%,计算项目 NPV?

解:首先考虑初期实际投资因为发行成本会变成多少。

加权发行成本 $=80\% \times 10\% + 20\% \times 3\% = 8.6\%$

注意,这里我们需要用目标资本结构为计算加权发行成本的权重,道理非常简单,因为我们通常期望筹集资金以后公司资本结构达到目标资本结构。

项目初期投资应该修正为 $6\ 500/(1-8.6\%)=7\ 111$(万元)

意味着,为了筹集初期投资 6 500 万元,公司必须发行 7 111 万元证券。

项目 NPV = 1 200 万元 × 年金现值系数 − 7 111 = 1 200 万元 × 6.144 6 − 7 111 = 262.52 万元

注意:年金现值系数 6.144 6 是我们按照 WACC = 10% 计算得到的。发行成本并没有影响年金现值系数 6.144 6。发行成本作为相关的现金流降低了 NPV。

如果忽略发行成本,或者说新项目无需通过发行证券来筹集项目所需资金,则项目 NPV = 1 200 万元 × 年金现值系数 − 6 500 = 1 200 万元 × 6.144 6 − 6 500 = 873.52 万元

本章小结

(1)资本成本与必要报酬率是同义词,是公司投资项目需要达到的最低报

酬率,广泛运用于公司的投资决策、筹资决策以及业绩评价等领域。

(2)个别资本成本估计是加权平均资本成本的基础。权益资本成本可以运用股利增长模型(DDM)估计,但这种方法主要适用于股利发放比较稳定的公司,此外,没有考虑风险也是重要缺陷。相比较,CAPM 估计权益资本成本更受欢迎,不仅适用范围广,而且考虑了资金运用的风险。在 CAPM 模型中,贝塔值的大小受公司收入周期性、经营杠杆和财务杠杆的影响。CAPM 与 DDM 两方法各有优劣。

(3)债券资本成本的估计相对简单,可以通过观察金融市场上债券的到期收益率获得。债券资本成本具有税收节约的好处,所以,一般比权益资本成本要低。

(4)加权平均资本成本反映了整个公司资本成本的大小,可以作为整个公司的必要报酬率。当拟议投资和公司现有业务相类似时,WACC 可作为该投资的适当贴现率,用以取舍项目。

(5)估计项目或部门资本成本有两种方法:一种方法是专注法;另一种方法是主观法。

思考题

1. 资本成本是什么?它有什么作用?

2. 计算资本成本的方法有哪些?它们的优缺点各是什么?

3. WACC 中各项资本比重如何确定?

4. 假设甲公司股票的贝塔系数是 0.80,市场风险溢酬是 6%,无风险报酬是 6%。甲公司上一次的股利是每股 1.20 元,预期股利将以 8% 的比率无限期地增长下去。目前股票的销售价格是 45 元。甲公司的权益资本成本是多少?

5. 接第 4 题,假定甲公司的目标债务权益率是 50%,税前债务成本是 9%。如果税率是 35%,WACC 是多少?

6. 某化工公司于 7 年前发行了一份 30 年期,票面利率 7% 的,半年支付一次的债券。债券当前售价为面值的 108%。公司税率为 35%。问:税前和税后的债务资本成本分别是多少?哪个成本更相关,为何?

7. 某工业公司的股票的贝塔值为 0.85,市场风险溢价为 8%,当前国库券的收益率为 5%,最近的股利支付为 1.60 元,同时预计股利将以每年 6% 的增长率永续增长。如果公司的股票的售价为37元，那么你估计的公司的权益资本成本是多少？

8. 某集团公司于7年前发行了一份30年期，票面利率为7%，半年支付一次的债券。债券的当前售价为其面值的108%，公司税率为35%。请问：

(1)税前债务资本成本是多少？

(2)税后债务资本成本是多少？

(3)税前债务资本成本和税后债务资本成本哪个更相关，为什么？

9. 一家全权益公司正在考虑一下项目：

项目	贝塔值	期望收益率(%)
W	0.75	10.0
X	0.90	10.2
Y	1.20	12.0
Z	1.50	15.0

国库券的利率为5%，市场收益率为11%。请问：

(1)哪个项目的预期收益率高于公司11%的资本成本？

(2)应该接受哪个项目？

(3)如果公司以整体的资本成本作为最低收益率，哪个项目将会被错误地接受或是拒绝？

进一步阅读书目

[1]斯蒂芬·A.罗斯，伦道夫·W.韦斯特菲尔德，杰弗里·F.杰富.公司金融[M].机械工业出版社，2009.

第十章

财务杠杆与资本结构

本章要点

1. 财务杠杆效应
2. 财务杠杆系数
3. 资本结构及 MM 理论
4. 资本结构其他理论
5. 最优资本结构

第一节 财务杠杆效应

一、财务杠杆

财务杠杆(financial leverage)是指企业在筹资活动中采用债务或优先股筹资而产生了固定性债务利息或优先股股利等财务费用,而使得企业的每股收益(*EPS*)的变动幅度大于息税前利润(*EBIT*)的变动幅度的现象。简单地说,就是公司对债务筹资的利用会增加股东回报率的波动性。

企业运用财务杠杆可以获得一定的财务杠杆正效应,同时也可能承受相应的财务杠杆负效应。财务杠杆正效应是指在一定的息税前利润范围内,债务融资的利息成本是不变的,随着息税前利润的增加,单位利润所负担的固定性利息费用就会相对减少,从而单位利润可供股东分配的部分会相应增加,普通股股东每股收益的增长率将大于息税前利润的增长率。反之,当息税前利润减少时,单位利润所负担的固定利息费用就会相对增加,从而单位利润可供股东分配的部分就相应减少,普通股股东每股收益的下降率将大于息税前利润的下降率,这就是财务杠杆负效应。这种在某一固定的债务与权益融资结构下由于息税前利润的变动引起每股收益产生更大变动程度的现象统称为财务杠杆效应。

债务或者说固定性融资成本是引发财务杠杆效应的根源。如果不存在固定性融资费用,则普通股股东每股收益的变动率将与息税前利润的变动保持一致。下面举例说明财务杠杆效应。

(一)财务杠杆正效应

【例 10-1】 公司 *A* 与公司 *B* 的资本总额都是 20 000 万元,但筹资方式不同:*A* 公司所有的资本中无任何负债,全部来自普通股,即无杠杆公司;而 *B* 公司所有的资本中 60% 来自债务,40% 来自普通股,即有杠杆公司。已知长期债务年利率 8%。其他资料如表 10-1 所示。如果 *A*、*B* 公司的息税前利润都增长 10%,则每股收益的变化会怎样呢?

解:具体分析过程如表 10-1 所示。由表 10-1 可看到,由于 *A* 公司全部资本来自发行普通股,不存在固定性财务费用,财务杠杆没有起作用,每股收益的增长幅度与息税前利润的增长幅度相同,均为 10%。而 *B* 公司因为采用了部分债务筹资,每年存在固定性财务费用,在息税前利润增长 10% 时,带来的是每股收益 19.23% 的增长。这就是财务杠杆的正效应。

表 10-1　*A*、*B* 公司 *EBIT* 变化对每股收益影响比较

公司 / 项目	*A* 公司		*B* 公司	
	EBIT 增长前	*EBIT* 增长 10%后	*EBIT* 增长前	*EBIT* 增长 10%后
资本总额(万元)	20 000	20 000	20 000	20 000
其中:股本(每股面值 1 元)	20 000	20 000	8 000	8 000
长期债务	0	0	12 000	12 000
息税前利润(*EBIT*)(万元)	2 000	2 200(增长 10%)	2 000	2 200(增长 10%)
利息(万元)	0	0	960	960
税前利润(万元)	2 000	2 200	1 040	1 240
税后利润(万元)(所得税率 30%)	1 400	1 540	728	868
每股收益(*EPS*)(元/股)	0.07	0.077(增长 10%)	0.091	0.108 5(增长 19.23%)

(二)财务杠杆负效应

财务杠杆是一把双刃剑,在带来杠杆正效应的同时也可能给企业带来杠杆负效应。这种负效应的同义词就是财务杠杆风险，即在固定财务费用不变时，企业的息税前利润一定幅度的下降会带来每股收益更大幅度的下降，原因前面已经介绍了。

【例 10-2】 沿用上例的基础资料来说明，其他信息如表 10-2。

表 10-2 *A*、*B* 公司 *EBIT* 变化对每股收益影响比较

公司 项目	*A* 公司		*B* 公司	
	EBIT 下降前	*EBIT* 下降 10% 后	*EBIT* 下降前	*EBIT* 下降 10% 后
资本总额(万元)	20 000	20 000	20 000	20 000
其中:股本(每股面值 1 元)	20 000	20 000	8 000	8 000
长期债务	0	0	12 000	12 000
息税前利润(*EBIT*)(万元)	2 000	1 800 (下降 10%)	2 000	1 800 (下降 10%)
利息(万元)	0	0	960	960
税前利润(万元)	2 000	1 800	1 040	840
税后利润(万元)(所得税率 30%)	1 400	1 260	728	588
每股收益(*EPS*)(元/股)	0. 07	0. 063 (下降 10%)	0. 091	0. 073 5 (下降 19. 23%)

因为 *A* 公司不存在固定性财务费用，因而没有财务杠杆起作用，每股收益的下降幅度与息税前利润的下降幅度相同，均为 10%。而 *B* 公司因为存在固定性财务费用，在息税前利润下降 10% 时，带来的是每股收益 19. 23% 的下降。这就是财务杠杆带来的负效应。

(三)财务杠杆系数

上述财务杠杆所起作用的程度可以用财务杠杆系数来衡量。财务杠杆系数越大，表明财务杠杆作用越大。财务杠杆系数反映的是每股收益的变动率相对于息税前利润的变动率的大小。计算方法有如下两种：

1. 定义式

$$DFL = \frac{\frac{\Delta EPS}{EPS}}{\frac{\Delta EBIT}{EBIT}} \qquad (10\text{-}1)$$

其中，DFL 表示财务杠杆系数；ΔEPS 表示普通股每股收益的变动额；EPS 表示变动前的普通股每股收益；$\Delta EBIT$ 表示息税前利润的变动额；$EBIT$ 表示变动前的息税前利润。

【例 10-3】　沿用例 10-1 的数据分别计算 A 公司和 B 公司的财务杠杆系数 。

$$A\text{ 公司的财务杠杆系数}:DFL_A = \frac{\dfrac{0.077 - 0.07}{0.07}}{\dfrac{2\,200 - 2\,000}{2\,000}} = \frac{10\%}{10\%} = 1$$

$$B\text{ 公司的财务杠杆系数}:DFL_B = \frac{\dfrac{0.108\,5 - 0.091}{0.091}}{\dfrac{2\,200 - 2\,000}{2\,000}} = \frac{19.23\%}{10\%} = 1.923$$

该计算结果说明：

(1)A 公司的息税前利润增长(或减少)1 倍时，每股收益增长(或减少)1 倍；B 公司的息税前利润增长(或减少)1 倍时，每股收益增长(或减少)1.923倍。

(2)在资产总额、息税前利润相同的情况下，负债比率越高，财务杠杆系数越大，每股收益的波动也越大。

2. 计算式

根据(10－1)，可以推导出财务杠杆系数简化的计算公式：

$$DFL = \frac{EBIT}{EBIT - I} \tag{10-2}$$

其中，I 表示债务利息。

【例 10－4】　沿用例 10－1 的数据，运用式(10－2) 分别计算 A 公司和 B 公司的财务杠杆系数。

$$DFL_A = \frac{EBIT}{EBIT - I} = \frac{2\,000}{2\,000 - 0} = 1$$

$$DFL_B = \frac{EBIT}{EBIT - I} = \frac{2\,000}{2\,000 - 960} = 1.923$$

可见，无论是定义式还是计算式，财务杠杆系数的两种计算结果都一致。一般地说，财务杠杆系数越大，每股收益因息税前收益变动而变动的幅度就越大；反之，就越小。较大的财务杠杆系数可以为公司带来较强的每股收益的扩张能力,但在经济形势变糟糕的情况下也可能引发财务风险。

二、财务风险的影响因素

财务风险是指由于企业采用了债务性筹资而产生的丧失偿付能力的风险,而这种风险最终是由普通股股东承担的。企业在经营中经常会发生借入资本进行负债经营,不论经营利润多少,债务利息是不变的。当企业在资本结构中增加了债务这类具有固定性筹资成本的比例时,固定的现金流出量就会增加,特别是在利息费用的增加速度超过息税前利润增加速度的情况下,企业则因负担较多的债务成本将引发对净收益减少的冲击作用,发生丧失偿债能力的概率也会增加,导致财务风险增加。影响财务风险的因素很多,主要有:

(一)资本规模变动

在其他因素不变时,资本规模越大,财务杠杆系数就越大,财务风险就越大;反之,财务杠杆系数就越小,财务风险就越小。以表10-3的*B*公司为例可说明。*B*公司债务始终是60%,但资本规模增大后财务杠杆系数也变大了。

表10-3 资本规模对财务杠杆系数的影响

公司 / 项目	*B*公司(原资本规模)		*B*公司(变动后的资本规模)	
	EBIT 增长前	***EBIT*** 增长 **10%**后	***EBIT*** 增长前	***EBIT*** 增长 **10%**后
资本总额(万元)	20 000	20 000	30 000	30 000
其中:股本(每股面值1元)	8 000	8 000	12 000	12 000
长期债务(利率8%)	12 000	12 000	18 000	18 000
息税前利润(*EBIT*)(万元)	2 000	1 800(增长10%)	2 000	2 200(增长10%)
利息(万元)	960	960	1 440	1 440
税前利润(万元)	1 040	1 240	560	760
税后利润(万元)(所得税率**30%**)	728	868	392	532
每股收益(*EPS*)(元/股)	0.091	0.108 5(增长19.23%)	0.032 7	0.044 3(增长35.47%)

原资本规模的财务杠杆:

$$B\text{公司的财务杠杆系数}:DFL_B=\frac{\dfrac{0.108\,5-0.091}{0.091}}{\dfrac{2\,200-2\,000}{2\,000}}=\frac{19.23\%}{10\%}=1.923$$

变动后的资本规模的财务杠杆：

$$B\text{公司的财务杠杆系数}:DFL_B=\frac{\dfrac{0.044\,3-0.032\,7}{0.032\,7}}{\dfrac{2\,200-2\,000}{2\,000}}=\frac{35.47\%}{10\%}=3.547$$

(二)负债筹资的比重大小

在其他因素不变时，负债筹资的比重越大，财务杠杆系数就越大，财务风险就越大；反之，财务杠杆系数就越小，财务风险就越小。

(三)债务利率的大小

在其他因素不变时，债务利率越大，财务杠杆系数就越大，财务风险就越大；反之，财务杠杆系数就越小，财务风险就越小。

(四)息税前利润的大小

在其他因素不变时，息税前利润越大，财务杠杆系数就越小，财务风险就越小；反之，财务杠杆系数就越大，财务风险就越大。

以上影响财务杠杆系数的各因素中，资本规模和债务比重是企业可以控制的。而在资本规模一定的条件下，企业可以通过合理、适度的负债筹资，使得财务杠杆系数获得的正效应抵消风险带来的负效应。

第二节　资本结构理论

一、资本结构的概念

(一)资本结构的含义

资本结构(capital structure)的含义有狭义和广义之分。狭义的资本结构是指企业各种长期资金的构成比例；而广义的资本结构则是指企业各种资本的构成及其比例关系。资本结构可以用绝对数或相对数表示。例如，某企业的资本总额为10 000万元，其中借款1 500万元，债券2 500万元，普通股4 000万元，留用利润2 000万元。其比例分别为借款15%，债券25%，普通股40%，留用利润20%。由于短期资金的需要量和筹集是经常变化的，且在整个资金总量中所占比重不稳定，因此一般不列入资本结构管理范围，而作为营运资金管理。

在通常情况下，企业的资本结构由长期债务资本和权益资本构成。资本结构指的就是长期债务资本和权益资本各占多大比例。

(二)资本结构和资本成本

一般情况下，企业都采用债务筹资和权益筹资的组合，资本结构的问题总的来说就是负债比例问题。企业利用负债资本要定期支付利息并按时还本，所以债权人的风险比较小。企业利用债务筹集资金所需要支付的利率可低于支付给股东的股利率。另外，债务利息从税前支付，可减少缴纳的所得税税额(即存在利息税盾)。以上因素使得债务资金的成本明显低于权益资本的成本。因此，在一定的限度内增加债务，就可减低企业加权平均的资本成本，即综合资本成本；而减少债务，则会使综合资本成本上升。从另外一个角度来看，综合资本成本越小，企业价值就越大，资本结构越合理。

二、资本结构决策中的公司价值最大化与股东利益最大化

资本结构是企业筹资决策的核心问题。财务经理好的资本结构决策应该服务于当前股东权益的市场价值最大化。但我们将说明，使公司价值最大化的资本结构将是财务经理们应当为股东选择的资本结构。

【例10-5】 假设一无杠杆公司的市场价值为1 000元，流通在外普通股数为100股，每股10元。假设该公司计划借入500元，作为每股5元的额外现金股利支付给股东。债务发行后，公司变成了有杠杆公司。公司的投资将不因这项交易而改变。在这项重组计划实施以后，公司的价值将是多少呢?

解：事实上，这项重组计划实施以后，公司的价值有三种可能：高于原来价值，不变，或者低于原来价值。经与投资银行家商议之后，管理层相信，无论出现哪种结果，重组计划实施以后，公司的价值变动额不超过250元。因此，1 250元、1 000元、750元被管理层认为是公司价值变动的恰当范围。重组计划实施后的可能结果如表10-4所示。

表 10-4　无杠杆公司资本重组计划实施前后　　单位:元

	无债务（初始资本结构）	支付股利后的债务和权益价值		
		第一种可能	第二种可能	第三种可能
债务	0	500	500	500
所有者权益	1 000	750	500	250
公司价值	1 000	1 250	1 000	750

注:以上三种情况下所有者权益的价值都低于 1 000 元,可以从两方面解释:一是表中的所有者权益是支付额外现金股利后的价值。支付额外现金股利后,现金流出公司,股东可拥有的公司价值减少。二是当未来发生清算时,只有在债权人的债权全部结清后,股东才能获得剩余财产的分配。因此,债务是公司的一种负担,它减少了权益的价值。当然,管理层意识到重组计划实施后有无数种可能的结果。上述具体数值代表的结果只是具有代表性的结果。我们现在关心的是在这三种结果下股东的盈利。

表 10-5　无杠杆公司资本重组计划实施后股东的盈利　　单位:元

	支付股利后的债务和权益价值		
	第一种可能	第二种可能	第三种可能
公司价值	1 250	1 000	750
资本利得	-250	-500	-750
股利	500	500	500
股东的净收入或损失	250	0	-250

任何人都很难在资本重组计划实施前准确预测将来会出现哪种结果。如果管理层认为第一种结果出现的可能性最大,那么他们将重新调整公司的资本结构,即增加 500 万元的债务筹资,这时企业价值增加了 250 万元(即 1 250 万元 - 1 000 万元),股东损益也达到最大的 250 万元;如果管理者认为第三种出现的可能性最大,此时由于企业价值下降了 250 万元(即 750 万元 - 1 000 万元),股东权益为负,因此他们不会调整资本结构,即不会增加债务筹资。

我们发现,当公司价值最大时,即上升到 1 250 元时,股东的净收入也最多。当公司价值最小时,即下跌到 750 元时,股东的损失也最大。当公司价值没有变动时,股东也不赔不赚。

因此,当且仅当企业价值提高时,资本结构的变化对股东有利。相反,当且仅当企业价值缩水时,资本结构的变化对股东不利。对于许多不同种类的资本

结构变化,这个结论仍然成立。[①] 作为推论,我们可以说:

管理者应该选择他们认为的可使公司价值最高的资本结构,因为该资本结构将对公司的股东最有利。

三、资本结构的主要影响因素

影响企业资本结构的因素有很多,既有企业内部因素,也有企业外部因素。其主要影响因素有:

(一)销售利息比率对资本结构的影响

在考虑适当的资本结构时,最重要的是分析企业现金流量支付固定费用的能力。无力支付财务固定费用如债务利息,将使企业面临财务困难的危机。一个企业预期未来的现金流量越多、越稳定,其借债的能力就越大。

销售利息比率是指企业在一定时期内支付的利息额与销售额的比例关系。在有贴现票据的情况下,这里的利息额除了通常的负债利息以外还包括票据贴现费。销售利息比率的高低可以较准确地判断企业经营承受债务的程度,并为企业确定最佳资本结构提供必要的依据。销售利息比率计算公式为:

$$销售利息比率 = 利息/销售额 \times 100\% \tag{10-3}$$

该比率越高,表明企业的利息负担越大,资金周转越困难。

将式(10-3)进一步分解得:

$$\begin{aligned}销售利息比率 &= 利息/负债 \times 负债/资本总额 \times 资本总额/销售额\\ &= 利息率 \times 负债比重 \times 全部资本周转次数\end{aligned} \tag{10-4}$$

由式(10-4)可看出,决定该比率高低的主要因素是利息率、负债比重与全部资本周转次数等三个因素。

日本制造企业将销售利息比率分为四级:3%为健康型,资金周转顺畅;5%为维持现状型,即当该比率达到5%时,为了减轻债务负担,不便轻易地增加借款,应靠内部筹措资金,同时加速流动资产的变现;7%为缩小均衡型,为渡过难关,企业应断然出售某些资产,缩小经营规模,求得经营的均衡;10%为危险型。

① 在一个较复杂的环境中,当债务违约可能性很大时,这个结论可能不一定成立。

(二)影响资本结构的其他因素

1. 企业的长期经营活动

财务杠杆的运用必须限制在不危及企业长期经营活动的范围内。

2. 企业所有者的态度

企业所有者的态度对资本结构有着重要影响。如果企业被少数所有者所控制,为了保证股权不被稀释,他们可能会更愿意选择债券或优先股来筹资。企业所有者如果不愿承担财务风险,就应尽量减少债务资本。

3. 企业管理者的态度

资本结构还会因为企业管理者对风险的态度不同有所不同。喜欢冒险的管理者常选择较高的负债比率,而稳健的管理者则倾向于权益筹资。

4. 债权人的态度和信用评级机构的影响

通常情况下,财务管理人员在决定资本结构时都会充分考虑到债权人的态度,而债权人一般是不希望公司的负债比例过大的。因为如果公司的负债比例过大,债权人可能会拒绝贷款。而信用评价机构也可能会因为公司的负债比例过高而降低企业的信用等级,这样会影响企业的筹资能力,确定资本结构时必须考虑企业信用等级的高低这一因素。

5. 企业的财务状况和发展能力

在其他因素相同的条件下,如果企业获利能力太低,或者说企业的财务状况和发展能力较差,息税前利润不足以支付利息,因而不可能运用财务杠杆;反之,企业获利能力很强时,可有较多留用利润满足增资需要,也不会过量使用债务资本。

6. 税收政策

按照企业所得税的规定,企业的债务利息可以抵税,而股利不能抵税。因此,如果企业的所得税税率较高,债务筹资的好处就越大。由此可见,税收政策对企业资本结构的确定也是有影响的。

7. 企业发展速度

企业若不要求快速发展,则仅靠留用利润补充资本即可;而企业要求快速发展时,往往需要使用较多的债务资本。

8. 行业差别

西方国家长期实践证明:不同行业,资本结构有很大的差别。这主要是由其各自的经营特点和风险程度造成的。高利润高风险行业,往往需要投入大量的科研经费,新产品研制的周期也比较长,这些特点决定了不能过多地通过债务方式筹集资金;相反,经营周期短、存货比重大以及资金周转速度快的行业,由于其经营风险和财务风险都比较小,负债比率就相对高些。所以企业在进行资本结构决策时,应充分考虑到本企业所处的行业特点以及该行业资本结构的一般水平,并以此作为确定企业资本结构的参考,分析本企业和同行业其他企业的差别,以便更为合理地确定资本结构。

9.利率水平

利率水平的变动趋势也会影响到企业的资本结构决策。如果管理者预测将来利率上升的可能性比较大,目前的利率水平相对较低,那么就应选择长期负债的筹资方式,这样可以将利率固定在较低的水平。

四、资本结构的 MM 理论

(一)MM 理论研究假设

1958 年,美国学者莫迪利亚尼和米勒在《美国经济论坛》上发表了著名的论文《资本成本、公司融资与投资理论》,并提出了资本结构理论上的经典理论——MM 定理,第一次使资本结构的研究成为一种严格的、科学的理论,标志现代资本结构理论的创立。

从研究的范围上,MM 理论在一系列严格假定条件下,提出了无公司所得税的 MM 理论和有公司所得税的 MM 理论。MM 理论的研究假设包括:

(1)经营风险可以用息税前利润的方差来衡量,具有相同经营风险的公司称为风险同类(homogeneous risk class)。

(2)投资者等市场参与者对公司未来的收益与风险的预期是相同的(homogeneous expectations)。

(3)完美资本市场(perfect capital markets),即在股票与债券进行交易的市场中没有交易成本,且个人与机构投资者的借款利率与公司相同。

(4)借债无风险,即公司或个人投资者的所有债务利率均为无风险利率,与债务数量无关。

(5)全部现金流是永续的,即公司息税前利润具有永续的零增长特征,债券也是永续的。

在上述假设的基础上，MM 首先研究“没有企业所得税”情况下的资本结构理论，其后又研究了“有企业所得税”情况下的资本结构理论。因此，MM 的资本结构理论可以分为“无税 MM 理论”和“有税 MM 理论”。

（二）无税 MM 理论

在不考虑企业所得税的情况下，MM 理论研究了两个命题：

命题Ⅰ：在没有企业所得税的情况下，负债企业的价值与无负债企业的价值相等，即无论企业是否有负债，企业的资本结构与企业的价值无关。其表达式如下：

$$V_L = \frac{EBIT}{K_{WACC}} = V_U = \frac{EBIT}{K_e^U}$$

其中，V_L 表示有负债企业的价值；V_U 表示无负债企业的价值；$EBIT$ 表示企业全部资产的预期收益（永续）；K_{WACC} 表示有负债企业的加权资本成本；K_e^U 表示既定风险等级的无负债企业的权益资本成本。

命题Ⅰ的表达式说明了无论企业是否有负债，加权平均资本成本将保持不变，企业价值仅由预期收益所决定，即全部预期收益（永续）按照与企业风险等级相同的必要报酬率所计算的现值；如果有负债企业的价值等于无负债企业的价值，就说明了有负债企业的加权平均资本成本，无论债务多少，都与风险等级相同的无负债企业的权益资本成本相等；企业加权资本成本与其资本结构无关，仅取决于企业的经营风险。

命题Ⅱ：有负债企业的权益资本成本随着财务杠杆的提高而增加。权益资本成本等于无负债企业的权益资本成本加上风险溢价，而风险溢价与以市值计算的财务杠杆（债务/权益）成正比。其表达式如下：

$$K_e^L = K_e^U + 风险溢价 = K_e^U + \frac{D}{E}(K_e^U - K_d)$$

其中，K_e^L 表示有负债企业的权益资本成本；K_e^U 表示无负债企业的权益资本成本；D 表示有负债企业的债务市场价值；E 表示有负债企业的权益的市场价值；K_d 表示税前债务资本成本。风险报酬是对有负债企业财务风险的补偿，其大小由无负债企业的权益资本成本与债务资本成本之差以及债务权益率决定。

在不考虑所得税的情形下，命题Ⅰ的一个推论是有负债企业的加权平均资本成本与无负债企业的资本成本相同，即 $K_{WACC} = K_e^U$。企业加权平均资本成本的表达式为：

$$\frac{E}{E+D}K_e^L + \frac{D}{E+D}K_d = K_{WACC} = K_e^U$$

上式变形后可以得出：$K_e^L = K_e^U + \frac{D}{E}(K_e^U - K_d)$，亦即 MM 命题Ⅱ。

命题Ⅱ的表达式说明：有负债企业的权益成本随着负债程度增大而增加。

无企业所得税情况下的 MM 理论可以用图 10-1 来表示。

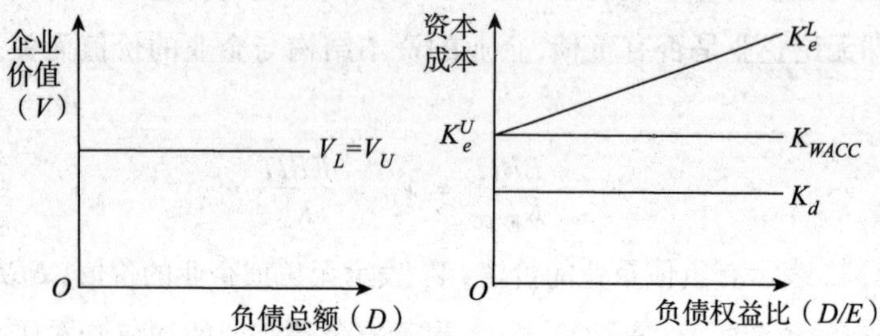

图 10-1　无企业所得税条件下 MM 的命题Ⅰ和命题Ⅱ

图 10-1 中，左边的图形也经常被画成饼图，负债的有无、高低代表切饼的方法。默顿 · H. 米勒曾用一个形象的比喻说明了该定理的结论“把公司想象成一张巨大的比萨饼，切饼的方法不会让比萨饼多出来”。图 10-1 右边的图形中，WACC 并不会取决于债务权益率，恒定。这是表述 MM 的命题Ⅰ的另一种方法。图中，债务成本低于权益成本，举债多了，好处是低成本资金占比高了，但坏处是股东的财务风险上升了，权益成本要求上升。但利弊抵消，结果 WACC 保持不变。

如前所述，K_{WACC} 表示有负债企业的加权资本成本，表示公司总体资产的必要报酬率。如果我们用 R_A 表示 K_{WACC}，则命题Ⅱ的表达式还可变形为：

$$K_e^L = R_A + \frac{D}{E}(R_A - K_d)$$

上式说明：企业的权益成本可以划分成两部分组成。第一部分是 R_A，即公司整体资产的必报酬率，取决于公司经营活动的性质。公司经营所固有的风险叫做公司的经营风险（business risk）。经营风险取决于公司资产的系统风险，根据风险与报酬的关系，R_A 就越大，而且在其他情况相同时，公司的权益成本就越高。

权益成本第二部分是 $\frac{D}{E}(R_A - K_d)$，是由公司财务结构所决定的。对无杠杆公司来讲，这部分就是0。当举债产生后，股东就承担了利用债务的额外风险，即财务风险，权益成本要上升。

因此，公司权益承担的总风险就是两部分：经营风险和财务风险。经营风险取决于公司的资产和经营，不受财务结构的影响。给定公司的经营风险，第二部分财务风险完全由财务结构决定。①

（三）有税 MM 理论

有税 MM 理论也研究两个基本命题。

命题Ⅰ：有负债企业的价值等于具有相同风险等级的无负债企业的价值加上债务利息抵税收益的现值。其表达式如下：

$$V_L = V_U + T \times D$$

其中，V_L 表示有负债企业的价值；V_U 表示无负债企业的价值；T 为企业所得税税率，D 表示企业的债务数量。债务利息的抵税价值 $T \times D$ 又称为杠杆收益，是企业支付债务利息获得的所得税节省，等于抵税收益的永续年金现金流的现值，即债务金额与所得税税率的乘积（将债务利息率作为贴现率）。

命题Ⅰ的表达式说明了由于债务利息可以在税前扣除，形成了债务利息的抵税收益，相当于增加了企业的现金流量，增加了企业的价值。随着企业债务比例的提高，企业价值也随之提高，在理论上全部融资来源于负债时，企业价值达到最大。

命题Ⅱ：有债务企业的权益资本成本等于相同风险等级的无负债企业的权益资本成本加上与以市值计算的债务与权益率成比例的风险报酬，且风险报酬取决于企业的债务比例以及所得税税率。其表达式如下：

$$K_e^L = K_e^U + \text{风险溢价} = K_e^U + \frac{D}{E}(K_e^U - K_d)(1 - T)$$

其中，K_e^L 表示有负债企业的权益资本成本；K_e^U 表示无负债企业的权益资本成本；D 表示有负债企业的债务市场价值；E 表示有负债企业的权益市场价值；K_d 表示不变的税前债务资本成本，T 表示企业所得税税率。风险报酬等于无负债企业权益成本与债务成本之差、负债权益比率以及所得税税后因子 $(1 - T)$

① 经营风险是由于商品经营上的原因给公司的收益（指息税前收益）或收益率带来的不确定性。衡量这一风险的方法很多，经营杠杆系数（DOL）是比较常用的一种。$DOL = \frac{\Delta EBIT/EBIT}{\Delta Q/Q}$，即经营杠杆系数是息税前收益变动率与销售量变动率的倍数。

相乘。

有税条件下 MM 命题Ⅱ与无税条件下命题Ⅱ所表述的有负债企业权益资本成本的基本含义是一致的，其仅有的差异是由 $(1-T)$ 所得税引起的。由于 $(1-T)<1$，使有负债企业的权益资本成本比无税时的要小。

有税条件下的 MM 理论的两个命题如图 10-2 所示。

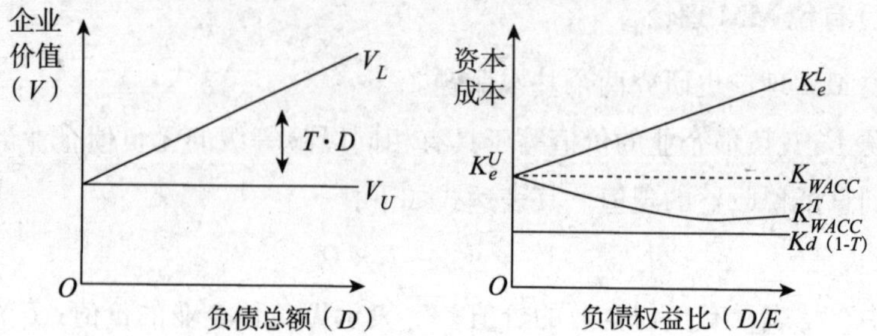

图 10-2　考虑企业所得税条件下 MM 的命题Ⅰ和命题Ⅱ

基于考虑企业所得税条件下的 MM 理论，最显著的特征是债务利息抵税对企业价值的影响。

企业使用债务时，存在利息税盾。企业每年因利息抵税形成的所得税节省，等于抵税收益年金现金流的现值，即用债务数量、债务利息率以及所得税税率的积作为抵税收益的永续年金现金流，再以债务利息率为贴现率计算的现值。有负债企业的现金流量等于（除资本结构不同外所有其他方面完全相同）无负债企业的现金流量与利息抵税现金流之和，根据无套利原理，这些现金流的现值也必定相同。据此，考虑所得税条件下的有负债企业的价值，即有税的 MM 命题Ⅰ也用下式表示：

$$V_L = V_U + PV(\text{利息抵税})$$

上述 MM 理论考虑了企业所得税，但是并没有考虑个人所得税对债务比例与企业价值之间关系的影响。米勒（Merton Miller）在 1977 年进一步提出了同时考虑个人所得税和企业所得税的资本结构理论模型，他认为：在其他条件不变时，个人所得税会降低无负债公司的价值，并且当普通股投资收益的有效税率通常低于债券投资的有效税率时，有负债企业的价值会低于 MM 理论考虑所得税时有负债企业的价值。

五、资本结构的其他理论

公司的资本结构决策是公司金融决策的一个重要方面，它与公司的目标——公司价值最大化密切相关。MM 理论是现代资本结构研究的起点，在完美资本市场的一系列严格假设条件下，得出资本结构与企业价值无关的结论。

正如 MM 理论所关心的，资本结构理论（capital structure theory）主要研究的是公司资本结构的决定因素、资本结构与公司价值和资本成本的关系，它是微观金融理论和企业理论的一个重要组成部分。

具体地讲，资本结构理论主要想回答两个具体问题：①公司以负债代替部分权益资本以后能够增加股东的收益吗？②如果可以增加股东的收益，公司适度的负债额是多少？

对这两个问题的不同回答形成了不同的资本结构理论。从理论渊源上来说，企业资本结构理论是微观经济理论在公司金融中的应用。在过去的数十年，在资本结构领域，以 MM 定理为基础，积累了非常丰富的材料，内容十分庞杂。根据这些文献讨论的重点、应用的方法，可以把资本结构理论划分为早期资本结构理论阶段、现代资本结构理论阶段和非对称信息下资本结构理论阶段。

（一）早期的资本结构理论

早期的资本结构理论又被称为古典的资本结构理论。企业资本结构问题是企业财务管理中的一个古老话题，但引起主流经济学家的关注是 20 世纪 50 年代的事。在 MM 定理产生之前，人们一直认为财务杠杆对公司价值具有复杂的影响，财务杠杆的使用是有益的。资本结构理论关心的主要问题在于公司如何通过负债—权益比例的选择，尽可能使公司总价值达到最大，这在正常状态下就是使股东利益达到最大化。

20 世纪初期，是西方国家企业发展的重要时期。股份公司规模迅速扩大，并在经济活动中扮演着越来越重要的角色。公司制企业的迅速发展，进一步提出了如何为公司的生产和经营更好地筹措资金的问题。适应这一情况，各个公司纷纷成立了专门的职能部门——财务管理部门，独立的公司理财活动应运而生。

与公司理财活动同时产生的，是对这一活动的经验总结和理论研究。1910

年美国学者米德(Meade)出版了20世纪第一部专门研究公司筹资财务管理的著作《公司财务》,1938年戴维(Dewing)和雷恩(Lyon)分别出版了《公司财务政策》和《公司及其财务问题》。这些著作主要研究公司如何卓有成效地筹集资本,由此形成了以研究公司融资为中心的传统公司财务管理理论学派。这给现代公司理财理论的产生与完善奠定了基础。

20世纪50年代后期,公司金融理论的重大进展是对公司整体价值的重视和研究。

在实践中,投资者和债权人往往根据公司的盈利能力、资本结构、股利政策和经营风险等一系列因素来决定公司股票和债券的价值。在遇有重大决策时,必须评估决策对公司价值将会产生何种影响。由此,资本结构和股利政策的研究成为公司金融研究的中心论题。

1958年以前的资本结构理论,没有一个统一的分析框架和理论基础,主要是描述性的,研究者主要是财务管理人员,一直没有进入主流经济学的研究视野,可以称此阶段的资本结构理论为古典资本结构理论(classical structure theory)。根据David Durand 1952年在美国国家研究局上提交的论文"企业债务和权益成本计量方法的发展和问题"中的总结,古典资本结构理论可划分为三种类型,即净收益理论(the net income approach)、净经营收益理论(the net operating income approach)和传统理论(the traditional theory)(David Durand,1952)。

1. 净收益理论(the net income approach)

净收益理论假设投资者以固定的利率 K_S 计算公司的净投资,公司能够以固定利率 K_D 取得所需的全部负债,即债务资本成本和权益资本成本不变。在这种情况下,公司提高财务杠杆,可以降低其加权平均资本成本,增加公司价值。正式地说,设 D 表示负债,E 表示权益,用负债/权益比率($D/E=d$)代表财务杠杆,V 表示企业价值,T 表示企业所得税率,K_a 表示加权平均资本成本,K_d 表示负债资本成本,K_e 表示权益资本成本,净收益理论可总结为下面的命题。

命题1:公司的加权平均资本成本率(K_{WACC})随着负债比率的增加而减少;当 $K_{WACC}=K_d(1-T)$,即加权平均成本等于债务资本成本 K_d 时,加权平均资本成本最小。

命题2:企业的市场价值随着负债比率的增加而增加。当 $K_{WACC}=K_d(1-T)$ 时,即加权平均资本成本等于债务资本成本时,企业市场价值最大。

因此,净收益理论认为采用负债融资总是有利的。净收益理论可以用图10-3来描述。

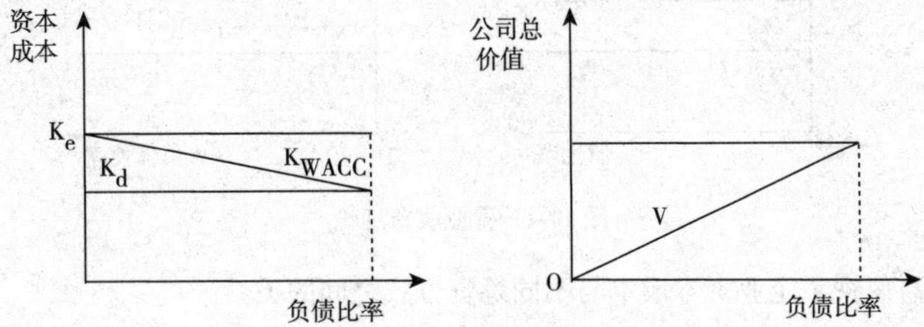

图10-3 净收益理论

净收益理论认为,由于债务资本的成本比较低,所以当财务杠杆提高时,加权平均资本成本便更低,并逐渐接近债务资本成本,公司的最佳资本结构即是图中 K_{WACC} 与 K_d 的交点,此时负债占100%,公司平均资本成本最低,企业价值最大。

该理论的不足在于:

(1)在看到财务杠杆的正效应的同时忽视了财务杠杆的负效应。

(2)过分强调通过综合资本成本的降低来提高企业的价值,忽视对财务风险的管理。

2. 净经营收益理论(the net operating income approach)

净经营收益理论假设投资者以固定利率 K_{WACC} 计算公司的净经营收益($EBIT$),公司能够以固定利率 K_d 取得所需的全部负债。该理论认为,增加成本较低的债务资本,同时会增加企业的风险,使权益资本 K_e 的成本提高,从而加权平均成本 K_{WACC} 保持不变。因此,不论企业的财务杠杆如何,其加权平均资本成本不变,从而企业价值不变;也就是说,不管企业负债比率高低,企业总价值保持不变。也就是说,不存在最佳资本结构,资本结构和企业价值无关,决策公司价值的真正因素应该是公司的营业收益,所以筹资决策也就无关紧要。该理论有些地方又称为营业收益理论。净经营收益理论与净收益理论是完全相反的两种理论。净经营收益理论可用图形描述,如图10-4所示。

该理论的缺点是:

(1)过分强调了财务杠杆的作用。

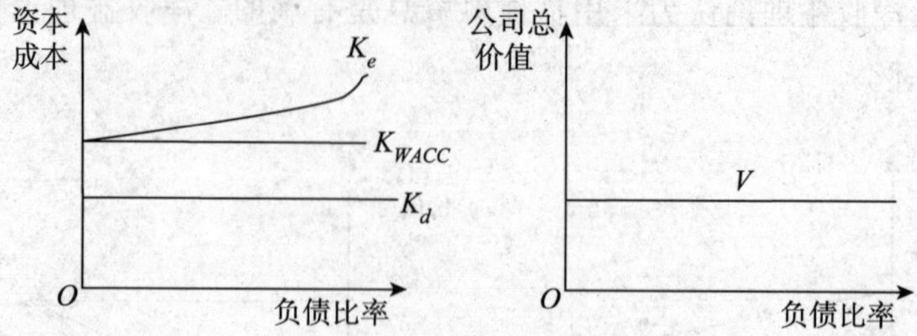

图 10-4　营业收益理论

(2)忽视了企业资本成本与不同筹资方式之间的关系。

3. 传统折中理论(the traditional theory)

传统折中理论是一种介于净收益理论和营业收益理论之间的折中理论。该理论认为,适度的负债筹资对企业是有利的,因为负债具有部分免税效应,可以使企业的总和资本成本降低,获得财务杠杆的正效应。但这种正效应是有限度的,超过某个点,筹资风险增加,继续增加债务将会使综合资本成本增加,并因此降低企业的市场价值。所以,存在最佳资本结构。综合资本成本从下降变为上升的转折点,就是综合资本成本的最低点,这时的负债比率就是企业的最佳资本结构。这种理论可以用图 10-5 来描述。

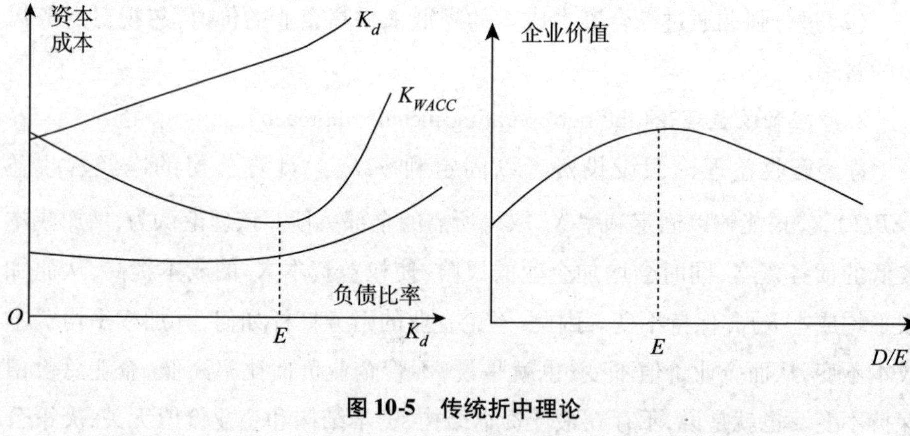

图 10-5　传统折中理论

从图 10-5 中可知,权益资本成本 K_e 随着财务杠杆的作用的增加按照递增的速率增加,债务资本成本 K_d 只是当财务杠杆作用明显后才随财务杠杆的增加而上升。对于加权平均资本成本 K_{WACC},首先随着负债的增加而下降,因为权益资本成本的提高还没有抵消成本较低的负债成本所带来的利益,当负债比率超过某点时,权益资本成本上升抵消了债务资本成本带来的利益,结果导致加权平均资本成本的增加。当债务资本成本开始上升时,加权平均资本成本上升的趋势得到加强。在这个过程中,企业的价值先开始上升,直到最高点,然后随负债比率的增加而下降。因此企业存在一个最佳的资本结构,最佳资本结构点就出现在加权平均资本成本的最低点 E。

上述三种理论都是在企业和个人所得税为零的条件下提出的,同时考虑了资本结构对资本成本和企业价值的双重影响。三种理论都是建立在经验判断基础上提出的,因而缺乏行为意义,在理论界没有得到认可和进一步发展研究,但这些理论的提出为以后的资本结构的理论研究提供了思路。

(二)现代资本结构理论

1. 权衡理论

标志现代资本结构理论形成的是 1958 年 6 月美国两位著名的财务学家莫迪利亚尼和米勒提出的 MM 理论,除此之外,还包括权衡理论。权衡理论或称静态权衡理论,是在放松了 MM 理论关于无破产风险假设,引入了财务危机成本和代理成本的基础上,深入研究资本结构与企业价值相互关系的一种理论。该方面的研究主要由瓦特、詹森、麦克林以及梅耶斯等人创立。

权衡理论的核心观点是:

(1)财务危机影响企业的价值。因为:企业举债过多,会导致财务危机的发生;企业为应付财务危机,必然要筹集新的资金或者变卖企业资产来偿还债务,这一过程将增加企业的财务成本。一般情况下,企业负债越多,发生财务危机的概率越大,支付的财务危机成本也就越多,对企业价值的负面影响也就越大。

(2)代理成本的客观存在也会影响企业的价值。因为:股东客观上存在利用债权人劣势的可能性;债权人为确保债权的安全,必然会加大监督力量,包括对提供给企业的贷款附加各种限制条件等,附加条件的存在影响了企业对债务资金的使用。债权人监督成本的增加和附加条件的存在,一方面债权人从成本—效益角度考虑,会提高债务资本的成本;另一方面,企业由于债务附加条件的存在,也变相地增加了债务资本的成本。这在一定程度上会抵消因使用债务资本而产生的公司所得税节税好处。

(3)由于存在财务危机成本和代理成本,负债企业的价值应等于无负债企业的价值加上。利息税盾的价值,并扣除预期财务危机成本的现值和代理成本的现值。

综上所述，权衡理论可简单表述为：由于所得税的影响，债务利息可以减税，所以随着债务比率的提高，综合资本成本下降，企业价值上升。另外，随着债务比率的提高，破产的可能性增加，由此引致破产成本，使综合资本成本上升，从而降低企业价值，如图 10-6 所描述。图中，V_U 表示无杠杆企业的价值，在图中恒定不变；V_L' 表示考虑财务困境成本后的杠杆企业价值；FA 表示财务困境成本的现值；TB 表示利息税盾的现值。

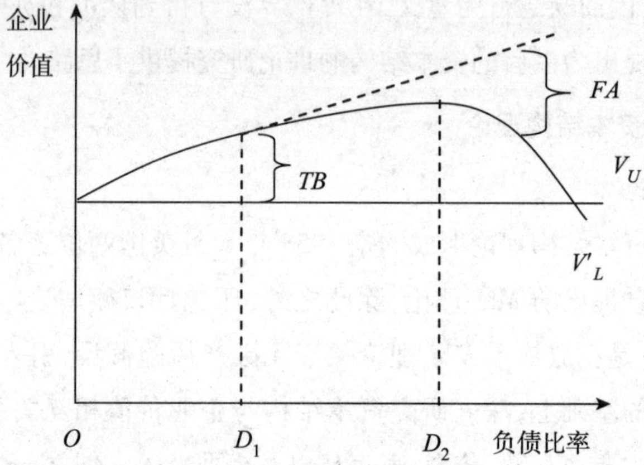

图 10-6　权衡理论

图 10-6 说明：

(1) 负债可以为企业带来利息税盾好处。

(2) 最初的 MM 理论假设在现实中不存在，事实是各种负债成本随负债比率的增大而上升，当负债比率达到某一程度时，息税前利润会下降，同时企业负担破产成本的概率会增加。

(3) 当负债比率未超过 D_1 点时，破产成本不明显；当负债比率达到 D_1 点时，破产成本开始变得重要，利息税盾好处开始被破产成本弊端所抵消；当负债比率达到 D_2 点时，边际利息税盾恰好与边际破产成本相等，企业价值最大，达到最佳资本结构；负债比率超过 D_2 点后，破产成本大于利息税盾的价值，导致企业价值下降。

2. 非对称信息下资本结构理论

现代资本结构理论中有一个基本的假定即“充分信息假定”。基本含义是：市场中的信息是充分披露的，并且不存在信息使用成本。在此情况下，掌握相同信息的经济主体,对企业的盈利预期是相同的。但是,这一假设与现实的经济实际并不吻合,不对称信息随时存在,掌握有利信息的经济主体在决策时往往处于优势,并通过这种优势去侵害缺乏信息的经济主体的利益,我国上市公司大股东侵犯小股东利益实际上也是信息不对称情况的一种反映。如何在信息不对称的情况下,确立企业的最佳资本结构成为理论界研究的重点。自20世纪70年代后,随着信息不对称理论体系的建立,资本结构研究也引入了该理论,与传统资本结构理论研究重视破产、税收等外部因素不同的是,这些研究试图通过信息不对称理论中的"信号"、"动机"、"激励"等概念,从"内部因素"的角度考察资本结构,将早期或现代资本结构理论中的权衡问题转化为结构或制度问题,为制度理财的引入提供了方向,并以此为基础产生了激励理论、代理成本理论、信号传递理论、优序融资理论和控制权理论等。

(1)激励理论。激励理论重点研究了资本结构与经理行为之间的关系。该理论认为:

第一,资本结构会影响经理人努力工作的水平和行为选择,从而影响企业未来现金收入和企业的市场价值。这是因为,经理人在付出努力的同时需要权衡其收益,如果经理人所得的部分价值小于其努力创造的全部价值时,就会产生"道德风险"或"逆向选择",并影响企业未来的现金流和企业的整体价值。

第二,债务融资具有更强的激励作用,并将债务视为一种担保机制。因为:如果不举债,经理人就会丧失追求利润最大化的积极性,从而市场对企业的评价也较低,企业的资本成本就高;如果举债,企业就会面临财务风险甚至破产,经理人只有努力工作才能有效地化解财务风险,并维护自己的声誉;由于举债,经理人追求利润的积极性较高,市场对企业的评价也较好,企业的市场价值也会得到提高。

激励理论的启示:债务和股票提供了不同激励,应当鼓励企业举债经营,这样一方面可以利用债务的担保机制和经理人的声誉机制相制衡;另一方面,只有在强大的债务下,才能促使经理人更加努力,避免企业破产,提高管理的效率和效果。

(2)代理成本问题。代理成本理论是詹森和麦克林(Jensen 和 Meckling,1976)根据代理理论、企业理论和财产所有权理论来系统分析和解释信息不对称下企业资本结构学说的理论。

该理论认为:均衡的企业所有权结构是由股权代理成本和债券代理成本之间的平衡关系来决定的,企业的最佳资本结构是两种融资方式的边际代理成本相等,即代理成本总额最小。因为:

首先,代理成本企业所有权结构的决定因素,等同于委托人的监督成本、代理人的担保成本和剩余损失(剩余损失等于代理人行动和委托人效益最大化之间的差额)。

其次,当代理成本超过委托人的监督成本、代理人的担保成本和剩余损失时,委托人的激励将难以起到作用,引入新的资金方式解决代理成本过高的问题就是较好的选择。这种新的融资方式就是筹集债务资金。

最后,出于自身利益的需要,债权人也会加大对代理人的监督,当然,这种监督成本必须控制在预期收益之内。

(3)信号传递理论。信号传递理论是美国经济学家罗斯(Ross,1977)根据信息不对称理论的基本原理,解释资本结构的理论。

该理论认为:企业不同的资本结构给投资者传递的价值信号不一样。一般情况下,当企业债务资本增加时,说明经理人对企业有信心,企业价值也会上升;反之,企业价值会下降。因此,由于信息不对称的存在,投资者只能通过这种资本结构的信号传递来判断企业的价值。当然,如果经理人向投资者传递错误的信号时该怎么办?该理论并没有研究。事实上,企业的财务造假行为就是一种典型的错误信号传递。

(4)优序融资理论。该理论是在罗斯的信号理论的基础上,由梅耶斯和马基卢夫(S. C. Myers 和 N. S. Majiluf,1984)在进一步考察信息不对称对资本结构的影响的基础上提出来的。

该理论认为:一是公司厌恶发行新股;二是公司偏好使用内部的留存收益;三是外部融资中债务融资是首选。优序融资理论被阿斯奎林和马林斯的实证研究所证明,他们的研究认为:一次新股发行会使企业市场价值下降3%。马林斯的研究也表明,当企业发行债券回购股份时,股票的价格就上升,当发行股票来偿债时,股票就会下跌。因此企业的市场价值与债务比率成正相关,债务融资是一个高质量的积极的市场信号,所以市场经济条件下,企业应遵从的顺序是先内部融资,然后举债,最后才是发行新股。但该理论并没有说明企业是否存在最佳资本结构问题,也没有说明不同筹资方式的内部结构。不过,优序融资理论与我国股市的筹资现状比较吻合。一些发行新股的公司，在上市交易时就跌破了发行价，从一个侧面说明了投资者对企业筹资顺序的选择。

(5)控制权理论。控制权理论是以研究企业剩余控制权如何配置为重点。该理论由阿洪和博尔顿于 1992 年提出。他们认为：资本结构对企业剩余控制权有影响。因为：

首先，权益资本是否有投票权？

其次，如果有，企业剩余控制权配置给股东；如果没有，剩余控制权配置给经理人。

再次，如果有债务并且企业经理人能够按期偿还债务，剩余控制权应配置给债权人。

因为剩余控制权与资本结构有关，关于企业“接管”的问题也就顺理成章。通过接管，一方面可以减少经理人利用信息不对称侵犯股东的权益；另一方面，还可以优化企业的一股一票和简单多数的投票机制，并以此为基础保护股东的利益。

六、对资本结构理论论述的总结

一是资本结构是客观存在的，对企业价值的影响也是存在的。

二是最佳资本结构是企业追求的最佳筹资目标。但是，实际工作中很难用一个确切的比率或者数据来计算，因此，仍然需要判断。

三是资本结构与企业的财务风险存在较大的正相关。一般情况下，债务资本越大，企业的财务风险越高，这是筹资决策时需要重点关注的问题。

四是理论上，不同的资本结构与公司治理机制存在较为密切的关系。但是，这需要一个良好的制度环境如法制环境等。

第三节　公司如何确定资本结构

正如第二节所述，企业资本结构决策往往受企业所处行业、自身经营状况、税收政策及市场利率环境等多种因素的影响，并同时伴随着企业管理层的偏好与主观判断，从而使资本结构的决策所需考虑因素非常复杂。事实上，资本结构理论是金融领域中最雅致但最深奥难解的理论之一。无论是权衡理论还是优序融资理论下，资本结构的规则仍然不明确，尚没有准确的公式可以用于评价最优负债权益比。因此,求助于现实世界的证据,可能有助于公司的资本结构决策。

一、大多数公司具有低资产负债比

现实世界中的企业使用负债比率有多高呢?图 10-7 显示了近年来不同国家中企业的负债总价值比。由于各国会计流程的差异,很难解释这个图所显示出的不同。但我们可以看到,日本负债率较高,而美国和加拿大则较低。据我国《证券日报》的不完全统计,2011 年我国 667 家上市公司的年报,平均负债率为 46%。

这些负债比率是高还是低呢?利息税盾一直被认为是公司举债的主要动机。但显然,存在一些因素制约了对债务的使用,前面所讲的财务困境成本就是重要的一个方面。

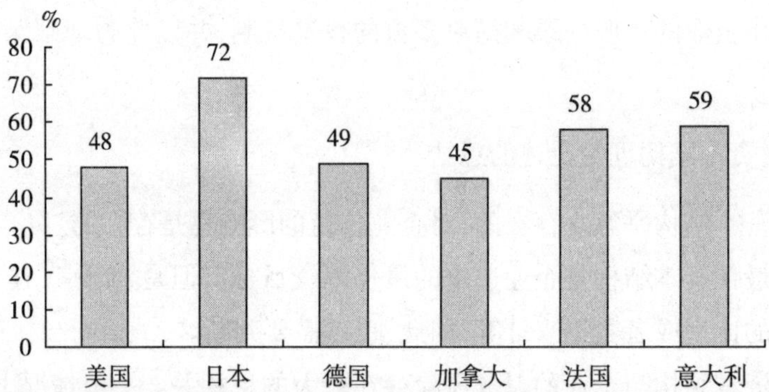

图 10-7 部分国家非金融企业的负债—总价值(会计值)估计比率

注:债务含短期和长期债务。

资料来源:OECD financial statistics,转引自斯蒂芬 · A. 罗斯,伦道夫 · W. 韦斯特菲尔德,杰弗利 · F. 杰富. 公司理财[M]. 吴世农,等,译. 北京:机械工业出版社,2009.

二、有些公司不使用债务

在 Agrawal 和 Nagarajan 的一项研究中,分析了纽约股票交易所的 100 家无长期负债的公司。他们发现,这些公司反对任何种类的财务杠杆,其短期负债也很少。此外,这些公司所拥有的现金和可出售证券的程度远大于其对应的杠杆公司。典型的,这些公司的管理层具有很大的所有者权益价值。这项研究也发现,在完全权益的公司中,家族公司的特征更浓。

三、不同行业的资本结构存在差异

如前所述,行业不同,资产负债率有很大差异。大力投资于有形资产的行业,比如房地产,倾向于高举债。但其他有些行业的负债率会明显更低。

以上是不完整的一些经验。我们发现,观察行业平均水平来制定资本结构,应该是比较谨慎的,毕竟这些行业中仍然在运行的公司都是生还者,因此,关注他们的决策是有一定意义的。

本章小结

(1)筹资活动是企业财务管理工作的重要内容之一,是实现企业财务目标的重要手段。财务杠杆产生的原因是固定性债务利息或优先股股利等财务费用的存在。

(2)财务杠杆是一把双刃剑,既能够给企业带来正的杠杆效应,又能带来负的杠杆效应。正的杠杆效应可以提升股东的收益水平,但负的杠杆效应却增大财务风险。所以企业要结合自身的经营情况选择财务杠杆的最佳组合,谨慎、合理地使用杠杆,达到既利用杠杆作用增加每股收益,又回避由此导致的风险加大的不利影响的风险。

(3)财务杠杆系数的计算公式为:$DFL = \frac{\Delta EPS}{EPS} \Big/ \frac{\Delta EBIT}{EBIT}$

(4)资本结构是指企业各种资金的构成和比例关系,是企业筹资决策的核心问题。

(5)关于资本结构的理论有很多,其中最具代表性的就是莫迪利亚尼和米勒提出的 MM 理论,理解无税的 MM 理论和有税的 MM 理论。

(6)由于资本结构理论尚没有提供准确的公式可以用于评价最优负债权益比。因此,在实务中,确定企业最优资本结构仍然是一个比较难统一的话题,观察行业平均水平来制定资本结构,可能会比较谨慎。

思考题

1. 什么是财务杠杆?为什么债务融资方式的运用会产生财务杠杆?

2. 试分析财务杠杆在企业财务管理中的作用。企业在实务过程中应该如何使用财务杠杆?

3. 什么是资本结构？具有代表性的资本结构理论有哪些？

4. 有无公司所得税是如何影响 MM 理论的？

5. 什么样的资本结构才能称之为最佳资本结构？

6. 如何在实务中进行资本结构决策？

7. 某股份有限公司没有债务，其加权平均资本成本为 12%。如果目前公司权益的市场价值为 3 500 万元，在无税的情况下，公司的息税前利润 *EBIT* 是多少？

进一步阅读书目

[1]斯蒂芬·A. 罗斯，伦道夫·W. 韦斯特菲尔德，杰弗利·F. 杰富. 公司理财[M]. 吴世农，等，译. 北京：机械工业出版社，2009.

[2]中国注册会计师协会. 财务成本管理[M]. 北京：中国财政经济出版社，2012.

[3]张学功. 财务管理[M]. 成都：西南财经大学出版社，2009.

[4]郑长德. 金融学：现代观点[M]. 北京：中国经济出版社，2011.

第十一章

长期融资

本章要点

1. 权益融资
2. 普通股与优先股
3. IPO 发行以及溢价之谜
4. 股权再融资:配股和增发新股
5. 长期借款
6. 债券融资
7. 影响融资的内外因素
8. 融资决策方法

第一节　权益融资

广义地讲,权益融资(equity financing)泛指企业通过股东权益的方式来获取资本的融资途径。权益融资(equity financing)包括外部股权融资(outside equity financing)和内源性权益融资(internal financing)。

内源性权益融资主要指企业将自身以前年度经营的留存收益或者资本积累转化为资本进行投资的行为。典型的例子就是资本公积转增股本,这种融资行为主要是影响资产负债表中所有者权益的内部结构,将所有者权益下的资本公积项目减少,相应地增加所有者权益下的股本项目。因为不涉及外部投资者,内源性权益融资的利益关系较为简单,在本书中不详细探讨。

所谓外部股权融资，一般地说是企业采用发行权益性证券的形式从外部投资者手中筹集投资项目所需资金的一种融资行为。权益性证券通常包括普通股和优先股。外部投资者是进入企业利益体系的新主体，权益性证券保证了投资者成为企业的股东而不是债权人或其他。

众所周知，权益性证券（比如普通股和优先股）的公开发行有着较高的门槛要求。这对于非上市公司来说，公开发行普通股和优先股很可能是一种"远水不解近渴"甚至可望不可即的融资途径。尤其处于创业阶段或经营早期阶段的企业。因此，一些创业阶段或经营早期阶段的企业可能通过向特定的投资者让渡一部分股权的形式获取资本。这类企业获得的资本有特殊的名称，比如"天使"资本或 VC 基金，是广义的风险资本，属于私募股权融资的范畴。我们把私募股权融资也归属于权益融资。

下面我们就不同的权益融资进行介绍。首先和重点介绍股票融资，这是权益融资通常所指的内容，主要适用于上市公司。然后，简单介绍下企业生命周期早期阶段的私募股权融资。

一、股票的概念

股票是投资者向公司提供资金的权益合同，是公司的所有权凭证。股东的权益在利润与资产分配上表现为索取公司对债务还本付息后的剩余收益，即剩余索取权。在公司破产的情况下，股东将一无所获，但支付有限责任，即公司资产不足以清偿债务时，股东个人财产不受追究。同时，股东有权投票决定公司重大经营决策，如经理的选择，重大投资项目的决定、兼并和收购等，对日常经营活动则由经理人决策。换而言之，股东对公司的控制表现为合同所规定的经理人职责范围之外的决策权，称之为"剩余控制权"。总而言之，投资者如果购买股票，在公司正常经营的状态下，股东拥有剩余索取权和剩余控制权。

持有普通股股份的投资者为普通股东。依照公司法的规定，普通股股东的权利主要有：

（1）出席或者委托代理人出席股东大会，并依公司章程规定行使表决权。

（2）股份转让。普通股东持有的股份可以自由转让，但必须符合《公司法》、其他法规和公司章程规定的条件和程序。

（3）股利分配请求权。

（4）对公司账目和股东大会决议的审查权和对公司事务的质询权。

(5)分配公司剩余财产的权利。

(6)公司章程规定的其他权利。

无论是纸质的股票还是电子的股票,它们本身是没有价值的,但它们作为股东对公司的所有权凭证,代表着所有者一定的收入权利,因此具有价值,可以像普通商品那样买卖。但股票的买卖不会实际影响到公司的真实资本流动。因此,股票一经认购,持有者就不能要求退股,只能在投资者之间买卖。

二、股票的种类及融资特点

将剩余索取权和控制权进一步划分可以设计出不同种类的股票。

(一)普通股

普通股是股份公司发行的无特别权利的股份,也是最基本的、标准的股份。通常情况下,股份有限公司只发行普通股。

1. 普通股的种类

(1)按股票有无记名,可分为记名股和不记名股。

记名股是在股票票面上记载着股东姓名或名称的股票。这种股票除了股票上所记载的股东外,其他人不得行使其股权,且股份的转让有严格的法律程序与手续,需办理过户。我国《公司法》规定,向法人、国家授权投资的机构、法人发行的股票,应为记名股票。

不记名股票是票面上不记载股东姓名或名称的股票。这类股票的持有人即股份的所有人具有股东资格,股票的转让也比较自由、方便,无须办理过户手续。

(2)按股票是否标明金额,可分为面值股票和无面值股票。

面值股票是指在票面上标有一定金额的股票。持有这种股票的股东,对公司享有的权利和承担的义务大小,依据其所持有的普通股票面金额占公司发行在外普通股总面值的比例而定。

无面值股票是不在票面上标明金额,只载明所占公司股本总额的比例或股份的股票。无面值股票的价值随着公司财产的增减而增减,而股东对公司享有的权利和义务的大小,直接依据股票标明的比例而定。目前,我国《公司法》不承认无面值股票,规定股票应记载股票的面值,并且其发行价格不得低于票面金额。

(3)按投资主体的不同,可分为国家股、法人股、个人股等。

国家股是有权代表国家投资的部门或机构以国有资产向公司投资形成的股份。

法人股是企业法人依法以其可支配的财产向公司投资而形成的股份,或者具有法人资格的事业单位和社会团体以国家允许用于经营的资产向公司投资而形成的股份。

个人股是社会上个人或者公司内部职工以个人合法财产投入公司而形成的股份。

(4)按发行对象和上市地区不同,可分为A股、B股、H股、N股等。

A股是供我国内地个人或法人买卖的,以人民币标明票面金额并以人民币认购和交易的股票。

B股、H股、N股以人民币标明票面金额但以外币认购。目前B股已经对境内的居民开放,而不是专供外国投资者。其中B股在上海、深圳上市,H股在香港上市,N股在纽约上市。

以上第三种、第四种分类是我国目前实务中为方便对公司股份来源的认识和发行而进行的分类。

在其他一些国家,还有按照是否拥有完全的表决权和获利权,将普通股分为若干级别,如A级、B级。A级普通股是对公众发行的,可参与利润分红,但没有投票权或者只有部分投票权;B级普通股是由公司创办人持有的,具有完全投票权。在老股东想要筹集权益资本又不愿意过多地放弃对公司的控制权时,常常采取发行另一等级的普通股的方法。

不同公司的普通股价格受公司经营状况、经济政治环境、心理因素、供求关系等诸多因素的影响,其波动较大。因而根据股票的风险特征,普通股又可以分为以下几类:一是蓝筹股。指具有稳定盈利记录、能定期分派股利的大公司发行并被公认为具有较高投资价值的普通股。像通用电气、中石油等发行的普通股,即属于蓝筹股。二是成长股。指销售和利润迅速增长,并且其增长速度快于整个国家及其行业,具有这类特征的公司所发行的股票被称为成长股。成长股一般只对股东支付较低或者不支付红利,而将大量的收益留存在公司用于再投资,随着公司的成长,股票价格上涨,投资者便可以从中得到大量的资本利得收益。三是收入股。指那些当前能支付较高股利红利的普通股。四是周期股。指那些收益随着经济周期而波动的公司所发行的普通股。五是防守股。指在面临不确定因素和经济衰退时期,高于社会平均收益且具相当稳定性的公司所发行的普通股。公用事业公司发行的普通股就是典型的防守股。六是概念股。指适应某一时代潮流的公司所发行的、股价呈较大起伏的普通股。七是投机股。指股票价格极其不稳定,或公司的前景难以确定,具有较大投机潜力的普通股,如我国的ST股票。

2. 普通股融资的优点

与其他融资方式相比,普通股筹措资本具有如下优点:

(1)发行普通股筹措的资金即普通股股本是公司的永久性资本,除非公司清算时予以偿还,否则无须偿还。这对保证公司对资本的最低需要、维持公司长期稳定发展具有十分重要的作用。

(2)发行普通股筹资没有固定的股利负担。普通股的股利支付与否以及支付多少,由公司的盈亏状况、股利分配政策以及经营需要而定。公司有盈利,并认为适于分配股利,就可以给股东支付股利;公司没有盈利,或虽有盈利但由于资金短缺或有较好的投资机会,也可以少支付或不支付股利。这样,公司的财务压力就大大降低了。由于发行普通股筹资既没有偿还期也没有固定的股利负担,所以这种筹资方式的风险最小。

(3)发行普通股筹集自有资本能增强公司的信誉,普通股股本以及由此产生的资本公积金和盈余公积金等,是公司筹措债务的基础,有了较多的自有资本,有利于提高公司的信用价值,增强公司的举债能力。

(4)发行普通股筹资较其他融资方式更容易吸收资金。由于普通股比优先股和债券能带来更高的预期收益,而且在通货膨胀时期,由于不动产升值时普通股也随之升值,从而可一定程度地抵消通货膨胀的影响,这就给普通股股东提供了比按固定的股利率领取股利的优先股股东和按固定的利息率获得利息的债券持有人更好地消除通货膨胀影响的保值方法。因此,发行普通股筹资较容易吸收资金。

3. 普通股融资的缺点

发行普通股筹资也有不利之处:

(1)资本成本较高。一般而言,普通股筹资的成本要高于债务筹资。这主要是由于投资于普通股风险较高,相应要求较高的报酬,并且股利应从所得税税后利润中支付，而债务筹资的债权人风险较低，支付利息允许在税前扣除。此外，普通股的发行成本也较高。

(2)利用普通股筹资可能会分散公司的控制权。根据普通股股东的权利，普通股股东有经营管理权。以发行普通股筹资会增加新股东，从而分散公司的控制权，所以小型公司或新设立公司对发行股票往往特别慎重，以防止分散创始人对公司的控制权。

(3)发行普通股筹资，可能导致股价的下跌。由于发行新的普通股筹资会增加新股东，新股东分享公司未发行新股前积累的盈余，会降低普通股的每股收益，因而可能导致股价的下跌。

(二)优先股

根据多数国家的公司法，优先股可以在股份制企业设立时发行，也可以在股份制企业增资发行新股时发行。公司发行优先股，在操作方面与发行普通股无多大差别。

股份制企业要正确做出优先股融资决策，必须根据企业自身的情况、融资的外部环境和优先股的特征，正确选择优先股的种类，充分利用优先股融资的优点，克服优先股融资的缺点。

1.优先股的特征

优先股是相对于普通股而言的，是较普通股具有某些优先权利，同时也受到一定限制的股票。优先股的"优先权利"主要体现在：优先分配股利和优先分配股份制企业的剩余财产。具体的优先条件须由股份制企业章程予以明确规定。

优先股与普通股具有某些共性，如优先股亦无到期日；股份制企业运用优先股所融资本，亦属自有资本。但是，它又具有股份制企业债券的某些特征。因此，优先股被视为一种混合性证券。优先股与普通股比较一般具有如下特征：

(1)优先分配固定的股利。优先股股东通常优先于普通股股东分配股利，且其股利一般是固定的。所以，优先股类似于固定利息的债券。但是企业经营不佳时，可以不发放优先股股利。而且优先股没有期限，所以发行优先股不会迫使企业因负债过多而破产，风险较小。

(2)优先分配股份制企业剩余财产。当股份制企业解散、破产等进行清算时，优先股股东优先于普通股股东分配股份制企业的剩余财产。

(3)优先股股东一般无表决权。在股份制企业股东大会上,优先股股东一般没有表决权,通常也无权过问股份制企业的经营管理。所以,当企业普通股股东担心发行普通股会威胁其对企业的控股权时,可以考虑发行优先股。但是在一些特殊情况下,如股份制企业的章程中另有规定或企业已经拖欠优先股股东过多的股利,或企业违反了优先股股东与企业之间预先签订的合同中的某些条款时,优先股股东可以拥有投票表决权,可以让优先股股东选举董事名额中少数部分。我国《公司法》规定,如公司连续三年不支付优先股股利时,优先股股东可以出席或委托代理人出席股东会并行使投票表决权。

(4)优先股可由股份制企业赎回。发行优先股的股份制企业,按照股份制企业章程的有关规定,根据股份制企业的需要,可以以一定的方式将所发行的优先股收回,以调整股份制企业的资本结构。

2.优先股的种类

如果考虑跨时期、可转换性、复合性及可逆性等因素,优先股的剩余索取权和剩余控制权则有不同的特点,由此优先股可以分为不同种类:

(1)按剩余索取权是否可以跨时期累积分为累积优先股与非累积优先股。

累积优先股是指如果公司在某个时期内所获得的收益不足以支付优先股股息时,则累积到次年或者以后年度盈利时,在普通股发放红利之前,连同本年度的优先股股息一并发放;而非累积优先股是指公司亏损或者盈利不足以支付优先股股息时,其所欠的部分,非累积优先股股东不能要求公司在以后的年度内补发。

(2)按剩余索取权是不是股息和分红的复合分为参与优先股和非参与优先股。

参与优先股又称为参与分红优先股,是指优先股股东除了可按规定的股息率优先获得股息以外,还可以与普通股股东分享公司的剩余收益,它可进一步分为无限参加优先股和有限参加优先股两种,前者指优先股股东可以无限地与普通股股东分享公司的剩余收益,后者则指优先股股东只能在一定限度内与普通股股东分享公司的剩余收益。

而非参与优先股只能获取固定的股息,不能参加公司额外分红的优先股。目前大多数公司发行的优先股属于非参与优先股。

(3)按是否拥有转换为普通股权利划分为可转换优先股和不可转换优

先股。

可转换优先股指在规定的时间内,优先股股东可以按照一定的转换比率把优先股转换成普通股。这实际上是给予优先股股东选择不同的剩余索取权和剩余控制权的权利。例如当公司盈利状况不佳时,优先股股东就可以继续持有优先股,以保证较为固定的股息收入,而当公司大量盈利时,股票价格猛涨时,优先股股东就可以行使其转换的权利以便具有更大剩余索取权。又如,当优先股股东要加强对公司的控制时,也可能转换成普通股。在某些情况下,优先股兼具可转换性和累积性,它对投资者更具有吸引力。不可转换优先股则不具备以上权利。

3.优先股融资的优点

优先股股票兼具权益资本和债务的特征,是一种混合型的证券。正是因为这种特性,发行优先股是一种灵活机动的融资方式。股份制企业可以借此降低融资风险。

(1)优先股一般没有固定的到期日,不用偿付本金。发行优先股筹集资金,实际上近乎得到一笔无限期的长期贷款,公司不承担还本义务。

(2)优先股股利的支付既固定又有一定的灵活性。一般而言,优先股都采用固定股利,但对固定股利的支付并不构成公司的法定义务。如果公司财务状况不佳,可以暂时不支付优先股股利,即使如此,优先股股东也不能像公司债权人那样迫使公司破产。

(3)发行优先股筹资不会分散公司的控制权。由于优先股股东在一般情况下没有表决权,发行优先股筹资就不会分散公司的控制权。当公司既想向外界筹措权益资本,又不愿分散公司的控制权,利用优先股筹资尤为适当。

(4)发行优先股所筹资金是公司的自有资本,因而发行优先股可增加公司的资金实力,有利于提高公司的信誉和举债能力。

4.优先股融资的缺点

股份制企业在使用优先股融资时,应努力克服优先股融资的缺点。优先股融资的缺点主要有:

(1)优先股股利以企业的税后净利润发放,不能抵免税收。与负债相比,优先股的资本成本要高出债券的资本成本许多。同时,由于投资优先股的风险较债券大,因而,优先股股利高于债券的利息,使企业的资本成本也较高。

(2)从投资者的观点来看,优先股股本作为企业的权益资本必然要承担权益股的风险,然而其报酬却是有限的。同时,虽然优先股对企业的资产和利润的要求次于债券,但是企业支付的股利率未必会高于债券的利率。

三、首次公开发行股票(IPO)和上市

(一)公开发行和上市股票的目的

股份有限公司发行股票的一个主要的方式是公开发行。股份的发行,实行公平、公开、公正的原则,必须同股同权、同股同利。同次发行的股票,每股的发行条件和价格应当相同。任何单位或者个人认购的股份,每股应支付相同的价款。同时发行新股还应受到证券监督管理机构的监督和管理。

首次公开发行(IPO)的股票通常也会上市,上市是指股份有限公司公开发行的股票经批准在证券交易所进行挂牌交易。经批准在交易所上市交易的股票成为上市股票。按照国际通用惯例,非公开发行的股票或未向证券交易所申请上市的非上市股票,应在场外市场(即 OTC 市场)上转让流通。

股份公司申请股票上市,一般出于以下的目的:

(1)资本大众化,分散风险。股票上市后,会有更多的投资者认购公司的股票,公司则可将部分股份转让给这些投资者,再将募集到的资金用于其他方面,这就分散了风险。

(2)提高股票的变现能力。股票上市后便于投资者购买,自然提高了股票的流动性和变现力。

(3)便于筹措新资金。股票上市后必须经过有关机构的审查批准并接受相应的管理,执行各种信息披露和股票上市规定,这就大大增强了社会公众对公司的信赖,使之乐于购买公司的股票。同时由于一般人认为上市公司实力雄厚,也便于公司采用其他方式筹措资金。

(4)提高公司的知名度,吸引更多的顾客。股票上市公司为社会所知,并被认为经营优良,会带来良好的声誉,吸引顾客,扩大销售量。

(5)便于确定公司价值。股票上市后,公司股价有市价可循,便于确定公司的价值,有利于促进公司财富最大化。

但股票上市也有对公司不利的一面。主要指:公司负担较高的信息披露成本;信息披露可能会暴露公司的商业机密;股价有时会扭曲该公司的实际情况,

丑化公司的声誉;可能分散控制权等。

股份有限公司的招股说明书是供社会公众了解发起人和将要上市公司的情况,说明公司股份发行的有关事宜,指导公众购买公司股份的规范性文件。公司首次公开发行股票,必须制作招股说明书。

图 11-1 是成都国腾电子技术股份有限公司的招股说明书(用于预先披露的招股书明书)。

招股说明书

创业板风险提示：本次股票发行后拟在创业板市场上市，该市场具有较高的投资风险。创业板公司具有业绩不稳定、经营风险高、退市风险大等特点，投资者面临较大的市场风险。投资者应充分了解创业板市场的投资风险及本公司所披露的风险因素，审慎作出投资决定。

成都国腾电子技术股份有限公司

（成都高新区高朋大道1号）

首次公开发行股票并在创业板上市

招股说明书（申报稿）

声明：本公司的发行申请尚未得到中国证监会核准。本招股说明书不具有据以发行股票的法律效力，仅供预先披露之用。投资者应当以正式公告的招股说明书全文作为投资决定的依据。

保荐人（主承销商）

中信建投证券有限责任公司
CHINA SECURITIES CO., LTD.

（北京市朝阳区安立路 66 号 4 号楼）

1-1-1

图 11-1　招股说明书示例

一般来说，公开发行的上市的招股说明书正文主要内容包括：①主要资料；②释义；③绪言；④发售新股的有关当事人；⑤风险因素与对策；⑥募集资金的运用；⑦股利分配政策；⑧验资报告；⑨承销；⑩发行人情况；⑪发行人公司章程摘录；⑫董事、监事、高级管理人员及重要职员；⑬经营业绩；⑭股本；⑮债项；⑯主要固定资产；⑰财务会计资料；⑱资产评估；⑲盈利预测；⑳公司发展规划；㉑重要合同及重大诉讼事项；㉒其他重要事项；㉓董事会成员及承销团成员的签署意见；等等。

此外，招股说明书有相对固定的格式。比如招股说明书概要的标题下必须记载下列文字："本招股说明书概要的目的仅为尽可能广泛、迅速地向公众提供有关本次发行的简要情况。招股说明书全文为本次发售股票的正式法律文件。投资者在做出认购本股的决定之前，应首先仔细阅读招股说明书全文，并以全文作为投资决定的依据。"

（二）我国股票市场概况

目前，我国有深圳证券交易所（简称深交所）和上海证券交易所（简称上交所）两个主要的证券公开发行和交易市场。

以上海证券交易所为例，上海证券交易所成立于 1990 年 11 月 26 日，同年 12 月 19 日开业，归属中国证监会直接管理。其主要职能包括：提供证券交易的场所和设施；制定证券交易所的业务规则；接受上市申请，安排证券上市；组织、监督证券交易；对会员、上市公司进行监管；管理和公布市场信息。

深圳证券交易所成立于 1990 年 12 月 1 日，是为证券集中交易提供场所和设施，组织和监督证券交易，实行自律管理的法人，由中国证券监督管理委员会监督管理。深交所于 2004 年 5 月正式推出中小企业板；2006 年 1 月，中关村科技园区非上市公司股份报价转让开始试点；2009 年 10 月，创业板正式启动，多层次资本市场体系架构基本确立。

上交所和深交所的市场交易采用电子竞价交易方式，所有上市交易证券的买卖均须通过电脑主机进行公开申报竞价，由主机按照价格优先、时间优先的原则自动撮合成交。

如表 11-1 所示，截至 2013 年 6 月 21 日，上交所上市公司 954 家，上市股票 998 只，总市值 146 345. 36 亿元。深圳交易所上市公司 1 537 家，上市股票 2 255只，总市值 77 300. 36 亿元。其中，深交所多层次市场构成如表 11-2 所示。

表 11-1 我国股票市场情况(截至 2013 年 6 月 21 日的统计)

	上交所	深交所	合计
上市公司数量(家)	954	1 537	2 491
上市股票数量(只)	998	2 255	3 253
总市值(亿元)	146 345.36	77 300.36	223 645.72

资料来源:上交所和深交所官网统计数据。

表 11-2 深交所多层次市场的上市公司数量构成(截至 2013 年 6 月 21 日的统计)

深交所上市公司数量(家)	其中		
合计	深市主板	中小企业板	创业板
1 537	481	701	355

资料来源:深交所官网统计数据。

(三)首次公开发行股票的条件

我国股票上市市场可分为主板市场和创业板市场。两个市场对公司首次公开发行的条件规定是不同的。主板市场要求公司首次公开发行的条件如下:

中国证监会发布实施了《首次公开发行股票并上市管理办法》,规定了首次公开发行股票的条件。包括对发行主体(公司或企业)的资格、独立性、运行、财务和会计以及所募集资金的运用都有详细的规定。

对于发行主体资格的规定。比如发行人应当是依法设立且合法存续的股份有限公司;发行人自股份有限公司成立后,持续经营时间应当在 3 年以上,但经国务院批准的除外;发行人的注册资本已足额缴纳,发起人或者股东用作出资的资产的财产权转移手续已办理完毕,发行人的主要资产不存在重大权属纠纷;发行人最近 3 年内主营业务和董事、高级管理人员没有发生重大变化,实际控制人没有发生变更等。

对发行人的独立性规定。比如发行人应当具有完整的业务体系和直接面向市场独立经营的能力。发行人的资产完整;发行人的人员、财务、机构、业务独立。

对发行人的运行规范,包括发行人已经依法建立健全股东大会、董事会、监事会、独立董事、董事会秘书制度;董事、监事和高级管理人员符合法律、行政法规和规章规定的任职资格;公司章程中已明确对外担保的审批权限和审议程序，不存在为控股股东、实际控制人及其控制的其他企业进行违规担保的情形；有严格的资金管理制度等。

对发行人的财务与会计要求，包括发行人资产质量良好，资产负债结构合理，盈利能力较强，现金流量正常；内部控制在所有重大方面是有效的；会计基础工作规范，财务报表的编制符合企业会计准则和相关会计制度的规定；编制财务报表应以实际发生的交易或者事项为依据；应完整披露关联方关系并按重要性原则恰当披露关联交易等。

对募集资金运用，规定募集资金应当有明确的使用方向，原则上应当用于主营业务；募集资金数额和投资项目应当与发行人现有生产经营规模、财务状况、技术水平和管理能力等相适应；募集资金投资项目应当符合国家产业政策、投资管理、环境保护、土地管理以及其他法律、法规和规章的规定；募集资金投资项目实施后，不会产生同业竞争或者对发行人的独立性产生不利影响。

（四）股票发行的定价

股票发行定价是个关键的环节。如果定价过高，会使股票的发行数量减少，进一步使发行公司不能筹到所需要的资金，股票的承销商也会遭受损失；如果定价过低，则股票的承销商工作容易，但发行公司却会蒙受损失，对于再发行的股票，价格发行过低还会使老股东受损。

股票发行价格主要由平价、溢价和折价三种。平价发行就是以股票票面所标明的价格进行发行；溢价就是按超过票面金额的价格发行；折价就是以低于票面金额的价格发行。对于股票发行来讲，多数股票的面值为1元，发行价格通常都是面值的若干倍，即溢价发行为主。

首次公开发行股票，应当通过向特定的机构投资者询价的方式确定股票的发行价格。发行人以及其主要的承销商应当在刊登首次公开发行股票招股意向说明书和发行公告后向询价对象进行推介和询价，并通过互联网向公众投资者进行推介。询价分为初步询价和累计投标询价。发行人及其主要的承销商应当通过初步询价确定发行价格区间，在发行价格区间内通过累计投标询价确定发行价格。

（五）股票认购和销售

发行公司着手完成准备工作之后即可按照既定的方案发售股票。对于承销商来说，就是按承销合同向发行公司批发认购发行的股票，然后出售给投资者。具体来说,通常有以下几种方式。

1. 包销

包销是指承销商以低于发行定价的价格把公司发行的股票全部买进,再转卖给投资者,这样承销商就承担了在销售过程中股票价格下降的全部风险。承销商所得到的买卖差价是对承销商所提供的咨询服务以及承担包销风险的报偿,也是承销折扣。

在包销发行时,发行公司与承销商正式签订合同,规定承销的期限和到期承销商应付的款项,如果到截止日期股票销售任务尚未完成,承销商必须按照合同的规定如数付清合同确定的价款;若财力不足又不能商请延期,就必须向银行借款支付。为了增加潜在投资者的基础以便于在较短时间内把股票销售出去,牵头承销商往往会组织销售集团,这个销售集团包括承销银团成员和不属于银团的金融机构,其作用相当于零售商。

在销售过程中,如果股票的市场价格跌到发行价格之下时,主承销商可能会根据承销协议在市场上按照市价购买股票以支持发行价格。但如果市场价格已经明显低于发行价格从而预定的发行额难以完成,则承销银团只好解散,各个成员尽力去处理自己承诺完成的部分,最终损失也自己承担。包销的方式能够使得发行公司及时筹集到资金,免于承担发行风险。

2. 代销

代销,即"尽力销售",指承销商许诺尽可能地多销售股票,但不保证一定能够完全完成预定的销售额,任何没有销售出去的股票可退还给公司。这样承销商不承担风险。

3. 自销

股票发行的自销方式,指发行公司自己直接将股票销售给认购者。这种销售方式可由发行公司直接控制发行过程,实现发行意图,并需要发行公司有较高的知名度、信誉和实力。我国证券法规定,公开发行证券必须间接发行,也就是股票的自销方式是不合法的,合法的销售必须聘请证券承销商(或称投资银行)。

(六)IPO之谜

股票市场普遍存在着这么一个现象:IPO股票在上市首日当天的收盘价格显著大于其发行价格,即发行价格被明显低估(IPO折价),由此产生了购买新股的高初始收益率，但随着股票上市时日延长，股票随后的表现却差强人意，呈现长期弱势特征，即长期中股票的收益率低于市场平均水平。IPO 股票高的初始收益率和长期弱势的现象被理论和实务界称为"IPO 之谜"。表 11-3 展示了 Jay R. Ritter 在 IPO 低定价研究方面颇有影响的部分研究成果。

表 11-3　美国市场历年 IPO 低定价情况

财政年度	IPO 数量（家）	平均首日报酬率（%）	财政年度	IPO 数量（家）	平均首日报酬率（%）
1990	95	9.6	2002	67	8.7
1991	263	11.0	2003	65	12.4
1992	362	9.9	2004	173	12.3
1993	458	11.6	2005	161	10.1
1994	334	8.6	2006	155	11.6
1995	387	19.9	2007	157	14.3
1996	598	16.0	2008	21	6.4
1997	420	13.8	2009	43	10.6
1998	284	21.4	2010	97	9.3
1999	465	70.3	2011	81	13.5
2000	371	57.2	2012	102	21.2
2001	77	14.3			

资料来源：转引自 Jay R. Ritter，http://bear.warrington.ufl.edu/ritter/IPOs2012Underpricing.pdf，2013-01-04.

IPO 低定价不仅是个别国家的现象，也是世界各国普遍的现象。图 11-2 是研究者对我国股票市场的 IPO 折价情况进行的统计。

总结理论界对 IPO 折价原因的讨论，可以分为三类：一是发行人和承销商基于某种目的有意识地压低发行价；二是二级市场的过度反应；或者上面二者的综合。而从这些原因背后的理论基础来归纳，IPO 折价主要有下面三种解释：经典金融学理论，信息经济学和行为金融学。

1. 经典金融学的解释

风险收益对称假说认为：由于一级市场上的投资者缺乏 IPO 公司和承销商的某些信息，再加上未来市场和宏观经济走势的波动，在投资者眼里，IPO 股票内在价值会有相当的不确定性，因此投资者必然会需要一定的抑价作为风险的补偿，以使风险和收益对称。

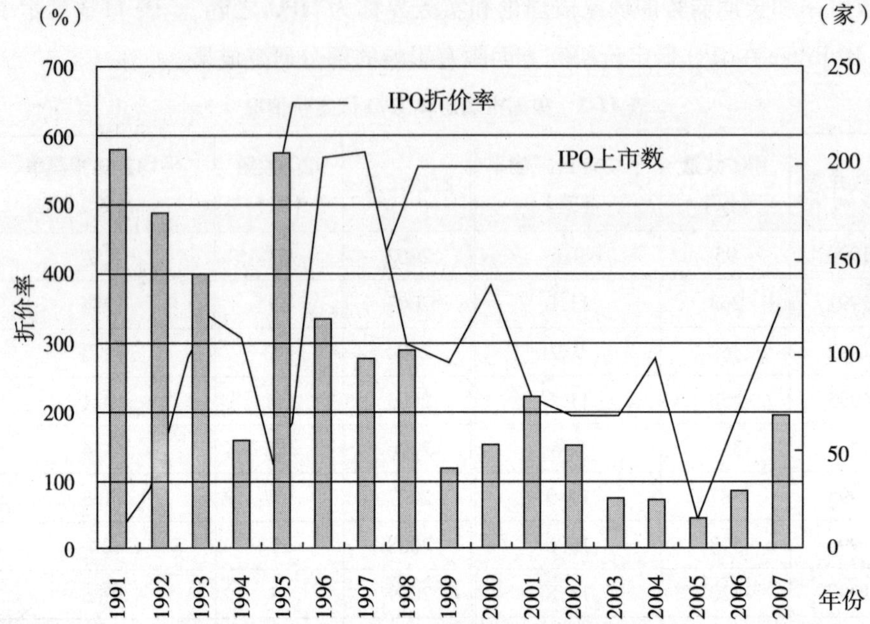

图 11-2　1991—2007 年中国股票市场的 IPO 折价情况

资料来源：刘晓明，胡文伟，李湛．中国股票市场 IPO 折价实证研究[J]．管理科学，2009(8).

一些研究者将 IPO 价格视为上市公司最优股权选择的均衡工具。认为股东越分散，股票的流动性越强，上市公司的价值越大。从这个角度讲，股东越分散，公司的股权结构越好，而一定的发行折价就是获得更分散的股东和更高的流动性所必须的成本。为了实现这个目的，一定的 IPO 折价则是必要的成本，只有足够的折价程度才能吸引足够多的投资者购买股票，从而能尽量避免公司不希望的新的大股东的出现。

另一些研究者提出了避免诉讼假说。该假说认为，IPO 折价是发行人和承销商为避免投资者的诉讼而做出的选择。IPO 新股上市后初期收益如果为负，这时如果再发现招股说明书或公司财务数据有所疏漏甚至错误，发行人和承销商就会面临较高的诉讼风险；相反，如果 IPO 股票上市初期收益为正，那么即使股说明书或公司财务数据出现疏漏甚至错误，发行人和承销商面临较高诉讼风险的概率会较小。从而,该假说认为,IPO 折价是发行人和承销商为降低诉讼风险所付出的必要成本。

2. 基于信息经济学的解释

我们知道公司 IPO 发行的过程中,参与的主体可以分为三类:发行人、承销商和投资者。基于信息经济学的解释也基本是从这三者之间的信息不对称关系入手构建的。

(1)承销商与投资者之间信息不对称。有人认为,承销商能够预先从掌握信息优势的投资者(一般是机构投资者)获得有关 IPO 报价和需求的信息,而 IPO 的折价就是对消息优势的投资者提供消息的补偿。但这种理论不足以解释为何实际中会存在 IPO 较大的折价程度。

(2)发行人与投资者之间信息不对称。由于发行人与投资者之间可能存在信息不对称,那么质量好的公司为了表明与质量差的公司有所区别,会通过某些信号向投资者传递有关公司质量的信息。所以可以通过这些信号去解释 IPO 的折价。

(3)投资者之间的信息不对称。如若参与一级市场的投资者分为两类:知情者和信息缺乏者。

知情者会基于其掌握的信息认购 IPO 定价偏低的股票,信息缺乏者则会随机认购,从而使得好的公司由于知情者的存在,投资者的中签率较低;而差的公司由于缺乏知情者的参与,投资者的中签率高。

这种差别将使得随机申购的信息缺乏者被分配到更多属于差的公司股票,这就是所谓"赢者诅咒"。如此一来,如果 IPO 公司不折价发行,将会使得信息缺乏者总体投资回报率为负,从而迫使这批投资者退出一级市场。

(4)发行人与承销商之间的信息不对称。在 IPO 发行过程中,承销商比发行人更专业,也比发行人掌握了更多的市场信息,所以在发行定价方面承销商会比发行人更加强势。在此情况下,承销商为了维持和提高其声誉,降低承销风险,有进一步降低发行价格的倾向,从而产生了较大的折价。

3. 行为金融学的解释

基于行为金融学解释 IPO 折价比较有代表性的有:卖空限制和意见分歧假说,狂热投资者假说,噪声交易者和羊群效应假说。

卖空限制和意见分歧假说认为,IPO 股票在上市当天的价格走势充满了不确定性且很难做出预测。这时投资者对未来的判断是很有异质性的,所以经典金融学框架的同质性假说在解释 IPO 上市首日的市场表现时是不合用的。IPO 股票上市首日的市场价格可能是由多方主导的,体现的是乐观投资者对未来的判断,而这个价格高估了 IPO 股票的内在价值,从而产生了 IPO 的折价现象。

如果说卖空限制和意见分歧假说只使用了行为金融学的异质性假设,那么狂热投资者假说则同时采用了异质性和非完全理性两条行为金融学的标志性假设。IPO 上市首日的市场价格不仅是反映乐观投资者的价值判断,而且乐观投资者中有一部分非理性投资者,他们被乐观的市场表象烘烤得狂热化了,从而使得 IPO 折价较高。

噪声交易假说将市场上的非理性交易进一步细分为:狂热交易者和正向反馈交易者。正向反馈交易者是指当观察到价格上涨时会选择继续跟进的交易者。噪声交易假说将狂热投资者和正向反馈交易者同时纳入考虑,认为由于 IPO 上市首日卖空限制,使得狂热投资者将悲观预期的投资者驱逐出场,而理性投资者由于预期到正向反馈交易者的存在和行为,也会进一步加大买入,最终使得 IPO 折价居高不下。

四、股权再融资

公司的股权再融资可分为向现有股东配股和增发新股(SPO)融资。股权再融资如图 11-3 所示。表 11-4 显示了我国股权融资和再融资规模演变的情况。

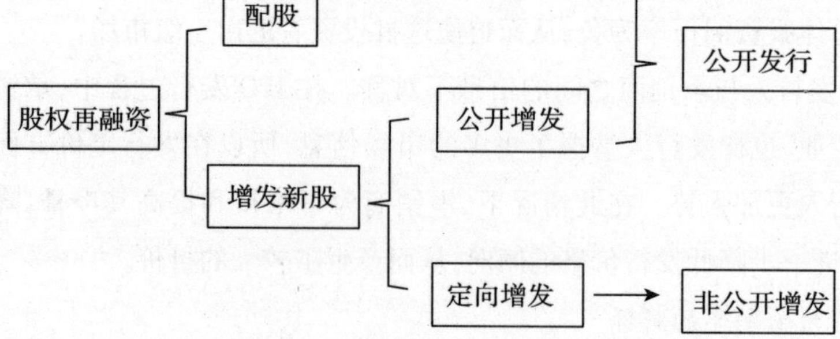

图 11-3 股权再融资示意图

表 11-4　我国股权融资和再融资规模的演变

	1991 年	2001 年	2011 年	合计
股票发行量(亿股)	5	141.48	367.19	6 668.61
A 股	5	93.00	258.82	2 887.25
B 股		0.00	0.00	107.29
H 股		48.48	108.37	3 674.07
股票筹资额(亿元)	5	1 252.34	8 683.01	57 938.53
A 股	5	1 182.13	7 941.89	43 723.59
其中:首次发行(IPO)	5	534.29	2 825.07	21 619.84
增发(Re - Issue)		217.21	4 694.86	17 430.69
配股(Right Issue)		430.63	421.96	4 629.69
B 股		0.00	0.00	382.95
H 股		70.21	741.12	12 990.88

资料来源:中国证监会 2012 年证券期货统计年鉴数据。

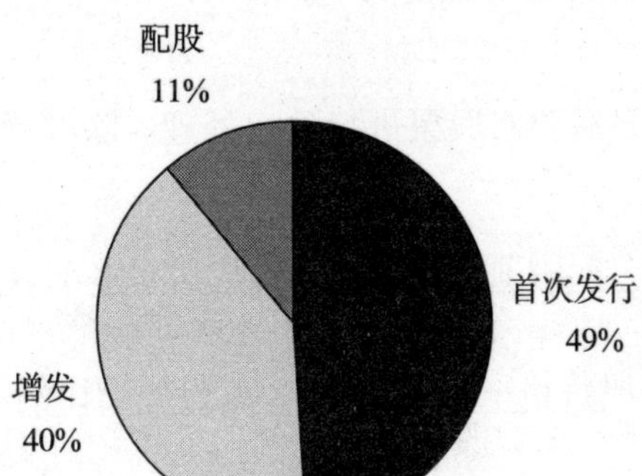

图 11-4　我国股票市场融资结构比例(1991—2011 年合计)

(一)配股

配股是指向原普通股东按其持股比例,以低于市场价格的某一特定价格配售一定数量的新股票的融资行为。配股属于公开发行行为。配股赋予企业现有股东配股股权,使得现有股东拥有合法的优先购买发行新股的权利。

1. 配股权

配股权是指当股份有限公司为增加公司资本而决定增加发行新的股票时,

原普通股股东享有的按持股比例、以低于市场价格的某一特定价格配售一定数量的新股票的权利。配股权是普通股股东的优惠权,实际上是一种短期的看涨期权。配股权通常在某一股权登记日前颁发。在此之前购买的股东享有配股权,即此时股票的市场价格中包含有配股权的价值。

公司实施配股的目的有:

(1)不改变老股东对公司的控制权和享有的各种权利;

(2)因发行新股将会导致短期内每股收益稀释,通过折价配售的方式可以给老股东一定的补偿;

(3)鼓励老股东认购新股,以增加发行量。

2. 配股条件

根据我国证券法的规定,上市公司向原有的股东配股的,除了要满足公开发行股票的一般规定外,还应该符合以下的规定:

(1)拟配售股份数量不超过本次配售股份前股本总额的30%;

(2)控股股东应当在股东大会召开前公开承诺认购的配股数量;

(3)采用证券法规定的代销方式。

3. 除权价格

通常配股权登记日后要对股票进行除权处理。除权后,股票的理论除权基准价格为:

$$\text{配股的除权价格} = \frac{\text{配股前股票市值} + \text{配股价格} \times \text{配股数量}}{\text{配股前股数} + \text{配股数量}}$$

$$\text{或者} = \frac{\text{配股前每股价格} + \text{配股价格} \times \text{股份变动比例}}{1 + \text{股份变动比例}}$$

注意:当所有股东都参与配股时,此时股份变动比率等于拟配售比例。将第一个公式右边的分子分母同时除以“配股前股数”,便可得到第二个公式。

【例11-1】 某股票配股前总股本1亿股,配股股权登记日收盘价每股20元,配股方案是每10股配3股,配股价格为12元。计算本次配股的除权价格?假设所有股东都参与配股。

$$\text{解:配股的除权价格} = \frac{20\text{元} \times 1\text{亿股} + 12\text{元} \times 0.3\text{亿股}}{1\text{亿股} + 0.3\text{亿股}} = 18.15\text{元}$$

$$\text{或者} = \frac{20 + 12 \times 0.3}{1 + 0.3} = 18.15\text{元}$$

除权价格只是作为计算除权日股价涨跌幅度的基准,提供的只是一个基准参考价。如果除权后股票交易市价高于该除权价格,这种情形使得参加配售的股东财富较配售前有所增加,一般称为“填权”;反之,股价低于除权基准价格,则会减少参与配售股东的财富,一般称之为“贴权”。

4. 配股权价值

一般说来,老股东可以以低于配股前股票市场价格的价格购买配发的股票,即配股权的执行价格低于当前股票价格,此时配股权是实值期权,因此配股权具有价值。利用除权后股票的价值可以估计配股权价值。配股权的价值为:

$$配股权的价值 = \frac{配股后股票价格 - 配股价格}{购买 1 股新股票的配股权数}$$

上述公式中,购买1股新股票的配股权数,指的是老股东获得购买1股新股票所需持有的配股权股票数量。举个例子,如果公司配股方案中宣布拟对公司股本实施10配5的方案,则老股东获得购买1股新股票所需的股票数量为2股。即购买1股新股票的配股权数为2。

【例11-2】 A公司采用配股的方式进行融资。2013年3月21日为配股除权登记日,以公司2012年12月31日总股本100 000股为基数,拟每10股配2股。配股价格为配股说明书公布前20个交易日公司股票收盘价平均值的5元/股的80%,即配股价格为4元/股。假定在分析中不考虑新募集投资的净现值引起的企业价值的变化。要求:①在所有股东均参与配股的情况下,计算配股后每股价格;②每一份配股权的价值;③假设某股东拥有10 000股A公司股票,分析是否参与配股将对该股东财富的影响(假定其他股东均参与配股)。

解:(1)配股前公司的股票价值为100 000股乘以价格5元,共500 000元。

$$配股的除权价格 = \frac{500\ 000 + 20\ 000 \times 4}{100\ 000 + 20\ 000} = 4.833 元/股$$

(2)由于原有股东每拥有10份股票将得到2份新股,故为得到1股新股需要5份配股权。故

$$每份配股权价值 = (4.833 - 4)/5 = 0.167(元)$$

(3)某股东配股前的股票价值50 000元(10 000股乘以5元/股)。

如果该股东行使配股权参与配股,则总股数将变成10 000股 + 10 000 × (2/10)股 = 12 000股。则该股东配股后拥有股票总价值为:

$$4.833 \times 12\ 000 = 58\ 000(元)$$

也就是说,该股东花费4 × 2 000 = 8 000元参与配股,持有的股票价值增加

了 8 000 元,其财富没有变化。

如果该股东没有参与配股,则公司其余配股数量为

$$(100\ 000\text{股}-10\ 000\text{股})\times(2/10)\text{股}=18\ 000\text{股}$$

则公司配股后股票的总数量为 100 000 股 + 18 000 股 = 118 000 股

配股后公司股票的价格为(5 × 100 000 + 18 000 × 4)/(100 000 + 18 000) = 4.847 元/股。

该股东配股后仍持有 10 000 股 A 公司股票,则股票价值为 4.847 × 10 000 = 48 470 元,股东财富损失了 50 000 − 48 470 = 1 530 元。

(二)增发新股

增发新股指上市公司为了筹集权益资本而再次发行股票的融资行为,包括面向不特定对象公开增发和面向特定对象的非公开增发,后者也称为定向增发。

1. 公开增发

公开增发与首次公开发行一样,没有特定的发行对象,股票市场上的投资者均可以认购。公开增发的认购方式通常用现金认购。

根据我国证券法的规定,公开增发除了满足上市公司的公开发行的一般规定外,还应当符合以下规定:

(1)最近 3 个会计年度加权平均净资产收益率平均不低于 6%;

(2)除了金融企业外,最近期末不存在持有金额较大的交易性金融资产和可供出售的金融资产、借予他人款项、委托理财等财务性投资的情形。

上市公司增发新股的定价通常按照“发行价格用不低于公告招股意向书前 20 个交易日公司股票均价或者前 1 个交易日的均价”的原则确定发行价格。相对于非公开发行,公开增发新股的发行价没有折价,定价基准日也固定。

2. 非公开增发

非公开增发(定向增发)的对象主要针对机构投资者、大股东以及关联方。机构投资者大体可以分为财务投资者和战略投资者。

其中财务投资者通常是以获利为目的,通过短期持有上市公司的股票适时套现,实现获利的法人,它们不参与公司的重大战略决策。

战略投资者通常指与发行人具有合作关系或者合作意向和潜力,并愿意按照发行人配售要求与发行人签署战略合作协议的法人。战略投资者与发行公

司业务联系紧密且欲长期持有发行公司股票。上市公司通过引入战略投资者不仅获得战略投资者的资金，还有助于引入其管理经验，改善公司治理。

相对于公开发行新股、配股而言，上市公司非公开发行新股的要求要低得多。根据我国证券法的规定，非公开发行没有过多发行条件上的限制，除发行对象为境外机构投资者需要经国务院相关部门的批准外，只要特定发行对象符合股东大会规定的条件，且数量不超过10名，并且不存在严重损害投资者合法权利和社会公众利益的情形均可申请非公开增发。对于一些以往盈利未能满足公开融资条件，但又面临重大发展机遇的公司而言，非公开增发提供了一个关键的融资渠道。

非公开发行股票的发行价格应不低于定价基准日前20个交易日公司股票均价的90%。定价基准日则可以是董事会决议公告日，也可以是股东大会决议公告日或者发行期的首日。对于通过非公开发行进行重大资产重组或者引进长期战略投资者为目的，可以在董事会、股东大会阶段事先确定发行价格；对于以筹集现金为目的的发行，则应当在取得发行核准批文后采取竞价方式定价。

非公开发行新股的认购方式不限于现金，还包括权益、债券、无形资产、固定资产等非现金资产。非公开增发的优点：

(1)节约时间和成本。一方面，定向增发属于私募发行，省去了公募必须刊登招股说明书等环节，具有明显的节省时间优势；另一方面，定向增发只向控股股东或特定的机构投资者或个人募集资金，省去了公募发行聘请承销机构的费用，节省了发行费。

(2)发行门槛低。相对于配股、增发等再融资方式的严格业绩约束而言，定向增发基本没有对业绩的要求。

五、公司创业和经营早期中的风险资本筹集

(一)“天使”资本和VC资本简介

一些公司创业者可能有非常好的创意，他们急需资金将这些好的创意付诸实施。如果靠自有资金或亲朋好友资金，则仅能维持很短的一段时间，或者远远不够。如果想申请银行贷款，由于信息不对称，一般都需要提交银行认可的抵押品。但是，对于创业初期或资产很有限的公司来讲，抵押品通常都很缺乏，银行贷款也就很难获得。处于创业初期或经营早期阶段的公司，发行股票筹资

则更是遥不可及的事情。这种情形下,创业初期或经营早期阶段的公司是否能如愿获得外部的"天使"资本或 VC 基金对于公司的命运就至关重要。

"天使"资本是广义的风险资本的组成部分。一般来说,天使(英文名称 angel,源自于希腊文 angelos)本指上天的使者,她代表圣洁、善良,上天派天使赐福于民。在创业和投资领域,最早进入创业初期或经营早期阶段公司的独立投资人被描述为"天使",意指他们给创业者带来希望和帮助。"天使"投资人一般都是个人风险资本商,用于投资的资金一般都是用投资人自己的资金,他们倾向于专门从事小额的风险投资业务。"天使"通常给一家公司提供最早的投资,那时公司还没有实现几个里程碑(比如将创意成功开发或研制出样机可算一个里程碑),也没有从哪些角度展示出其商业模式将成功的迹象。有时,他们投资的公司甚至还没有成立,公司只不过是一个或几个创业者头脑里的梦想。我们都知道,投资早期公司有很高的风险。但"天使"投资人之所以成为"天使",是因为他们之中很多人的投资非常成功。他们常常通过投资获得极大的回报,并且因为帮助了一家公司的成长,甚至帮助他们的社区和国家而获得额外的精神满足。

VC 机构募集的基金(venture fund,VC)通常被称为狭义的风险资本(risk capital)。与"天使"投资不同,VC 基金专门汇集不同来源的资金,再用它们来进行投资。为这类企业提供资金的主要渠道包括个人、退休基金、保险公司、大公司,甚至大学的捐赠基金。广义的术语私人权益(private equity,PE,又翻译为私募股权,天使投资和 VC 均属于私募股权投资的一部分)被用来表示为非公众公司募集权益这个迅猛发展的领域。

如前所述,"天使"通常给一家公司提供最早的投资。而 VC 基金进入一家公司则略晚。VC 基金认识到许多甚至是大部分新创公司并不会飞速发展,但是偶尔会有这种情况。当这种情况发生时,潜在的利润非常可观。VC 基金会采取一些策略来降低风险。他们投资的目标是一个混合体,包括早期甚至种子期公司,[①]以及后期公司,有时也被称为 B 轮或 C 轮融资。这些投资用于帮助已经成功的公司扩展甚至是统治市场,因此,不同阶段的投资分散了风险资本的风险。

---

① seed money 即"种子钱"融资,也就是底层(ground floor)融资。底层之上的融资,也就是较后阶段的融资,又称为中层(mezzanine level)。

筹资分阶段地取得以及因目标是否达到而灵活机动的做法,是对企业创办人的一个强大的激励力量。通常,在创业过程中创办人的工资都非常微薄,而且他们个人资产的大部分也与经营紧密联系起来。在每一个阶段,创办人的赌注价值随之增长,成功的概率也随之提高。

"天使"资本或VC基金的单笔投资规模有多大呢?根据美国风险投资协会(NVCA)的统计数据,截至2012年12月30日,2012年度全美VC共投资了3 826个项目,投资总金额为271.067亿美元,平均单笔投资金额为708.49万美元。2013年前三季度全美VC共投资了2 867个项目,投资总金额为207.46亿美元,平均单笔投资金额为723.61万美元。[①] 这意味着需要小额资金的公司,获得VC资金可能比较困难,而"天使"资本因为单笔投资规模具有更大灵活性而凸显其对这些公司的重要。据Brian E. Hill和Dee Power于2001年下半年在美国完成的一份调查,在50位接受调查的"天使"中,每位"天使"的平均单笔投资额是7.2万美元,最多的区间是2万~3万美元,最高的区间是25万~50万美元。

VC基金通常会花钱、花时间提高自己的知名度,让基金获得一个品牌形象,这样可以收到更多的项目,并期待其中包含质量最高的项目。VC基金拥有丰富经验的团队,他们知道如何在投资之前彻底地评估某个特定公司的成长潜力。VC基金也依靠一系列复杂的法律协议和交易结构来保护他们的投资,并确保对被投资公司在发展方向上拥有一定程度的控制力。与此不同,"天使"资本可能更加神秘,很难找到一份活跃"天使"投资人名录。虽然二者在这点上略有不同,但无论是VC基金,还是"天使"资本,都在很大程度上依靠律师、会计师、银行家及其他风险投资家之间的非正式网络,来识别潜在的投资。因此,要能成功点击风险资本市场,个人的接触很重要,它在很大程度上是个"推介"市场。

除了提供融资外,风险资本家(无论是天使资本或VC基金)通常都积极参与到公司的经营中,提供早先的风险资本的经验和一般业务专才等方面的便利。当公司的创办人缺少乃至根本没有经营公司经验的时候,这一点尤为重要。

为何有资本愿意成为风险资本?私募股权投资回报如何呢?

---

① 数据来自美国风险投资协会(NVCA)网站,http://www.nvca.org/。

如表 11-5 所示,美国私募股权投资在 2000 年 12 月 31 日之前的过去 5 年整体回报率达 28.3%。[①] 当然,20 世纪 90 年代是美国股市的黄金十年,1994 年初道琼斯工业平均指数在 3 600 点附近,而到了 1999 年已经突破了 11 000 点大关。到随后的 2000 年 1 月 14 日,道琼斯工业平均指数又到了 11 722.98 点的顶峰。以道琼斯工业平均指数为代表的股市整体价格在这个 5 年内的总涨幅超过了 200%。[②] 我们知道,私募股权投资通常的退出渠道是创业企业的股票最终实现 IPO 并上市,通过上市后的高溢价实现巨额回报,或者创业企业以一个好价格被并购。因此,股市的良好表现为私募股权投资高的整体回报率提供了好环境。这也刺激了当时美国私募股权投资资金的增长。

表 11-5　截至 2000 年 12 月 31 日美国私募股权投资业绩指数(PEPI)

	1 年	3 年	5 年	10 年	20 年
早期/种子期	51.2	93.7	65.5	35.8	23.8
后期	19.9	31.7	31.1	25.2	18.3
私募股权投资整体	20.0	30.3	28.3	22.1	19.3

资料来源:私募股权投资业绩指数(Private Equity Performance Index,PEPI),由汤森路透(Thomson Reuters)编制,引自〔美〕Brian E. Hill,Dee Power. 如何吸引天使投资[M]. 北京:机械工业出版社,2013.

随着其后美国股市的回落,私募股权投资的回报也有所降低。表 11-6 提供了截至 2013 年 6 月 30 日美国私募股权投资业绩指数(PEPI)的情况。

表 11-6　截至 2013 年 6 月 30 日美国私募股权投资业绩指数(PEPI)

	1 年	3 年	5 年	10 年	20 年
早期/种子期	8.6	14.3	5.4	6.9	43.3
后期	10.0	15.1	9.7	10.8	11.5
私募股权投资整体	9.0	11.8	4.9	8.5	13.6

资料来源:美国风险投资协会(NVCA)官网的统计。

简单归纳起来,"天使"资本和 VC 基金存在一些差异。表 11-7 列示了二者部分的差异,但它们之间的差异并不局限于这些。

① 〔美〕Brian E. Hill&Dee Power. 如何吸引天使投资[M]. 北京:机械工业出版社,2013.

② 〔美〕Robert J. Shiller. 非理性繁荣(第二版)[M]. 北京:中国人民大学出版社,2008.

表 11-7 “天使”资本和 VC 基金的部分差异

	“天使”资本	VC 基金
投资资金的来源	自有资金	募集资金
投资阶段	以早期/种子期为主的投资	以后期为主的多阶段投资
承担的风险和回报	更高风险,更高收益	高风险,高收益
单笔投资额度	较小,灵活	较大
管理队伍	个人行为	专业资金管理者
名录是否公开	通常没有	一般公开

(二)风险投资家的选择

有些刚刚起步的公司,特别是那些有经验、以往很成功的企业家所领导的企业,在选择风险投资家(无论是“天使”资本还是 VC 基金)时,不仅要考虑资金的获得,还会有别的考虑。比如,以下投资人的因素可能也是融资对象选择中非常关键的:

1. 财务实力

风险投资家必须拥有资源和财务储备,以便在必要时满足其他融资阶段的需求。一般来讲,单个 VC 基金的实力较单个“天使”资本的实力要雄厚。所以,如果有选择的可能,应首选专业的 VC 基金。其次,才考虑“天使”资本。如果无法获得一位 VC 的投资,在吸引“天使”投资时,尽量融到足够多得钱,以便公司能实现一个有意义的业务里程碑,比如完成产品开发。否则,公司可能比较难以说服后续投资人给公司投入额外的资金。但由于接下来要考虑的因素,风险投资家的资金更大并不意味着更好,他可能不适合你的公司。

2. 风格

有些风险投资家非常希望介入公司的日常经营和决策,有些则只对月度报告感兴趣。哪一种风格更好,这要取决于公司和风险投资家的经营才能。如果公司欠缺相应的行业经验或管理才能,而风险投资家具有,那显然非常欢迎风险投资家介入公司的日常经营和决策。如果相反,则风格选择就不同了。

3. 参考很重要

风险投资家在类似的公司是否成功?同等重要的是,风险投资家如何应对不利的情形?

4. 接触很重要

除了财务和管理方面的协助之外，风险投资家可能通过介绍潜在的重要客户、供应商以及其他产业的接触来给企业提供帮助。风险投资家通常都专门从事少数特定产业，而这种专业化被证明相当有价值。

5. 退出策略很重要

风险投资家一般不是长期投资者。对于风险投资家怎么以及在什么样的情况下会从企业撤资，应该仔细评估。

（三）吸引风险投资家的融资项目优势

创业者做些什么才能让风险投资家朝着认可项目的方向前进一步呢？或者说，是否可以找出一些要点，让创业者在融资演示时着重强调，就如同风险投资家脑子里有一份感兴趣的问题清单，需要在融资演示中听到，他们才会往前推进。通常来讲，以下优势可能会吸引风险投资家进一步关注甚至愿意对某个项目提供融资支持。

1. 管理团队强大，能力搭配均衡，经验丰富

人通常被认为是最重要的因素。如果创业者的创意非常好，但管理团队很平庸，通常被认为难以获得融资的成功。如果管理团队很强大，能量充沛，并且能够脚踏实地地思考问题，通常可以博得风险投资家的信任，因为很多投资人相信，即便最初的创意并不完美，但管理团队有能力在创业过程中作调整，有能力把事情做好。所以，管理团队要认真清楚地说明自己将要做的事情为何是一个很好的创意，自己的商业模式是怎样的，自己如何赚钱以及是否现实。诚实通常被认为是管理团队成员非常重要的品质。当然，如果管理团队中的成员来自某个行业，并在其中获得了巨大成功并拥有很好的地位，那无疑是一个优势。

2. 公司所处的市场（或行业）很大，并有巨大的增长潜力

风险投资家看重公司所处的市场（或行业）应该已经很大，并且还有很大的成长潜力。选择进入成长的市场更容易赶上浪潮，远胜于在停滞萧条的市场中从根深蒂固的竞争对手那里抢夺市场份额。创业者最好能找到可靠的数据证明市场容量足够大而且还在成长。当然，有时候要做到这点比较困难。尤其对于一个新兴行业，可能根本就找不到预测数据。如果是这种情况，风险投资家当然也不会指望创业者提供坚不可摧、无人可挑战的预测数据。

3. 公司的技术（或产品或服务）迎合市场的迫切需求

创业者必须反复给风险投资家强调公司的技术（或产品或服务）迎合市场

的迫切需求。要展示融资项目在这点上的优势，最好的办法是从草根用户的角度介绍，介绍个体用户或公司用户将如何获得好处，用户是如何做出购买决策及使用产品或服务的流程。当然，投资人有自己的方法评估市场对产品或服务的需求强烈程度。

4. 公司将有能力建立可自我保护的竞争优势

所有的风险投资家都在挖掘优秀的公司，这些公司正在做一些或者已经做出了一些与众不同的、独特的产品或服务，客户能够轻易地看到差别，并很快被其产品或服务所吸引。在理想的情况下，这家公司能享受垄断，并能够获得最大的市场份额，而且客户对其提供的产品或服务非常满意。即便垄断时期是临时的，公司也能够通过手上持有的专利或其他知识产权建立起可防御的竞争优势，从而创造出巨额利润和巨大价值。

5. 潜在的投资回报令人激动

通常，风险投资家对项目投资回报的预期比较高。比如据 Brian E. Hill, Dee Power 于 2001 年下半年在美国完成的一份调查，50 位“天使”投资人预期的平均回报率为 34%，最高预期回报率为 100%，最低预期回报率为 20%。

归纳起来，不同的风险投资家有自己的投资偏好，包括行业专注和公司所处的地理位置。为了吸引风险资本，一家创业公司必须展示出很多要素，每个要素的相对重要性会因不同的风险资本家而不同。但拥有一个高素质的创业团队无疑是非常重要的。

第二节　债务融资

债务筹资是指通过负债来筹集资金。债务是企业一项重要的资金来源，几乎没有一家企业只靠自有资本，而不运用债务就能够满足资金需要。债务筹资相对于权益筹资的特点表现为：筹集的资金具有使用上的时间性，到期需要偿还；无论企业好坏，需要支付固定债务利息，从而形成企业固定的负担；其资本成本一般比普通股筹资成本低，且不会分散投资者对企业的控制权。

长期债务是指期限超过了 1 年的负债。长期负债的优点：可以解决企业长期资金的不足；由于债务期限较长，债务人可以对债务的归还做长期安排，还债压力和风险相对较小。缺点是：长期债务筹资的成本相对于短期债务筹资成本较高，负债的限制较多。

长期债务筹资主要有长期借款筹资和债券两种方式。

一、长期借款筹资

长期借款是指企业向银行或其他非银行金融机构借入的使用期限超过1年的借款，主要用于构建固定资产和满足长期资金占用需要。

（一）长期借款的种类

长期借款的种类很多，各个企业可以根据自己的情况和各种借款条件选用。

1. 按照用途分

长期借款可分为固定资产投资借款、更新改造借款、科技开发和新产品试制借款等。

2. 按照提供贷款的机构分

长期借款可分为政策性银行贷款、商业银行贷款等，此外还可以从信托公司、财务公司等机构获得贷款。

3. 按照有无担保分

长期借款可为信用贷款和抵押贷款。信用贷款指不需要企业提供抵押品，仅凭信用或者担保人的信誉而发放的贷款。抵押贷款是指要求企业以抵押品作为担保的贷款。长期贷款的抵押品常常是房屋、建筑物、机器设备、股票、债券等。

（二）取得长期借款的条件

金融机构对企业放款的原则是：按计划发放、择优扶植、有物资保证、按期归还。企业申请贷款一般应具有的条件：

独立核算、自负盈亏、有法人资格；经营方向和业务范围符合国家产业政策，借款用途属于银行贷款办法规定的范围；借款企业具有一定的物资和财产保证，担保单位具有相应的经济实力；具有偿还贷款的能力；财务管理和经济核算制度健全，资金使用效益及企业经济效益良好；在银行设有账户，办理结算。

具备上述条件的企业欲取得贷款，先要向银行提出申请，陈述借款原因与金额、用款时间与计划、还款期限与计划。银行根据企业的借款申请，针对企业的财务状况、信用条件、盈利的稳定性、发展前景、借款投资项目的可行性等进行审查。银行审查同意贷款后，再与借款企业进一步协商贷款的具体条件。

（三）长期借款的保护性条款

由于长期借款的期限长、风险大，按照国际惯例，银行通常对借款企业提出一些有助于保证贷款按时足额偿还的条件。将这些条件写进贷款合同中，就形成了合同的保护性条款，归纳起来，保护性条款有两类。

1. 一般性保护性条款

一般性保护性条款应用于大多数的合同，但根据具体情况会有不同内容，主要包括：①对借款企业的流动性资金保持量的规定，其目的在于保持借款企业资金的流动性和偿债能力；②对支付现金股利和再购入股票的限制，其目的在于限制现金外流；③对净经营性长期资产总投资规模的限制，其目的在于减少企业日后不得不变卖固定资产以偿还贷款的可能性，仍着眼于保持借款企业资金的流动性；④限制其他长期债务，其目的在于防止其他借款人取得对企业资产的优先求偿权；⑤借款企业定期向银行提交财务报表，其目的在于及时掌握企业的财务状况；⑥不准在正常情况下出售较多的资产，以保持企业正常的生产经营能力；⑦如期缴纳税费和清偿其他到期债务，以防止被罚款而造成现金流失；⑧不准以任何资产作为其他承诺的担保或抵押，以避免企业负担过重；⑨不准贴现应收票据或者出售应收账款，以避免或有负债；⑩限制租赁固定资产的规模，其目的在于防止企业负担巨额租金以致削弱其偿债能力，还在于防止企业借租赁固定资产的办法摆脱对其净经营性长期资产总投资和负债的约束。

2. 特殊保护性条款

特殊性保护条款是针对某些特殊情况而出现在部分借款合同中的，包括：①贷款专用；②不准企业投资于短期内不能回收资金的项目；③限制企业高级职员的薪金和奖金总额；④要求企业主要的领导人在合同有效期内担任领导职务；⑤要求企业主要领导人购买人身保险；等等。

此外，“短期借款筹资”中的周转信贷协定、补偿性余额等条件，也同样适用于长期借款。

（四）长期借款成本

长期借款的利息高于短期借款，但信誉良好或者抵押品流动性强的借款企业，仍然可以争取到较低的长期借款利息。长期借款利率有固定利率和浮动利率两种。浮动利率通常有最高或最低限制,并在合同中明确规定。对于借款企业来讲,若市场利率上升,应与银行签订固定利率合同;反之,应与银行签订浮动利率合同。

除了利息之外,银行还会向借款企业收取其他的费用,如周转信贷协定中所收取的承诺费,要求借款企业在本银行中保持补偿性余额所形成的间接费用。这些费用会增加长期借款的成本。

(五)长期借款的偿还方式

长期借款的偿还方式不一,包括:定期支付利息、到期一次偿还本金的方式;定期等额本息偿还;定期等本偿还等。第一种偿还方式会加大企业借款到期时的还款压力,比较第一种偿还方式,后两种偿还方式会提高企业使用资金的成本,即有效利率高。正如本书第四章所述,定期等额本息偿还需要支付比定期等本偿还更多的利息。

(六)长期借款筹资的特点

与其他的长期筹资相比,长期借款的优点有:

1. 筹资速度快

发行各种证券筹集资金所需要的时间一般较长。做好证券发行的准备以及证券发行都需要一段时间。而向金融机构贷款与发行证券相比,一般借款所需要的时间较短,可以迅速地获取资金。

2. 借款弹性好

企业与金融机构可以直接接触,可通过直接协商来确定贷款的时间、数量、利息等条件。在借款期间,如果企业情况发生变化,也可以与金融机构进行协商,修改借款合同。借款到期后,如有正当理由,可以延期偿还。

3. 融资成本较低

长期借款融资的利息可以享受税前抵扣的优惠,使企业实际负担的利息率降低。同时,长期借款融资的融资费也很低,主要是借款的手续费,与证券融资相比,可以忽略不计。

4. 具有杠杆作用

长期借款融资使企业利用了财务杠杆。但长期借款筹资也具有缺点:如财务风险大。企业举借长期借款,必须定期还本付息。在经营状况不利的情况下,可能会产生不能偿还的风险,甚至是导致破产。此外,长期借款筹资限制条款多。企业与金融机构前定的借款合同中，一般都有较多的限制性条款，这些条款可能会限制企业的活动。

二、长期债券筹资

债券是指发行人依法定程序发行，约定在一定期限内还本付息的有价证券。债券是债权债务合同，该合同载明了发行者在指定日期支付利息并在到期日偿还本金的承诺，其要素包括期限、面值、利息、求偿等级、限制条款、抵押和担保、选择权（如赎回和转换权）等。这里所说的债券是指期限超过了一年的公司债券，其发行的目的通常是为建设大型项目筹集大笔长期资金。

（一）债券的特征

债券和股票都属于有价证券，对发行公司来说都是一种筹集资金的手段，而对购买者来说是投资手段，与股票相比，债券具有以下特征：

债券是有期限的，到期日必须偿还本金，且每半年或者一年支付利息；而股票一般是永久的，因而是无须偿还的。所以对公司来说，若发行过多的债券就可能资不抵债而破产，而公司发行越多的股票，其破产的可能性越小。

债券持有者从公司税前利润中获得固定利息收入，利息的多少一般与发行公司的经营状况无关，而且债券面值本身增值或者贬值的可能性不大；而股东从公司的税后利润中分享股利，股息的多少是由盈利水平决定的，而且股票本身增值或者贬值的可能性较大。

债券风险小。因在求偿等级上，股东排在债权人之后，当公司由于经营不善等原因破产时，债权人有优先取得公司财产的权利，其次是优先股东，最后才是普通股股东。

债券限制性条款涉及控制权问题。股东可以通过投票来行使剩余控制权，而债权人一般没有投票权，但他可能要求对大的投资决策有一定的发言权，这主要表现在债务合同常常包括有限制经理及股东职责的条款。另外在公司破产时，剩余控制权将由股东转移到债权人手中，债权人有权决定是清算公司还是重组公司。

与权益资本是一种风险资本，不涉及抵押和担保问题相比，债务资本可要求以某一或者某些特定资产作为保证偿还的抵押，以提供超出发行人通常信用地位之外的担保，这实际上降低了债务人无法按期偿还本息的风险，即违约风险,或者称为信用风险。

(二)债券的发行

在我国,公司债券特指根据《公司法》设立的公司依该法发行的约定在一定期限内还本付息的有价证券。其他非公司制企业发行的债券则称为企业债券。

1. 企业债券的发行和上市

企业债券的发行遵循《企业债券管理条例》。企业发行债券必须满足规模、偿债能力、盈利等基本条件且对募集资金的投向也有相关的规定。企业债券的发行申请向国家发改委申报。

企业债券发行完毕后,经核准可以在证券交易所上市,挂牌买卖。企业债券申请上市,需要按照《上海证券交易所公司债券上市规则》的规定,向证券交易所申报。除了在交易所市场上市外,企业债券也可以进入银行间市场交易流通。在银行间市场上市的债券必须满足的条件是:①依法公开发行;②主权债务关系确立并登记完毕;③发行人具有比较完善的治理结构和机制,近两年没有违法和重大违规行为;④实际发行额不少于人民币 5 亿元;⑤单个持有者持有量不超过该期债券发行量的 30%。

2. 公司债券的发行和上市

公司债券的发行遵循《公司债券发行试点办法》规定的基本条件、募集资金投向和不得再次发行的情形。

公司债券的发行必须由保荐人保荐,并向中国证监会申报。公司债券发行完成后,经核准可在证券交易所挂牌交易。根据《上海证券交易所公司债券上市规则》,公司债券申请上市应该符合下列条件:①经有关部门批准并发行;②债券的期限在 1 年以上;③债券的实际发行额不少于人民币 5 000 万元;④债券必须经资信评级机构评级,且债券的信用级别良好;⑤申请债券上市时仍符合法定的公司债券发行条件;⑥证券交易所认可的其他条件。

(三)债券筹资的优缺点

1. 债券筹资的优点

(1)筹资规模大。债券属于直接融资,发行对象分布广泛,市场容量相对较大,且不受金融中介机构自身资产规模及风险管理的约束,可以筹集的资金数量比较多。

(2)具有长期性和稳定性的特点。债券的期限可以比较长,且债券的投资者一般不能在债券到期之前向企业索取本金,因而债券筹资方式具有长期性和稳定性的特点。金融机构对较长期限借款的比例往往有一定的限制。

(3)有利于资源的优化配置。由于债券公开发行,是否购买债券取决于市场上众多投资者自己的判断,投资者可以方便地交易并且转让所持有的债券,有助于加速市场竞争,优化社会资金的资源配置效率。

2. 债券筹资的缺点

(1)发行成本高。企业公开发行公司债券的程序复杂,需要聘请保荐人、会计师、律师、资产评估机构以及资信评估机构等中介,发行成本较高。

(2)信息披露成本高。发行债券需要公开披露募集说明书以及引用的审计报告、资产评估报告、资信评级报告等多种文件。债券上市后也需要披露定期报告和临时报告,信息披露成本较高。同时也对保守企业的经营、财务等信息及其他商业机密不利。

(3)限制条件多。发行债券的契约书中限制条款通常比优先股及短期债务更为严格,可能会影响企业的正常发展和以后的筹资能力。

(四)创新型债券

1. 可转换公司债券

可转换公司债券(简称可转债)是指发行人依据法定程序发行,在一定期间内依据约定的条件可以转换成股份的公司债券。因此,它是一种融债券和股票特点于一体的混合型证券,在可转换债券尚未转换成股票时,它与公司债券一样享有固定的债券利息收益,但当达到规定的转股条件时,可转换债券可以转换为发行人的普通股。由于债券持有者可以在规定期限内将其债券转换成一定数量公司普通股票,因而可视为以转换价格为执行价格的债券持有者的看涨期权,且通过回售条款,持有者可在公司股票价格不能满足其预期时将可转换公司债券回售给发行公司,这可视为以回售价格为执行价格的债券持有者的看跌期权;而发行公司可以在某一时期内和特定时间后决定是否赎回可转换债券,以避免可能发生的转换受阻风险、利率下调风险和偿付风险等,这可视为以赎回价格为执行价格的发行公司的看涨期权。所以,可转换债券同时具有债权、股权、期权的特性。

2. 资产证券化

资产证券化是指将缺乏流动性但具有某种可预测现金收入属性的资产或

资产组合，通过创立以其为担保的证券，在资本市场上出售变现的一种融资手段。其基本交易结构是资产的原始权益人将要证券化的资产剥离出来，出售给一个特设机构，这一机构以其获得的这项资产的未来现金收益为担保发行证券，以证券发行收入支付购买证券化资产的价款，以证券化资产产生的现金流向证券投资者支付本息。

可被证券化的基础资产有很多，例如住房抵押贷款、信用卡应收款、汽车贷款、应收账款、设备租赁费、基础设施收费等。

第三节 融资策略

企业的融资策略是指企业资金的各项组合及其相互关系，即通过对融资成本的比较进行融资方式选择，进而达到企业市场价值最大化。不同的融资方由于具有不同特征表现，因而其融资成本和收益也存在较大的差异性，这是企业选择最佳融资策略的出发点。

企业融资策略的选择问题，实际上是确定企业的最优资本结构问题。所谓最优资本结构是指企业在一定时期、最适宜的有关条件下，使其综合资本成本最低，同时企业价值最大的资本结构。最优资本结构是一种能在财务杠杆利益、财务风险、资本成本、企业价值等之间实现最优均衡的资本结构，它应作为企业的目标资本结构。一般地说，最佳资本结构在不同时期、不同地区、不同企业是不相同的。这在上一章已经进行过介绍。企业往往是对拟定的融资总额，通过在选择权益融资和债务融资不同数额的组合方案中，选择较好的融资方案。

一、影响融资策略的公司内部因素

随着全球资本市场的发展：一方面，金融工具日益繁多，无形中为企业提供了广阔的融资空间，这个时候，如何控制融资成本，选择最佳的融资时间，对企业而言至关重要；另一方面，跨国公司大量涌现，企业的经营体系越发复杂，合理合规的财务规划成为企业持续发展的前提。首席财务官（CFO）作为融资策略的规划者，在决策时应考虑下面一些公司因素。

（一）公司增长机会

一般而言，债权人为约束公司冒险行为，通常会在债务合同中严格规定公司投资的性质、范围等内容。在债务合同的约束下,管理层就可能放弃一些盈利的投资方案,从而产生投资不足并导致公司价值的降低。但对于一些低增长机会的公司由于拥有较少盈利投资机会,公司管理者出于个人的私利的考虑,希望自己手中掌控的自由现金流尽可能多,于是宁愿将资金投资于低收益或无收益的项目,也不肯把它们交还给股东,从而出现过度投资,造成资金使用的低效甚至是无效,导致了公司价值的降低,而解决此问题的方法之一就是增加负债。

(二)企业生命周期

用生物学中的"生命周期"观点来看待企业,企业的发展符合生物学中的成长曲线。在此基础上,企业发展过程会出现停滞、消亡等现象。不同生命周期阶段的企业销售收入、盈余、经营现金流量、财务风险、经营风险等具有很大不同,导致企业面临不同的资金需求量、融资渠道以及融资策略。

(三)资产结构及其专用性

企业有形财产可以用来抵押,从而减少债权人的风险,所以有形资产越多的企业越容易筹集更多的债务资金。有研究表明,固定资产和存货的价值大小与企业负债比率呈正相关关系。从控制权的角度说,由于负债融资只为投资者提供非常有限的资产控制权和监管能力,不适用于专用程度高的投资项目,而股权融资为投资者提供了更直接的资产控制权和监管能力,从而更适合为专用性程度高的项目融资,因而资产专用性程度与资本结构中的负债水平呈反比,与股权资本水平呈正比。

(四)公司规模

公司规模对融资的影响是不确定的。有人认为由于大公司较小公司更倾向于向贷款人提供更多的信息,因而具有较小的监督成本和较高的贷款能力,所以公司规模与财务杠杆正相关。但同时学者认为,公司规模与内、外部投资人间信息不对称水平负相关。根据信息不对称理论,大公司应倾向于权益融资,因此有更低的财务杠杆。

(五)其他因素

有实证研究发现,由于公司融资能力、税收、破产的可能性等都与公司所处的行业相关联,所以最优资本结构可能受到行业相关变量的影响。经营收入的波动性大，意味着企业的破产风险和经营风险高，企业只有通过减少负债的方式来降低财务风险，并控制企业整体经营风险。由于大股东可以利用手中的控制权，通过转移价格、关联交易等自利行为谋取私利，而外部权益融资会稀释股权，使大股东现有控制权遭受挑战，因此大股东有动机做出有利于自身控制权利益的融资决策。

二、影响融资策略的外部因素

(一) 市场环境

经过20多年发展，我国金融市场已经形成了债券市场、同业拆借市场、股票市场、外汇市场、期货市场、黄金市场六大金融市场齐头并进的格局。这里仅针对债券市场和股票市场进行分析。

近年来，随着党中央、国务院对债券市场发展的高度重视。我国债券市场规模迅速扩大；多层次市场体系初步形成：由沪、深证券交易所债券市场（债券场内交易市场）和全国银行间债券交易市场、银行柜台市场（均为债券场外交易市场）组成，各司其职，各负其责；市场品种和交易方式逐步丰富：由最初的国债和企业债发展到了公司债券、可转换债券、短期融资券、中期票据、外币债券、商业银行金融债券等；债券市场的法制和监管工作逐步完善。这些都为我国企业债券融资创造了有利条件。

我国股市仍然大起大落，其未来走向扑朔迷离，股票二级市场的运行情况对IPO规模有巨大的影响。但无论股票二级市场的运行情况如何，有两点特征是明显的：一是中国股市与国际环境的关联度越发密切。二是创业板市场的存在将缓解中小企业，尤其是中小高科技企业融资难的问题。低发行门槛为那些有创新能力但没有业绩，无法申请银行贷款的中小企业提供了新的融资渠道。

(二) 融资方式

依据资金来源不同融资方式可分为：内源融资与外源融资，外源融资包括股权融资与债权融资。不同的融资方式对应不同的融资成本、融资规模、融资风险、融资期限，对控制权的影响和融资方便性也不同。

表11-8列出了内源融资、权益融资、债券融资和银行借款在融资成本、融资规模、融资风险、融资期限等方面的不同。

表 11-8 不同融资方式的比较

	内源融资	权益融资	债券融资	银行借款
融资成本	最小 在财务计算中无成本,担忧机会成本	最大 股利、发行费用占发行价的5%左右	大 利息、发行费用占发行价的2%左右	小 受银行贷款利率影响加大,一般低于普通公司债
融资规模	最小 受以往盈利和股利政策的影响	大 受《证券法》、发行上市规则等影响	大 受《公司法》、发行规则等影响	小 受授信额度、补偿性余额影响
融资风险	最小 没有还息的风险	小 一般不还本,股息的多少一般与利润相关	大 需按期还本付息	大 需按期还本付息
融资期限	最长	长	长	短 有长期的,但一般以短期主
对控制权的影响	最小	最大	大 一般债权人没有决策权表决权,除非破产时	大 一般债权人没有决策权表决权,除非破产时
便利性	没有利润就没有留存收益	发行手续多、时间长	手续多、时间长	手续简单、时间短

三、融资决策的方法

对融资决策的具体分析方法主要有三种:比较资本成本法、每股收益无差别点法,以及比较企业价值法。

(一)比较资本成本法

比较资本成本法是计算不同融资方案的加权平均资本成本,比较其高低,选择其中成本最低者确定为最优融资方案。

1. 初始融资方案的优选

【例 11-3】 某企业有三个融资方案可供选择,有关资料如表 11-9 所列。请判断融资成本最低的方案。

表 11-9　三个融资方案

融资方式	融资方案 1		融资方案 2		融资方案 3	
	融资额（万元）	融资成本（%）	融资额（万元）	融资成本（%）	融资额（万元）	融资成本（%）
银行借款	80	6	150	6.5	160	7
企业债券	200	7	250	7.5	240	7.5
优先股	120	12	100	12	100	12
普通股	600	15	500	15	500	15
合计	1 000		1 000		1 000	

解：下面分别测算三种融资方案的加权平均资本成本。

融资方案Ⅰ的加权平均资本成本：

$$K_{w1} = \frac{80}{1\ 000} \times 6\% + \frac{200}{1\ 000} \times 7\% + \frac{120}{1\ 000} \times 12\% + \frac{600}{1\ 000} \times 15\% = 12.32\%$$

融资方案Ⅱ的加权平均资本成本：

$$K_{w2} = \frac{150}{1\ 000} \times 6.5\% + \frac{250}{1\ 000} \times 7.5\% + \frac{100}{1\ 000} \times 12\% + \frac{500}{1\ 000} \times 15\% = 11.55\%$$

融资方案Ⅲ的加权平均资本成本：

$$K_{w3} = \frac{160}{1\ 000} \times 7.0\% + \frac{240}{1\ 000} \times 7.5\% + \frac{100}{1\ 000} \times 12\% + \frac{500}{1\ 000} \times 15\% = 11.62\%$$

以上三个融资方案的加权平均资本成本相比较，融资方案Ⅱ的资本成本最低，在其他有关因素大体相同的条件下，方案Ⅱ即为最优的融资策略。

2. 追加融资方案的优选

【例 11-4】　某公司目前拥有资本 5 000 万元，由于投资新项目欲筹款 1 000万元，相关信息如表 11-10。请做出成本最低的选择。

表 11-10　某公司融资相关信息表

筹资方式	原有资本结构		追加筹资方案Ⅰ		追加筹资方案Ⅱ		追加筹资后资本结构	
	资本额（万元）	资本成本（%）	追加筹资额（万元）	资本成本（%）	追加筹资额（万元）	资本成本（%）	方案Ⅰ（万元）	方案Ⅱ（万元）
长期借款	500	6.5	500	7.0	600	7.5	1 000	1 100
长期债券	1 500	8	—	—	—	—	1 500	1 500
优先股	1 000	12	200	13	200	13	1 200	1 200
普通股	2 000	16	300	16	200	16	2 300	2 200
合计	5 000		1 000		1 000		6 000	6 000

解:这种情况下可以分别测算两种筹资方案下的综合资本成本,比较其大小后,做出筹资决策。

(1)若采用方案Ⅰ,追加筹资后的综合资本成本为:

$$K_{WACC}^{1}=\frac{500\times6.5\%+500\times7.0\%}{6\ 000}+\frac{1\ 500\times8\%}{6\ 000}+\frac{1\ 000\times12\%+200\times13\%}{6\ 000}+\frac{(2\ 000+300)\times16\%}{6\ 000}=11.69\%$$

(2)若采用方案Ⅱ,追加筹资后的综合资本成本为:

$$K_{WACC}^{2}=\frac{500\times6.5\%+600\times7.5\%}{6\ 000}+\frac{1\ 500\times8\%}{6\ 000}+\frac{1\ 000\times12\%+200\times13\%}{6\ 000}+\frac{(2\ 000+200)\times16\%}{6\ 000}=11.59\%$$

比较两个方案追加筹资后,新的资本结构下的综合资本成本,结果是方案Ⅱ追加筹资后的综合资本成本低于方案Ⅰ追加筹资后的综合资本成本。因此,追加筹资方案Ⅱ优于方案Ⅰ。

资本成本比较法仅以资本成本最低为选择标准,因测算过程简单,是一种比较便捷的方法。但这种方法只是比较了各种融资组合方案的资本成本,难以区别不同融资方案之间的财务风险因素差异,在实际计算中有时也难以确定各种融资方式的资本成本。

(二)每股收益无差别点法

当企业因扩大经营规模需要筹措长期资本时,一般可供选择的筹资方式有普通股融资、优先股融资与长期债务融资。前面的财务杠杆原理解释了当企业选择具有固定性融资成本的融资方式时会显现财务杠杆效应,且财务杠杆系数越大,财务风险也越大。由于财务杠杆更多是关注息税前利润的变化程度所引起的每股收益的变动程度,因此主要应用于具有不同债务融资规模或比率方案的财务风险比较,相对于单纯比较资产负债率或产权比率等债务比率来判断财务风险,财务杠杆显然更具说服力。但是,如果想解决在某一特定预期盈利水平下的融资方式选择问题,特别是在长期债务融资与普通股融资之间进行选择时,由于全部采用普通股融资不存在财务杠杆效应,因此可运用每股收益无差别点法。每股收益无差别点为企业管理层解决在某一特定预期盈利水平下是否应该选择债务融资方式问题提供了一个简单的分析方法。

1. 原理

每股收益无差别点法是在计算不同融资方案下企业的每股收益（EPS）相等时所对应的息税前利润水平（$EBIT$）基础上，通过比较在企业预期盈利水平下的不同融资方案的每股收益，进而选择每股收益较大的融资方案。显然，基于每股收益无差别点法的判断原则是比较不同融资方式能否给股东带来更大的净收益。每股收益计算公式为：

$$EPS = \frac{(EBIT - I)(1 - T)}{N} \tag{11-1}$$

或者

$$EPS = \frac{(S - TVC - FC - I)(1 - T)}{N} \tag{11-2}$$

式中，$EBIT$ 表示息税前利润；S 表示销售额；TVC 表示变动成本总额；FC 表示固定成本；I 表示债务利息；T 表示所得税率；N 表示流通在外的普通股股数。

根据每股收益无差别点的定义，能够满足下列条件的销售额或息税前利润就是每股收益无差别点：

$$\frac{(S - TVC_1 - FC_1 - I_1)(1 - T)}{N_1} = \frac{(S - TVC_2 - FC_2 - I_2)(1 - T)}{N_2} \tag{11-3}$$

或

$$\frac{(EBIT - I_1)(1 - T)}{N_1} = \frac{(EBIT - I_2)(1 - T)}{N_2} \tag{11-4}$$

在融资分析时，当销售额大于每股收益无差别点的销售额时，运用负债筹资可以获得较高的每股收益；反之，当销售额低于每股收益无差别点的销售额时，运用权益筹资可获得较高的每股收益。

2. 应用

【例 11-5】 某公司目前有资本 5 000 万元，其中债务资本 1 000 万元，债务利率为 10%，普通股资本为 4 000 万元（每股面值 40 元，共 100 万股）。现因生产发展需要投资一新项目，准备再筹集资金 3 000 万元。经初步论证，有两种筹资方式：

一是全部发行普通股：增发 75 万股，每股 40 元；

二是全部筹借长期债务：债务利率为 12%。

假设公司的所得税税率为25%，且该公司筹资之后的息税前利润预计为900万元。

具体信息如表11-11。请判断筹资方式优劣。

表11-11　该公司两种方案下资本结构对照表

筹资方式	原资本结构	筹资后资本结构	
		发行普通股	长期债务
债务（利率10%）（万元）	1 000	1 000	4 000
普通股（面值40元，100万股）	4 000	7 000	4 000
资本合计（万元）	5 000	8 000	8 000
普通股股数（万股）	100	175	100

解：将相关数据代入11－4式可得：

$$\frac{(EBIT-1\ 000\times10\%)\times(1-25\%)}{175}$$

$$=\frac{(EBIT-1\ 000\times10\%-3\ 000\times12\%)\times(1-25\%)}{100}$$

解得：$EBIT=940$万元。

此时的每股收益 $EPS=\dfrac{(EBIT-1\ 000\times10\%)\times(1-25\%)}{175}=3.60$ 元／股，

即当公司筹资后的息税前利润达到940万元时，两种筹资方案没有任何差别，每股收益都为3.60元/股。上述每股收益无差别点分析可用图11-5来表示。图中，线L_1为长期债务筹资；线L_2为发行普通股筹资。相信读者利用以前所学可以回答，为何线L_1陡峭于线L_2？

从图11-5中可以看出，当息税前利润高于940万元时，运用负债筹资可以获得较高的每股收益，当息税前利润低于940万元时，运用权益筹资可获得较高的每股收益。而该公司预计投资新项目后的息税前利润可以达到900万元，所以应该采用方案一，即股权筹资方式进行筹资。这点也可以通过表11-12来进一步检验。

表11-12　两种方案下每股收益计算表

项　目	发行普通股股票	长期债务筹资
息税前利润（万元）	900	900
减：利息（万元）	100	460

续表

项　目	发行普通股股票	长期债务筹资
税前利润(万元)	800	440
减:所得税(万元)	200	110
净利润(万元)	600	330
普通股股数(万股)	175	100
每股收益(元/股)	3.43	3.30

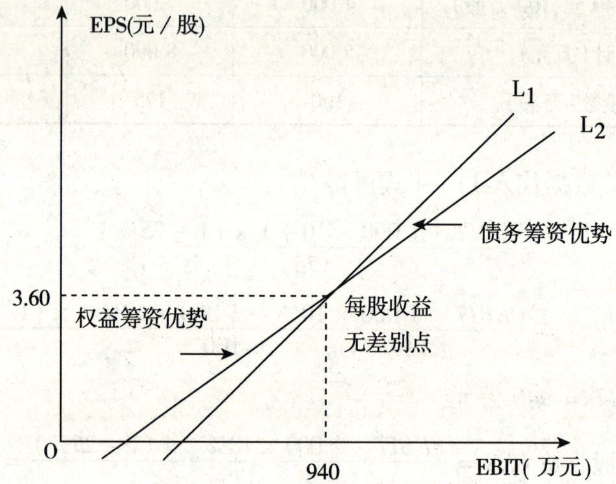

图 11-5　每股收益无差别点图

3. 特点

每股收益无差别点分析方法的测算原理比较容易理解,测算过程较为简单。它以普通股每股收益最大为决策标准,适用于资本规模不大、资本结构不太复杂的股份有限公司。

(三)比较公司价值法

以上以每股收益的高低作为衡量标准对筹资方式进行了选择。这种方法的缺点在于没有考虑风险因素。从根本上讲,财务管理的目标在于追求公司价值的最大化或股价最大化。然而,只有在风险不变的情况下,每股收益的增长才会直接导致股价的上升,实际上随着每股收益的增长,风险也会加大。如果每股收益的增长不足以补偿风险增加所需的报酬时,尽管每股收益增加,股价仍然会下降。所以公司的最佳资本结构应当是可使公司的总价值最高,而不一定是每股收益最大的资本结构。同时,在公司总价值最大的资本结构下,公司的资本成本也是最低的。

1. 原理

比较公司价值法是根据有关资料,通过逐步测试,比较不同资本结构下公司的总价值来确定最佳资本结构的一种分析方法,所以又称为逐步测试法。

衡量企业价值的一种合理的方法是:企业的市场价值 V 等于其股票的市场价值 S 加上长期债务的价值 B ,用公式表示为:

$$V = B + S \tag{11-5}$$

为了简化起见,假设长期债务的价值等于它的面值,股票的价值按其未来现金流入的现值计算。假设企业零增长,企业当年的利润全部分配给股东,则股票的市场价值 S 可以通过下式计算:

$$S = \frac{(EBIT - I)(1 - T)}{K_e} \tag{11-6}$$

其中, I 为债务利息; T 为所得税率; K_e 为权益资本成本。

利用资本资产定价模型确定权益成本:

$$K_e = R_e = R_f + \beta(R_m - R_f) \tag{11-7}$$

其中, β 为股票的贝塔系数; R_e 为普通股预期报酬率; R_f 为无风险报酬率; R_m 为平均风险股票必要报酬率。

利用加权资本成本来确定企业的资本成本:

$$K_{WACC} = K_d(1 - T) \times \frac{B}{V} + K_e \times \frac{S}{V} \tag{11-8}$$

其中, K_d 为税前债务资本成本。

2. 应用

【例 11－6】 假设某公司目前的全部资本成本由普通股资本组成,股票账面价值为 2 000 万元,发行在外的股数为 100 万股。该公司认为目前的资本结构不够合理,准备用发行债券回购部分股票的办法予以调整。公司年息税前利润为 600 万元,所得税税率为 25%。经测算,目前的债务利率和权益资本成本的风险情况如表 11-13 第 3～4 列所示。请根据公司价值大小判断融资后的负债比率。

表 11-13　不同债务水平对公司债务资本成本和权益资本成本的影响

资本结构 / 长期债务比率	债券的市场价值 B（百万元）	税前债务资本成本 K_d（%）	股票 β 值	无风险报酬率 R_f（%）	平均风险股票必要报酬率 R_m（%）	权益资本成本 K_e（%）
0	0	—	1.2	10	14	14.8
10	2	10	1.25	10	14	15
20	4	10	1.30	10	14	15.2
30	6	12	1.40	10	14	15.6
40	8	14	1.55	10	14	16.2
50	10	16	2.10	10	14	18.4

解：表 11－13 中当 $B = 200$ 万元时，根据式（11－7）可得：

$$K_e = R_f + \beta(R_m - R_f) = 10\% + 1.25 \times (14\% - 10\%) = 15\%$$

其余的负债水平下权益资本成本的计算类似，列于表 11－13 中第 7 列所示。

根据表 11－13 的相关资料，可计算出不同资本结构下的公司价值和综合资本成本，详见表 11－14。需要说明的是，表 11－14 中，当 $B = 200$ 万元时，股票市场价值的计算是根据前面的式（11－6）得到：

$$S = \frac{(EBIT - I)(1 - T)}{K_e} = \frac{(600 - 200 \times 10\%) \times (1 - 25\%)}{15\%}$$

$$= 39.00（百万元）$$

根据式（11－5）可得：$V = B + S = 200 + 3\ 900 = 4\ 100$（万元）

表 11-14　公司价值和综合资本成本

资本结构 / 长期债务比率（%）	债券的市场价值 B（百万元）	股票的市场价值 S（百万元）	公司的市场价值 V（百万元）	税前债务资本成本 K_d（%）	权益资本成本 K_e（%）	综合资本成本 K_{WACC}（%）
0	0	30.41	30.41	—	14.8	14.8
10	2	39.00	41.00	10	15	14.63
20	4	37.50	41.50	10	15.2	14.46
30	6	35.00	41.00	12	15.6	14.63
40	8	31.85	39.85	14	16.2	15.06
50	10	26.09	36.09	16	18.4	16.63

当 $B=200$ 万元时，公司的加权资本成本又是多少呢？根据式（11－8）

$$K_{WACC}=K_d(1-T)\times\frac{B}{V}+K_e\times\frac{S}{V}$$

可得：加权资本成本 $=10\%\times(1-25\%)\times\frac{200}{4\,100}+15\%\times\frac{3\,900}{4\,100}=14.63\%$

其余的负债水平下加权资本成本的计算类似，列于表11-14中第7列所示。

将表11-14中的资本结构栏、公司的市场价值栏和综合资本成本栏摘出如表11-15所示。

表11-15　公司资本结构、市场价值及综合资本成本表

资本结构 / 长期债务比率（%）	公司的市场价值V（百万元）	综合资本成本 K_{WACC}（%）
0	30.41	14.80
10	41.00	14.63
20	41.50	14.46
30	41.00	14.63
40	39.85	15.06
50	36.09	16.63

从表11-15可以看到，在没有债务的情况下，公司的总价值就是其原有股票的市场价值。当公司用债务资本部分地替代权益资本时，一开始公司总价值上升，综合资本成本下降；在长期债务比率达到20%时，公司总价值最高，而此时的综合资本成本也是最低的；长期债务比率超过20%后，公司总价值又开始下降，综合资本成本也开始上升。因此，长期债务比率为20%时的资本结构是该公司的最佳资本结构。

为了验证前面所述的每股收益最大时公司的总价值并不一定就是最大的，因此，不妨计算一下不同资本结构下的每股收益。如表11-16所示。

从表11-16可以看到，当公司的资本全部为权益资本时，每股收益最大，为4.5元/股，但此时的公司价值并不是最大的。这样的计算结果可以从图11-6至图11-8中更加清楚地看出。

表 11-16　公司每股收益及市场价值对比表

长期债务比率(%) \ 资本结构	息税前利润(万元)	债务利息(万元)	税后净收益(万元)	股数(万股)	每股收益(元/股)	公司的市场价值 V(百万元)
0	600	0	450	100	4.5	30.41
10	600	20	435	100	4.35	41.00
20	600	40	420	100	4.20	41.50
30	600	72	396	100	3.96	41.00
40	600	112	366	100	3.66	39.85
50	600	160	330	100	3.30	36.09

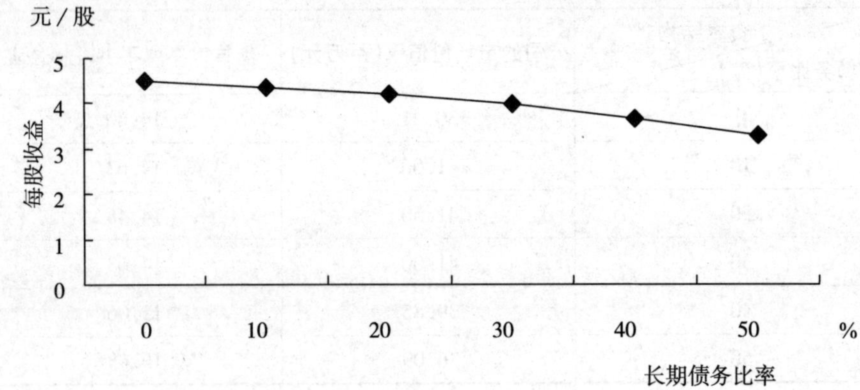

图 11-6　每股收益和资本结构关系图

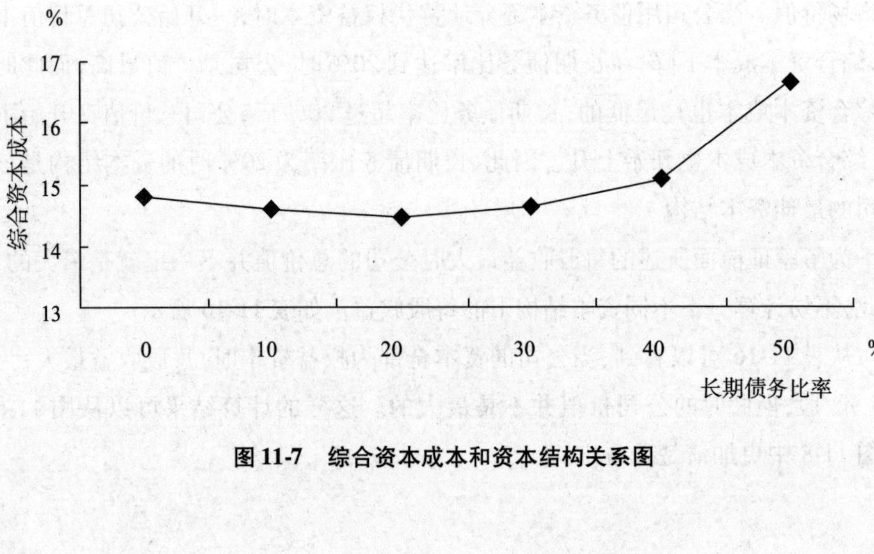

图 11-7　综合资本成本和资本结构关系图

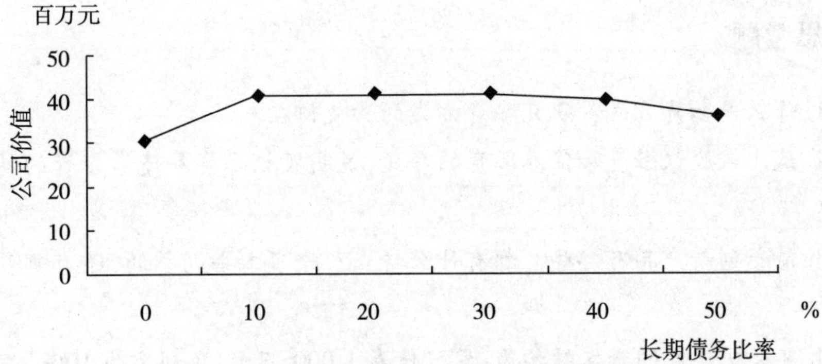

图 11-8 公司价值和资本结构关系图

3. 特点

该方法充分考虑了公司的财务风险,以公司价值最大化为标准进行资本结构决策更符合公司价值最大化的财务管理目标。但由于方法的测算过程较为复杂,通常只适用于资本规模较大的上市公司。

应当指出的是,尽管各种资本结构理论为企业融资决策提供了有价值的参考,各种资本结构管理方法也使得企业能从定量上对企业的资本结构进行管理,但由于融资活动本身和外部环境的复杂性,目前仍难以准确地显示出存在于财务杠杆、每股收益、资本成本及企业价值之间的关系,所以在一定程度上融资决策还要依靠有关人员的经验和主观判断。即在定量管理的基础上需要综合考虑影响资本结构的各种因素,也即需要从定性和定量两个角度来确定企业的最佳资本结构。

本章小结

(1)权益融资可以为企业提供永久性可使用资金,权益融资方式多种多样,包括 IPO、增发和配股等。

(2)债券融资是企业利用财务杠杆的融资方式,利弊共存。

(3)企业融资策略的选择或对资本结构进行管理时可以采用的方法有很多,比如比较资本成本的方法、每股收益无差别点方法、企业价值比较法等。这些方法各有优缺点。企业应综合考虑影响资本结构的各种因素,从定性和定量两个方面来确定最佳资本结构。

思考题

1. 什么是融资方式？研究融资方式的意义何在？

2. 试比较股权融资和债券融资的含义，说明股权融资和债券融资的特点有哪些？

3. 债券创新产品有哪些？都有什么特点？除了本书列举的，还有哪些创新产品？

4. 某公司现在的资本结构为：发行债券1 000万元，年利率为10%，发行普通股50万股，每股发行价格20元，面值1元，目前市场价格也为20元，今年预期股利为每股2元，预计以后每年股利增长率为5%。假设公司所得税率为30%，发行各种证券均无费用。该公司拟增资400万，以扩大生产经营规模，有如下两种方案可以选择：

(1)增发400万元债券，利率为12%（因负债增加，投资者风险增加，要求的利率更大），预计普通股股利不变，但风险增加，普通股市价降为16元。

(2)发行债券200万元，年利率为10%，发行普通股8万股，发行价25元，预计普通股股利不变。

5. 某公司目前有资金75万元，现在因生产需要再筹集25万资金。有两种可以选择的方案：方案1是发行年利率为8%的公司债券；方案2是发行普通股10 000股，每股面值10元，发行价为25元。下表列示了原资本结构和融资后资本结构的情况。假设公司所得税率为40%。要求用每股收益无差别点法分析那种融资方案最优？

增资前后资本结构变化　　　　单位：万元

筹资方式	原资本结构	增资后的资本结构	
		方案(1)：增发普通股	案(2)：增发公司债券
公司债券(8%)	10	10	35
普通股(面值10元)	20	30	20
资金公积	20	40	25
留存收益	20	20	20
资金总额合计	75	100	100
普通股股数	20 000股	30 000股	20 000股

6. 某公司目前总资产为5 000万元，其中负债为2 000万元，年平均负债利息率为8%，普通股股东权益为3 000万元，普通股股数为2 000万股，年息税前利润为1 160万元。假设所得税税率为25%。该公司拟改变经营计划，追加投资4 000万元，追加投资后可使息税前利润增加至2 460万元。所需追加投资款，有两种筹资方式可供选择：

(1)发行普通股，每股发行价2元；

(2)长期贷款，年利率为10%。

要求：

(1)计算该公司目前的财务杠杆系数；

(2)分别计算该公司两种筹资方式下追加投资后的财务杠杆系数；

(3)运用每股收益无差别点法帮助该公司确定应该选择的筹资方式。

7. 某公司目前无负债，其账面价值为1 000万元，有关财务报表资料如下：

项　目	金　额
负债	0
股东权益(普通股100万股)	1 000
资产总额(万元)	1 000
息税前利润(万元)	400
所得税率(%)	25
现金股利(万元)	120
每股市价(元)	20

公司认为目前的资本结构不够合理，准备用发行债券的方式购回部分股票进行调整。该公司经咨询调查，目前的债务利率和权益资本成本的情况如下：

债券的市场价值B(万元)	税前债务资本成本K_d(%)	股票β值	无风险报酬率R_f(%)	平均风险股票必要报酬率R_m(%)
0	—	1.50	6	10
200	8	1.55	6	10
400	8.3	1.65	6	10
600	9	1.80	6	10
800	10	2.00	6	10
1 000	12	2.30	6	10
1 200	15	2.70	6	10

要求：运用比较公司价值法确定该公司的最佳资本结构。

进一步阅读书目

[1]斯蒂芬·A.罗斯,伦道夫·W.韦斯特菲尔德,杰弗利·F.杰富.公司理财[M].吴世农,等,译.北京:机械工业出版社,2009.

[2]中国注册会计师协会.财务成本管理[M].北京:中国财政经济出版社,2012.

[3]张学功.财务管理[M].成都:西南财经大学出版社,2009.

[4]郑长德.金融学:现代观点[M].北京:中国经济出版社,2011.

第十二章

杠杆企业的估价与资本预算

本章要点

1. 调整净现值法

2. 权益现金流量法

3. 加权平均资本成本法

第一节 调整净现值法——APV

在很多国家,当一些地区为了吸引某些公司进入或投资项目,比如清洁能源的生产或战略新兴产业,地方政府通常会开出系列吸引投资的优惠菜单,包括税款减免、信贷津贴、教育培训、道路及其他基础设施建设等。当政府提供贴息贷款时,会提供给公司一个相当低的贷款利率。如果该债务的利率低于公司正常债务的利率,那么公司如何评价这一补助与其他类似的补助所带来的财务上的好处?接下来要介绍的内容就是项目评估时如何应用调整净现值法和权益现金流量法来进行资本预算,从而回答以上问题。

我们知道,杠杆企业指利用负债的企业。如前所述,对债务的利用具有财务杠杆效应,财务杠杆效应具有两面性,既可以放大收益,又可以放大风险。与无杠杆企业相比,企业合理、有效地利用财务杠杆,可以降低企业资金成本,提高企业的自有资金利润率,创造更大收益。本章虽然再次讨论资本预算问题,但与以前章节讨论资本预算的不同在于:侧重于杠杆企业的资本预算问题,尤其关注利用债务对项目价值的影响。对这种问题的讨论需要有资本结构和债务问题的知识基础,因此把本不该放进融资篇的资本预算置于此加以深入讨论。

本节首先就杠杆企业价值与无杠杆企业价值的联系介绍调整净现值

(APV)法。

一、调整净现值(APV)法的原理及应用

调整净现值(adjusted present value,APV)法,可以用下式描述:

$$APV = NPV + NPVF$$

即一个项目为杠杆企业创造的价值(APV)等于一个无杠杆企业的项目净价值(NPV)加上筹资方式的副效应的净现值。以无杠杆企业的项目净现值为起点,然后与债务融资的附加效应价值相加,从而使得杠杆企业的项目价值与杠杆作用联系起来。

筹资方式的副效应通常包括以下四个方面:

(一)债务的节税效应

这在资本结构一章中有介绍,一笔无限期债务的节税额是 $T \times D$,其中 T 为企业所得税税率, D 表示企业的债务数量。资本结构一章中考虑税收情况下的估价方法实际就是 APV 方法的应用。

(二)新债券的发行成本

公司公开发行新债券,要有投资银行参与承销,公司需要支付投资银行相应的承销费用,这就构成发行成本,它会降低项目的净价值,正如资本成本一章所提到的。

(三)财务困境成本

随着债务的增加,公司陷入财务困境甚至破产的可能性增加。财务困境会增加公司成本,降低其价值。

(四)债务融资的利息补贴

有些公司的债务融资可能会享受政府的补贴而享受比正常水平低的实际利率,这种借款上的优惠会使项目或公司价值增加。

以上四方面的筹资副效应虽然都很重要,但通常节税效应在实际中的影响可能更大。因此,以下主要考虑节税效应,而忽略其余方面。

【例 12-1】 某公司目前正考虑投资 475 000 万元生产一种新产品,公司估计该项目在未来每年产生 500 000 万元的现金销售收入。付现成本是销售收入的 72%。公司的所得税率都是 34%,全权益企业的项目资本成本是 20%。如果假设该企业为项目筹资时借款 126 229.50 元,其余资金348 770.50元来自

权益。请分析项目的可行性?

解:这是一个需要举债的项目。为了评估这个项目带给杠杆企业的价值,我们可以首先分析无杠杆的情况,即这个项目和该企业所需资金全部来自权益融资。

第一步,确定无杠杆现金流入量(UCF)。

表 12-1 计算项目无杠杆现金流量 单位:元

项目	金额
现金流入	500 000
付现成本	-360 000
经营利润	140 000
所得税(34%)	-47 600
无杠杆现金流量(UCF)	92 400

第二步,确定项目为无杠杆公司创造的价值。

若贴现率为20%,则该项目产生的每年92 400元的永续年金现值为

$$\frac{92\,400}{20\%} = 462\,000(元)$$

那么全权益方式下项目的净现值(NPV)=462 000-475 000=-13 000元,或者说项目为全权益公司创造的价值为-13 000元。对于全权益公司来说,该项目净现值为负,显然,应该放弃这个项目。

第三步,确定项目为杠杆公司创造的价值。

假设该企业为项目筹资时借款126 229.50元,其余资金348 770.50元来自权益。那么,有杠杆情况下项目为公司创造的价值APV将等于无杠杆下的NPV加上举债的副效应,比如节税效应。

$$APV = NPV + T \times D$$

其中,T表示公司所得税率,D表示公司债务规模。

$$APV = -13\,000 + 126\,229.50 \times 0.34 = 29\,918(元)$$

运用杠杆融资的项目价值等于全权益融资的项目价值加上债务的节税价值,因其为正,所以项目可行。当然,这个例子只是为了说明项目举债的节税价值的重要性。实际中,对于一个全权益公司,接受一个项目的NPV至少应为0。

对于本例,读者还可能会疑惑,为何项目筹资时借款特定为126 229.50元,而不是其他金额呢?根据一些商业银行的贷款做法,贷款数额是按项目市场价值的一个固定比例发放。本例中确定这个数额仅仅是为了让债务对有杠杆下的项目

现值或者说项目市场价值保持 0.25 水平。因为有杠杆下项目市场价值 = APV + 初始投资,即 29 918 + 475 000 = 504 918 元,而504 918 × 0.25 = 126 229.50 元。

二、调整净现值法的特点

APV 法是分别估计全权益情况下的项目净现值和债务副效应的净现值。在估计全权益情况下的项目净现值时,是利用全权益资本成本对项目的税后无杠杆现金流量进行折现。而债务的副效应主要是债务利息的节税效应、债务的发行成本和破产成本。当然,实际中节税效应的影响通常最大。融资的副效应越多,越重要,APV 法就越有用。

在 APV 法中,首先评估的是无杠杆下整个项目的现金流量价值,所以在现金流量中并不扣除利息费用的支出。然后,APV 法的运用依赖未来各期的负债水平,当未来各期负债水平能准确地知道时,运用 APV 法很容易计算。

第二节　权益现金流量法

一、权益现金流量法的原理和运用

权益现金流量(flow to equity,FTE)法是资本预算的另一种方法,这种方法站在权益所有者的角度进行项目评估,只对杠杆企业项目所产生的属于权益所有者的现金流量进行折现,折现率为权益资本成本 K_e 。然后将权益所有者的现金流入扣减权益所有者的初始投资,作为项目净现值。

对于一项永续的现金流入,权益所有者的现金流量现值计算公式为:

杠杆企业项目的权益现金流量/ K_e

项目的净现值为: $NPV = \frac{LCF}{K_e} - (I_0 - D)$

其中,LCF 是每年项目的权益现金流量, K_e 权益资本成本,I_0 是初始投资额,D 是初始投资额中的债务资金。

对于有限期的项目,t 表示时点,n 为寿命年限,则项目的 NPV 为:

$$NPV = \sum_{t=1}^{n} \frac{LCF_t}{(1 + K_e)^t} - (I_0 - D)$$

其中,LCF_t 是第 t 年项目的权益现金流量。

FTE 法不仅可以进行资本预算,也可以用于评估公司的权益价值。如果公司的负债权益比一直保持不变，FTE 法就会与用加权平均资本成本折现公司的现金流量然后减去负债得到完全相同的结果。

【例 12－2】 运用例 12－1 的数据，假设贷款利率为 10% 举借无限期债务 126 229.50 元，目标负债—价值比为 1/4，或者说负债—权益比为 1/3。请运用 FTE 法评估项目的可行性？

解：第一步，计算有杠杆下公司的权益资本成本 K_e。

根据有税 MM 定理的命题Ⅱ：有债务企业的权益资本成本等于相同风险等级的无负债企业的权益资本成本加上与以市值计算的债务与权益率成比例的风险报酬，且风险报酬取决于企业的债务比例以及所得税税率。其表达式如下：

$$K_e^L = K_e^U + \text{风险溢价} = K_e^U + \frac{D}{E}(K_e^U - K_d)(1 - T)$$

其中，K_e^L 表示有负债企业的权益资本成本；K_e^U 表示无负债企业的权益资本成本；D 表示有负债企业的债务市场价值；E 表示有负债企业的权益市场价值；K_d 表示不变的税前债务资本成本，T 表示企业所得税税率。风险报酬等于无负债企业权益成本与债务成本之差、负债权益比率以及所得税税后因子$(1-T)$相乘。

$K_e^L = 20\% + 1/3 \times (1-0.34) \times (20\% - 10\%) = 22.2\%$

第二步，确定有杠杆下项目的权益现金流量（简称有杠杆现金流量，LCF），即举债情况下项目产生现金流中权益所有者应分得部分。

表 12-2　计算项目有杠杆现金流量（LCF）　　单位：元

现金流入	500 000
付现成本	－360 000
利息（10% ×126 229.50）	－12 622.95
息后利润	127 377.05
所得税（34%）	－43 308.20
有杠杆现金流量（LCF）	84 068.85

值得注意的是，有杠杆下项目的权益现金流量（LCF）还有别的计算方法，比如直接由无杠杆现金流入量（UCF）计算得到。因为权益所有者应分得现金流在是否举债下的关键差异是税后的利息支付。本例中债务是无限期债务，不涉及本金偿还问题。

$$UCF - LCF = (1 - T) \times K_d \times D$$

表达式右边就是税后的利息支付,根据前面的数据计算出税后的利息支付 $=(1-0.34)\times 0.1\times 126\ 229.50 = 8\ 331.15$ 元。

运用例 1 的数据,UCF = 92 400 元,因此,有杠杆下项目的权益现金流量(LCF) = 92 400 − 8 331.15 = 84 068.85 元。两种计算 LCF 的方法得到的结果是一致的。

第三步,对项目进行估价。

有杠杆下项目的权益现金流量(LCF)的现值是:

$$\frac{LCF}{K_e^L} = \frac{84\ 068.85}{0.222} = 378\ 688.50(\text{元})$$

项目净现值 = 378 688.50 − (475 000 − 126 229.50) = 29 918(元)

注意:这里计算项目净现值时,是用有杠杆下项目的权益现金流量(LCF)的现值(依据杠杆下公司权益资本成本贴现)减去初始投资中权益投资部分。故这种方法被称为权益现金流量法。以上三步骤中的第一步和第二步可以交换。权益现金流量法(FTE)与 APV 法结算结果一致。

二、权益现金流量法的特点

权益现金流量法是以企业的税后现金流量中属于权益所有者的部分进行折现。LCF 是指扣除利息和所得税后的权益所有者的剩余现金流量,折现率是杠杆企业的权益资本成本。由于财务杠杆的提高导致权益所有者的风险增大,所以杠杆企业的权益资本成本 K_e^L 大于无杠杆企业的权益资本成本 K_e^U 。

此外,在 FTE 法中,只是评估流向权益所有者的那部分现金流量的价值,所以计算现金流量时需要扣除利息费用的支出,这与我们以前介绍资本预算时有所不同。因此,在进行项目净现值分析时,需要从初始投资额中扣减项目的债务融资资金。

那在什么情况下,用 FTE 法比较合适呢?如果项目的风险和债务价值比在项目整个寿命期内保持不变,则权益资本成本将保持不变。在这种情况下,运用此法比较容易计算。但是,如果负债价值比逐年变化,则权益资本成本就会随之变化,即此法中的分母会随即发生变动,这将使得计算复杂,误差也会增大。当负债价值比随时间不断变动时,此法不太实用。

第三节　加权平均资本成本法

一、加权平均资本成本法的原理及在项目评估中的应用

加权平均资本成本法（WACC），可以帮助我们确定项目适当的贴现率，从而可用来评估项目的价值。因为杠杆企业的项目资金来源既有债务资金又有权益资金，这样，融资成本就是债务资本成本和权益资本成本的加权平均值。

加权平均资本成本计算公式如下：

$$WACC = \frac{E}{V} \times K_E + \frac{D}{V} \times K_D \times (1 - T)$$

其中，E 表示公司股权价值，D 表示公司债务价值，V 则是二者和，T 为公司所得税率，K_E 和 K_D 表示股权资本成本和债务税前资本成本。加权平均资本成本计算中，负债的权重 $\frac{E}{V}$ 和权益的权重 $\frac{D}{V}$ 分别是基于市场价值计算出来的目标比率。

由于债务资本具有利息税盾的效果，这样，债务融资的好处就体现在可以降低加权平均资本成本，或者说可以降低项目价值评估的折现率。需要注意的是，加权平均资本成本作为项目的贴现率，只适用于与公司主要业务类型相似的项目。而对那些风险比公司现有业务的平均风险更高或者更加安全的项目，则不能简单运用加权平均资本成本作为贴现率，这在前面章节已有说明。

运用 WACC 法对项目价值进行评估，就是要对项目无杠杆现金流量（UCF）按加权平均资本成本 WACC 折现，计算出项目净现值。项目净现值的计算公式为：

$$NPV = \sum_{t=1}^{n} \frac{UCF_t}{(1 + WACC)^t} - I_0$$

其中，UCF 为无杠杆现金流量，即扣除所得税后的现金流量；I_0 为初始投资额，t 表示时点，n 为寿命年限。

若项目的现金流量是永续性的，则其净现值为：

$$NPV = \frac{UCF}{WACC} - I_0$$

【例 12-3】　运用例 12-1 的数据，假设贷款利率为 10% 举借无限期债务 126 229.50 元，目标负债—价值比为 1/4，或者说负债—权益比为 1/3。请运用

WACC 法评估项目的可行性?

解:第一步,计算公司的 WACC。

运用以上已知数据,代入 $WACC = \frac{E}{V} \times K_E + \frac{D}{V} \times K_D \times (1 - T)$ 中可得到:

$$\text{WACC} = \frac{3}{4} \times 0.222 + \frac{1}{4} \times 0.1 \times (1 - 0.34) = 0.183$$

我们看到,WACC = 0.183 低于全权益公司的权益资本成本 0.2。这体现了债务税盾的好处。

第二步,计算项目无杠杆下的现金流(UCF)现值。

$$\frac{92\ 400}{0.183} = 504\ 918\ (\text{元})$$

第三步,计算项目的净现值(NPV)。

由于项目初始投资 475 000 元,所以项目的净现值(NPV)是:

$$504\ 918 - 475\ 000 = 29\ 918(\text{元})$$

我们看到,WACC 方法用于项目评估,是用无杠杆下的现金流(UCF)按照 WACC 贴现计算现值,然后扣减全部初始投资得到项目 NPV。这方法与以前章节中介绍的资本预算不同之处在于,对杠杆带来的副作用的调整不体现在现金流的规模上,而只影响贴现率高低。该方法计算结果与前面两种方法一致。

二、WACC 法用于评估杠杆企业价值

WACC 方法不仅可以用于项目评估,还可以用于杠杆企业估价。其思路如下:利用杠杆,因为有债务税盾好处,在企业价值评估中的体现是采用更低的贴现率即 WACC(WACC 低于全权益公司的权益资本成本)。

【例 12-4】 A 公司是一家无杠杆企业,预计公司未来每年生产的息税前利润为 15.2 万元,且现金流量是永续性的,公司的全权益资本成本为 20%。现在,公司计划借款 50 万元进行资本结构的调整,调整后的负债权益比将变为 2/3,并且一直保持下去。假设借款利率为 10%,公司所得税率为 40%,运用 WACC 法计算该公司的新价值。

解:第一步,计算有杠杆公司的权益资本成本 K_e^L。

根据 $K_e^L = K_e^U + \frac{D}{E}(K_e^U - K_d)(1 - T)$

$$K_e^L = 20\% + 2/3 \times (1 - 0.4) \times (20\% - 10\%) = 24\%$$

第二步，计算加权平均资本成本 WACC。

由于负债权益比为 2/3，那么，加权平均资本成本为：

$$WACC = \frac{2}{5} \times 0.1 \times (1 - 0.4) + \frac{3}{5} \times 0.24 = 16.8\%$$

第三步，确定无杠杆现金流量

由于每年的 EBIT 为 15.2 万元，公司所得税率为 40%，故每年无杠杆现金流量 $UCF = 15.2 \times (1 - 0.4) = 9.12$（万元）。

第四步，计算有杠杆下公司价值。

$$V = \frac{UCF}{WACC} = \frac{9.12}{0.168} = 54.29\text{（万元）}$$

三、加权平均资本成本法的特点

WACC 法是利用加权平均资本成本对项目的税后无杠杆现金流量（UCF）进行折现。而计算加权平均资本成本时所用的债务资本成本是税后的，这就体现了财务杠杆带来的税收利益。也就是说，在 WACC 法中，债务的节税效应不是通过现金流量的增大，而是通过折现率的降低体现出来的。

另外，在 WACC 法中，评估的是整个项目的无杠杆现金流量价值，故在现金流量中并不扣除利息费用的支出，因而初始投资额中包括了项目的债务和权益资金来源。

那么，在什么情况下用 WACC 法比较合适呢？如果项目的风险和负债价值比在项目整个寿命期内保持不变，则加权平均资本成本将保持不变。此时，运用 WACC 法比较容易计算。但如果负债价值比逐年变化，则加权平均资本成本就会随之变化，即 WACC 法中的分母会随之发生变动，这将使计算变得很复杂，误差也会随之增大。因此，当负债价值比随时间而不断变动时，WACC 法将不太适用。这点与 FTE 法类似。

第四节 APV 法、FTE 法和 WACC 法的比较

在前面的章节中我们介绍的资本预算决策方法主要基于全权益企业的方法。只有学习完了资本结构后探讨了债务融资对公司价值的影响，我们才有基础讨论杠杆企业的资本预算问题。杠杆企业的资本预算需要考虑债务产生的

副效应。负债因其节税效应会增加企业价值,同时又因其增大破产的可能性和与之相关的成本而降低企业的价值。因此杠杆企业的资本成本预算方法要考虑这些负债的影响。

本章讨论的三种方法都适用于杠杆企业的资本预算决策。三种方法的思路有些差别。比如,APV 法,其思路比较直观,举债下项目的价值等于全权益企业的项目 NPV 加上债务的副效应。

对于 FTE 法,其思路是站在权益所有者的角度思考问题。举债下项目的价值等于归属于权益所有者的现金流按照调高后的权益资本成本(有杠杆下的权益资本成本比无杠杆变高了)贴现计算,进一步,举债下项目的净价值就等于举债下项目价值减权益所有者的初始投资。FTE 法与以前章节介绍的资本预算原理类似,但无论是分子上的现金流规模还是分母下的贴现率都是站在权益所有者的角度衡量,初始投资也是仅仅考虑权益所有者的部分。

WACC 法,债务的影响仅仅体现在分母下的贴现率,对分子上的现金流规模没有进行调整。

这三种方法都为了解决同一个问题,即存在债务融资的情况下如何估价的问题。计算结果也一样。但若项目寿命期内的负债绝对水平已知,用 APV 法则计算更易。另外,在涉及利息补贴和发行成本时,运用 APV 法处理更容易,而另外两种方法难度较大。同时,在制定租赁还是购买的决策时,APV 法也比另两种方法更方便。但优劣是相对的。若企业的目标负债——权益比适用于项目的整个寿命期,则用 WACC 法或者 FTE 法比较适当。或者说,当公司有一个明确的目标负债——权益比,则 WACC 法或者 FTE 法更适当。但在实务中,很多公司业务经理表示,WACC 法是迄今在实践中应用最广泛的一种方法,除了上面提到的几种特殊情形外,APV 法是一种相对次要的方法。

表 12-3 有杠杆下的三种资本预算方法比较

调整净现值法(APV)	$\sum_{t=1}^{\infty}\frac{UCF_t}{(1+K_e^U)}$ + 负债的副效应 - 初始投资额 其中:UCF_t = 无杠杆企业项目第 t 期流向权益所有者的现金流量;K_e^U = 无杠杆企业权益的资本成本

续表

权益现金流量法（FTE）	$\sum_{t=1}^{\infty}\frac{LCF_t}{(1+K_e^L)}$ -（初始投资额 - 借入金额） 其中：LCF_t = 有杠杆企业项目第 t 期流向权益所有者的现金流量； K_e^L = 有杠杆企业权益的资本成本
加权资本成本法（WACC）	$\sum_{t=1}^{\infty}\frac{UCF_t}{(1+WACC)}$ - 初始投资额 其中：WACC 是加权资本成本

第五节　税收下的财务杠杆与贝塔系数

我们在资本成本一章曾经在不考虑公司所得税情况下，讨论了权益贝塔与资产贝塔的关系，如下式所示：

$$\beta_{\text{权益}} = \beta_{\text{资产}} \times \left(1 + \frac{\text{负债}}{\text{权益}}\right)$$

两个贝塔之所以不同，是因为公司使用了财务杠杆。在现实的经济生活中，公司一般是要纳税的，这样，就有必要考虑所得税情况下的权益贝塔与财务杠杆的关系。我们假设负债的贝塔值为0，则有杠杆公司的权益贝塔与无杠杆的贝塔具体表达式为：①

---

① 如果负债的贝塔值不为0，则有杠杆公司的权益贝塔与无杠杆的贝塔具体表达式又有变化。首先，我们看以下公式：

$$V_U + tD = V_L = D + E \tag{1}$$

其中，V_U 是无杠杆企业的价值，或全权益企业的价值；V_L 是杠杆企业价值；D 表示公司负债金额，E 表示公司权益金额，t 表示公司所得税税率。有杠杆企业的贝塔是权益贝塔和负债贝塔的加权平均：

$$\frac{D}{D+E}\beta_D + \frac{E}{D+E}\beta_E \tag{2}$$

其中，β_D 和 β_E 分别代表负债贝塔和权益贝塔。利用 $V_L = D + E$ 将式（2）变形可得下式：

$$\frac{D}{V_L}\beta_D + \frac{E}{V_L}\beta_E \tag{3}$$

换种角度思考有杠杆企业的贝塔，因为 $V_U + tD = V_L$，有杠杆企业贝塔可表示为无杠杆的贝塔和节税贝塔的加权平均：

$$\frac{V_U}{V_U + tD}\beta_U + \frac{tD}{V_U + tD}\beta_D \tag{4}$$

将式（4）的分母用 V_L 代替，并且令前两种角度推导的有杠杆企业的贝塔相等，即式（4）和式（3）相等，则得到式（12 - 1）。若负债贝塔值不为0，则 $\beta_E = \beta_U + (1-t)(\beta_U - \beta_D)\frac{D}{E}$。

$$\beta_{\text{杠杆下的权益}} = \beta_{\text{全权益}} \times \left[1 + \frac{D(1-t)}{E}\right] \qquad (12-1)$$

其中,D 表示公司负债金额,E 表示公司权益金额,t 表示公司所得税税率。

由上式可知,随着财务杠杆的提高,权益贝塔会随之增大。但在有税的情况下杠杆引起贝塔上升的幅度要小一些,这是因为杠杆具有的节税效应降低了公司风险。

【例 12-5】 2013 年,保利地产计划实施一个规模扩张型的项目。公司债务的市场价值为 105 亿元,股票市场价值为 492 亿元。假设负债无风险。回归分析结果表明公司的权益贝塔是 1.06,无风险利率为 3.5%,市场预期收益率为 14%,公司的所得税率是 25%。若该公司是全权益公司,则该项目的折现率应该采用多少?

解:这个问题要求公司全权益下的适当贴现率。显然,公司全权益下的风险与杠杆下的风险不同,因而全权益下的贝塔值与杠杆下的权益贝塔值大小不同。虽然题目中已知杠杆下的权益贝塔值,但不可直接采用。所以,第一步是计算出全权益下的贝塔值。

(1)确定全权益情况下的贝塔

根据式(12-1)可知:

$$\beta_{\text{全权益}} = \beta_{\text{杠杆下的权益}} \Big/ \left[1 + \frac{D}{E} \times (1-t)\right]$$

$$= 1.06 \Big/ \left[1 + \frac{105}{492} \times (1-0.25)\right]$$

$$= 0.91$$

计算出全权益情况下的贝塔,我们可以根据 CAPM 模型确定相应系统风险对应的适当贴现率。

(2)根据 CAPM 模型确定折现率

$$r_j = r_f + \beta_j \times (r_M - r_f)$$

$$= 3.5\% + 0.91 \times (14\% - 3.5\%)$$

$$= 13.06\%$$

由计算结果可以得知,当该公司为全权益公司(即无杠杆)时,其项目的折现率为 13.06%。

由于该项目是规模扩张型的,所以业务性质与原有业务相同,业务的风险也未变。是故,我们在计算全权益情况下的贝塔时就可以直接运用公司杠杆下的权益贝塔来计算(前例中是1.06)。但是,如果项目不是规模扩张型的,即公司进行跨行业的投资,这种情况下就不能直接运用公司杠杆下的权益贝塔来进行计算。正确的做法是应该先确定项目所属行业的权益贝塔,再计算该行业企业的全权益贝塔,然后才确定项目的折现率。以下面的例子说明。

【例12-6】 苏宁环球公司主要经营房地产开发业务,目前正考虑投资1 000万元生产一种新的涂料产品。公司估计该项目在未来的10年内每年生产300万元的无杠杆税前现金流入。公司债务的市场价值为5.3亿元,股票的市场价值为74.1亿元,融资将不改变目前的债务权益比。

在涂料生产行业现有三家竞争对手,有财务杠杆,其贝塔值和债务权益比的数据如表12-4所示。假设新项目无杠杆的贝塔与现有竞争者无杠杆下的贝塔相同。另假设无风险利率为3.5%,市场预期收益率为14%,新项目筹资发行债券利率为8%,公司的所得税率都是25%。那么该项目的净现值是多少?

表12-4 涂料行业三家竞争对手的数据

公司	β值	债务/权益比
A	1.07	0.24
B	0.87	0.25
C	0.52	0.48
平均	0.82	0.32

解:该公司欲投资的项目不是规模扩张型的,因此,不能直接用公司自己的权益贝塔确定项目适当贴现率,我们需要参考市场上涂料行业公司的权益贝塔。由于假设新项目无杠杆的贝塔与现有竞争者无杠杆下的贝塔相同。我们需要运用公式(12-1)计算涂料行业公司全权益贝塔值。由于该行业有多家公司,则计算行业平均值。

计算涂料生产行业平均的全权益贝塔值:

$$\beta_{全权益}=\beta_{杠杆下的权益}/\left[1+\frac{D}{E}\times(1-t)\right]$$
$$=0.82/[1+0.32\times(1-0.25)]$$
$$=0.66$$

由于同行业企业的业务类型相同,在没有财务杠杆的情况下,新项目的全权益贝塔与行业平均的全权益贝塔相同，因此，新项目的全权益贝塔为0.66。

计算苏宁环球公司新项目杠杆下的权益贝塔。

再次运用公式(12-1)，新项目杠杆下的权益贝塔为：

$$\beta_{\text{杠杆下的权益}} = \beta_{\text{全权益}} \times \left[1 + \frac{D(1-t)}{E}\right]$$

$$= 0.66 \times \left[1 + \frac{5.3}{74.1} \times (1-0.25)\right]$$

$$= 0.7$$

根据 CAPM 模型，计算负债情况下新项目的权益资本成本 r_E。

$$r_E = r_f + \beta \times (\overline{r_M} - r_f) = 3.5\% + 0.7 \times (14\% - 3.5\%) = 10.85\%$$

计算新项目的加权平均资本成本 $WACC$：

$$WACC = \frac{D}{D+E} \times r_D \times (1-t) + \frac{E}{D+E} \times r_E$$

$$= \frac{5.3}{5.3+74.1} \times 0.08 \times (1-0.25) + \frac{74.1}{5.3+74.1} \times 0.1085$$

$$= 10.526\%$$

计算新项目净现值。

已知项目的 WACC 和项目产生的无杠杆税前现金流 300 万元，可运用本章第三节的 WACC 法评价项目 NPV。

$$NPV = \sum_{t=1}^{10} \frac{UCF_t}{(1+WACC)^t} - I_0$$

$$= \sum_{t=1}^{10} \frac{[300 \times (1-0.25)]_t}{(1.10526)^t} - 1\,000$$

$$= 351.83(\text{万元})$$

可见，对于项目不是规模扩张型的，我们对贝塔值的考虑需要参考同行业的贝塔。无论项目是否为规模扩张型，我们都用到了杠杆下的权益贝塔和无杠杆下的权益贝塔的关系。

本章小结

(1) APV 法、FTE 法、WACC 法是杠杆企业进行项目评估的三种方法，这三种方法与全权益公司进行资本预算的方法略有不同。

(2) 调整净现值法(APV 法)下，运用杠杆融资的项目价值等于全权益企业的项目 NPV 加上债务的副效应。

(3)权益现金流量法(FTE)下,运用杠杆融资的项目价值等于杠杆下归属于权益所有者的项目现金流按照调高后的权益资本成本贴现值减权益所有者的初始投资。无论是现金流规模还是贴现率选用都是站在权益所有者的角度衡量,初始投资也是仅仅考虑权益所有者的部分。

(4)加权资本成本法(WACC)下债务的影响仅仅体现在分母下的贴现率,对分子上的现金流规模没有进行调整。

(5)若项目寿命期内的负债绝对水平已知,用 APV 法则计算更易。若企业的目标负债—权益比适用于项目的整个寿命期,则用 WACC 法或者 FTE 法比较适当。

(6)由于公司所得税的存在,考虑财务杠杆会产生无风险的节税效应,财务杠杆对权益贝塔的提高比无税下要小些。

思考题

1. APV 法是什么? 它有什么作用?

2. 权益现金流量法与以前章节所介绍的资本预算原理有何不同,举债的影响体现在了哪些方面?

3. 对杠杆企业进行项目评估,采用加权资本成本法(WACC)法时,各项资本比重如何确定?

4. 比较杠杆企业进行项目评估的三种方法中,APV 法、FTE 法、WACC 法分别是如何体现举债的影响的?

5. 财务杠杆对权益贝塔的影响在有公司所得税和无公司所得税下有何不同?

进一步阅读书目

[1]斯蒂芬·A.罗斯,伦道夫·W.韦斯特菲尔德,杰弗里·F.杰富.公司金融[M].北京:机械工业出版社,2009.

第五部分　营运资本管理篇

第十三章

短期财务计划

本章要点

1. 营运资本的概念
2. 营运资本的管理政策
3. 短期融资的策略和特点
4. 短期融资的主要形式

第一节　营运资本和营运资本管理政策

营运资本管理是一个越来越受重视的领域。由于竞争加剧和环境动荡，营运资本管理对于企业盈利能力以及生存能力的影响越来越大。财务经理的大部分时间被用于营运资本管理，而不是长期决策。营运资本管理比较复杂，涉及企业的所有部门，尤其需要采购、生产、销售和信息处理等部门的配合与努力。

一、营运资本的有关概念

营运资本（working capital），也称总营运资本，一般是指企业的流动资产，即企业垫支于流动资产上的资本，具体包括现金、有价证券、应收账款、存货等占用的资金。而净营运资本（net working capital）是指流动资产减流动负债的差额。若流动资产大于流动负债，则净营运资本为正数，反之，净营运资本为负数。净营运资本与流动比率、速动比率和现金比率等指标，一起构成评价和衡量企业资产的流动性和短期偿债能力的财务指标体系。

营运资本的概念包括流动资产和流动负债两部分。当分析营运资本时，要综合考虑流动资产、流动负债以及二者的差额。净营运资本是流动资产总额减去流动负债总额的差额，它体现着企业在流动资产及其筹资安排上的效果，而且把短期支付的需要和能力相比较，反映了企业的短期偿债能力。从财务管理者的角度来看，仅仅谈论流动资产和流动负债的净额是没有什么意义的，尤其是当这种差额总处于不断变化的时候；同时，片面强调流动资产总额多少而忽视其资金来源，也不能体现财务管理特别是资金管理本质的要求。

根据会计恒等式：

$$资产 = 权益 + 负债$$

$$流动资产 + 长期资产 = 权益 + 流动负债 + 长期负债$$

所以：

$$流动资产 = 流动负债 + (权益 + 长期负债) - 长期资产$$

又因为：

$$长期筹资净值 = (权益 + 长期负债) - 长期资产$$

所以：

$$流动资产 = 流动负债 + 长期筹资净值$$

这个公式说明，流动资产投资所需资金的一部分由流动负债支持，另一部分由长期筹资支持。尽管流动资产和流动负债都是短期项目，但是绝大多数健康运转企业的营运资本是正值。所以，长期财务和短期财务有内在联系。

二、营运资本的管理政策

（一）营运资本管理的概念

营运资本管理是通过规划与控制流动资产与流动负债，使企业保持良好的偿债能力和获利能力，以经营活动现金流量控制为核心的一系列管理活动的总称。它是现代企业理财活动的一个重要方面。其具体内容包括：确定现金余额的最佳水平并维持之；每周末或每月末投资到有价证券的现金数量；信用条件的变化；短期借款的筹划；存货的控制等。我国企业的营运资本管理注重对短期资产的管理，比如现金管理、应收账款管理、存货管理和短期证券管理等。而美国的企业则偏向对净营运资本的管理。

（二）营运资本管理的政策

营运资本管理政策涉及全部营运资金，包括流动资产、流动负债以及二者之间的总体安排。良好的营运资本管理必须依靠一种切实可行的、能够有效地考虑风险与收益的政策。根据分析的角度不同，可以将营运资本管理政策划分为营运资金持有量政策和筹集政策。

1. 营运资本的持有量政策

营运资金持有量策略是从总营运资金——全部流动资产的角度，讨论投资问题而得出的策略。

一般而言，流动资产的盈利能力低于固定资产。这是因为：首先，固定资产可反复用于再生产，属于盈利性资产；而流动资产虽然在企业生产经营中也必不可少，但除有价证券外，现金、应收账款、存货等流动资产本身并不具有直接的盈利性。其次，根据风险与收益对应原则，由于流动资产比固定资产更易于变现，其风险低于固定资产，其报酬率自然也低于固定资产。因此，在流动负债保持不变的情况下，企业的流动资产占全部资产的比例愈大，将使企业有较大的把握按时支付到期债务，及时供应生产用材料和向客户提供产品，从而保证经营活动平稳有序地进行，风险性较小。但另一方面，在某一特定的销售水平下，流动资产所占比例越大，其冻结或近于闲置在流动资产上的资金也越多，盈利能力愈低，反之亦然。

通过以上分析可以看到，营运资本持有量的确定，就是在盈利性与风险性之间进行权衡，做出合理的选择。对于图 13-1 中 A、B、C 三条曲线，在相同业务量的情况下，A 曲线所需的营运资本最多，而 C 曲线的营运资本水平最少。而在相同营运资本水平的情况下，A 曲线的业务量最少，C 曲线的业务量最多。据此，可供选择的营运资本持有策略有：

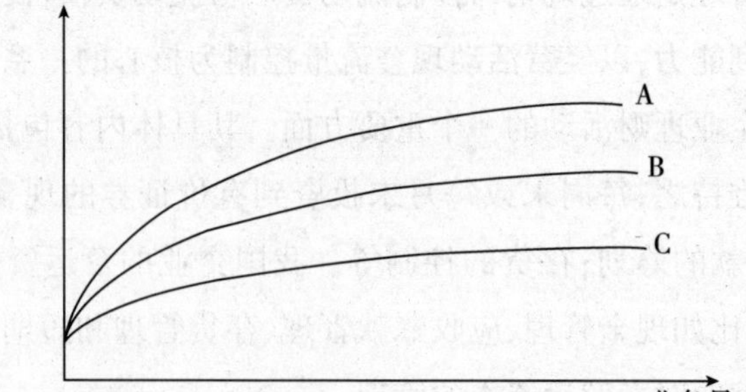

图 13-1　随业务量变化的营运资本水平

(1)宽松的或稳健的营运资金策略。图中A曲线。它的特点是企业持有的流动资产占全部资产的比例较大,可以及时满足各方面对企业流动性的需求,因此发生技术性无力清偿的风险较低。但同时,由于将过多的资金用于防备风险,而不是用于高盈利的投资项目上,预期盈利能力也较低。长此以往,将对企业的获利能力造成非常不利的影响。一般地,当企业预期未来时期销货额的波动非常剧烈,且存在着其他许多不稳定的因素时,管理人员才会考虑这种策略。

(2)紧缩的或激进的营运资金策略。图中C曲线。在这一策略下,流动资产占全部资产的比例相对较少,企业尽最大可能减少资金在低收益流动资产项目上的占用,转而投资于高报酬项目,这样,企业在取得较高预期盈利能力的同时,也承受着较高的财务风险。最为激进的策略将存货的占用也降到了最低水平。但是流动性短缺给企业带来的影响有时也是极其严重的。理想的情况是,企业将资金运用于收益水平更高的项目上,用这些项目获得成功之后带给企业的现金流量,来抵消流动性风险及其对企业造成的影响。

(3)适中的或中庸的营运资金策略。图中B曲线。其特点是流动资产所占比例比较适中,既不过高也不过低,流入的现金恰恰能够满足支付的需要,存货也恰好满足生产和销售所用,并且在一般情况下企业不保留有价证券(除非利息高于资本成本,这种情况发生的可能性极小)。企业的预期盈利能力和风险介于以上两种策略之间。

从理论上讲,适中的营运资金策略比较符合企业价值最大化的财务管理总体目标,然而由于流动资产的占用水平是由企业的销售水平、存货与应收账款的周转速度等多种因素共同作用形成的结果,因此难以量化地描述适中策略的营运资金持有量。在财务管理的实际工作中,我们应当根据企业自身的具体情况和环境条件,以适中营运资金策略的原则作指导,确定一个较为适当的营运资金持有量。

2. 营运资本的融资政策

营运资本融资政策是指总体上如何为流动资产筹资,采用短期资金来源还是长期资金来源,或者兼而有之。制定营运资本融资政策,就是确定流动资产所需资金中短期来源和长期来源的比例。流动资产的投资政策,决定了投资的总量,也就是需要融资的总量。营运资本的融资政策,主要是决定筹资的来源结构。

流动资产的筹资结构,可以用经营性流动资产中的长期筹资来源的比重来衡量,该比率称为易变现率:

$$易变现率=\frac{(权益+长期债务+经营性流动负债)-长期资产}{经营性流动资产}$$

易变现率高,资金来源的持续性强,偿债压力小,管理起来比较容易,称为宽松的融资政策。易变现率低,资金来源的持续性弱,偿债压力大,称为严格的融资政策。而从最宽松的融资政策到最严格的融资政策之间,分布着一系列宽严程度不同的融资政策。它们大体上分为三类:稳健型融资政策、配合型融资政策和激进型融资政策。

(1)配合型融资政策。配合型融资政策的特点是:尽可能贯彻融资的匹配原则,它通过运用短期负债筹资来满足临时性资产的资金需要,通过运用长期负债、自然融资和权益资本筹资来满足永久性资产的资金需要。这种政策有利于降低利率风险和偿债风险。

例如,一个粮食购销公司,其中有一个仓库(长期资产),专门用于收购、存储和销售玉米(流动资产)。仓库的使用期限为10年,在购买时可以用长期借款,也可以用短期借款融资。假设利率相等,使用长期借款的好处有两个:一是锁定借款利率,规避未来10年的利率风险;二是保持资金的可持续性,通过这种形式陆续收回现金,可用来分期偿还长期借款,避免公司卖掉仓库偿债的风险。储存小麦采用短期借款融资,购入玉米时借款,售出时还款,流动资产和流动负债同步同量即营运资本为零,在玉米全部出售后流动资产为零。用于玉米的投资不应使用长期资金支持,因为玉米存量有季节性变化,处于低谷时会出现多余现金,白白浪费了融资的利息。因此,长期资产用长期资金支持,流动资产用短期资产支持,可以减少利率风险和偿债风险。可用以下公式表示配合型融资政策:

$$长期资产+长期性流动资产=权益+长期债务+自发性流动负债$$

$$临时性流动资产=短期金融负债$$

配合型融资政策如图13-2所示:

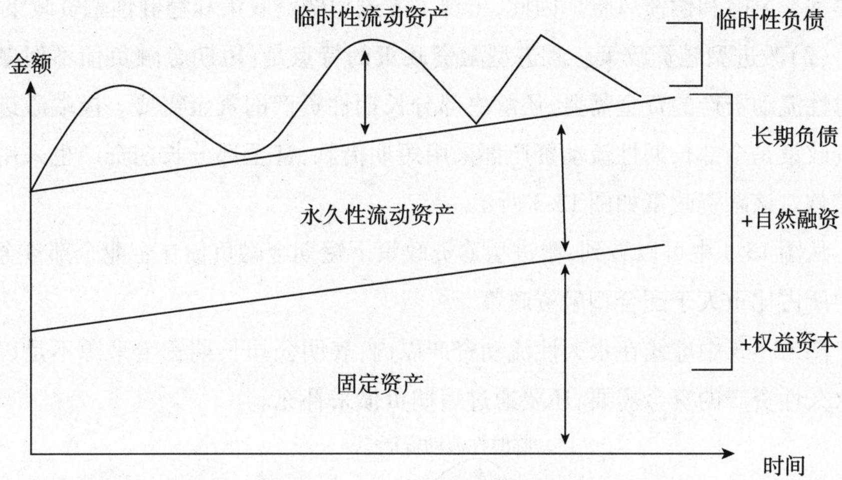

图 13-2　配合型融资政策

【例 13－1】 某企业在生产经营的淡季,需要占用 300 万元的流动资产和 500 万元的长期资产;在生产经营的高峰期,会额外增加 200 万元的季节存货需求;假设该企业没有自发性流动负债。按照配合型融资政策,企业只在生产经营的高峰期才借入 200 万元的短期借款。800 万元长期性资产(即 300 万元长期流动性资产和 500 万元长期资产之和)均由长期负债、自发性负债和权益资本解决其资金需要。

在营业高峰期其易变现率为:

$$易变现率=\frac{(权益+长期债务+经营性流动负债)-长期资产}{经营性流动资产}$$

$$=(800-500)/(300+200)=60\%$$

在营业低谷时,易变现率＝300/300＝100%

资金来源的有效期和资产的有效期的匹配,是一种战略性的匹配,而不要求完全匹配。实际上,企业也做不到完全匹配。其原因是:①企业不可能为每一项资产按其有效期配置单独的资金来源,只能分成短期来源和长期来源两大类来统筹安排筹资。②企业必须有所有者权益筹资,它是无限期的资本来源,而资产总是有期限的,不可能完全匹配。③资产的实际有效期是不确定的,而还款期是确定的,必然会出现不匹配。

针对上述原因,有些企业会愿意承担利率风险和偿债风险,较多地使用短期负债,另外一些企业与此相反,宁愿让贷款的有效期超过资产的有效期,以求减少利率风险和偿债风险。因此,出现了激进型融资政策和稳健性融资政策。

(2)激进型融资政策。激进型融资政策的特点是:短期金融负债不但融通临时性流动资产的资金需要,还解决部分长期性资产的资金需要。极端激进的融资政策是全部长期性流动资产都采用短期借款,甚至部分长期资产也采用短期借款。该融资政策如图13-3所示。

从图13-3中可以看到,激进型筹资政策下短期金融负债在企业全部资金来源中所占比重大于配合型融资政策。

图13-3中虚线在永久性流动资产以内,表明公司长期资金来源不足以满足永久性资产的资金需要,还要通过短期负债来补充。

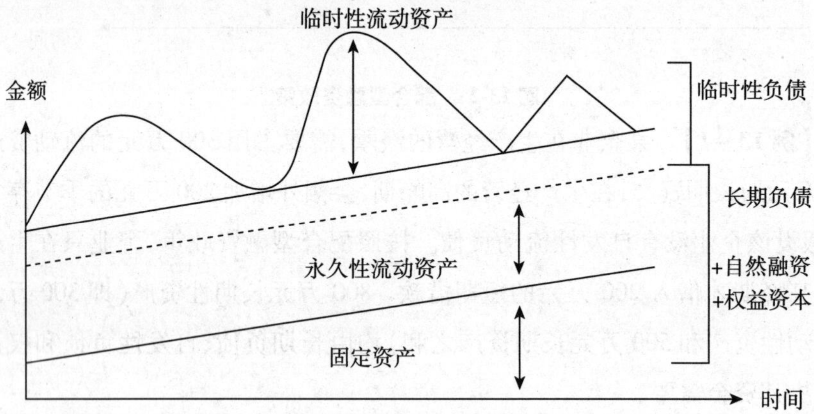

图13-3 激进型融资政策

【例13-2】 沿用例13-1的资料,该企业生产经营淡季占用300万元的流动资产和500万元的长期资产。在生产经营的高峰期,额外增加200万元的季节性存货需求。如果企业的权益资本、长期负债和自发性负债的筹资额低于800万元(即低于正常经营期的流动资产占用与长期资产占用之和),比如只有700万元,那么就会有100万元的长期性资产和200万元的临时性流动资产(在经营高峰期内)由短期金融负债融资解决。这种情况表明,企业实行的是激进型融资政策。其易变现率为:

$$营业高峰易变现率=\frac{(权益+长期债务+经营性流动负债)-长期资产}{经营性流动资产}$$

$$=(700-500)/500=40\%$$

$$营业低谷易变现率=(700-500)/300=67\%$$

因临时性负债的资本成本通常比长期负债和权益资本的资本成本低,故该

政策的优点在于资本较低。但是因临时性负债所占比例大,其存在如下缺点:

一是筹资难度大且风险大。因为企业要满足永久性资产的长期资金需要,必须要经常在临时性负债到期后重新举债或申请资本债务展期,这势必需要企业经常办理举债和还债手续。

二是企业可能会面临因短期负债利率的变动而增加成本的风险。激进型筹资政策是一种收益性和风险性均较高的营运资金筹资政策,它主要适用于公司长期资金来源不足或短期负债成本较低的公司。

(3)稳健型融资政策。该政策的特点是最大限度地缩减公司资本结构中流动负债的比重,临时负债只融通部分临时性流动资产的资金需要。另一部分流动资产和永久性流动资产的资金来源是长期负债、自然融资和权益资本。如图13-4所示。

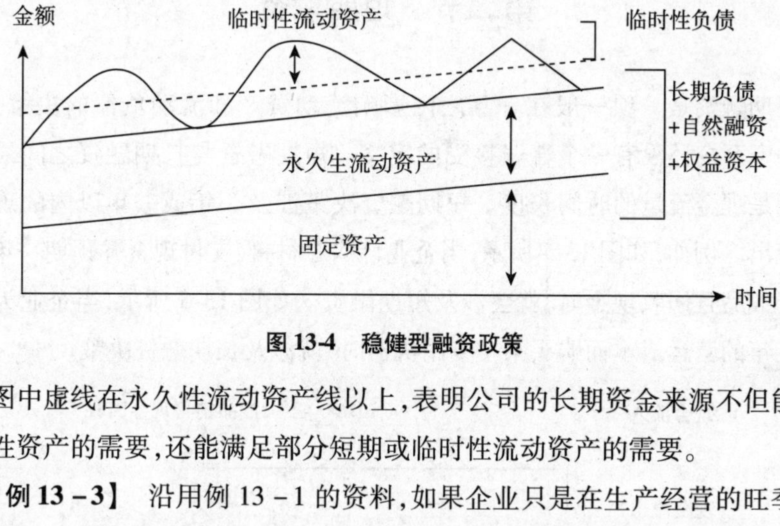

图13-4　稳健型融资政策

图中虚线在永久性流动资产线以上,表明公司的长期资金来源不但能满足永久性资产的需要,还能满足部分短期或临时性流动资产的需要。

【例13-3】　沿用例13-1的资料,如果企业只是在生产经营的旺季借入资金低于200万元,比如100万元的短期借款,而无论何时的长期负债、自发性负债和权益资本之和总是高于800万元,比如达到900万元,那么旺季季节性存货的资金需要只有一部分(100万元)靠当时的短期借款解决,其余部分的季节性存货和全部长期性资金需要则由长期负债、自发性负债和权益资本提供。而在生产经营的淡季,企业则可将闲置的资金(100)万元投资于短期有价证券,其易变现率为:

营业高峰易变现率=(900-500)/500=80%

营业低谷易变现率=(900-500)/300=133%

因临时性负债所占比例低,企业无法偿还到期债务的风险较低,且企业承担的因短期利率变动损失的风险也较低。因此,该政策的优点在于增强企业的偿债能力。但是因长期负债资本成本高于临时性负债的资金成本,经营淡季仍有可能支付长期负债利息,这会降低企业的损益。另外,用股权资本代替负债会丧失财务杠杆利益,从而降低股东收益率。所以,稳健性融资政策是一种风险和收益均较低的营运资本融资政策。

流动资金融资政策的稳健程度,可以用易变现率的高低识别。在营业低谷的易变现率为1,是适中的流动资金融资政策,大于1时比较稳健,小于1则比较激进。营业高峰的易变现率,可以反映随营业额增加而不断增长的流动性风险,数值越小风险越大。

第二节 短期融资

短期融资是一项一般在一年之内影响流动资产和流动负债的决策分析。短期融资至今还没有一个普遍接受的定义。短期融资与长期融资之间最重要的区别是现金流量的时间长度。短期融资决策涉及一年或一年以内的现金流入和流出。例如,如图13-5所示,当企业订购原材料,支付现金并预期一年之内销售产成品且回收现金时,就会涉及短期融资。如图13-6所示,当企业为降低今后五年的营运成本而购买某一专用机器时,就涉及长期融资决策。

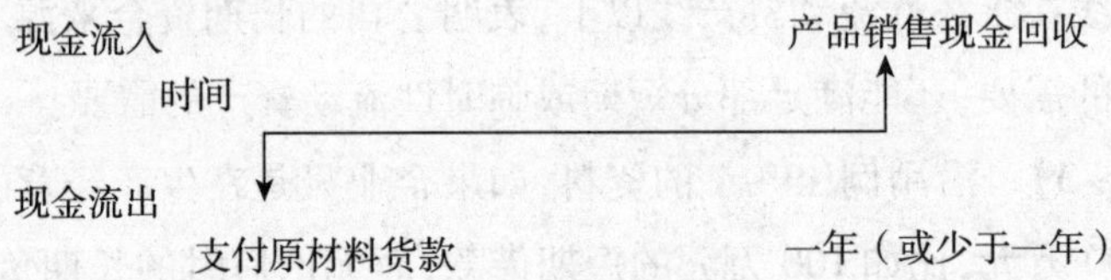

图13-5 短期融资决策

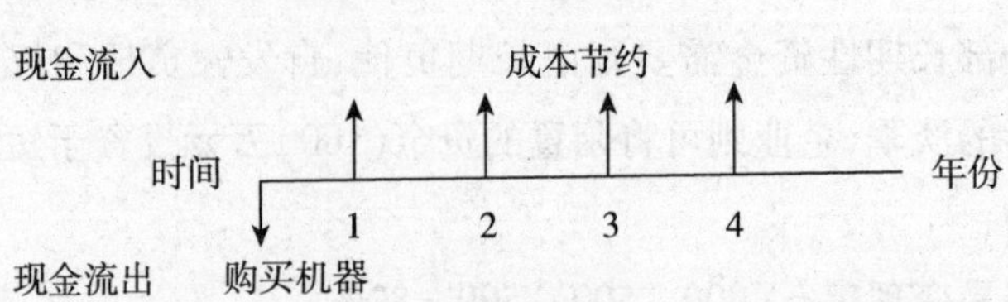

图13-6 长期融资决策

以下是短期融资所要解决的问题：

(1)为付款应在手头(或银行)留有现金的合理水平是多少?

(2)需要订购多少原材料?

(3)应给予客户多少信用?

现金流入与流出之间的缺口要求进行短期融资决策。这跟经营周期和应付账款周期的长度有关。可以通过借款或持有短期证券来填补这个缺口。改变存货周期、应收和应付账款周期可以缩小这个缺口。现在让我们从短期融资策略的角度进行细致的研究。

一、短期融资策略

一个企业采用的短期融资策略至少由两个要素构成：

(一)企业在流动资产上的投资规模

这通常是通过与企业总营业收入水平相比较来衡量的。稳健型和温和型短期融资策略保持流动资产与销售额的高比率。激进型短期融资策略限制流动资产与销售额的比率。

(二)流动资产的融资结构

这可以用短期负债与长期负债的比例来衡量。激进型短期融资策略意味着短期负债相对于长期负债的比例高,稳健型融资策略意味着少量的短期负债和大量的长期负债。

稳健型短期融资策略包括：

(1)持有大量的现金余额和短期证券。

(2)保持高水平的存货投资。

(3)放宽信用条件,保持高额的应收账款。

激进型短期融资策略包括：

(1)保持低水平的现金余额,对短期证券不进行投资。

(2)对存货进行小规模投资。

(3)不允许赊销,没有应收账款。

短期资产的最优投资水平决策要求识别不同短期融资策略的不同成本水平。其目的就是平衡激进型短期融资策略与稳健型策略的成本,以达到最佳的折衷办法。

稳健型短期融资策略的流动资产持有水平最高，激进型策略的流动资产持有水平最低。由于稳健型短期融资策略要求更高的现金流出来融入现金、短期证券、存货和短期应收账款，因此这种策略成本高。但是，稳健型策略未来的现金流入最高。由于给客户提供了宽松的信用政策，刺激了销售。手头（货架上）存在大量的存货，可以为客户提供快速交货服务，增加了销量。另外，由于企业采用稳健型策略，为客户提供快速交货服务和宽松的信用政策，可能可以要价高一点。稳健型策略也不会因存货短缺而停产。

二、短期融资的特点

短期负债融资所筹集的资金可使用的时间较短，一般不超过一年。这就使得短期融资有其特有的特点：

（一）融资速度快，容易取得

长期负债的债权人为了保护自身利益，往往要对债务人进行全面的财务调查，因而筹资所需时间一般较长且不易取得。短期负债在较短时间内即可归还，故债权人顾虑较少，容易取得。

（二）融资富有弹性

举借长期负债，债权人或有关方面经常会向债务人提出很多限定性条件或管理规定；而短期负债的限制则相对宽松些，使融资企业的资金使用较为灵活、富有弹性。

（三）融资成本较低

一般地讲，短期负债的利率低于长期负债，短期负债的融资成本也就较低。

（四）融资风险高

短期负债需要在短期内偿还，因而要求融资企业在短期内拿出足够的资金偿还债务，若企业届时资金安排不当，就会陷入财务危机。此外，短期负债利率的波动较大，一时高于长期负债的水平也是可能的。

三、短期融资的主要形式

短期融资最主要的形式是商业信用和短期借款。

（一）商业信用

商业信用是指在交易中由于延期付款或预收货款所形成的企业间的借贷

关系。商业信用产生于商品交换之中，是所谓的“自发性融资”。它运用广泛，在短期负债融资中占有相当大的比重。商业信用的具体形式有应付账款、应付票据、预收账款等。

1. 应付账款

应付账款是企业购买货物暂未付款而拖欠对方的账项，即卖方允许买方在购货后一定时期内支付货款的一种形式。卖方利用这种方式促销，而对买方来说延期付款则等于向卖方借用资金购进商品，可以满足短期的资金需要。

与应收账款相对应，应付账款也有付款期、折扣等信用条件。应付账款可以分为：免费信用，即买方企业在规定的折扣期内享受折扣而获得的信用；有代价信用，即买方企业放弃折扣付出代价而获得的信用；展期信用，即买方企业超过规定的信用期推迟付款而强制获得的信用。

(1)应付账款成本。倘若买方企业购买货物后在卖方规定的折扣期内付款，便可以享受免费信用，这种情况下企业没有因为享受信用而付出代价。

【例 13-4】 某企业按 2/10、*n*/30 的条件购入货物 10 万元。如果该企业在 10 天内付款，便享受了 10 天的免费信用期，并获得 0.2(10×2%)万元的折扣，免费信用额为 9.8(10-0.2)万元。

倘若企业放弃折扣，在 10 天后(不超过 30 天)付款，该企业便要承受因放弃折扣而造成的隐含利息成本。一般而言，放弃现金折扣的成本可由下式求得：

$$放弃现金折扣成本=\frac{折扣百分比}{1-折扣百分比}\times\frac{360}{信用期-折扣期}$$

运用上式，该企业放弃折扣所负担的成本为：

$$\frac{2\%}{1-2\%}\times\frac{360}{30-10}=36.7\%$$

公式表明，放弃现金折扣的成本与折扣百分比的大小、折扣期的长短同方向变化，与信用期的长短反方向变化。可见，如果买方企业放弃折扣而获得信用，其代价是较高的。然而，企业在放弃折扣的情况下，推迟付款的时间越长，其成本便会越小。比如，如果企业延至 50 天付款，其成本则为：

$$\frac{2\%}{1-2\%}\times\frac{360}{50-10}=18.4\%$$

(2)利用现金折扣的决策。在附有信用条件的情况下，为获得不同信用要负担不同的代价,买方企业便要在利用哪种信用之间做出决策。一般来说,如果能以低于放弃折扣的隐含利息成本(实质是一种机会成本)的利率借入资金,便应在现金折扣期内用借入的资金支付货款,享受现金折扣。例如,在例 13 - 4 中的同期银行短期借款年利率为 10%,则买方企业应利用更便宜的银行借款在折扣期内偿还应付账款;反之,企业应放弃折扣。

如果在折扣期内将应付账款用于短期投资,所得的投资收益率高于放弃折扣的隐含利息成本,则应放弃折扣而去追求更高的收益。当然,假使企业放弃折扣优惠,也应将付款日推迟至信用期内的最后一天(如例 13 - 4 中的第 30 天),以降低放弃折扣的成本。

如果企业因缺乏资金而欲展延付款期(如将例 13 - 4 中的付款期推迟至第 50 天),则需要在降低了的放弃折扣成本与展延付款带来的损失之间做出选择。展延付款带来的损失主要是指因企业信誉恶化而丧失供应商乃至其他贷款人的信用,或日后招致苛刻的信用条件。

如果面对两家以上提供不同信用条件的卖方,应通过衡量放弃折扣成本的大小,选择信用成本最小(或所获收益最大)的一家。例如,在例 13 - 4 中有另外一家供应商提出 1/20、N/30 的信用条件,其放弃折扣的成本为:

$$\text{放弃折扣成本}=\frac{1\%}{1-1\%}\times\frac{360}{30-20}=36.4\%$$

与例 13 - 4 中 2/10、n/30 信用条件相比,后者的成本较低。

2. 应付票据

应付票据是企业进行延期付款商品交易时开具的反映债权债务关系的票据。根据承兑人的不同,应付票据分为商业承兑汇票和银行承兑汇票两种。支付期最长不超过 6 个月。应付票据可以带息,也可以不带息。应付票据的利率一般比银行借款的利率低,且不用保持相应的补偿余额和支付协议费,所以应付票据的融资成本低于银行借款成本。但是应付票据到期必须归还,如若延期便要交付罚金,因而风险较大。

3. 预收账款

预收账款是卖方企业在交付货物之前向买方预先收取部分或全部货款的信用形式。对于卖方来讲,预收账款相当于向买方借用资金后用货物抵偿。预收账款一般用于生产周期长、资金需要量大的货物销售。

此外,企业往往还存在一些在非商品交易中产生但亦为自发性融资的应付费用,如应付职工薪酬、应交税费、其他应付款等。应付费用使企业受益在前、费用支付在后,相当于享用了受款方的借款,一定程度上缓解了企业的资金需要。应付费用的期限具有强制性,不能由企业自有斟酌使用,但通常不需花费代价。

4. 商业信用融资的特点

商业信用融资的最大优越性在于容易取得。首先。对于大多数企业来说,商业信用是一种持续性的信贷形式,且无须正式办理融资手续。其次,如果没有现金折扣或使用不带息票据,商业信用融资不负担成本。其缺陷在于期限较短,在放弃现金折扣时所付出的成本较高。

(二)短期借款

短期借款指企业向银行和其他非银行金融机构借入的期限在 1 年以内的借款。它和商业信用相比,突出的缺点是短期内要归还,特别是在带有诸多附加条件的情况下更使风险加剧。

1. 短期借款的种类

我国目前的短期借款按照目的和用途分为若干种,主要有生产周转借款、临时借款、结算借款等。按照国际通行做法,短期借款还可分为一次性偿还借款和分期偿还借款;依利息支付方法的不同,分为收款法借款、贴现法借款和加息法借款;依有无担保,分为抵押借款和信用借款等。

企业在申请借款时,应根据各种借款的条件和需要加以选择。

2. 借款的取得

企业举借短期借款,首先必须提出申请,经审查同意后借贷双方签订借款合同,注明借款的用途、金额、利率、期限、还款方式、违约责任等;然后企业根据借款合同办理借款手续;借款手续完毕,企业便可取得借款。

3. 借款的信用条件

按照国际通行做法,银行发放短期借款往往带有一些信用条件,主要有:

(1)信贷限额。信贷限额是银行对借款人规定的无担保贷款的最高额。信贷额度的有效期通常为 1 年,但根据情况也可延期 1 年。一般来讲,企业在批准的信贷限额内,可随时使用银行借款。但是,银行并不承担必须提供全部信贷限额的义务。如果企业信誉恶化,即使银行曾同意过按信贷限额提供贷款,企业也可能得不到借款。这时,银行不会承担法律责任。

(2)周转信贷协定。周转信贷协定是银行具有法律义务地承诺提供不超过某一最高限额的贷款协定。在协定有效期内,只要企业的借款总额未超过最高限额,银行必须满足企业任何时候提出的借款要求。企业享用周转信贷协定,通常要求贷款限额的未使用部分付给银行一笔承诺费(commitment fee)。

如某周转信贷额为100万元,承诺费为0.7%,借款企业年度使用了80万元,余额为20万元,借款企业该年度要向银行支付承诺费为1.4万元(20×0.7%)。这是银行向企业提供此贷款的一种附加条件。

(3)补偿性余额。补偿性余额是银行要求借款企业在银行中保持按贷款限额或实际借用额一定百分比(一般为20%~30%)的最低存款余额。从银行的角度讲,补偿余额可降低贷款风险,补偿遭受的贷款损失。对于借款企业来讲,补偿性余额则提高了借款的实际利率。

如某企业按年利率10%向银行借款20万元,银行要求维持贷款限额10%的补偿性余额,那么企业实际可用的借款只有18万元,该项借款的实际年利率则为:

$$\text{实际年利率}=\frac{20\times10\%}{18}=11.11\%$$

(4)借款抵押。银行向财务风险较大的企业或对其信誉不甚有把握的企业发放贷款,有时需要有抵押品担保,以减少自己蒙受损失的风险。借款的抵押品经常是借款企业的股票、债券和房屋等。银行接受抵押品后,将根据抵押品的面值决定贷款金额,一般为抵押品面值的30%~90%。这一比例的高低,取决于抵押品的变现能力和银行的风险偏好。抵押借款的成本通常高于非抵押借款,这是因为银行主要向信誉好的客户提供非抵押贷款,而将抵押贷款看成是一种风险投资,故而收取较高的利率;同时银行管理抵押贷款要比管理非抵押贷款困难,为此往往会另外收取手续费。

企业向贷款人提供抵押品,会限制其财产的使用和将来的借款能力。

(5)偿还条件。贷款的偿还有到期一次偿还和在贷款期内定期(每月、季)等额偿还两种方式。一般来讲,企业不希望采用后一种偿还方式,因为这会提高借款的实际年利率;而银行不希望采用前一种偿还方式,是因为这会加重企业的财务负担,增加企业的拒付风险,同时会降低实际贷款利率。

(6)其他承诺。银行有时还要求企业为取得贷款而做出其他承诺,如及时提供财务报表、保持适当的财务水平(如特定的流动比率),等等。如企业违背所做出的承诺,银行可要求企业立即偿还全部贷款。

4. 短期借款利率

短期借款的利率多种多样,银行将根据借款企业的情况选用。

(1)优惠利率。优惠利率是银行向财力雄厚、经营状况好的企业贷款时采用的利率,为贷款利率的最低限。

(2)浮动优惠利率。这是一种随其他短期利率的变动而浮动的优惠利率,即随市场条件的变化而随时调整变化的优惠利率。

(3)非优惠利率。银行给一般企业贷款时收取的高于优惠利率的利率。这种利率经常在优惠利率的基础上加一定的百分比。比如,银行按高于优惠利率1%的利率向某企业贷款,若当时的最优利率为8%,向该企业贷款收取的利率即为9%。非优惠利率与优惠利率之间差距的大小,由借款企业的信誉、与银行的往来关系及当时的信贷状况所决定。

5. 企业对贷款机构的选择

随着金融信贷业的发展,可向企业提供贷款的银行和非银行金融机构增多,企业有可能在各贷款机构之间做出选择,以图对己最为有利。

选择银行时,重要的是要选用适宜的借款政策、借款成本和借款条件,此外还应考虑下列有关因素:

(1)银行对贷款风险的政策。通常银行对其贷款风险有着不同的政策,有的倾向于保守,只愿承担较小的贷款风险;有的富于开拓,敢于承担较大的贷款风险。

(2)银行对企业的态度。不同银行对企业的态度各不一样。有的银行肯于积极地为企业提供建议,帮助分析企业潜在的财务问题,有着良好的服务,乐于为具有发展潜力的企业发放大量贷款,在企业遭到困难时帮助其渡过难关;也有的银行很少提供咨询服务,在企业遇到困难时一味地为清偿贷款而施加压力。

(3)贷款的专业化程度。一些大银行设有不同的专业部门,分别处理不同类型、不同行业的贷款。企业与这些拥有丰富专业化贷款经验的银行合作,会更多地受益。

(4)银行的稳定性。稳定的银行可以保证企业的借款不致中途发生变故。银行的稳定性取决于它的资本规模、存款水平波动程度和存款结构。一般来讲,资本雄厚、存款水平波动小、定期存款比重大的银行稳定性好;反之则稳定性差。

(5)短期借款筹资的特点。短期借款可以随企业的需要安排,便于灵活使用,且取得亦较简便。但其突出的缺点是短期内要归还,特别是在带有诸多附加条件的情况下更使风险加剧。

本章小结

(1)广义的营运资本指的就是流动资金,而狭义的营运资本是指流动资产减去流动负债以后的余额,也称净营运资本。因此,营运资本管理包括了流动资产和流动负债管理以及流动资产与流动负债的综合管理。

(2)营运资本管理政策包括了资金的持有政策和营运资本的筹集政策。营运资本的持有政策是指企业要在收益和风险之间进行衡量,确定适当的营运资本持有政策。营运资本的筹集政策包括配合型、激进型、稳健性三种,企业可以根据自身行业的特征和对风险的厌恶程度选择一种合适的政策,其中易变现率是一个比较好的指标。

(3)企业可以通过商业信用和短期借款政策来补充营运资本。

思考题

1. 营运资本的特征有哪些?

2. 营运资本管理的原则是什么?

3. 营运资本的筹集政策有哪些?

4. 营运资本综合管理政策者选择稳健性政策的含义是什么?

5. 公司伦理:大公司单边地延长其付款期是否符合伦理?特别是当对方是小型供应商的时候?

6. 为什么不是所有的公司都通过延长付款期来缩短现金周期?

7. 利用短期负债筹资来补充营运资本的主要方式有哪些?其各有什么特点?

进一步阅读书目

[1]中国注册会计师协会.财务成本管理[M].北京:经济科学出版社,2012.

[2]Stephen A. Ross,等.公司理财[M].北京:机械工业出版社,2009.

[3]安杰,贾创雄,高雷.财务管理[M].北京:清华大学出版社,北京交通大学出版

社,2009.

[4]杨丽荣.公司金融学[M].北京:科学出版社,2005.

[5]陈雨露.公司理财[M].北京:高等教育出版社,2003.

[6]胡庆康.公司金融[M].北京:首都经济贸易大学出版社,2003.

[7]罗伯特·C莫顿,兹维·博迪.金融学[M].北京:中国人民大学出版社,2007.

[8]郑长德.金融学:现代观点[M].北京:中国经济出版社,2011.

第十四章

流动资产管理

本章要点

1. 现金持有的交易动机、预防动机、投机动机
2. 现金持有成本、转换成本、短缺成本
3. 最佳现金持有量的计算
4. 现金预算编制方法以及现金日常控制方法
5. 商业信用政策的制定方法
6. 经济订货批量的计算
7. 存货日常控制方法

第一节　现金和流动性管理

"现金"是一个很不确切的概念,在我们的日常生活中,我们把现金理解成为手中的货币,但是在我们的经济意义上,现金的定义包括库存现金、商业银行中的支票账户存款和未存入银行的支票等。然而,财务管理者经常将短期有价证券也包括在"现金"这一概念中。短期有价证券常被认为是"现金等价物",它包括短期国库券、大额可转让存单和回购协议。资产负债表中的"现金"项目通常包括现金等价物。

有价证券是企业现金的一种转换形式。有价证券变现能力强,可以随时兑换成现金。企业有多余现金时,常将现金兑换成有价证券;现金流出量大于流入量需要补充现金时,再出让有价证券换回现金。在这种情况下,有价证券就变成了现金的替代品。所以在广义上我们可以把现金和一些有价证券或者票据合称流动性资产。

现金往往具有两方面的特征。一是流动性强。现金是变现能力最强的资产,可以用来满足生产经营开支的各种需要,也是还本付息和履行纳税义务的保证。因此,有足够的现金对于降低企业的风险,增强企业资产的流动性和债务的可清偿性有着重要意义。二是收益性差。现金属于非营利资产,即使是银行存款,其利率也非常低。现金持有量过多,它所提供的流动性边际效益会随之下降,从而使企业的收益水平降低。因此,企业必须合理确定现金持有量,使现金收支不但在数量上,而且在时间上相互衔接,以便在保证企业经营活动所需现金的同时,尽量减少企业闲置的现金数量,提高资金收益率。

一、现金管理的目标

企业置存现金的原因,主要是满足交易性需要、预防性需要和投机性需要。

(一)交易性需要

交易性需要是指满足业务的现金支付需要。企业经常得到收入,也经常发生支出,两者不可能同步同量。收入多于支出,形成现金置存;收入少于支出,需要借入现金。企业必须维持适当的现金余额,才能使业务活动正常地进行下去。

(二)预防性需要

预防性需要是指置存现金以预防生意外的支付。企业有时会出现意想不到的开支,现金流量的不确定性越大,预防性现金的数额也就应越大;反之,企业现金流量的可预测性强,预防性现金数额则可小些。此外,预防性现金数额还与企业的借款能力有关,如果企业能够很容易地随时借到短期资金,也可以减少预防性现金的数额;若非这样,则应扩大预防性现金额。

(三)投机性需要

投机性需要是指置存现金用于不寻常的购买机会,比如遇有廉价原材料或其他资产供应的机会,便可用手头现金大量购入,再如在适当时机购入价格有利的股票和其他有价证券,等等。当然,除了金融和投资公司外,一般地讲,其他企业专为投机性需要而特殊置存现金的不多,遇到不寻常的购买机会,也常设法临时筹集资金。但拥有相当数额的现金,确实为突然的大批采购提供了方便。

企业除了以上三项原因持有现金外,也会基于满足将来某一特定要求或者为在银行维持补偿性余额等其他原因而持有现金。企业在确定现金余额时,一般应综合考虑各方面的持有动机。但需要注意的是,由于各种动机所需要的现金可以调节使用,企业持有的现金总额并不等于各种动机所需现金余额的简单相加,前者通常小于后者。另外,上述各种动机所需保持的现金,并不要求必须是货币形态,也可以是能够随时变现的有价证券及能够随时融入现金的其他各种存在形态,如可随时借入的银行信贷资金等。

二、现金收支管理

现金收支管理的目的在于提高现金使用效率,为达到这一目的,应当注意做好以下几方面作用:

(一)力争现金流量同步

如果企业能尽量使它的现金流入与现金流出发生的时间趋于一致,就可以使其所持有的交易性现金余额降到最低水平。这就是所谓现金流量同步。

(二)使用现金浮游量

从企业开出的支票,收票人收到支票并存入银行,至银行将款项划出企业账户,中间需要一段时间。现金在这段时间的占用称为现金浮游量。在这段时间里,尽管企业已开出了支票,却仍可动用在活期存款账户上的这笔资金。不过,在使用现金浮游量时,一定要控制好使用的时间,否则会发生银行存款的透支。

(三)加速收款

这主要指缩短应收账款的时间。发生应收账款会增加企业资金的占用,但它又是必要的,因为它可以扩大销售规模,增加销售收入。问题在于如何既利用应收账款吸引顾客,又缩短收款时间。这要在两者之间找到适当的平衡点,并需实施妥善的收账策略。

(四)推迟应付账款的支付

推迟应付账款的支付,是指企业在不影响自己信誉的前提下,尽可能地推迟应付款的期限,充分运用供货方所提供的信用优惠。如遇企业急需现金,甚至可以放弃供货方的折扣优惠,在信用期的最后一天支付款项。当然,这要权衡折扣优惠和急需现金之间的利弊得失而定。

三、公司持有现金的成本

现金具有收益性差的特点，但为了满足生产经营需求，公司不得不持有一定的现金，为此也需要付出一定的代价，即持有现金的成本，主要包括持有成本、转换成本和短缺成本。

(一)持有成本

现金的持有成本是指企业因保留一定现金余额而增加的管理费用及丧失的再投资收益。

企业保留现金，对于现金进行管理，会发生一定的管理费用，如管理人员工资及必要的安全措施费用等。这部分费用有固定成本的性质，它在一定范围内与现金持有量的多少关系不大。

再投资收益是指企业不能同时用该现金进行有价证券投资所产生的机会成本，这种成本在数额上等同于资金成本。比如企业欲持有1万元现金，就只能放弃1 000元的证券投资收益(假设证券收益率为10%)。可见，放弃的再投资收益即机会成本属于变动成本，它与现金持有量的多少密切相关，即现金持有量越大，机会成本越高，反之就越小。

(二)转换成本

企业通常采用现金与有价证券相互转换的办法解决现金收益性差的问题。即当生产经营产生现金闲置时，将其转换为有价证券；当企业生产经营需要现金时，再将有价证券转换为现金。转换成本是指企业用现金购入有价证券及转让有价证券换取现金时付出的交易费用，即现金同有价证券之间相互转换的成本，如委托买卖佣金、委托手续费、证券过户费、实物交割手续费等。严格地讲，转换成本并不都是固定费用，有的具有变动成本的性质，如委托买卖佣金或手续费。这些费用通常是按照委托成交金额计算的。因此，在证券总额既定的条件下，无论变现次数怎样变动，所需支付的委托成交额是相同的。因此，那些依据委托成交额计算的转换成本与证券变现次数关系不大，属于决策无关成本。这样，与证券变现次数密切相关的转换成本便只包括其中的固定性交易费用。转换成本与证券变现次数呈线性关系，即转换成本总额 = 证券变现次数 × 每次的转换成本。每次证券变现额与现金持有量呈正相关关系。在每次证券转换成本既定的前提下，现金持有量与转换次数和转换成本总额成反比，即现金持有量越少,进行证券变现的次数越多,相应的转换成本就越大;反之,现金持有量越多,证券变现的次数就越少,需要的转换成本也就越少。因此,现金持有量的不同必然通过证券变现次数多少而对转换成本产生影响。

(三)短缺成本

现金短缺成本是指在现金持有量不足而又无法及时通过有价证券变现加以补充而给企业造成的损失。它主要包括3个方面的成本。

1. 丧失购买能力的成本

即公司由于现金短缺而不能及时取得必要的生产要素,影响生产经营活动的正常进行而造成的损失。

2. 信用损失和失去折扣优惠的成本

由于公司缺乏现金,不能按时付款而失信于供应商,进一步造成供应商在未来拒绝供货或不再提供商业信用而给公司带来的损失。

3. 丧失偿债能力的成本

现金短缺使公司财务缺乏灵活性,不能按合同及时偿债,使公司面临破产的可能。现金的短缺成本随现金持有量的增加而下降,随现金持有量的减少而上升,即与现金持有量负相关。

四、最佳现金持有量

企业为了各种动机的需要,必须保持一定数量的现金,但持有现金又面临各项成本。现金过多,会使企业盈利水平下降;而现金过少,又可能出现现金短缺,影响生产经营。在现金余额问题上,存在收益与风险的权衡问题,必须确定最佳的现金持有量。以下介绍现金周转期模式、存货模式、成本分析模式和随机模式等4种常见模式以确定最佳的现金持有量。

(一)现金周转期模式

现金周转期模式是从现金周转的角度出发,根据现金的周转速度来确定最佳现金持有量。利用这一模式确定最佳现金持有量,包括以下3个步骤。

1. 计算现金周转期

现金周转期是指企业从购买材料支付现金到销售商品收回现金的时间。它由三个部分组成。①存货周转期。从购买原材料到转化成产成品并出售所需要的时间。②应收账款周转期。将应收账款转换为现金所需要的时间,即从产品销售到收回现金的时间。③应付账款周转期。从收到尚未付款的材料开始到现金支出之间所用的时间。现金周转期可用下列公式表示：

$$现金周转期=存货周转期+应收账款周转期-应付账款周转期 \quad (14-1)$$

【例14-1】 某公司的原材料购买和产品销售均采取赊销方式，应付款的平均付款天数为30天，应收款的收款天数为30天。假设平均存货期限即企业从原材料购买到产成品销售的期限为80天，则公司的现金周转期为多少？

解：现金周转期=存货周转期+应收账款周转期-应付账款周转期=80+30-30=80（天）

2.计算现金周转率

现金周转率是指一年中现金的周转次数，其计算公式为：

$$现金周转率=\frac{360}{现金周转期} \quad (14-2)$$

在例14-1中，该公司的现金周转率为：

$$现金周转率=360/80=4.5（次）$$

现金周转次数越多，企业的现金需求就越少。

3.计算目标现金持有量

其计算公式为：

$$目标现金持有量=\frac{公司年现金需求总额}{现金周转率} \quad (14-3)$$

假设例14-1中该公司每年现金需求额为900万元，则目标现金持有量为：

$$目标现金持有量=900/4.5=200（万元）$$

现金周转期模式简单明了，易于计算。但是这种方法假设材料采购与产品销售产生的现金流量在数量上一致，公司的生产经营过程在一年中持续稳定地进行，即现金需要和现金供应不存在不确定的因素。如果以上假设条件不存在，则求得的目标现金持有量将发生偏差。

（二）存货模式

该模式之所以被称为存货模式，是因为它来源于存货规划的经济批量模型。它是由美国学者鲍莫（William Baumol）首先提出的，因此又被称为鲍莫模型。

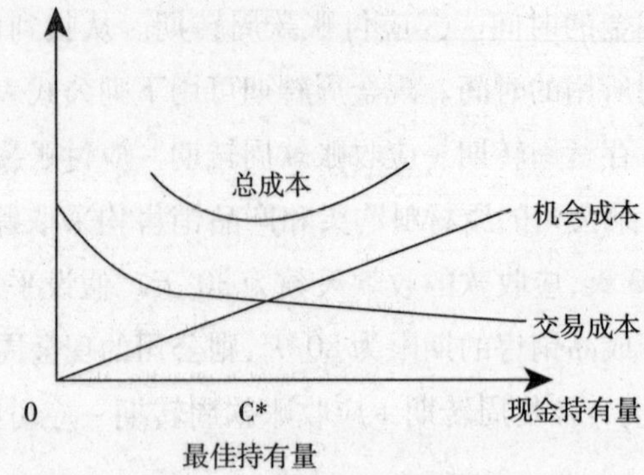

图 14-1　现金的成本构成

企业每次以有价证券转换回现金是要付出代价的(如支付经纪费用),这被称为现金的交易成本。现金的交易成本与现金转换每次的转换量有关。假定现金每次的交易成本是固定的,在企业一定时期现金使用量确定的前提下,每次以有价证券转换回现金的金额越大,企业平时持有的现金量便越高,转换的次数便越少,现金的交易成本就越低;反之,每次转换回现金的金额越低,企业平时持有的现金量便越低,转换的次数会越多,现金的交易成本就越高,现金交易成本与持有量成反比。在现金成本构成的图上,可以将现金的交易成本与现金的短缺成本合并为同一条曲线,反映与现金持有量相关的总成本。这样,现金的成本构成可重新表现,如图 14-1 所示。

在图 14-1 中,现金的机会成本和交易成本是两条随现金持有量呈不同方向发展的曲线,两条曲线交叉对应的现金持有量,即是总成本最低的现金持有量,它可以运用现金持有量存货模式求出。以下通过举例,说明现金持有量存货模式的应用。

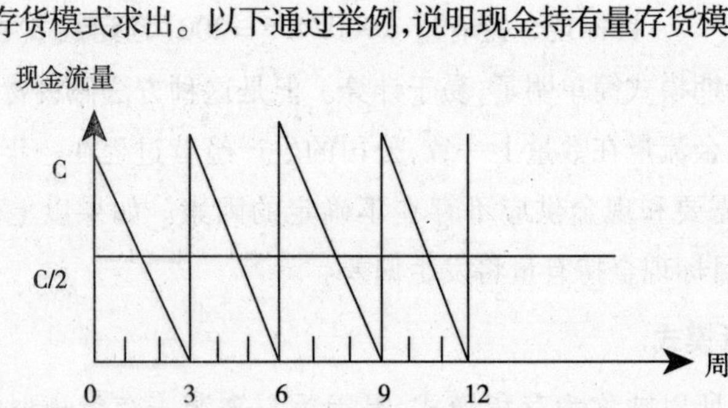

图 14-2　一段时期内的现金持有状况

某企业的现金使用量是均衡的,每周的现金净流出量为 100 000 元。若该企业第 0 周开始时持有现金 300 000 元，那么这些现金够企业支用 3 周，在第 3 周结束时现金持有量将降为 0，其 3 周的平均现金持有量则为 150 000 元(300 000/2)。第 4 周开始时，企业需将 300 000 元的有价证券转换为现金以备支用；待第 6 周结束时，现金持有量再次降为 0，这 3 周的现金平均余额仍为 150 000 元。如此循环，企业一段时期内的现金持有状况可表现为图 14-2 所示。

在图 14-2 中，每 3 周为一个现金使用的循环期，以 C 代表各循环期之初的现金持有量，以 C/2 代表各循环期内的现金平均持有量。

如果企业将 C 定得高一些，比如定为 600 000 元，每周的现金净流出量仍为 100 000 元，这些现金将够支用 6 周，企业可以在 6 周后再出售有价证券补充现金，这能够减少现金的交易成本；但 6 周内的现金平均余额将增加为 300 000 元(600 000/2)，这又会增加现金的机会成本。

如果企业将 C 定得较低些，比如定为 200 000 元，每周的现金净流出量还是 100 000 元，那么这些现金只够支用 2 周，企业必须频繁地每 2 周就出售有价证券，这必然增加现金的交易成本；不过 2 周循环期内的现金平均余额可降为 100 000元(200 000/2)，这降低了现金的机会成本。

于是，企业需要合理地确定 C，以使现金的相关总成本最低。解决这一问题先要明确三点：

(1)一定期间内的现金需求量，用 T 表示。

(2)每次出售有价证券以补充现金所需的交易成本，用 F 表示。一定时期内出售有价证券的总交易成本为：

$$交易成本 = (T/C) \times F$$

(3)持有现金的机会成本率，用 K 表示。一定时期内持有现金的总机会成本表示为：

$$机会成本 = (C/2) \times K$$

从图 14-1 中已知，最佳现金持有量 C^* 是机会成本线与交易成本线交叉点所对应的现金持有量，因此 C^* 应当满足：

机会成本 = 交易成本，即：

$$(C^*/2) \times K = (T/C^*) \times F$$

整理后，可得出：

$$C^* = \sqrt{(2T \times F)/K} \tag{14-4}$$

【例 14-2】 某企业现金收支状况比较稳定，预计全年（按 360 天计算）需要现金 50 000 元，现金与有价证券的转换成本为每次 100 元，有价证券的年利率为 10%。求其最佳现金持有量、最低现金管理成本、有价证券交易次数及有价证券交易间隔期。

解：最佳现金持有量（Q）= $\sqrt{2 \times 50\ 000 \times 100/10\%}$ = 10 000（元）

最低现金管理成本（TC）= $\sqrt{2 \times 50\ 000 \times 100/10\%}$ = 1 000（元）

其中：转换成本 =（50 000/1 000）×100 = 5 000（元）

持有机会成本 =（10 000/2）×10% = 500（元）

有价证券交易次数 =（T/Q）= 50 000/10 000 = 5（次）

有价证券交易间隔期 = 360/5 = 72（天）

存货模式可以精确地测算出最佳现金持有量和变现次数，表述了现金管理中基本的成本结构，便于公司对现金管理方面成本的分析。但这种模式以货币支出均匀发生、现金持有成本和转换成本易于预测为前提条件。因此，只有在上述因素比较确定的情况下才能使用此种方法。

（三）成本分析模式

成本分析模式是根据现金有关成本，分析预测其总成本最低时现金持有量的一种方法。

首先应该注意的是，运用成本分析模式确定现金最佳持有量，只考虑因持有一定量的现金而产生的持有成本及短缺成本，而不考虑现金与有价证券之间的相互转换问题，因而不考虑转换成本。

在现金管理的各项成本中，管理费用具有固定成本的性质，在一定的现金持有量范围内，现金管理成本与现金持有量不存在明显的线性关系，在坐标图上表现为与横轴平行的一条直线。如图 14-3 所示。

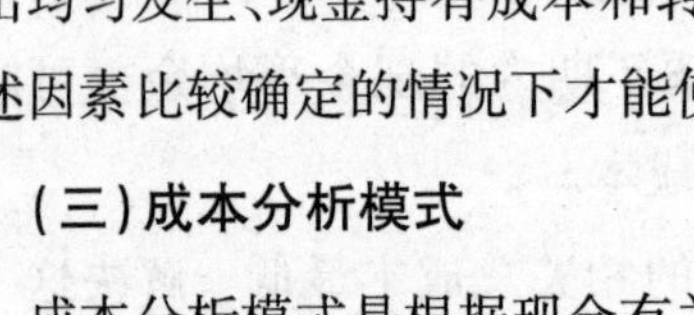

图 14-3 现金持有量与管理成本之间的关系

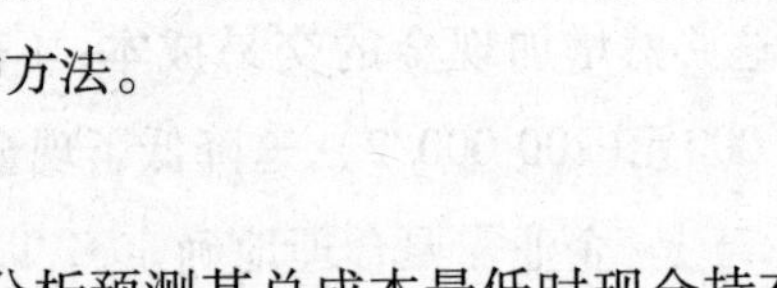

图 14-4 现金持有量与机会成本之间的关系

机会成本即因持有现金而丧失的再投资收益,是与现金持有量呈正比例变动的。如图 14-4 所示。

机会成本 = 现金持有量 × 有价证券利率(或报酬率)

短缺成本同现金持有量负相关,现金持有量越大,现金短缺越小;反之,现金持有量越小,短缺成本越大。如图 14-5 所示。

最佳现金持有量的成本分析模式,就是对以上三种不同的现金持有成本进行分析,力求三种成本的和最小。将上述三种现金持有成本线放在一个坐标图上,能够综合反映现金持有量与持有成本之间的关系。可通过图 14-6 反映出来。

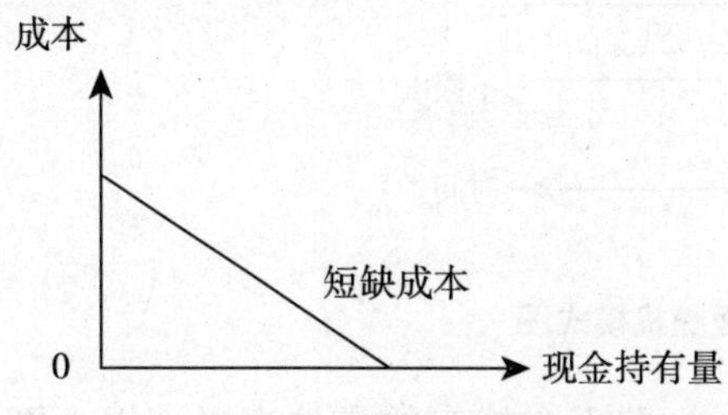

图 14-5　现金持有量与短缺成本之间的关系

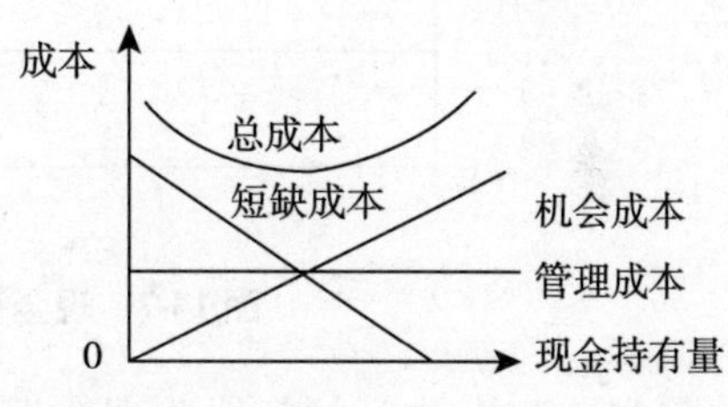

图 14-6　现金持有量与总成本之间的关系

【例 14 -3】　某企业现有 A、B、C、D 4 种现金持有方案,在每一方案下测算的各项现金持有成本资料及成本分析如表 14-1 所示。

表 14-1　4 种方案现金持有成本　　单位:千元

项目	A	B	C	D
现金持有量	40 000	50 000	60 000	80 000
机会成本	6 000	7 500	9 000	12 000
管理成本	5 000	5 000	5 000	5 000
短缺成本	5 000	2 500	1 500	750
总成本	16 000	15 000	15 500	17 750

通过分析比较表中各方案的总成本可知,B 方案的总成本为 1.5 千万元,在 4 种方案中最低,因此企业最佳现金持有量为 5 千万元。

(四)随机模式

随机模式是在现金需求量难以预知的情况下进行现金持有量控制的方法。

对企业来讲,现金需求量往往波动大且难以预知,但企业可以根据历史经验和现实需要,测算出一个现金持有量的控制范围,即制定出现金持有量的上限和下限,将现金量控制在上下限之内。当现金量达到控制上限时,用现金购入有价证券,使现金持有量下降;当现金量降到控制下限时,则抛售有价证券换回现金,使现金持有量回升。若现金量在控制的上下限之内,便不必进行现金与有价证券的转换,保持它们各自的现有存量。这种对现金持有量的控制,如图 14-7。

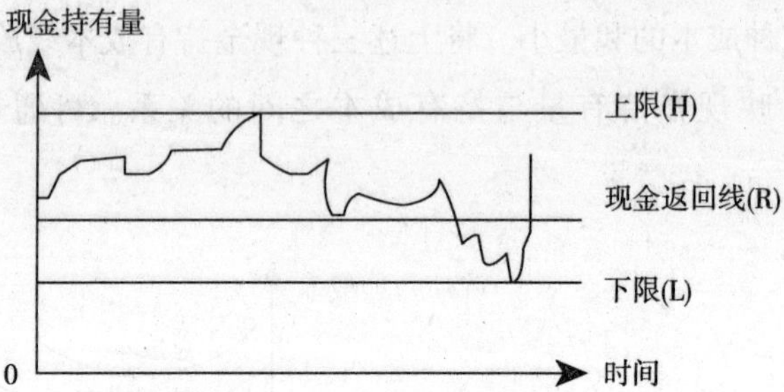

图 14-7　现金管理随机模式图

图 14－7 中,中间的实线为现金返回线,即现金持有的最佳水平。以上图形中的上限、现金返回线 R 可按以下公式计算:

$$R = L + \sqrt[3]{3b\sigma^2/4i} \qquad (14-5)$$

$$H = 3R - 2L \qquad (14-6)$$

其中:b 为每次有价证券的固定转换成本;σ 为逾期每日现金余额变化的标准差;i 为有价证券的日利率;H 与 L 分别为现金持有量的上限与下限;R 为现金持有的最佳水平。

【例 14－4】　某公司有价证券的年利率为 3.6%,每次固定转换成本为 100 元,公司要求最低现金余额为 10 000 元,根据以往经验,现金余额波动的标准差为 600 元。求其现金持有量的上下限。

解:先计算出有价证券的日利率,然后利用式(14－5)、式(14－6)进行计算。

$$i = 3.6\% \div 360 = 0.01\%$$

$$R = 10\,000 + \sqrt[3]{3 \times 100 \times 600^2 \div (4 \times 0.01\%)} = 16\,463.5(\text{元})$$

$$H = 3 \times 16\,463.5 - 2 \times 10\,000 = 29\,390.5(\text{元})$$

当公司的现金余额达到 29 390.5 元时,即应以 12 927 元(29 390.5

-16 463.5)的现金去购买有价证券;当公司的现金余额降为10 000元时,则应转让6 463.5(16 463.5-10 000)有价证券,补充现金。

随机模式建立在企业的现金未来需求总量和收支不可预测的前提下,因此计算出来的现金持有量比较保守。

五、现金的日常管理

现金的日常管理就是企业在确定了最佳现金持有量及现金预算的基础上,采取各种措施,控制现金的收支时间与数量,以保证其安全、完整,并最大程度地发挥其效用。主要内容包括以下几个方面。

(一)遵守现金管理的有关制度

为了保护企业货币资金的安全性,监督企业的经营活动,国家对企业库存现金及银行存款的管理制定了相应的制度。企业应该自觉遵守这些规定,并在此基础上,建立有关内部控制制度,保证货币资金的安全性。

1.遵守国家关于现金收支的规定

国家制定的《现金管理暂行条例》主要从以下几个方面做了规定。

(1)现金收支范围。企业可以在以下范围内使用现金:支付职工工资、津贴,支付个人劳动报酬,支付各种劳保、福利费,支付向个人收购农副产品和其他物资的价款,支付出差人员的差旅费,结算起点以下的零星支出等。除此以外的支出,必须通过银行办理转账结算。

(2)库存现金限额。库存现金限额是由银行根据企业经营规模及距离银行远近而核定的企业最高库存现金保存额。一般以3~5天的日常零星开支需要为限额,边远地区或交通不便地区的库存现金限额可多于5天,最长不超过15天的零星开支需要。

(3)现金收支程序。企业收入现金应于当日送存开户银行,当日送存银行有困难的,应由开户银行确定送存时间。企业支付现金可从本单位库存现金限额中支付或从开户银行提取,不得从本单位现金收入中直接支付(即坐支)。

2.银行存款管理

(1)按规定开立银行账户,不出租、出借、转让银行账户。

(2)不开空头支票。

(3)专人管理银行存款收支,支票签发与账务记录分管,定期对账。

(二)现金回收管理

现金管理的目标就是要在发挥现金功能的前提下,减少现金的占用,以提高现金的使用效率。为此,企业应尽量加速账款的回收。加速现金回收主要是尽可能缩短从客户汇款或开出支票到企业收到客户汇款或将其支票兑现的过程。

1. 锁箱制度

锁箱制度是西方企业加速现金流转的一种常用的方法。企业可以在各主要城市租用专门的邮政信箱,并开立分行存款户。公司对客户开出支票、账单,通知客户将款项及账单寄到当地的专用的邮政信箱,授权当地银行每日开启信箱,在取得客户支票后立即予以结算,并通过电汇再将贷款拨给企业所在地银行。在锁箱制度下,客户将支票直接寄给客户所在地的邮箱而不是企业总部,不但缩短了支票邮寄时间,还免除了公司办理收账、贷款存入银行等手续,因而缩短了票据邮寄及在企业的停留时间。但采用这种方法成本较高,因为被授权开启邮政信箱的当地银行除了要求扣除相应的补偿性余额外,还要收取办理额外服务的劳务费,导致现金成本增加。因此,是否采用邮政信箱法,需视释放现金产生的收益与增加的成本的大小而定。

2. 银行业务集中制度

这是一种通过建立多个收款中心,缩短客户与收款银行的距离以加速现金流转的方法。在这种方法下,公司不仅在总部所在地指定一个收款银行,通常被称做集中银行,而且在收款额较集中的地区设立若干个收款中心,并在当地的一家银行开立收款账户,由当地的收款中心给客户开出账单,指示客户收到账单后直接将款项存入的当地银行;当地银行在进行票据交换后立即转给企业总部所在银行。这种方法可以缩短客户邮寄票据所需时间和票据托收所需时间,也就缩短了现金从客户到企业的中间周转时间。但是,采用这种方法在多处设立收账中心,从而增加了相应的费用支出。因此,企业应在权衡利弊得失的基础上,作出是否采用银行集中法的决策。

(三)现金支出管理

与现金收入的管理相反,现金支出管理的主要任务是尽可能延缓现金的支出时间。当然这种延缓必须是合理合法的,否则企业延期支付账款所得到的收益将远远低于由此而遭受的损失,延期支付账款的方法一般有以下几种。

1. 利用现金"浮游量"

所谓现金浮游量，是指企业银行存款日记账账户上现金余额与银行账户上所示的存款余额之间的差额。例如，本公司签发支票后，持票人办理转存需要一段时间，这样，就产生了银行账户上的存款余额大于公司银行存款日记账的账面余额。这时就可以在此支票金额的范围内签发一定的"空头支票"，而不会产生真正的空头。借此公司能够将还未付出的款项继续加以利用。

利用现金"浮游量"可适当减少现金数量，以节约现金占用。但是，这种方法的使用不当，产生真正的空头，可能给公司带来较大的信用风险与损失，使用时必须十分谨慎。

2. 控制付款时间

企业可在不影响信誉，不影响公司与供应商关系的前提下，尽可能推迟应付款的支付期。如果没有现金折扣而有约定的信用期，最好在信用期满的那一天付款，而不要提前付款；如果有现金折扣，企业有希望享受折扣优惠，应在折扣期满的当天付款，而不是马上付款。

3. 采用汇票付款

在使用支票付款时，只要受票人将支票放进银行，付款人就要无条件地付款。但汇票不是"见票即付"的付款方式，在受票人将汇款放进银行后，银行要将汇票送交付款人承兑，并由付款人将一笔相当于汇票金额的资金存入银行，银行才会付款给受票人，这样就有可能合法地延期付款。

（四）现金流量同步化

现金流量同步化是在科学、准确的现金预算的基础上，根据收入现金的时间，安排支付现金的时间，使现金流入量与现金流出量在时间上保持一致，使企业持有的交易性现金余额降到最低水平，以达到降低交易性现金余额的目的。

第二节　应收账款和存货管理

一、应收账款管理

应收账款是指企业销售商品、产品，对外提供劳务而产生的债权，或者说是被客户占用的本企业资金。它是企业流动资金的主要组成部分。这部分资金存在于公司外部，很容易收不回来而发生损失，应该重点对它加强管理。

应收账款投资收益与风险并存的客观现实，要求企业必须对应收账款的边际收益与边际成本加以权衡。其管理的基本目标是，在发挥应收账款强化竞争、扩大销售功能的同时，尽可能降低投资的机会成本、坏账损失与管理成本，最大限度地发挥应收账款投资的效益。在应收账款管理中，最重要的就是正确衡量信用成本和信用风险，合理确定信用政策，即时收回账款。

（一）应收账款管理的目标

发生应收账款的原因，主要有以下两种：

1. 商业竞争

这是发生应收账款的主要原因。在社会主义市场经济的条件下，存在着激烈的商业竞争。竞争机制的作用迫使企业以各种手段扩大销售。除了依靠产品质量、价格、售后服务、广告等外，赊销也是扩大销售的手段之一。对于同等的产品价格、类似的质量水平、一样的售后服务，实行赊销的产品或商品的销售额将大于现金销售的产品或商品的销售额。这是因为顾客将从赊销中得到好处。处于扩大销售的竞争需要，企业不得不以赊销或其他优惠方式招揽顾客，于是就产生了应收账款。由竞争引起的应收账款，是一种商业信用。

2. 销售和收款的时间差距

商品成交的时间和收到货款的时间经常不一致，这也导致了应收账款。当然，现实生活中现金销售是很普遍的，特别是零售企业更加常见。不过就一般批发和大量生产企业来讲，发货的时间和收到货款的时间往往不同。这是因为货款结算需要时间的缘故。结算手段越是落后，结算所需时间就越长，销售企业只能承认这种现实并承担由此引起的资金垫支。由于销售和收款的时间差而造成的应收账款，不属于商业信用，也不是应收账款的主要内容，不再对它进行深入讨论，而只论述属于商业信用的应收账款的管理。

既然企业发生应收账款的主要原因是扩大销售，增强竞争力，那么其管理的目标就是求得利润。应收账款是企业的一项资金投放，是为了扩大销售和盈利而进行的投资。而投资肯定要发生成本，这就需要在应收账款信用政策所增加的盈利和这种政策的成本之间做出权衡。只有当应收账款所增加的盈利超过所增加的成本时，才应当实施应收账款赊销；如果应收账款赊销有着良好的盈利前景，就应当放宽信用条件增加赊销量。

(二)信用政策的确定

信用政策即应收账款的管理政策,是指企业为对应收账款投资进行规划与控制而确立的基本原则与行为规范,包括信用标准、信用条件和收账政策三部分内容。

1.信用标准

信用标准是客户获得企业商业信用所应具备的最低条件,通常以预期的坏账损失率表示。预期的坏账损失率较低,表明企业的信用标准较严,只对少数信用较好的客户提供赊账;反之,则表示企业的信用标准较松,信用较差的客户也能得到赊账。如果客户达不到企业的信用标准,便不能享受企业提供的商业信用。

(1)信用标准的确定——定性分析。企业在制定信用标准时,必须做到知己知彼。所谓知己,就是要对企业自身的竞争能力和承担违约风险的能力有较全面的了解。企业向客户提供赊账,目的就是为了在竞争中处于优势地位,保持并不断扩大市场占有率。如果对手实力很强,企业欲取得或保持优势地位,就需采取较低(相对于竞争对手)的信用标准;反之,其信用标准可以相应严格一些。同时,还必须考虑企业承担违约风险能力的强弱,当企业具有较强的违约风险承担能力时,就可以以较低的信用标准提高竞争力,争取客户,扩大销售;反之,如果企业承担违约风险的能力比较弱,就只能选择严格的信用标准以尽可能降低违约风险的程度。在知己的基础上,重心应该放在知彼上,即对客户资信程度的判断。这项工作可以从定性与定量两个方面进行。其中,定性分析就是依据管理人员的知识与经验,在对客户的资信程度进行调查的基础上,判断客户的信用等级并决定是否给予客户信用优惠。而定量分析则是在定性分析的思想基础上,将客户的财务状况、经营成果及现金流动等方面的信息进行量化综合,从数量方面对客户资信程度做出评价。

当前,在西方国家,企业对客户的资信状况评价通常从5个方面进行,即客户的品质(character)、能力(capacity)、资本(capital)、抵押品(collateral)、条件(conditions),简称“5C”系统。

品质。品质指顾客的信誉,即履行偿债义务的可能性。企业必须设法了解顾客过去的付款记录,看其是否有按期如数付款的一贯做法,及与其他供货企业的关系是否良好。这一点经常被视为评价顾客信用的首要因素。

能力。能力指顾客的偿债能力,即其流动资产的数量和质量以及与流动负债的比例。顾客的流动资产越多,其转换为现金支付款项的能力越强。同时,还应注意顾客流动资产的质量,看是否有存货过多、过时或质量下降,影响其变现能力和支付能力的情况。

资本。资本指顾客的财务实力和财务状况,表明顾客可能偿还债务的背景。

抵押。抵押指顾客拒付款项或无力支付款项时能被用作抵押的资产。这对于不知底细或信用状况有争议的顾客尤为重要。一旦收不到这些顾客的款项,便以抵押品抵补。如果这些顾客提供足够的抵押,就可以考虑向他们提供相应的信用。

条件。条件是指可能影响顾客付款能力的经济环境。比如,万一出现经济不景气,会对顾客的付款产生什么影响,顾客会如何做等,这需要了解顾客在过去困难时期的付款历史。

(2)信用标准的确定——定量分析。对信用标准进行定量分析就是对客户的信用状况进行量化,建立一套能准确地反映客户的信用状况的评价体系,并根据事先确定的信用标准对客户进行打分,根据客户所得的综合分数,确定相应的信用等级,给予或拒绝相应的信用。它通过以下3个步骤来完成。

①设定信用等级的评价标准。根据"5C评分法"的思想,选取一组具有代表性、能够说明付款能力和财务状况的若干比率,如流动比率、速动比率、应收账款周转率、存货周转率、产权比率或资产负债率、赊购付款履约情况等,作为信用标准指标。根据以往数年内客户偿债情况,分别找出不同信用状况顾客的上述比率的平均值,同时给出评分标准与打分方法。

确定评分标准,计算总分时,简化的方法是不考虑各个指标值的权重,直接加总。而更精确的方法还要考虑客户信用状况在各指标上体现程度的大小,赋予相应的权重。比较打分也可以采用正向打分法和负向打分法。采用正向打分法时,指标值反映的信用状况越好,得分越高;而采用负向打分法,则相反。

【例14-5】 某企业根据历史资料将客户划分为信用好与信用差两大类,其影响信用标准的相应指标值如表14-2所示。

表 14-2 某企业信用标准指标值

指 标	信用标准	
	信用好	信用差
流动比率	2.2:1	1.2:1
速动比率	1.6:1	0.8:1
现金比率	0.4:1	0.2:1
产权比率	1.5:1	4.2:1
已获利息倍数	2.4:1	1.1:1
有形净值负债率	1.6:1	2.8:1
应收账款周转率(次数)	16	8
存货周转率(次数)	8	4
总资产报酬率(%)	30	18
赊购付款情况	及时	拖欠

②将客户财务指标值与标准指标相比较,对客户的信用进行打分。假定本企业信用标准对客户评价的方法是不考虑指标权重的正向打分法:若某客户的某项指标值等于或高于好的信用标准,则该客户的该项指标分为 10 分;若客户的某指标价值介于好与差信用标准之间,则该客户的该项指标分为 5 分;当客户的某一指标值等于或低于差的信用指标时,则该客户的这一指标分为 0 分。最后,将客户的各项指标的分数累加,即作为该客户的信用总分。

【例 14-6】 承例 14-5,甲客户的各项指标值及信用得分如表 14-3 所示。

表 14-3 甲客户的各项指标值及信用得分

指标	指标值	得分
流动比率	2.4:1	10
速动比率	1.3:1	5
现金比率	0.1:1	0
产权比率	1.6:1	10
已获利息倍数	3.0:1	10
有形净值负债率	2.4:1	10
应收账款周转率(次数)	11	5
存货周转率(次数)	7	5
总资产报酬率(%)	25	5

续表

指标	指标值	得分
赊购付款情况	及时	10
累计得分		75

在表 14-3 中,甲客户的流动比率、产权比率、已获利息倍数、有形净值负债率、赊购支付情况等指标均等于或高于好的信用标准值,因此这些指标的得分分别为 10 分;而速动比率、应收账款周转率、存货周转率、总资产报酬率 4 项指标值则介于信用好与信用差标准值之间,各自得分为 5 分,现金比率低于信用差的标准值,得分为 0 分,累积总分为 75 分。

③确定客户信用等级,提供相应商业信用。根据客户信用状况的分析得分,按照客户信用累积总分由大到小进行排序。然后,结合企业承受违约风险的能力及市场竞争的需要,具体划分客户的信用等级,如累积总得分在 100 分以上的为 AAA 级客户,在 90 ~ 100 分的为 AA 级客户,在 80 ~ 90 分的为 A 级,在 70 与 80 分之间的为 BBB 级,在 60 ~ 70 分的为 BB 级,依此类推。对于不同信用等级的客户,分别采取不同的信用政策。

2. 信用条件

信用条件是企业要求客户支付赊销款项的条件,包括信用期限、现金折扣和折扣期限。一旦企业决定给予客户信用优惠时,就需要考虑具体的信用条件。例如,"2/10, N/30"就是信用条件的基本表现方式。其意思是:允许客户赊账的信用期限为 30 天,若客户能够在发票开出后 10 天内付款,可以享受 2% 的现金折扣;第 11 天至第 30 天付款,则不享受现金折扣优惠,须全额付款。

(1)信用期限。信用期限是指企业允许客户从购货到支付货款的时间限定,即企业允许客户的最长付款时间。通常企业产品销售利润与信用期限之间成正比。信用期限越长,销售量越大,销售收入与销售利润越高;反之,销售量、销售收入与销售利润越小。但是,随着信用期限的延长,占用在应收账款上的资金相应增加,其机会成本随之加大,同时,出现坏账损失的可能性也越大。

(2)现金折扣和折扣期限。现金折扣是指企业为了鼓励客户提前付款而给予提前付款的客户在商品价款上的折扣优惠。如上例,(2/10, N/30)表示赊销期限为 30 天,若客户在 10 天内付款,则可享受 2% 的折扣。不同水平的现金折扣增加的收益与成本不一样,企业决定是否提供以及提供多大程度的现金折扣，着重考虑的是提供折扣后所得的收益是否大于现金折扣的成本。

折扣期限是企业为客户规定的可享受现金折扣的最长期限。上例中，2%现金折扣期限为10天，即客户在10天内付款，可享受2%价格折扣优惠。究竟应当核定多长的现金折扣期限，以及给予客户多大程度的现金折扣优惠，必须将信用期限及加速收款所得到的收益与付出的现金折扣成本结合起来考虑。

(3)单一信用条件备选方案的评价：

①不同信用期方案的评价。

【例14－7】 某企业年度赊销收入净额为1 200万元，信用期为30天，坏账损失率为3%，收账费用为10万元，应收账款管理费用为10万元，变动成本率为60%，资金成本率（或有价证券利息率）为20%。目前企业尚有剩余生产能力，拟放宽信用条件促销。有甲、乙两个备选方案，其中，甲方案信用期为60天，预计销售收入增加400万元，坏账损失率为4%，应收账款管理费用为15万元，收账费用为20万元；乙方案信用期为90天，预计销售收入增加600万元，坏账损失率为5%，应收账款管理费用20万元，收账费用40万元。在三种信用方案中如何进行选择？

解：在评价3个方案优劣时，不能单纯追求收入最高或成本最低，而应综合权衡，选净利润最大的方案。计算分析选择过程如表14-4所示。

表14-4　3种信用方案成本收益分析　　单位：万元

项目	原方案（n＝30）	甲方案（n＝60）	乙方案（n＝90）
年赊销额(1)	1 200	1 600	1 800
变动成本(2)	(1)×60%＝720	(1)×60%＝960	(1)×60%＝1 080
信用成本前收益(3)	(1)－(2)＝480	(1)－(2)＝640	(1)－(2)＝720
机会成本(4)	(2)×30×20%/360＝12	(2)×60×20%/360＝32	(2)×90×20%/360＝54
管理费用(5)	10	15	20
坏账损失(6)	(1)×3%＝36	(1)×4%＝64	(1)×5%＝90
收账费用(7)	10	20	40
信用成本(8)	68	131	204
信用成本后收益(9)	412	509	516

从表14-4可以看出,乙方案能够给企业带来最大利润,该企业应选用90天的信用期。

②不同现金折扣方案的评价。

【例14-8】 承例14-7,如果企业选择了乙方案,但为了加速应收账款的收回,决定将赊销条件改为"2/10,1/20,n/90"(丙方案),假定销售收入不受影响,估计约有40%的客户(按赊销额计算)会利用2%的折扣;10%的客户将利用1%的折扣。坏账损失率降为2%,应收账款管理费用不变,收款费用降为10万元。请评估这种调整是否应该进行。

解:根据上述资料,有关指标可计算如下:

应收账款周转期=4%×10+10%×20+50%×90=51(天)

应收账款周转率=360/51=7.06(次)

应收账款平均余额=1 800/7.06=254.96(万元)

维持赊销业务所需要的资金=254.96×60%=152.98(万元)

应收账款机会成本=152.98×20%=30.60(万元)

坏账损失=1 800×2%=36(万元)

现金折扣=1 800×(2%×40%+1%×10%)=16.2(万元)

信用成本后收益=720-(30.6+36+16.2+20+10)=607.2(万元)

提供现金折扣条件的丙方案,企业信用成本后收益为607.2万元,高于未提供现金折扣的乙方案的信用成本后收益516万元,因此,丙方案优于乙方案。

(4)综合性信用条件备选方案评价:

【例14-9】 某企业的经营情况和信用政策如表14-5所示。

表14-5 某企业经营情况及目前信用政策

项目	数字
销售收入(1)	1 000万元
销售利润率(2)	20%
使用标准(预期坏账损失率限制)(3)	10%
平均坏账损失率(4)	9%
平均收账期(5)	45天
机会成本率(6)	15%
变动成本率(7)	60%

假设该企业拟改变信用标准，提出甲、乙两个方案，信用标准变化情况如表14-6所示。请评价甲、乙两个方案的优劣。

表14-6　新方案下信用条件变化情况

甲方案		乙方案	
信用标准：坏账损失率为5%（只对预计坏账损失率低于5%的企业提供商业信用）		信用标准：坏账损失率为10%（只对预计坏账损失率低于10%的企业提供商业信用）	
减少的销售额(8)	100万元	增加的销售额(11)	200万元
减少销售额的平均付款期(9)	42天	增加销售额的平均付款期(12)	75天
减少销售额的平均坏账损失率(10)	8%	增加销售额的平均坏账损失率(13)	12%

解：为了评价两个备选信用政策方案的孰优孰劣，必须计算两个方案各自带来的收益与成本，以信用成本后收益最大作为选择的标准。本题的计算分析过程如表14-7所示。

表14-7　新方案的成本收益分析

项目	甲方案	乙方案
信用标准化对信用成本前收益的影响	(8)×(2)＝-20	(11)×(2)＝40
信用标准变化对应账款机会成本的影响	(8)×(7)×(6)×(9)/360＝-1.05	(11)×(6)×(7)×(12)/360＝3.75
信用标准变化对坏账成本的影响	(8)×(10)＝-8	(11)×(13)＝24
信用政策变化对信用成本后收益的影响	-10.95	12.25

计算表明，采用较宽松的信用政策——乙方案，能使企业增加信用成本和收益12.25万元，故应采用乙方案。

3.收账政策

收账政策亦称收账方针，是指当客户违反信用条件，拖欠甚至拒付账款时，企业应该采取的收账策略与措施。

企业主要能通过打电话、发信函、上门催收及诉诸法律等方法收取客户拖欠本企业的账款。但是，到底选择何种方法，不能一概而论，而应取决于账款的数额、过期的时间长短、客户的信用及企业与客户的关系等因素，具体应遵循以下两条原则。

一是兼顾企业当前利益与长远利益。如果单从企业当前利益出发,企业应该采用严格的收账政策,以保证账款的及时、足额回收,减少相关成本费用和资金占用,提高企业当前的收益及价值。但是,过严的收账政策往往容易伤害企业与客户之间的业务关系,尤其是与那些非恶意拖欠的信用较好的客户之间的关系,不利于企业长远发展;反之,只顾长远利益,而忽视眼前利益,过分迁就客户,也会极大伤害企业眼前长远利益。妥当的做法应该是对客户的资信情况及拖欠原因进行调查分析,在此基础上,对于信用品质恶劣、有意拖欠的客户应当及时采取较严厉的催收方式,并将其从信用名单中排除;而对于信用记录一向较好的客户,则应采用较柔和的方式催收。企业在催收应收账款时,若对方确实暂时存在资金困难,也可考虑宽限时日。

二是兼顾收账的收益与成本。企业在催收账款时,不但自己支付收账费用,其与客户的关系也会受到伤害。但是,为了防止收账期被延长,机会成本加大,并使坏账损失降到最低,企业还是有必要采取一定收账政策的。一般地,企业如果采取较积极的收账政策,可能会减少在应收账款方面的投资,减少机会成本和坏账损失,但要增加收账费用;企业如果采取较消极的收账政策,可能会增加在应收账款方面的投资,增加机会成本和坏账损失,但是会降低收账费用。因此,制定收账政策就是在增加的收账费用和减少的机会成本、坏账损失之间进行权衡。若前者小于后二者之和,则表明制定的收账政策可行,反之,则不可行。

【例 14-10】 假设某企业应收账款原有的收账政策和拟改变的收账政策如表 14-8 所示。

表 14-8 某企业应收账款原有的收账政策和拟改变的收账政策

项目	现行的收账政策	拟改变的收账政策
年收账费用(万元)	10	20
应收账款平均收账期(天)	42	30
坏账损失率(%)	9	4

解:计算分析过程及结果如表 14-9 所示。

表 14-9　收账政策改变对成本收益的影响分析

项　目	拟改变的收账政策
年销售收入(万元)	1 000
应收账款平均收账期(天)	30
可节约的机会成本(万元)	1 000×60%×(42－30)×15%/360＝3
减少的坏账损失(万元)	1 000×(9%－4%)＝50
增加的收账费用(万元)	20－10＝10
改变收账政策对收益的影响(万元)	43

可以看出,改变收账政策后,可使企业信用成本后收益增加 43 万元,故应采用新的收账政策。

(三)应收账款日常管理

企业一旦将信用政策建立起来,随后的大量工作就是对其实施问题,即采取有力的措施,强化对应收账款发放与收回的日常控制。这些措施主要包括对客户资信情况进行的事前事后调查、分析和对应收账款进行的账龄分析。

1. 信用调查和评价

对顾客的信用进行调查、评价是对应收账款日常管理的重要内容。只有准确地了解客户的信用情况,才能客观地对其做出评价,才能合理地执行企业的信用政策。

(1)信息收集。有关客户资信方面的信息可以划分为内部信息与外部信息两大类。

内部信息就是在本企业内部收集的有关客户的信息。主要包括:①顾客的信用申请书及所附的参考资料;②老客户以往的付款记录;③销售人员及其他员工所提供的客户信息。

外部信息是指从本企业以外的途径获取客户信用信息。其来源主要包括:①客户公开的财务报告;②信用评估机构发布的客户的信用评估报告;③银行提供的客户资料及财务部门、行业协会、工商管理部门、证券监管部门等机构所发布的涉及客户的信息。

(2)信用评估。如前所述,信用评估主要包括定性评估与定量评估两大类。其中,定性评估以"5C 评估法"为代表;定量评估法,除了前面介绍的信用评分法外,国外比较常用的方法还有多变量信用评分法。这种方法在判断一个企业是否存在财务困难时,其准确率相当高。它就是对一系列特定财务指标进行加权平均,以求得客户的综合信用分数,以此判断客户的信用状况。其公式为:

$$S = 2X_1 - 0.3X_2 + 0.1X_3 + 0.6X_4 \qquad (14-7)$$

其中,S 为信用价值,X_1 为净营运资本/销售额,X_2 为负债/资产,X_3 为资产/销售额,X_4 为净利润率。

【例 14-11】 某企业的两个顾客的有关财务指标值如表 14-10 所示。请估算两客户的综合信用分数并比较优劣。

表 14-10 甲、乙顾客的有关财务指标值

项目	甲顾客	乙顾客
净营运资本/销售额	0.8	0.5
负债/资产	0.5	0.7
资产/销售额	1.2	0.6
净利润率	0.2	0.1

解:根据综合信用分数评价公式(14-7)可得

甲顾客的信用得分为:

$$S = 2 \times 0.8 - 0.3 \times 0.5 + 0.1 \times 1.2 + 0.6 \times 0.2 = 1.69$$

乙顾客的信用得分为:

$$S = 2 \times 0.5 - 0.3 \times 0.7 + 0.1 \times 0.6 + 0.6 \times 0.1 = 0.91$$

通过比较可以看出,甲顾客的信用得分高于乙顾客,其信用较好。

2. 应收账款账龄分析

应收账款账龄分析为应收账款账龄结构分析,即各账龄应收账款的余额占应收账款总计余额的比重。采用此方法,首先应编制账龄分析表,如表 14-11 所示;然后对账龄分析表进行分析。

表 14-11 某企业应收账款账龄分析表 单位:万元

客户	0~10 天	11~30 天	31~60 天	61~90 天	91~120 天	超过 120 天	合计
甲	20	20					40
乙	8	40					48
丙	200	400					600
丁		8	7	36			51

续表

客户	0~10天	11~30天	31~60天	61~90天	91~120天	超过120天	合计
戊					12	8	20
其他	972	5 832	1 893	364	108	72	9 241
合计	1 200	6 300	1 900	400	120	80	10 000
比重(%)	12	63	19	4	1.2	0.8	100

账龄分析表可使财务人员了解到下列事项:①有多少客户在折扣期内付款;②有多少客户在信用期内付款,有多少客户超过信用期付款;③有多少应收账款可能成为坏账。

企业已发生的应收账款时间长短不一,有的尚未超过信用期,有的则已逾期拖欠。一般来讲,逾期拖欠时间越长,账款催收的难度越大,成为坏账的可能性也越高。因此,进行账龄分析,密切注意应收账款的回收情况,是提高应收账款收现效率的重要环节。

假设该企业的信用条件是“2/10,n/30”。从表14-11可以了解以下情况。①该企业应收账款余额中,有7 500万元尚在信用期限内,占全部应收账款的75%。其中,可能在10天内付款,享受现金折扣的货款为1 200万元,占12%。②过期数额2 500万元,占全部应收账款的25%,这表明客户延迟付款致使企业有相当多的资金被冻结在应收账款上面。其中,拖欠30天的占19%,这部分欠款收回的可能性较大,拖欠时间超过90天的占0.8%,这部分欠款成为坏账的可能性较大。一般而言,账款的逾期时间越短,收回的可能性越大,即发生坏账损失的可能性越小;反之,发生坏账的可能性越大。对不同拖欠时间的账款,企业应采取不同的收账政策;对可能发生的坏账损失,需提前做出准备,充分估计这一因素对企业损益的影响。

二、存货管理

存货是指企业在生产经营过程中为了销售或生产耗用而储备的物资,包括材料、燃料、低值易耗品、在产品、自制半成品、产成品和外购商品等。在制造业和商品流通业,存货占流动资金较大的比例,对其管理水平的高低,对企业收益水平和财务风险大小有着举足轻重的作用。

(一)存货管理的目标

如果工业企业能在生产投料时随时购入所需的材料,或者商业企业能在销售时随时购入该项商品,就不需要存货。但实际上,企业总有储存存货的需要,并因此占用或多或少的资金。这种存货的需要出自以下原因:

第一,保证生产或销售的经营需要。实际上,企业很少能做到随时购入生产或销售所需的各种物资,即使是市场供应量充足的物资也是如此。这不仅因为不时会出现某种材料的市场断档,还因为企业距供货点较远而需要必要的途中运输及可能出现的运输故障。一旦生产或销售所需物资短缺,生产经营将被迫停顿,造成损失。为了避免或减少出现停工待料、停业待货等事故,企业需要储存存货。

第二,出自价格的考虑。零购物资的价格往往较高,而整批购买在价格上常有优惠。但是,过多的存货要占用较多的资金,并且会增加包括仓储费、保险费、维护费、管理人员工资在内的各项开支。存货占用资金是有成本的,占用过多会使利息支出增加并导致利润的损失;各项开支的增加更直接使成本上升。进行存货管理,就要尽力在各种存货成本与存货效益之间作出权衡,达到两者的最佳结合。这也就是存货管理的目标。

(二)储备存货的有关成本

与储备存货有关的成本,包括以下三种:

1. 取得成本

取得成本指为取得某种存货而支出的成本,通常用 TC_a 来表示。其又分为订货成本和购置成本。

(1)订货成本。订货成本指取得订单的成本,如办公费、差旅费、邮资、电报电话费等支出。订货成本中有一部分与订货次数无关,如常设采购机构的基本开支等,称为订货的固定成本,用 F_1 表示;另一部分与订货次数有关,如差旅费、邮资等,称为订货的变动成本。每次订货的变动成本用 K 表示;订货次数等于存货年需要量 D 与每次进货量 Q 之商。订货成本的计算公式为:

$$订货成本 = F_1 + \frac{D}{Q}K$$

(2)购置成本。购置成本指存货本身的价值,经常用数量与单价的乘积来确定。年需要量用 D 表示,单价用 U 表示,于是购置成本为 DU。

订货成本加上购置成本,就等于存货的取得成本。其公式可表述为:

$$取得成本 = 订货成本 + 购置成本$$

$$=\text{订货固定成本}+\text{订货变动成本}+\text{购置成本}$$

$$TC_a = F_1 + \frac{D}{Q}K + DU$$

2. 储存成本

储存成本是指为保持存货而发生的成本，包括存货占用资金所应计的利息（若企业用现有现金购买存货，便失去了现金存放银行或投资于证券本应取得的利息，是为"放弃利息"；若企业借款购买存货，便要支付利息费用，是为"付出利息"）、仓库费用、保险费用、存货破损和变质损失等，通常用 TC_c 来表示。

储存成本也分为固定成本和变动成本。固定成本与存货数量的多少无关，如仓库折旧、仓库职工的固定月工资等，通常用 F_2 来表示。变动成本与存货的数量有关，如存货资金的应计利息、存货的破损和变质损失、存货的保险费用等，单位成本用 K_c 来表示。用公式表达的储存成本为：

$$\text{储存成本}=\text{储存固定成本}+\text{储存变动成本}$$

$$TC_c = F_2 + K_c Q/2$$

3. 缺货成本

缺货成本是指由于存货供应中断而造成的损失，包括材料供应中断造成的停工损失、产成品库存缺货造成的拖欠发货损失和丧失销售机会的损失（还应包括需要主观估计的商誉损失）；如果生产企业以紧急采购代用材料解决库存材料中断之急，那么缺货成本表现为紧急额外购入成本（紧急额外购入的开支会大于正常采购的开支）。缺货成本用 TC_s 表示。

如果以 TC 来表示储备存货的总成本，它的计算公式为：

$$TC = TC_a + TC_c + TC_s = F_1 + \frac{D}{Q}K + DU + F_2 + K_c\frac{Q}{2} + TC_s$$

企业存货的最优化，即是使上式 TC 值最小。

（三）存货决策

存货的决策涉及四项内容：决定进货项目、选择供应单位、决定进货时间和决定进货批量。决定进货项目和选择供应单位是销售部门、采购部门和生产部门的职责。财务部门要做的是决定进货时间和决定进货批量（分别用 T 和 Q 表示）。按照存货管理的目的，需要通过合理的进货批量和进货时间，使存货的总成本最低，这个批量叫做经济订货量或经济批量。有了经济订货量，可以很容易地找出最适宜的进货时间。

与存货总成本有关的变量(即影响总成本的因素)很多,为了解决比较复杂的问题,有必要简化舍弃一些变量,先研究解决简单的问题,然后再扩展到复杂的问题。这需要设立一些假设,在此基础上建立经济订货量的基本模型。

1. 经济订货量基本模型

经济订货量基本模型需要设立的假设条件是:

(1)企业能够及时补充存货,即需要订货时便可立即取得存货。

(2)能集中到货,而不是陆续入库。

(3)不允许缺货,即无缺货成本,TC_s 为零,这是因为良好的存货管理本来就不应该出现缺货成本。

(4)需求量稳定,并且能预测,即 D 为已知常量。

(5)存货单价不变,即 U 为已知常量。

(6)企业现金充足,不会因为现金短缺而影响进货。

(7)所需存货市场供应充足,不会因买不到需要的存货而影响其他。

设立了上述假设后,存货总成本的公式可以简化为:

$$TC = TC_a + TC_c + TC_s = F_1 + \frac{D}{Q}K + DU + F_2 + K_c\frac{Q}{2}$$

当 F_1、K、D、U、F_2、K_c 为常数量时,TC 的大小取决于 Q。为了求出 TC 的极小值,对其进行求导演算,可得出下列公式:

$$Q^* = \sqrt{\frac{2KD}{K_c}} \tag{14-8}$$

这一公式称为经济订货量基本模型,求出的每次订货批量,可使 TC 达到最小值。

这个基本模型还可以演变为其他形式:

每年最佳订货次数公式:

$$N^* = \frac{D}{Q^*} = \frac{D}{\sqrt{\frac{2KD}{K_c}}} = \sqrt{\frac{DK_c}{2K}} \tag{14-9}$$

与批量有关的存货总成本公式:

$$TC(Q^*) = \frac{KD}{\sqrt{\frac{2KD}{K_c}}} + \frac{\sqrt{\frac{2KD}{K_c}}}{2} \times K_c = \sqrt{2KDK_c} \tag{14-10}$$

最佳订货周期公式：

$$t^* = \frac{1}{N^*} = \frac{1}{\sqrt{\frac{DK_c}{2K}}} \tag{14-11}$$

经济订货量占用资金：

$$I^* = \frac{Q^*}{2} \times U = \frac{\sqrt{\frac{2KD}{K_c}}}{2} \times U = \sqrt{\frac{KD}{2K_c}} \times U \tag{14-12}$$

【例 14－12】 某企业每年耗用某种材料 3 600 千克，该材料单位成本为 10 元，单位存储成本为 2 元。一次订货成本为 25 元。求经济订货量、每年最佳订货次数、与批量有关的存货总成本、最佳订货周期、经济订货量占用资金。

解：根据公式(14－8)－(14－12)，则：

$$Q^* = \sqrt{\frac{2KD}{K_c}} = \sqrt{\frac{2 \times 3\ 600 \times 25}{2}} = 300(\text{千克})$$

$$N^* = \frac{D}{Q^*} = \frac{D}{\sqrt{\frac{2KD}{K_c}}} = \sqrt{\frac{DK_c}{2K}} = \frac{3\ 600}{300} = 12(\text{次})$$

$$TC(Q^*) = \sqrt{2KDK_c} = \sqrt{2 \times 25 \times 3\ 600 \times 2} = 600(\text{元})$$

$$t^* = \frac{1}{N^*} = \frac{1}{\sqrt{\frac{DK_c}{2K}}} = {}^{1}\!/_{12} = 1(\text{月})$$

$$I^* = \frac{Q^*}{2} \times U = \frac{300}{2} \times 10 = 1\ 500(\text{元})$$

经济订货量也可以用图解法求得：先计算出一系列不同批量的各有关成本，然后在坐标图上描出由各有关成本构成的订货成本线、储存成本线和总成本线，总成本线的最低点（或者是订货成本线和储存成本线的交接点）相应的批量，即经济订货量。

不同批量下的有关成本指标如表 14-12 所示。

表 14-12　不同批量下的有关成本指标

订货批量（千克）	100	200	300	400	500	600
平均存量（千克）	50	100	150	200	250	300
储存变动成本（元）	100	200	300	400	500	600

续表

订货次数（次）	36	18	12	9	7.2	6
订货变动成本（元）	900	450	300	225	180	150
与批量相关总成本（元）	1 000	650	600	625	680	750

不同批量的有关成本变动情况如图 14-8 所示。从以上成本指标的计算和图形中可以很清楚地看出，当订货批量为 300 千克时总成本最低，小于或大于这一批量都是不合算的。

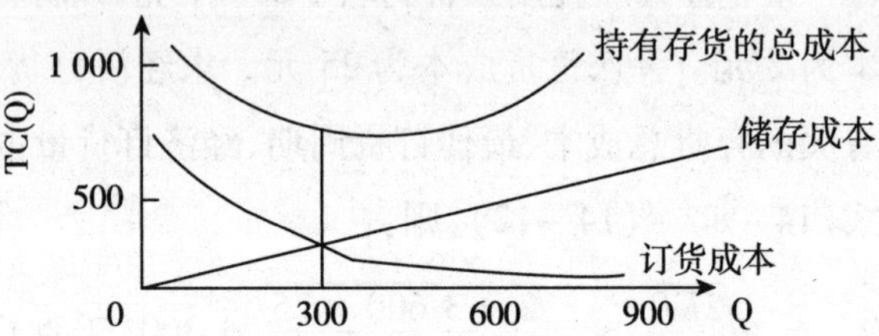

图 14-8　不同批量的成本变动情况

2. 基本模型的展开

经济订货量的基本模型是在前述各项假设条件下建立的，但现实生活中能够满足这些假设条件的情况十分罕见。为使模型更接近于实际情况，具有较高的可用性，需逐一放宽假设，同时改进模型。

(1) 订货提前期。一般情况下，企业的存货不能做到随用随时补充，因此不能等存货用光再去订货，而需要在没有完全用完时提前订货。在提前订货的情况下，企业在此发出订货单时，尚有存货的库存量，称为再订货点，用 R 来表示。它的数量等于平均交货时间（L）和每日平均需要量 d 的乘积：$R = L \times d$。

按例 14－12 资料，企业订货日至到期的时间为 10 天，每日库存需要量为 10 千克，那么：

$$R = L \times d = 10 \times 10 = 100(\text{千克})$$

即企业在尚存 100 千克存货时，就应当再次订货，等到下批订货到达时（再次发出订货单 10 天后），原有库存刚好用完。此时，有关存货的每次订货批量、订货次数、订货间隔时间并无变化，与瞬时补充相同。订货提前期的情形如图 14-9 所示。这就是说，订货提前期对经济订货量并无影响，可仍以原来瞬时补充情况下的 300 千克为订货批量，只不过在达到再订货点（库存 100 千克）时即发出订单罢了。

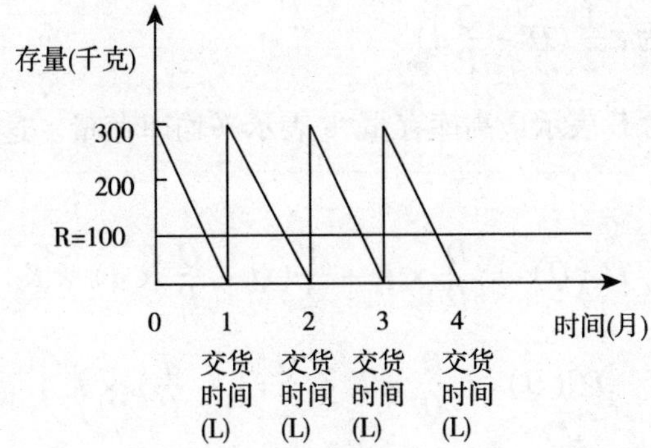

图 14-9　订货提前期

(2)存货陆续供应和使用。在建立基本模型时,是假设存货一次全部入库,故存货增加时存量变化为一条垂直的直线。事实上,各批存货可能陆续入库,使存量陆续增加。尤其是产成品入库和在产品转移,几乎总是陆续供应和陆续耗用的,在这种情况下,需要对图 14-9 基本模型做一些修改。

【例 14－13】　某零件年需用量(D)为 3 600 件,每日送货量(P)为 30 件,每日耗用量(d)为 10 件,单价(U)为 10 元,一次订货成本(生产准备成本)(K)为 25 元,单位储存变动成本(K_c)为 2 元。存货数量的变动如图 14-10 所示。求存货陆续供应和使用的经济订货量及对应的总成本。

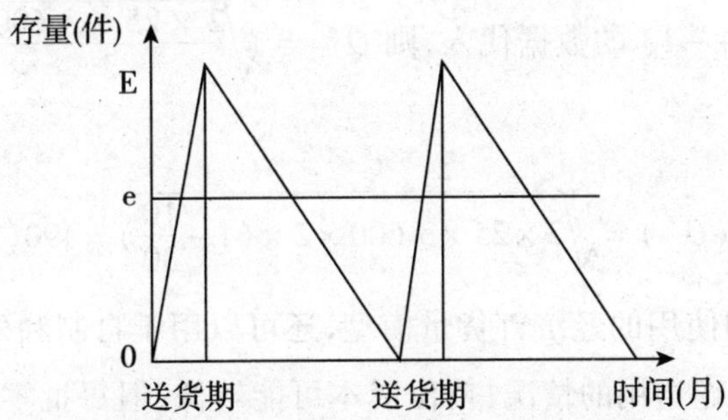

图 14-10　陆续供货时存货数量的变动

解:设每批订货数为 Q。由于每日送货量为 P,故该批货全部送达所需日数为 Q/P,称之为送货期。

因零件每日消耗量为 d,故送货期内的全部耗用量为: $\frac{Q}{P}d$

由于零件边送边用,所以每批送完时,最高库存量为: $Q-\frac{Q}{P}d$

平均存量则为：$\frac{1}{2}(Q-\frac{Q}{P}d)$

图 14-10 中的 E 表示最高库存量，e 表示平均库存量。这样，与批量有关的总成本为：

$$TC(Q)=\frac{D}{Q}\times K+\frac{1}{2}(Q-\frac{Q}{P}\times d)\times K_c$$

$$TC(Q)=\frac{D}{Q}\times K+\frac{Q}{2}(1-\frac{d}{P})\times K_c$$

在订货变动成本与储存变动成本相等时，TC(Q)有最小值，故存货陆续供应和使用的经济订货量公式为：

$$\frac{D}{Q}\times K=\frac{Q}{2}(1-\frac{d}{P})\times K_c$$

$$Q^*=\sqrt{\frac{2KD}{K_c}}\times\sqrt{\frac{P}{P-d}}$$

将这一公式代入上述 TC(Q)公式，可得出存货陆续供应和使用的经济订货量总成本公式为：

$$TC(Q^*)=\sqrt{2KDK_c(1-\frac{d}{P})}$$

将上述例 14－13 的数据代入，则 $Q^*=\sqrt{\frac{2\times25\times3\ 600}{2}}\times\sqrt{\frac{30}{30-10}}=$ 367(件)

$$TC(Q^*)=\sqrt{2\times25\times3\ 600\times2\times(1-\frac{10}{30})}=490(元)$$

陆续供应和使用的经济订货量模型，还可以用于自制和外购的选择决策。自制零件属于边送边用的情况，单位成本可能较低，但每批零件投产的生产准备成本比一次外购订货的订货成本可能高出很多。外购零件的单位成本可能较高，但订货成本可能比较低。要在自制零件和外购零件之间做出选择，需要全面衡量它们各自的总成本，才能得出正确的结论。这时，就可借用陆续供应或瞬时补充模型。

【例 14－14】 某生产企业使用 A 零件，可以外购，也可以自制。如果外购，单价 4 元。一次订货成本 10 元；如果自制，单位成本 3 元，每次生产准备成本 600 元，每日产量 50 件。零件的全年需求量为 3 600 件，储存变动成本为零件价值的20%，每日平均需求量为10件。请以成本的高低评价方案优劣。

解：下面分别计算零件外购和自制的总成本，以选择较优的方案。

① 外购零件：

$$TC(Q^*) = \sqrt{2KDK_c} = \sqrt{2 \times 10 \times 3\,600 \times 4 \times 0.2} = 240(\text{元})$$

$$TC = DU + TC(Q^*) = 3\,600 \times 4 + 240 = 14\,640(\text{元})$$

② 自制零件：

$$TC(Q^*) = \sqrt{2KDK_c \cdot (1 - \frac{d}{P})}$$

$$= \sqrt{2 \times 3\,600 \times 600 \times 3 \times 0.2 \times (1 - \frac{10}{50})} = 1\,440(\text{元})$$

$$TC = DU + TC(Q^*) = 3\,600 \times 3 + 1\,440 = 12\,240(\text{元})$$

由于自制的总成本（12 240元）低于外购的总成本（14 640元），故以自制为宜。

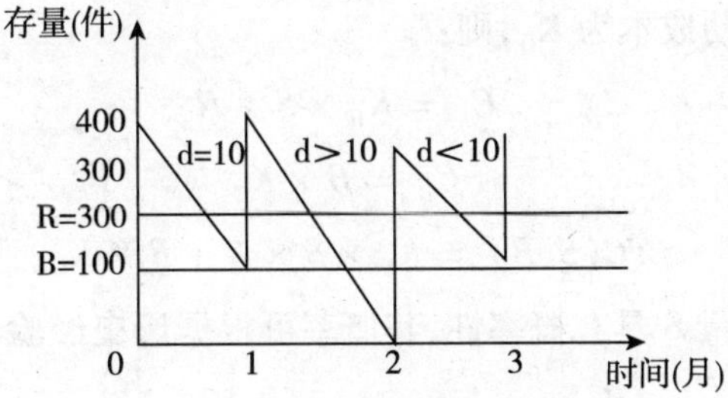

图14-11　存货的保险储备

（3）保险储备。以前讨论假定存货的供需稳定且确知，即每日需求量不变，交货时间也固定不变。实际上，每日需求量可能变化，交货时间也可能变化。按照某一订货批量（如经济订货批量）和再订货点发出订单后，如果需求增大或送货延迟，就会发生缺货或供货中断。为防止由此造成的损失，就需要多储备一些存货以备应急之需，称为保险储备（安全存量）。这些存货在正常情况下不动用，只有当存货过量使用或送货延迟时才动用、保险储备如图14-11所示。

图14-11中，年需用量（D）为3 600件，已计算出经济订货量为300件，每年订货12次。又知全年平均日需求量（d）为10件，平均交货时间（L）为10天。为防止需求变化引起缺货损失，设保险储备量（B）为100件，再订货点R由此而相应提高为：

R = 平均交货时间 × 平均日需求 + 保险储备 = L × d + B = 10 × 10 + 100 = 200(件)

在第一个订货周期里，$d = 10$，不需要动用保险储备；在第二个订货周期里，$d > 10$，需求量大于供货量，需要动用保险储备；在第三个订货周期内，$d < 10$，不仅不需要动用保险储备，正常储备亦未用完，下次存货即已送到。

建立保险储备，固然可以使企业避免缺货或供应中断造成损失，但存货平均储备量加大却会使储备成本升高。研究保险储备的目的，就是要找出合理的保险储备量，使缺货或供应中断损失和储备成本之和最小。方法上可先计算出各不同保险储备量的总成本，然后再对总成本进行比较，选定其中最低的。

如果设与此有关的总成本为 TC(S、B)，缺货成本为 C_s，保险储备成本为 C_B，则：

$$TC(S、B) = C_s + C_B$$

设单位缺货成本为 K_U，一次订货缺失量为 S，年订货次数为 N，保险储备量为 B，单位储存变动成本为 K_C，则：

$$C_S = K_U \times S \times N$$

$$C_B = B \times K_C$$

$$TC(S、B) = K_U \times S \times N + B \times K_C$$

现实中，缺货量 S 具有概率性，其概率可根据历史经验估计得出；保险储备量 B 可选择而定。

【例 14－15】 假定某存货的年需要量 D = 3 600 件，单位储存变动成本 K_C = 2 元，单位缺货成本 K_U = 4 元，平均交货时间 L = 10 天；已经计算出经济订货量 Q = 300 件，每年订货次数 N = 12 次。交货期内的存货需要量及其概率分布如表 14-13 所示。请分析保险储备的合理数量。

表 14-13 某种存货交货期内的需要量及其概率分布

需要量(10 × d)	70	80	90	100	110	120	130
概率(P1)	0.01	0.04	0.20	0.50	0.20	0.04	0.01

解：先计算不同保险储备的总成本：

①不设置保险储备量。即令 B = 0，且以 100 件为再订货点。此种情况下，当需求量为 100 件或小于 100 件时，不会发生缺货，其概率为 0.75(0.01 + 0.04 + 0.20 + 0.50)；当需求量为 110 件时，缺货 10(110 － 100)件，其概率为 0.20；当

需求量为120件时，缺货20(120-100)件，其概率为0.04；当需求量为130件时，缺货30(130-100)件，其概率为0.01。因此，B=0时缺货的期望值S_0、总成本TC(S、B)可计算如下：

$$S_0=(110-100)\times0.2+(120-100)\times0.04+(130-100)\times0.01=3.1(\text{件})$$

$$TC(S、B)=K_U\times S\times N+B\times K_C$$

$$=4\times3.1\times12+0\times2=148.8(\text{元})$$

②保险储备量为10件。即B=10件，以110件为再订货点，此种情况下，当需求量为110件或小于110件时，不会发生缺货，其概率为0.95(0.01+0.04+0.20+0.50+0.20)；当需求量为120件时，缺货10(120-110)件，其概率为0.04；当需求量为130件时，缺货20(130-110)件，其概率为0.01。因此，B=10时缺货的期望值S_{10}、总成本TC(S、B)可计算如下：

$$S_{10}=(120-110)\times0.04+(130-110)\times0.01=0.6(\text{件})$$

$$TC(S、B)=K_U\times S\times N+B\times K_C$$

$$=4\times0.6\times12+10\times2=48.8(\text{元})$$

③保险储备量为20件，同样用以上方法，可计算S_{20}、TC(S、B)为：

$$S_{20}=(130-120)\times0.01=0.1(\text{件})$$

$$TC(S、B)=K_U\times S\times N+B\times K_C$$

$$=4\times0.1\times12+20\times2=44.8(\text{元})$$

④保险储备量为30件。即B=30件，以130件为再订货点，这种情况下可满足最大需求，不会发生缺货，因此：

$$S_{30}=0$$

$$TC(S、B)=K_U\times S\times N+B\times K_C$$

$$=4\times0\times12+30\times2=60(\text{元})$$

然后，比较上述不同保险储备量的总成本，以其低者为最佳。

当B=20件时，总成本为44.8元，是各总成本中最低的。故应确定保险储备量为20件，或者说应确定以120件为再订货点。

以上举例解决了由于需求量变化引起的缺货问题。至于由于延迟交货引起的缺货，也可以通过建立保险储备量的方法来解决，确定其保险储备量时，可将延迟的天数折算为增加的需求量，其余计算过程与前述方法相同。如前例，若企业延迟到货3天的概率为0.01，则可认为缺货30(3×10)件或者交货期内需求量为130(10×10+30)件的概率为0.01。这样就把交货延迟问题转换成了需求过量问题。

本章小结

(1)本章主要介绍了流动资产管理的理论与方法,流动负债管理放在资金筹集部分。流动资产的主体是现金、应收账款和存货。流动资产管理主要由这三方面的管理内容所构成。

(2)现金应具有流动性强、收益性差的特征,企业为了交易动机、预防动机、投机动机以及满足银行补偿性余额的需要而保存现金,但是,持有现金需要付出机会成本、转换成本和短缺成本等代价。

(3)现金管理的目标就是保证其安全性及满足生产经营的需要,防止不足与闲置。为此,企业应该做好现金持有量预测,日常控制好现金的收支。

(4)商业信用是企业为了促销,增强竞争力而给客户提供的赊账优惠,但它也存在机会成本、管理成本、坏账损失以及收账成本。

(5)企业对应收账款的管理就是在其促销所增加的销售利润与成本之间进行权衡,寻求商业信用成本后利润最大化。为此,企业应该制定一套切实可行的信用政策和收账政策。

(6)保留一定数额的存货可以保证生产经营连续性和买价经济性。同样,持有存货也要负担订货成本、储备成本和缺货成本,而且,这几项成本呈此消彼长的关系。存货管理的核心是制定最佳存货持有量,使总成本最低,并做好日常管理工作。

思考题

1. 企业持有现金的动机是什么?

2. 企业管理现金的成本有哪些?

3. 如何利用现金收支法编制现金预算?

4. 如何加强现金的日常管理?

5. 企业为什么要发放信用?

6. 什么是信用政策? 如何制定信用政策?

7. 存货管理的成本有哪些?

8. 如何加强存货的日常管理?

进一步阅读书目

[1]中国注册会计师协会. 财务成本管理[M]. 北京:经济科学出版社,2012.

[2]Stephen A. Ross,等. 公司理财[M]. 北京:机械工业出版社,2009.

[3]安杰,贾创雄,高雷. 财务管理[M]. 北京:清华大学出版社,北京交通大学出版社,2009.

[4]杨丽荣. 公司金融学[M]. 北京:科学出版社,2005.

[5]陈雨露. 公司理财[M]. 北京:高等教育出版社,2003.

[6]胡庆康. 公司金融[M]. 北京:首都经济贸易大学出版社,2003.

第六部分　股利分配篇

第十五章

股利政策

本章要点

1. 股利政策的含义
2. 股利支付的程序
3. 股利支付的种类
4. 股利政策的理论
5. 制定股利政策时应该考虑的因素
6. 主要的股利分配政策
7. 股票股利、股票分割的含义
8. 股票回购的意义和方式

第一节　股利及股利支付

股利政策是关于公司是否发放股利、发放多少股利以及何时发放股利等方面的方针和策略，所涉及的内容主要是公司对其收益是进行分配还是留存盈余用于再投资的决策问题。公司当期支付较高的股利，能够提高股东的短期收益率，但这会使公司能留存较少的资金用于再投资。显然，这又会限制公司的增长速度，降低公司股票的市场价格，进而影响公司的市场价值。股利政策的变化对股票价格有着相互矛盾的双重影响。因此，公司在制定股利政策时，应当兼顾股东对本期收益的报酬要求和公司自身未来发展的需要，选择适合于本公司的股利政策，以实现其股东价值最大化。

一、股利的含义

股利是公司依据法定条件及程序，根据股东的持股份额从其可供分配利润中向股东支付的一种财产利益。在实际中，经常容易把股利与红利、股息混用，严格来说它们之间是有一定区别的。红利是指普通股股东从公司税后利润中提取的不定期收益。股息是指优先股股东按照事先约定的比率提取的公司经营收益。红利和股息都是股东投资的收益报酬，统称为股利。或者说，公司直接支付给股东的任何支出都可以被认为是股利的一部分。股利具有三个特点：

一是股利的来源只能是公司的保留盈余，即公司过去和当前从事生产经营而积累下来的可供分配利润。

二是股利的支付必须遵守法定的支付程序。

三是股利支付的形式不限于现金股利，可以是非现金资产、公司负债、公司股票（股票股利）等形式。

股利是一种累积留存的利润，股东分配股利是一种权利，但分配股利也应该满足以下三个条件：

一是发放股利要经过股东大会讨论通过。

二是公司税后利润弥补亏损和提取法定盈余公积金和公益金后方可分配。

三是企业当年无盈利时，不得分配，若需发放，可在用盈余公积弥补亏损后，经股东大会决议，再用盈余公积金分配。

二、股利支付的程序

股利是否支付是由股份公司董事会决定的。公司对外发放股利，应遵循相关规定，按照一定的程序进行。

公司股利支付的多少，不是直接用股利数值的大小反映的，通常会用到一些财务指标，通过对这些财务指标的计算和分析，一方面反映股东投资于公司股票的收益情况，另一方面反映公司的经营状况和收益水平。这些财务指标主要有：

每股股利。每股股利是指公司当年支付给普通股股东的每股股票的股利金额。它反映每一股份的股利收益。计算公式如下：

$$每股股利 = 分配股利总额 \div 发行在外普通股股票数$$

股利支付率。股利支付率是指在一定时期内普通股股利占公司当期净收益的比例。它主要反映公司的股利分配政策和股利支付能力。股利支付率可以用于比较不同时期、不同行业公司股利的支付情况。计算公式如下：

$$股利支付率 = (普通股每股股利 \div 普通股每股净收益) \times 100\%$$

股利收益率。股利收益率是指公司每股股利与每股股价的比值。它主要反映股东单位投资的获利能力。计算公式如下：

股利收益率 =（普通股每股股利 ÷ 普通股每股市价）× 100%

股利支付程序主要由决策程序、分配公告、分配程序、股利支付过程中的重要日期四方面组成。

1. 决策程序

上市公司股利分配的基本程序是：首先由公司董事会根据公司盈利水平和股利政策，制定股利分派方案，提交股东大会审议，通过后方能生效。然后，由董事会依股利分配方案向股东宣布，并在规定的股利发放日以约定的支付方式派发。在经过上述决策程序之后，公司方可对外发布股利分配公告、具体实施分配方案。我国股利分配决策权属于股东大会。我国上市公司的现金分红一般是按年度进行，也可以进行中期现金分红。

2. 分配公告

根据有关规定，股份有限公司利润分配方案、公积金转增股本方案必须经过股东大会批准，董事会应当在股东大会召开后两个月内完成股利派发或股份转增事项。在此期间，董事会必须对外发布股利分配公告，以确定分配的具体程序与时间安排。

股利分配公告一般在股权登记前 3 个工作日发布。如果公司股东较少，股票交易又不活跃，公告日可以与股利支付日在同一天。公告内容包括：

(1)利润分配方案。

(2)股利分配对象，为股权登记日当日登记在册的全体股东。

(3)股利发放方法。我国上市公司的股利分配程序应当按登记的证券交易所的具体规定进行。

此外，为提高上市公司现金分红的透明度，《关于修改上市公司现金分红若干规定的决定》要求上市公司在年度报告、半年度报告中分别披露利润分配方案、在报告期实施的利润分配方案执行情况的基础上，还要求在年度报告、半年度报告以及季度报告中分别披露现金分红政策在本报告期的执行情况。同时，要求上市公司以列表方式明确披露前三年现金分红的数额与净利润的比率。如果本报告期内盈利但公司年度报告中未提出现金利润分配预案，应该详细说明未分红的原因、未用于分红的资金留存公司的用途。

3. 分配程序

以深圳证券交易所的规定为例:对于流通股份,其现金股利由上市公司于股权登记日前划入深交所账户,再由深交所于登记日后第 3 个工作日划入各托管证券经营机构账户,托管证券经营机构于登记日后第 5 个工作日划入股东资金账户。红股则于股权登记日后第 3 个工作日直接记入股东的证券账户,并自即日起开始上市交易。

4. 股利支付过程中的重要日期

在股利支付过程中的重要日期主要涉及股利公布日、股利宣告日、股权登记日、除息日、股利支付日等几个概念。

(1)股利公布日。股利公布日是指股份公司分配股利时,首先应由董事会制定分配方案,具体确定本次分配的数量、分配方式。安排召开股东大会或临时股东大会的时间、地点及表决方式,并由董事会向社会公开发布以上内容。

(2)股利宣告日。即董事会将股利支付情况予以公告的日期。宣告股利发放的通知书内容包括:股利发放的数目、股利发放的形式,同时宣布股权登记日、除息日和股利支付日以及股东分红资格等。

(3)股权登记日。即有权领取股利的股东资格登记截止日期,也称为除权日,通常在股利宣布日以后的 2 周至 1 个月内。只有在股权登记日前在公司股东名册上有名的股东才有权分享股利。证券交易所的中央清算登记系统会为股票登记提供服务。此外,我国部分上市公司在进行利润分配时除了分派现金股利以外,还伴随着送股或转增股,在股权登记日这一天仍持有或买进该公司的股票的投资者是可以享有此次分红、送股或转增股的股东,这部分股东名册由证券登记公司统计在案,届时将所应支付的现金红利、应送的红股或转增股划到这部分股东的账上。

(4)除息日。即指领取股利的权利与股票相互分离的日期。在除息日前,股利权从属于股票,持有股票者即享有领取股利的权利;除息日始,股利权与股票相分离。新购入股票的人不能分享股利。这是因为股票买卖的交接、过户需要一定时间,如果股票交易日期离股权登记日太近,公司将无法在股权登记日得知更换股东的信息,只能以原股东为股利支付对象,为了避免可能发生的冲突,证券业一般规定在股东登记日的前四天为除息日。自此日起公司股票的交易称为无息交易,其股票称为无息股。这就是说,一个新股东要想取得本期股利,必须在股权登记日的四天之前购入股票,否则即使持有股票也无权领取股利。

(5)股利发放日。即向股东正式发放股利的日期。在这一天,企业将股利支票寄给有资格获得股利的股东,也可通过中央清算登记系统直接将股利打入股东的现金账户,由股东向其证券代理商领取。同时,抵冲资产负债表中的股利负债金额。

【例 15-1】 2004 年青岛海尔股份有限公司在公告中宣布了具体的分红方案:"公司 2003 年度利润分配及资本公积转增股本方案已经于 2004 年 6 月 22 日召开的股东大会审议通过,与 6 月 23 日予以正式刊登……2003 年度利润分配方案为:以公司 2003 年年末的样本股本 797 648 282 股为基数,每股送 0.2 股派 0.05 元(含税),每 10 股送 2 股派 0.5 元(含税),共分派 199 412 070.50 元,剩余利润结转下一年度。分派对象为截至 2004 年 7 月 9 日下午上海证券交易所收市后,在中国证券登记结算有限责任公司上海分公司登记在册的全体股东……"

青岛海尔股份有限公司的股利支付程序如图 15-1 所示:

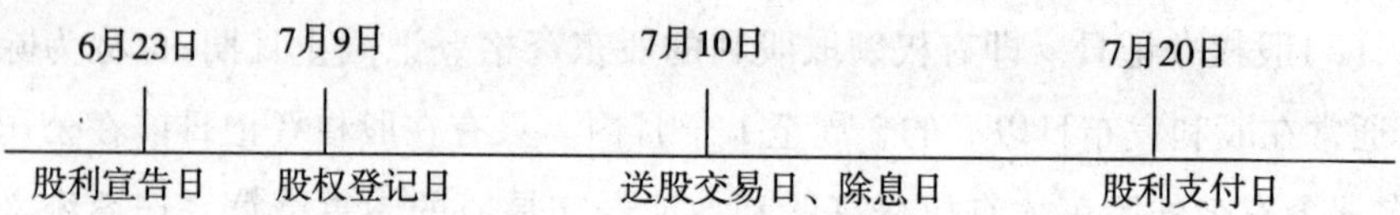

图 15-1 青岛海尔股份有限公司股利分配过程

三、股利的种类

(一)根据股东的持股类别划分

根据股东的持股类别分为优先股股利和普通股股利。

优先股按股利分配条款,又有两种划分:根据获得优先股股利后,是否有权同普通股股东参与分配剩余利润,可分为参加优先股和非参加优先股;根据对积欠股息是否可以递延到以后年度予以补发,可分为累积优先股和非累积优先股。

我国优先股在股利方面具有如下特点:①优先股股利分配优先于普通股;②公司对优先股的股利须按事先确定的比率即股息率支付;③当年可供分配利

润不足以按约定的股息率支付优先股股利的，由以后年度的可供分配利润进行补发。由此可见，我国优先股应属累积非参加优先股。至于普通股股利，在分配顺序上处于优先股之后，股利支付额度由公司根据盈利状况自主决定。

（二）根据股利支付方式划分

常见的股利支付方式有现金股利、财产股利、负债股利和股票股利。

1. 现金股利

现金股利，是公司以现金向股东分配的股利。现金股利是一种运用最为普遍的股利形式。

2. 财产股利

除发放现金股利之外，公司有时会用现金以外的其他非现金资产来发放股利，如本公司的产品、服务、公司持有的其他公司所发行的有价证券等。公司宣告用非现金资产所发放的股利称为财产股利。

3. 负债股利

负债股利是公司用增加负债的方式向股东支付的股利，按偿债期限的长短又分为债券股利和票据股利。

4. 股票股利

股票股利是指公司向现行普通股股东按其持有股份的一定比例无成本地增发同类股票作为股利。

股票股利虽然不影响公司现有现金流出量，不改变所有者权益总额，但由于增加了股本数量，会引起所有者权益构成项目的内部结构发生变化，对公司股票的每股收益情况及公司股价都会带来一定的影响。

（三）其他股利形式

1. 清算股利

当公司发放的股利超过其留存收益，则超过部分为清算股利。清算股利实质就是资本返还。根据资本保全原则，一般受到法律禁止。

2. 股票回购

公司出资购买其本身发行的流通在外的股票，以达到给股东返还现金的目的。这种方式在西方国家普遍被采用。严格意义上讲，股票回购不属于股利，但参与股票回购及不参与股票回购的股东都可以从回购中获得财富的增值。

3. 股票分割

公司将面值较大的股票拆分成若干股面额较小的股票的行为。股票分割也不是公司股利发放行为,但股票分割一般被认为是成长中公司的行为,向市场传递的有利信号会使股价上升,股东会得到超额收益,具有间接向股东返还现金的特征。

4. 资本公积转增资本

公司将资本公积按照法定程序转增公司资本,并按现有股东的持股比例无成本地发行股票。资本公积转增资本后,公司的所有者权益总额不变,现有股东股票数量增加,但持股比例仍然不变。

5. 配股

配股是公司的有偿增资行为,公司按照固定价格向现有股东发行新股。配股的结果,公司的资产及资本增加,但股东权益比例不变。

在我国上市公司的股利分配实践中,股利支付方式是现金股利、股票股利或者是两种方式兼有的组合分配方式。上市公司在实施现金股利和股票股利的利润分配方案时,有时也会同时实施从资本公积转增股本的方案。

第二节　股利理论与股利分配政策

股利政策理论的重点,主要是探讨股利政策是否影响公司价值。围绕这个重点,西方经济学家很早就开始了研究,但并未取得很大进展,也未引起人们对股利政策重要性的普遍关注。1956 年,哈佛大学教授约翰·林特纳(John Lintner)首次提出了股利政策行为的理论模型,而直到 1961 年由莫迪利安尼(Modiliani)和米勒(Miller)两位教授在出版的《股利政策、增长和股利估价》一书中,提出"股利政策无关论"后,股利政策才引起人们的重视,并奠定了股利政策研究的理论基石,完成了对股利政策的研究从传统股利理论到现代股利理论的转变。在此后的 40 多年里,股利理论得到了进一步的丰富和发展,并逐渐成为公司金融学的重要内容之一。

一、股利理论

股利分配的核心问题是如何权衡公司支付股利决策与未来长期增长之间的关系,以实现公司价值最大化的财务管理目标。围绕着公司股利政策是否影响公司价值这一问题,主要有两类不同的股利理论:股利无关论和股利相关论。

(一)股利无关论

股利无关论认为股利分配对公司的市场价值(或股票价格)不会产生影响。米勒和莫迪利安尼是在以下假设的前提下提出的股利无关论:①公司的投资政策已确定并且已经为投资者所理解;②不存在股票的发行和交易费用;③不存在个人或公司所得税;④不存在信息不对称;⑤经理与外部投资者之间不存在代理成本。上述假设描述的是一种完美资本市场,因而股利无关论又被称为完全市场理论。股利无关论认为:

(1)投资者并不关心公司的股利的分配。若公司留存较多的利润用于再投资,会导致公司股票价格上升;此时尽管股利较低,但需用现金的投资者可以出售股票换取现金。若公司发放较多的股利,投资者又可以用现金再买入一些股票以扩大投资。也就是说投资者对股利和资本利得并无偏好。

(2)股利的支付比率不影响公司的价值。既然投资者不关心股利的分配,公司的价值就完全由其投资的获利能力所决定,公司的盈余在股利保留盈余之间的分配并不影响公司的价值(即使公司有理想的投资机会而又支付了高额股利,也可以募集新股,新投资者会认可公司的投资机会)。

(二)股利相关论

股利相关论是在完美资本市场的一系列假设下提出的,如果放宽这些假设条件,股利政策就会显现出对公司价值产生的影响。

1. 税差理论

在 MM 的股利无关论中假设不存在税收,但在现实条件下,现金股利税与资本利得税不仅是存在的,而且会表现出差异性。税差理论强调了税收在股利分配中对股东财富的重要作用。一般来说,出于保护和鼓励资本市场投资的目的,会采用股利收益的税率高于资本利得的税率差异税率制度,致使股东会偏好资本利得而不是派发现金股利。即使股利与资本利得具有相同的税率,股东在支付税金的时间上也是存在差异的。股利收益纳税是在收取股利的当时,而资本利得纳税只是在股票出售时才发生,显然继续持有股票来延迟资本利得的纳税时间,可以体现递延纳税的时间价值。

因此,纳税理论认为,如果不考虑股票交易成本,分配股利的比率越高,股东的股利收益纳税负担会明显高于资本利得纳税负担,企业应采取低现金股利比率的分配政策，以提高留存收益再投资的比率，使股东在实现未来的资本利得中享有税收节省。税差理论说明了当股利收益税率与资本利得税率存在差异时，将使股东在继续持有股票以期取得预期资本利得与立即实现股利收益之间进行权衡。如果存在股票的交易成本，甚至当资本利得税与交易成本之和大于股利收益税时，偏好取得定期现金股利收益的股东自然会倾向于企业采用高现金股利支付率政策。

【例15－2】 某电力公司拥有1 000元剩余现金。公司既可以将这些剩余现金保留在公司，并去投资收益率为10%的国库券，也可以股利的形式发放给股东。股东同样可以投资国库券，并获得相同的收益率。假设公司所得税率为34%，个人所得税率为28%，但股利的最高税率为15%。在两种策略下，5年后股东分别能得到多少现金？

解：如果现在发放股利，股东将收到1 000元×(1－0.15)＝850元税后现金。因股东投资国库券的税后收益率为7.2%［10%×(1－0.28)］，因此他们在5年后收到的现金为：

$$850\text{元} \times (1.072)^5 = 1\,203.35\text{元}$$

而如果公司保留现金并将其投资于国库券，其利息税后收益率为0.066［0.1×(1－0.34)］，5年后公司将获得$1\,000 \times (1.066)^5 = 1\,376.53$元。如果把这笔钱作为股利发放给股东，股东5年后得到的税后现金为：1 376.53元×(1－0.15)＝1 170.05元

相比较而言，如果公司立即发放股利，股东将能得到较多的现金。

此例表明，股利支付率不仅取决于现金股利税与资本利得税的差异，而且还与公司所得税和个人所得税的高低相关。如果个人所得税率高于公司所得税率，公司会倾向于降低股利支付率，反之，公司则会倾向于将剩余现金作为股利发放给股东。

2. 客户效应理论

客户效应理论是对税差理论的进一步扩展，研究处于不同税收等级的投资者对待股利分配态度的差异，认为投资者不仅仅是对资本利得和股利收益有偏好，即使是投资者本身，因其所处不同等级的边际税率，对企业股利政策的偏好也是不同的。收入高的投资者因其拥有较高的税率表现出偏好低股利支付率的股票，希望少分现金股利或不分现金股利，以更多的留存收益进行再投资，从

而提高所持有的股票价格。而收入低的投资者以及享有税收优惠的养老基金投资者表现出偏好高股利支付率的股票,希望支付较高而且稳定的现金股利。

投资者的边际税率差异性导致其对待股利政策态度的差异性。边际税率高的投资者会选择实施低股利支付率的股票,边际税率低的投资者则会选择实施高股利支付率的股票。这种投资者依据自身边际税率而显示出的对实施相应股利政策股票的选择偏好现象被称为“客户效应”。因此,客户效应理论认为,公司在制定或调整股利政策时,不应该忽视股东对股利政策的需求;公司应该根据投资者的不同需求,对投资者分门别类地制定股利政策:对于低收入阶层和风险厌恶投资者,由于其税负低,并且偏好现金股利,他们希望公司多发放现金股利,所以公司应该实施高现金股利分红比例的股利政策;对于高收入阶层和风险偏好投资者,由于其税负高,并且偏好资本增长,他们希望公司少发放现金股利,并希望通过获得资本利得适当避税,因此,公司应实施低现金分红比例,甚至不分红的股利政策。

3.“一鸟在手”理论

以 M. Gordon 和 D. Durand 为代表的财务学者认为,股东进行股票投资的期望收益由两部分组成:股利收入和资本利得收入。相对于资本利得收入而言,股利收入是确定的已实现的,而企业留存收益用于再投资所产生的资本利得是不确定的,是有风险的。由于大部分投资者都是风险厌恶型,他们自然偏好较高的现金股利支付率政策。这种观点被形象地称为“在手之鸟”理论,即“双鸟在林,不如一鸟在手”。

根据“一鸟在手”理论,投资者对股利的偏好胜过资本利得,因此,公司应维持较高的现金股利支付率政策。在这种理论的指导下,公司要想追求股价最大化,必须保持高股利支付率政策。

“一鸟在手”理论是股利理论的一种定性描述,是实务界普遍持有的观点,但是这一理论无法确切地描述股利是如何影响股价的。

4.代理理论

企业中的股东、债权人、经理人员等诸多利益相关者的目标并非完全一致,在追求自身利益最大化的过程中有可能会以牺牲另一方的利益为代价,这种利益冲突关系反映在公司股利分配决策过程中表现为不同形式的代理成本:反映两类投资者之间利益冲突的是股东与债权人之间的代理关系;反映股权分散情形下内部经理人员与外部分散投资者之间利益冲突的经理人员与股东之间的代理关系;反映股权集中情形下控制性大股东与外部中小股东之间利益冲突的是控股股东与中小股东之间的代理关系。

(1)股东与债权人之间的代理冲突。企业股东在进行投资与融资决策时,有可能为增加自身的财富而选择了加大债权人风险的政策,如股东通过发行债务支付股利或为发放股利而拒绝净现值为正的投资项目。在股东与债权人之间存在代理冲突时,债权人为保护自身利益,希望企业采取低股利支付率,通过多留存少分配的股利政策以保证有较为充裕的现金留在企业以防发生债务支付困难。因此,债权人在与企业签订借款合同时,习惯于制定约束性条款对企业发放股利的水平进行制约。

(2)经理人员与股东之间的代理冲突。当企业拥有较多的自由现金流时,企业经理人员有可能把资金投资于低回报项目,或为了取得个人私利而追求额外津贴及在职消费等,因此,实施高股利支付率的股利政策有利于降低因经理人员与股东之间的代理冲突而引发的这种自由现金流的代理成本,也有利于满足股东取得股利收益的愿望。

(3)控股股东与中小股东之间的代理冲突。现代企业结构的一个显著特征是所有权与控制权集中于一个或少数几个大股东手中,企业管理层通常由大股东直接出任或直接指派,管理层与大股东的利益趋于一致。由于所有权集中使控股股东有可能也有能力通过各种手段侵害中小股东的利益,控股股东为取得控制权私利而产生的与中小股东之间的代理冲突使企业股利政策也呈现出明显的特征。当法律制度较为完善,外部投资者保护受到重视时,有效地降低了大股东的代理成本,可以促使企业实施较为合理的股利分配政策。反之,法律制度建设滞后,外部投资者保护程度低时,如果控股股东通过利益侵占取得的控制权私利机会较多,会使其忽视基于所有权的正常股利收益分配,甚至因过多的利益侵占而缺乏可供分配的现金。因此,对处于外部投资者保护程度较弱环境的中小股东希望企业采用多分配少留存的股利政策,以防控股股东的利益侵害。正因为如此,有些企业为了向外部中小投资者表明自身盈利前景与企业治理良好的状况则通过多分配少留存的股利政策向外界传递了声誉信息。

代理理论的分析视角为研究与解释处于特定治理环境中的企业股利分配行为提供了一个基本分析逻辑。如果在企业进行股利分配决策过程中,同时伴随着其他公司财务决策,并处于不同的公司治理机制条件下(如所有权结构、经理人员持股、董事会结构特征等),基于代理理论对股利分配政策选择的分析将是多种因素权衡的复杂过程。

5. 信号理论

信号理论,又称做信号假说(signaling hypothesis),或者称做股利信息内涵假说(information content of dividend hypothesis),该理论从放松 MM 理论的投资者和管理当局拥有相同的信息假定出发,认为在非完美的市场中,管理当局与企业外部投资者之间存在着信息不对称,管理当局占有更多的有关企业前景方面的内部信息。而股利是管理当局向外界传递其掌握的内部信息的一种手段,管理者会利用股利政策来传递有关公司未来前景的信息。因此,股利能够传递公司未来盈利能力的信息,从而股利对股票价格有一定的影响:当公司支付的股利水平上升时,公司的股价会上升;当公司支付的股利水平下降时,公司的股价也会下降。

股利作为一种信号是为了解决逆向选择的问题。股利信号理论学派认为管理当局与企业外部投资者之间也存在着信息不对称,管理当局占有更多的有关企业未来现金流量、投资机会和盈利前景等方面的私有信息。管理当局通常会通过适当的方法向市场传递有关信号,向外部投资者表明企业的真实价值,以此来影响投资者的决策。如果他们预计到公司的发展前景良好,未来业绩有大幅度增长时,就会通过增加股利的方式将这一信息及时告诉股东和潜在的投资者;相反,如果预计到公司的发展前景不太好、未来盈利将呈持续性不理想时那么他们往往维持甚至降低现有股利水平,这等于向股东和潜在投资者发出了利淡信号。

信号理论认为:

(1)股利政策向投资者传递重要信息。如果公司支付的股利稳定,说明该公司的经营业绩比较稳定,经营风险较小,有利于股票价格上升;如果公司支付股利政策不稳定,股利忽高忽低,这就给投资者传递企业经营不稳定的信息,导致投资者对风险的担心,进而使股票价格下降。

(2)稳定的股利政策,是许多依靠固定股利收入生活的股东更喜欢的股利支付方式,它更利于投资者有规律地安排股利收入和支出。普通投资者一般不愿意投资于股利支付额忽高忽低的股票,因此,这种股票不大可能长期维持于相对较高的价位。

(3)稳定的股利或稳定的股利增长率可以消除投资者内心的不确定性,等于向投资者传递了该公司经营业绩稳定或稳定增长的信息,从而使公司股票价格上升。

当然,增发股利是否一定向股东与投资者传递了好消息,对这一点的认识是不同的。如果考虑处于成熟期的企业,其盈利能力相对稳定,此时企业宣布增发股利特别是发放高额股利,可能意味着该企业目前没有新的前景很好的投资项目,预示着企业成长性趋缓甚至下降,此时,随着股利支付率提高,股票价格应该是下降的;而当宣布减少股利,则意味着企业需要通过增加留存收益为新增投资项目提供融资,预示着未来前景较好,显然,随着股利支付率下降,企业股票价格应该是上升的。

二、制定股利分配政策应考虑的因素

公司在制定股利政策时,采取何种股利政策虽然是由管理层决定的,但是实际上在其决策过程中总会受到诸多主观与客观因素的影响,因此必须充分考虑股利政策的各种影响因素,从保护股东、公司本身和债权人的利益出发,才能使公司的收益分配合理化。

(一)各种限制条件

一是法律法规限制。为维护有关各方的利益,各国的法律法规对公司的利润分配顺序、留存盈利、资本的充足性、债务偿付、现金积累等方面都有规范,股利政策必须符合这些法律规范。二是契约限制。公司在借入长期债务时,债务合同对公司发放现金股利通常都有一定的限制,股利政策必须满足这类契约的限制。三是现金充裕性限制。公司发放现金股利必须有足够的现金,能满足公司正常的经营活动对现金的需求。否则,其发放现金股利的数额必然受到限制。

(二)宏观经济环境

经济的发展具有周期性,公司在制定股利政策时同样受到宏观经济环境的影响。比如,我国上市公司在形式上表现为由前几年的大比例送配股,到近年来现金股利的逐年增加。

(三)通货膨胀

当发生通货膨胀时,折旧储备的资金往往不能满足重置资产的需要,公司为了维持其原有生产能力,需要从留存利润中予以补足,可能导致股利支付水平的下降。

(四)市场的成熟程度

实证研究结果显示,在比较成熟的资本市场中,现金股利是最重要的一种股利形式,股票股利则呈下降趋势。我国因尚系新兴的资本市场,和成熟的市场相比,股票股利成为一种重要的股利形式。

(五)投资机会

公司股利政策在较大程度上要受到投资机会的制约。一般来说若公司的投资机会多,对资金的需求量大,往往会采取低股利、高留存利润的政策;反之,若投资机会少,资金需求量小,就可能采取高股利政策。另外,受公司投资项目加快或延缓的可能性大小影响,假如这种可能性较大,股利政策就有较大的灵活性。比如有的企业有意多派发股利来影响股价的上涨,使已经发行的可转换债券尽早实现转换,达到调整资本结构的目的。

(六)偿债能力

大量的现金股利的支出必然影响公司的偿债能力。公司在确定股利分配数量时,一定要考虑现金股利分配对公司偿债能力的影响,保证在现金股利分配后,公司仍能保持较强的偿债能力,以维护公司的信誉和借贷能力。

(七)变现能力

假如一个公司的资产有较强的变现能力,现金的来源较充裕,其支付现金股利的能力就强。而高速成长中的、盈利性较好的企业,如其大部资金投在固定资产和永久性营运资金上,他们通常不愿意支付较多的现金股利而影响公司的长期发展战略。

(八)资本成本

公司在确定股利政策时,应全面考虑各条筹资渠道资金来源的数量大小和成本高低,使股利政策与公司合理的资本结构、资本成本相适应。

(九)投资者结构或股东对股利分配的态度

公司每个投资者投资目的和对公司股利分配的态度不完全一致,有的是公司的永久性股东,关注公司长期稳定发展,不大注重现期收益,他们希望公司暂时少分股利以进一步增强公司长期发展能力;有的股东投资目的在于获取高额股利,十分偏爱定期支付高股息的政策;而另一部分投资者偏爱投机,投资目的在于短期持股期间股价大幅度波动,通过炒股获取价差。股利政策必须兼顾这三类投资者对股利的不同态度,以平衡公司和各类股东的关系。如偏重现期收益的股东比重较大,公司就需用多发放股利方法缓解股东和治理当局的矛盾。另外,各因素起作用的程度对不同的投资者是不同的,公司在确定自己的股利政策时,还应考虑股东的特点。

公司确定股利政策要考虑许多因素,由于这些因素不可能完全用定量方法来测定,因此决定股利政策主要依靠定性判定。

三、股利分配政策

支付给股东的盈余与留在企业的保留盈余,存在此消彼长的关系,所以,股利分配既决定给股东分配多少红利,也决定有多少净利润留在企业。减少股利分配,会增加保留盈余,相当于把股东投资的报酬作为企业的再投资,从而减少了外部筹资需求。股利政策也是内部筹资决策。

企业的股利分配政策一般包括以下几个方面:

(1)股利支付形式。决定是以现金股利、股票股利还是其他形式支付股利。

(2)股利支付率。股利支付率指每股实际分配的股利与本期净利润的比率。

(3)股利政策的类型。决定采取固定股利政策,还是稳定增长股利政策,或是剩余股利政策等。

(4)股利支付程序。确定股利宣告日、股权登记日、除权除息日和股利支付日等具体事宜。

在进行股利分配的实务中,公司经常采用的股利政策如下:

(一)剩余股利政策

1.分配方案的确定

股利分配方案与公司的资本结构相关,而资本结构又是由投资所需资金构成的,因此实际上股利政策要受到投资机会及其资本成本的双重影响。剩余股利政策就是在公司有着良好的投资机会时,根据一定的目标资本结构(最佳资本结构),测算出投资所需的权益资本,先从盈余当中留用,然后将剩余的盈余作为股利予以分配。

采用剩余股利政策时,应遵循四个步骤:

(1)根据公司的投资计划确定公司的最佳资本预算;

(2)根据公司的目标资本结构及最佳资本预算预计公司资金需求中所需要的权益资本数额;

(3)尽可能用留存收益来满足资金需求中所需增加的股东权益数额;

(4)留存收益在满足公司股东权益增加需求后,如果有剩余再用来发放股利。

【例 15-3】 某公司上年在提取了公积金、公益金后税后利润 600 万元,今年年初公司讨论决定股利分配的数额。预计今年需要增加投资资本 800 万元。公司的目标资本结构是权益资本占 60%,债务资本占 40%,今年继续保持。公司采用剩余股利政策,问公司应分配多少股利?

解:利润留存 = 800 × 60% = 480(万元)

股利分配 = 600 - 480 = 120(万元)

假设公司流通在外普通股为 100 万股,则每股分股利 1.2 元。

2. 采用本政策的理由

奉行剩余股利政策,意味着公司将剩余的盈余用于发放股利。这样做的根本理由是为了保持理想的资本结构,使加权平均资本成本最低。在例 15-3 中,如果公司不按剩余股利政策发放股利,将可向股东分配的 600 万元全部留用于投资(这样当年将不发放股利),或全部作为股利发放给股东(这样当年每股股利将达到 6 元)。然后再去筹借债务,这两种做法都会破坏目标资本结构,导致加权平均资本成本的提高,不利于提高公司的价值(股票价格)。

(二)固定或持续增长股利政策

1. 分配方案的确定

这一股利政策是将每年发放的股利固定在某一相对稳定的水平上并在较长的时期内不变,只有当公司认为未来盈余会显著地、不可逆转地增长时,才提高年度的股利发放额。如图 15-2 所示。

2. 采用本政策的理由

固定或持续增长股利政策的主要目的是避免出现由于经营不善而削减股利的情况。采用这种股利政策的理由在于:

(1)有利于增强投资者的信心,稳定股票的价格。稳定的股利向市场传递

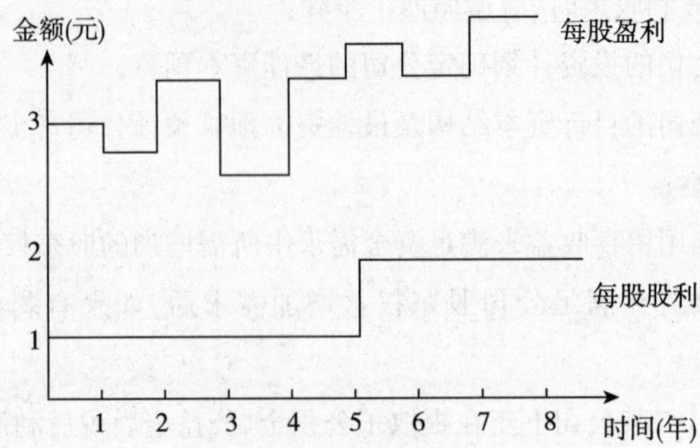

图 15-2　固定股利政策

着公司正常发展的信息，有利于树立公司良好的形象，增强投资者信心，稳定股票价格。

(2)对投资者有利。稳定的股利额有利于投资者安排股利收入和支出，特别是对那些对股利有着很强依赖性的股东更是如此。

(3)稳定的股利政策可能会不符合剩余股利理论，但考虑到公司股票价格的变化受多种因素的影响，其中包括投资者的心理预期和其他要求，因此若公司有一个稳定的股息成长率，则投资者在评估股票价值时会确知增长率，降低投资者的风险，使股票价格稳定甚至得以提高。为了使股票价格维持在稳定的水平上，即使推迟某些投资方案或者暂时偏高目标资本结构，也可能要比降低股利或降低股利增长率更为有利。

该政策的缺点在于：股利的支付与盈余的多少相脱节，无法体现多盈多分、少盈少分、不盈不分的原则。如果在公司盈余较低的情况下实施，可能会导致资金短缺和公司财务状况恶化。同时不能像剩余股利政策那样保持较低的资本成本。

(三)固定股利支付率政策

1.分配方案的确定

固定股利支付率政策，是公司确定一个股利占盈余的比率，长期按此比率支付股利的政策。在这一股利政策下，各年股利额随公司的经营的好坏而上下波动，获得较多盈余的年份股利额高，获得盈余少的年份股份额就低。如图 15-3 所示。

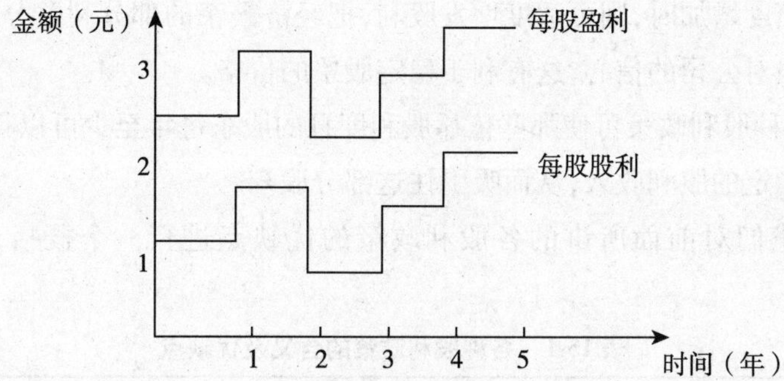

图 15-3　固定股利支付率政策

2. 采用本政策的理由

主张实行固定股利支付率的人认为，这样做能使股利与公司盈余紧密地配合，以体现多赢多分、少盈少分、无赢不分的原则，才算真正公平地对待了每一位股东。但是，在这种政策下各年的股利变动较大，极易造成公司不稳定的感觉，对于稳定股票价格不利。

（四）低正常股利加额外股利政策

1. 分配方案的确定

低正常股利加额外股利政策，是公司一般情况下每年只支付固定的、数额较低的股利，在盈余多的年份，再根据实际情况向股东发放额外股利。但额外股利并不固定化，不意味着公司永久地提高了规定的股利率。如图 15-4 所示。

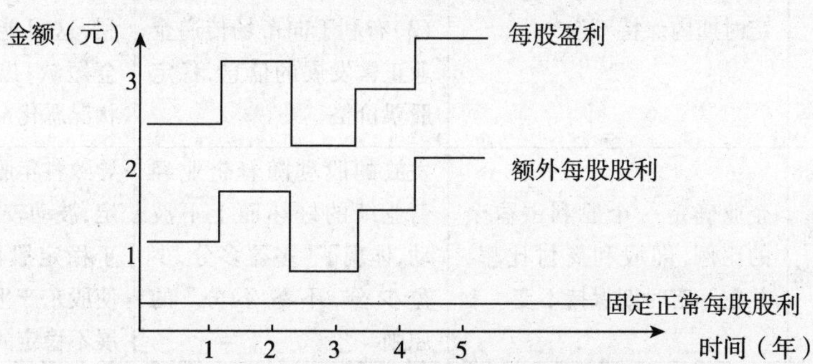

图 15-4　低正常股利加额外股利政策

2. 采用本政策的理由

（1）这种股利政策使公司具有较大的灵活性。当公司盈余较少或投资需要较多资金时，可维持设定的较低但正常的股利，股东不会有股利跌落感；而当盈余有较大幅度增加时,则可适度增发股利,把经济繁荣的部分利益分配给股东,使他们增强对公司的信心,这有利于稳定股票的价格。

(2)这种股利政策可使那些依靠股利度日的股东每年至少可以得到虽然较低但比较稳定的股利收入,从而吸引住这部分股东。

下面我们对前面所讲的各股利政策的优缺点进行一个概括,如表15-1所示。

表15-1 各种股利政策的含义及优缺点

股利政策	含义	优点	缺点
剩余股利政策	在企业有良好投资机会时,根据公司设定的目标资本结构(在此资本结构下,综合的资本成本将降到最低水平),确定目标资本结构下投资所需的股东权益资本,先最大限度地使用保留盈余来满足投资方案所需的所有者权益资本,然后将剩余的盈余作为股利发放给股东	有利于公司保持理想的资本结构,充分利用筹资成本最低的资金来源,使综合资金成本降至最低	会造成股票价格波动
固定股利政策	企业将每年发放的股利固定在一定的水平上,并在一定时期内保持不变	(1)有利于树立公司良好的形象 (2)有利于投资者安排股利收入和支出 (3)有利于向市场传递企业正常发展的信息,稳定股票价格	会造成股利的支付与盈余脱节,当企业盈余较低时,仍然要支付固定的股利,这可能导致资金短缺,出现财务状况恶化
固定股利支付率政策	企业确定一个股利占盈余的比例,即股利支付比率,并在一定时期保持不变	发放的股利随着企业经营业绩的好坏而上下波动,体现了“多盈多分,少盈少分,不盈不分”的原则	导致各年股利不稳定,波动较大,不利于稳定股价,容易使股东产生企业发展不稳定的感觉
低正常股利加额外股利政策	企业在一般情况下,每年发放数额较低的股利,当盈余较多时,企业再根据实际盈余向股东发放额外股利的政策	(1)有利于公司灵活掌握资金的调配 (2)吸引以股利收入度日的股东	

四、行为金融对股利政策的解释

行为金融对有效资本市场提出了重大挑战。同样,行为金融也为高股利或者股东偏好股利提供了另外一种解释。

这里,我们先介绍一个心理学上十分重要的概念:自我控制。自我控制又称自我管理、自我监控、自我调整、自律性管理,是自我意识的重要成分。自我监控是指个体对自身的心理与行为的主动掌握,调整自己的动机与行动,以达到所预定的模式或目标的自我实现过程。它是一种人格特质。

行为金融从投资者须应对自我控制这个角度出发,来研究投资者为什么更加倾向于高股利政策?假设一名退休者打算一年从其储蓄、社保金和养老金中拿出 20 000 元消费,他既可以购买一年足可以分配 20 000 元的高股利收益率股票,也可以购买不发放股利的股票,然后每年出售 20 000 元的股票来消费。两种方法的财务结果相同,不过第二种方法灵活得多。如果缺乏自我控制,他就可能股票卖得太多,留给以后年份的股票就比较少。比较好的办法或许是投资于发放股利的股票,并且严格遵守永远不消耗本金的原则。尽管行为学家们并没有声称此方法对每个人都有效,但确实有很多人这样考虑,这足以解释为什么虽然股利要缴税,公司却仍然发放股利。

行为金融学家却不赞同增加股票回购(下文有详细介绍)。因为投资者会卖掉公司回购的股票。正如前文所说,出售股票较为灵活,投资者可能一时卖出太多的股票,导致留给以后年份的股票较少。因此,行为金融学派很好地解释了为什么公司在征收个人所得税的情况下仍然发放股利。

第三节 股票股利、股票分割和回购

一、股票股利

股票股利是公司以发放股票作为股利的支付方式。股票股利并不直接增加股东的财富,不导致公司资产的流出或负债的增加,同时也并不因此而增加公司的财产,但会引起所有者权益各项目的结构发生变化。发放股票股利以后,如果盈利总额与市盈率不变,会由于普通股股数增加而引起每股收益和每股市价的下降。但由于股东所持股份的比例不变,每位股东所持有股票的市场价值总额仍保持不变,因而股票股利不涉及公司的现金流。

【例 15-4】 假定某公司发行在外的普通股股数为 50 万股,每股面值为 1 元,现宣告发放 20% 的股票股利,现有股东每持有 10 股就可收到 2 股的新发行股票,即增加 10 万股的普通股票。如当时市价为每股 4 元,公司发放股票股利前后的股权资本结构状况见表 15-2。

表 15-2 某公司股权资本结构变动情况

	发放股票股利前	发放股票股利后
发行股数(面值 1 元)	50 万股	60 万股
股本(面值数)(万元)	50	60
资本公积(万元)	10	40
留存收益(万元)	200	160
股东权益总计(万元)	260	260
每股账面价值(元)	5.2	4.33

从表 15-2 可以看出,随着股票股利的发放,有 40 万元(10 万股 ×4 元)的账款发生了转移:从留存收益项目中有 10 万元(10 万股 ×1 元)转入普通股股本,另 30 万元(40 万元 -10 万元)转入资本公积金账户。但该公司的股东权益总额并未发生变化。

【例 15-5】 某公司假定该公司宣布发放 10% 的股票股利,即发放 20 000 股普通股股票,并规定现有股东每持 10 股可得 1 股新发放股票。若该股票当时市价 20 元,随着普通股利的发放,按照股票市值需从留存收益划出的资金为:

$$20 \times 200\ 000 \times 10\% = 400\ 000(元)$$

派发 20 000 股的股票股利后,使股本账户增加了 20 000 元,由于股票面额(1 元)不变,股本数量也增加了 20 000 股,即从派发前的 200 000 股增加到 220 000股。其余的 380 000 (400 000 -20 000)元应作为股票溢价转至公积金账户,而公司股东权益总额保持不变。公司股东权益各项目在发放股票股利前后的情况如表 15-3 所示。

表 15-3　股票股利发放前后对比表　　单位:万元

项目	发放股票股利前	发放股票股利后
股本	200 000	220 000
资本公积	400 000	780 000
留存收益	2 000 000	1 600 000
股东权益合计	2 600 000	2 600 000

发放股票股利后,如果盈利总额和市盈率不变,会由于普通股股数增加而引起每股收益和每股市价的下降;但又由于股东所持股份的比例不变,每位股东所持股票的市场价值总额仍保持不变。这可从例 15－6 中得到说明。

【例 15－6】 假定在例 15－5 中公司本年盈余为 440 000 元,某股东持有 20 000 股普通股。假设市盈率不变,发放股票股利对该股东的影响如表 15-4 所示。

表 15-4　股票股利发放前后对比表　　单位:元

项目	发放前	发放后
每股收益	440 000/200 000 = 2.2	440 000/220 000 = 2.2
每股市价	20	20/(1 + 10%) = 18.18
持股比例	(20 000/200 000) × 100% = 10%	(22 000/220 000) × 100% = 10%
所持股总价值	20 × 20 000 = 400 000	18.18 × 22 000 = 400 000

发放股票股利对每股收益和每股市价的影响,可以通过对每股收益、每股市价的调整直接算出:

$$发放股票股利后的每股收益 = \frac{E_0}{1 + D}$$

其中,E_0 为发放股票股利前的每股收益;D_s 为股票股利发放率。

$$发放股票股利后的每股市价 = \frac{M}{1 + D_S}$$

其中,M 为股利分配权转移日的每股市价;D_s 为股票股利发放率。

依例 15－6 资料:

发放股票股利后的每股收益 = 2.2/(1 + 10%) = 2 元

发放股票股利后的每股市价 = 20/(1 + 10%) = 18.18 元

我国上市公司在实施利润分配方案时,可以是单独实施发放现金股利或股票股利的分配方案,也可以是现金股利与股票股利组合方案,或者同时伴随着从资本公积转增股本的方案。由于股票股利与转增都会增加股本数量,但每个股东持有股份的比例并未改变,结果导致每股价值被稀释,从而使股票交易价格下降。

在除权(除息)日,上市公司发放现金股利与股票股利后股票的除权参考价:

$$\text{除权价} = \frac{\text{股权登记日收盘价} - \text{每股现金股利}}{1 + \text{送股率} + \text{转增率}}$$

从纯粹经济的角度看,股票股利没有改变公司所有者权益总额,既不增加股东财富与公司的价值,也不改变财富的分配,仅仅增加了股份数量,但对股东和公司都有特殊意义。股票股利的意义主要表现在几个方面:

一是使股票的交易价格保持在合理的范围之内。在盈余和现金股利不变的情况下,发放股票股利可以降低每股价值,使股价保持在合理的范围内,从而吸引更多的投资者。我们可以设想,如果微软等优秀公司从不发放股票股利或者进行股票分割,其股价已经几千美元,会大大超出正常交易价格。

二是以较低的成本向市场传达利好信号。通常管理者在公司前景看好时,才会发放股票股利。管理者拥有比外部人更多的信息,外部人把股票股利的发放视为利好信号。因此,平均来说发放股票股利后股价会在短时间内上升。不过,如果未来几个月内市场没有见到股利或盈余真的增加,股价就会回到原来水平。

三是有利于保持公司的流动性。公司持有一定数量的现金是公司流动性的标志。向股东分派股票股利本身并未发生现金流出企业,仅改变了所有权权益的内部结构,如果每股现金股利的水平较高会影响到公司现金持有水平,配合适当发放一定数量的股票股利可以使股东在分享公司盈余的同时也使现金留存在企业内部,作为营运资金或用于其他用途。

二、股票分割

股票分割又称股票拆细,即将一张较大面值的股票拆成几张较小面值的股票。

股票分割对公司的资本结构不会产生任何影响,一般只会使发行在外的股票总数增加，资产负债表中股东权益各账户（股本、资本公积、留存收益）的余额都保持不变，股东权益的总额也保持不变。

股票分割给投资者带来的不是现实的利益，但是投资者持有的股票数增加了，给投资者带来了今后可多分股息和更高收益的希望，因此股票分割往往比增加股息派发对股价上涨的刺激作用更大。

【例 15－7】　某公司原发行面额 2 元的普通股 200 000 股，若按 1 股换成 2 股的比例进行股票分割，分割前后每股权益计算如表 15-5、表 15-6 所示。

表 15-5　股票分割前的股东权益　单位：元

项目	金额
普通股（面额 2 元，已发行 200 000 股）	400 000
资本公积	800 000
未分配利润	4 000 000
股东合计权益	5 200 000

表 15-6　股票分割后的股东权益　单位：元

项目	金额
普通股（面额 1 元，已发行 400 000 股）	400 000
资本公积	800 000
未分配利润	4 000 000
股东合计权益	5 200 000

假定公司本年净利润 440 000 元，那么股票分割前的每股收益为 2. 2 元（440 000/20 0000）。

假定股票分割后公司的净利润不变，分割后的每股收益为 1. 1 元，如果市盈率不变，每股市价也会因此而下降。

从实践效果看，由于股票分割与股票股利非常接近，所以一般要根据证券管理部门的具体规定对两者加以区分。例如，有的国家证券交易机构规定，发放 25% 以上的股票股利即属于股票分割。

对于公司来讲，实行股票分割的主要目的在于通过增加股票股数降低每股市价，从而吸引更多的投资者。此外，股票分割往往是成长中公司的行为，所以宣布股票分割后容易给人一种“公司正处于发展之中”的印象，这种利好信息会在短时间内提高股价。从纯粹经济的角度看,股票分割和股票股利没有什么区别。

尽管股票分割与发放股利都能达到降低公司股价的目的,但一般来说,只有在公司股价暴涨且预期难以下降时,才采用股票分割的办法降低股价;而在公司股价上涨幅度不大时,往往通过发放股票股利将股价维持在理想的范围之内。

相反,若公司认为自己股票的价格过低,为了提高股价,会采取反分割(也称为股票合并)的措施。反分割是股票分割的相反行为,即将数股面额较低的股票合并为一股面额较高的股票。

三、股票回购

股票回购是指上市公司利用现金等方式,从股票市场上购回本公司发行在外的一定数额的股票的行为。公司在股票回购完成后可以将所回购的股票注销。但在绝大多数情况下,公司将回购的股票作为“库藏股”保留,仍属于发行在外的股票,但不参与每股收益的计算和分配。库藏股日后可移作他用,如发行可转换债券、雇员福利计划等,或在需要资金时将其出售。近年来,股票回购已成为公司向股东分配利润的一个重要形式,尤其当避税效用显著时,股票回购就可能是股利政策的一个有效的替代方式。

(一)股票回购的意义

股票回购是指公司购回自身发行在外的股票。公司以多余现金购回股东所持有的股份,使流通在外的股份减少,每股股利增加,从而会使股价上升,股东能因此获得资本利得,这相当于公司支付给股东现金股利。所以,可以将股票回购看做一种现金股利的替代方式。股票回购与现金股利对股东的同等效用,可以通过例 15-8 说明。

【例 15-8】 某公司普通股的每股收益、每股市价等资料如表 15-7 所示。

表 15-7 某公司普通股资料表

税后利润	4 000 000 元
流通股数	1 000 000 股
每股收益(4 000 000/1 000 000)	4 元
每股市价	40 元
市盈率(40/4)	10

假定公司准备从盈利中拨出 1 000 000 元发放现金股利，每股可得股利为 1 元(1 000 000/1 000 000)，那么每股市价将为 41 元(原市价 40 元 + 预期股利 1 元)。

若公司改为用 1 000 000 元以每股 41 元的价格回购股票，可购得 24 390 股(1 000 000/41)，那么每股收益将为：

$$EPS = 4\ 000\ 000/(1\ 000\ 000 - 24\ 390) = 4.1\text{ 元}$$

如果市盈率仍为 10，股票回购后的每股市价将为 41 元(4.1 × 10)。这与支付现金股利之后的每股市价相同。可见，公司不论采用支付现金股利的方式还是股票回购的方式，分配给股东的每股现金都是 1 元。

然而，股票回购却有着与发放现金股利不同的意义。

1. 对于股东的意义

股票回购后股东得到的资本利得需缴纳资本利得税，发放现金股利后股东则需缴纳股息税。在前者低于后者的情况下，股东将得到纳税上的好处。但另一方面，各种因素很可能因股票回购而发生变化的，结果是否对股东有利难以预料。也就是说，股票回购对股东利益具有不确定的影响。

2. 对于公司的意义

进行股票回购的最终目的是有利于增加公司的价值：

(1)公司进行股票回购的目的之一是向市场传递股价被低估的信号。股票回购有着与股票发行相反的作用。股票发行被认为是公司股票被高估的信号，如果公司管理层认为公司目前的股价被低估，通过股票回购，向市场传递了积极信息。股票回购的市场反应通常是提升了股价，有利于稳定公司股票价格。如果回购以后股票仍被低估，剩余股东也可以从低价回购中获利。

(2)当公司可支配的现金流明显超过投资项目所需的现金流时，可以用自由现金流进行股票回购，有助于增加每股盈利水平。股票回购减少了公司自由现金流，起到了降低管理层代理成本的作用。管理层通过股票回购试图使投资者相信公司的股票是具有投资吸引力的，公司没有把股东的钱浪费在收益不好的投资中。

(3)避免股利波动带来的负面影响。当公司剩余现金是暂时的或者是不稳定的，没有把握能够长期维持高股利政策时，可以在维持一个相对稳定的股利支付率的基础上，通过股票回购发放股利。

(4)发挥财务杠杆的作用。如果公司认为资本结构中权益资本的比例较高,可以通过股票回购提高负债比率,改变公司的资本结构,并有助于降低加权平均资本成本。虽然发放现金股利也可以减少股东权益,增加财务杠杆,但两者在收益相同情形下的每股收益不同。特别是如果通过发行债券融资回购本公司的股票,可以快速提高负债比率。

(5)通过股票回购,可以减少外部流通股的数量,提高股票价格,在一定程度上降低公司被收购的风险。

(6)调节所有权结构。公司拥有回购的股票(库藏股),可以用来交换被收购或被兼并公司的股票,也可用来满足认股权证持有人认购公司股票或可转换债券持有人转换公司普通股的需要,还可以在执行管理层与员工股票期权时使用,避免发行新股而稀释收益。

我国《公司法》规定,公司只有在以下四种情况下才能回购本公司的股份:一是减少公司注册资本;二是与持有本公司股份的其他公司合并;三是将股份奖励给本公司职工;四是股东因对股东大会做出的合并、分立决议持异议,要求公司收购其股份。

公司因第一种情况收购本公司股份的,应当在收购之日起10日内注销;属于第二、第四种情况的,应当在6个月内转让或注销。公司因奖励职工回购股份的,不得超过本公司已发行股份总额的5%;用于回购的资金应当从公司的税后利润中支出;所收购的股份应当在一年内转让给职工。可见我国法规并不允许公司拥有西方实务中常见的库藏股。

(二)股票回购的方式

股票回购的方式按照不同的分类标准主要有以下几种:

1. 按照股票回购的地点分

按照股票回购的地点不同,可分为场内公开收购和场外协议收购两种。

场内公开收购是指上市公司把自己等同于任何潜在的投资者,委托在证券交易所有正式交易席位的证券公司,代自己按照公司股票当前市场价格回购。在国外较为成熟的股票市场上,这一种方式较为流行。据不完全统计,20世纪整个80年代,美国公司采用这一种方式回购的股票总金额为2 300亿美元左右,占整个回购金额的85%以上。虽然这一种方式的透明度比较高,但很难防止价格操纵和内幕交易,因而,美国证券交易委员会对实施场内回购的时间、价格和数量等均有严格的监管规则。

场外协议收购是指股票发行公司与某一类(如国家股)或某几类(如法人股、B股)投资者直接见面,通过在店头市场协商来回购股票的一种方式。协商的内容包括价格和数量的确定以及执行时间等。很显然,这一种方式的缺陷就在于透明度比较低,有违于股市“三公”原则。

2. 按照筹资方式分

按照筹资方式,可分为举债回购、现金回购和混合回购。

举债回购是指企业通过向银行等金融机构借款的办法来回购本公司股票,其目的无非是防御其他公司的敌意兼并与收购。

现金回购是指企业利用剩余资金来回购本公司的股票。

混合回购是指企业既动用剩余资金,又向银行等金融机构举债来回购本公司股票。

3. 按照资产置换范围分

按照资产置换范围,划分为出售资产回购股票、利用手持债券和优先股交换(回购)公司普通股、债务股权置换。

出售资产回购股票是指公司通过出售资产筹集资金回购本公司股票。

利用手持债券和优先股交换(回购)公司普通股是指公司使用手持债券和优先股换回(回购)本公司股票。

债务股权置换是指公司使用同等市场价值的债券换回本公司股票。例如1986年,Owenc Corning公司使用52美元的现金和票面价值35美元的债券交换其发行在外的每股股票,以提高公司的负债比例。

4. 按照回购价格的确定方式分

按照回购价格的确定方式,可分为固定价格要约回购和荷兰式拍卖回购。

固定价格要约回购是指企业在特定时间发出的以某一高出股票当前市场价格的价格水平,回购既定数量股票的要约。为了在短时间内回购数量相对较多的股票,公司可以宣布固定价格回购要约。它的优点是赋予所有股东向公司出售其所持股票的均等机会,而且通常情况下公司享有在回购数量不足时取消回购计划或延长要约有效期的权力。与公开收购相比,固定价格要约回购通常被认为是更积极的信号,其原因可能是要约价格存在高出市场当前价格的溢价。但是,溢价的存在也使得固定价格回购要约的执行成本较高。

荷兰式拍卖回购首次出现于 1981 年 Todd 造船公司的股票回购。此种方式的股票回购在回购价格确定方面给予公司更大的灵活性。在荷兰式拍卖的股票回购中，首先公司指定回购价格的范围（通常较宽）和计划回购的股票数量（可以上下限的形式表示）；而后股东进行投标，说明愿意以某一特定价格水平（股东在公司指定的回购价格范围内任选）出售股票的数量；公司汇总所有股东提交的价格和数量，确定此次股票回购的“价格—数量曲线”，并根据实际回购数量确定最终的回购价格。

除了以上股票回购方式外，现实中还有一种回购方式：可转让出售权回购方式。所谓可转让出售权，是实施股票回购的公司赋予股东在一定期限内以特定价格向公司出售其持有股票的权利。之所以称为“可转让”是因为此权利一旦形成，就可以同依附的股票分离，而且分离后可在市场上自由买卖。执行股票回购的公司向其股东发行可转让出售权，那些不愿意出售股票的股东可以单独出售该权利，从而满足了各类股东的需求。此外，因为可转让出售权的发行数量限制了股东向公司出售股票的数量，所以这种方式还可以避免股东过度接受回购要约的情况。

本章小结

(1)股利决策是关于公司是否发放股利、发放多少以及何时发放股利等方面的方针和策略，所涉及的内容主要是公司对其收益是进行分配还是留存盈余用于再投资的决策问题。

(2)股利是指公司将税后收益分派给股东的那部分报酬，通常是以股东投资额为分配的依据。衡量股利支付的主要财务指标有每股收益、股利支付率和股票收益率等。

(3)股利发放的形式主要有现金股利、财产股利、债券股利、股票股利和股票回购等形式。一般来讲，股利增加，股票市场的反应为股价上升；股利减少，股价下跌，这说明发放股利具有信息内涵，而由于存在客户效应，所以公司不能通过改变股利政策来创造价值。

(4)股利政策理论的重点是探讨股利政策是否影响公司的价值，围绕这个观点，产生了股利无关论和股利相关论。

(5)股利发放形式的选择要根据股东的偏好、市场的限制以及税率，法规等影响因素的综合考虑。

思考题

1. 简述股利分配的形式及其特点。

2. 各股利政策的优缺点是什么?

3. 简述 MM 股利无关论的基本假设和主要观点。

4. 税收政策变化是如何影响除息股票的价格的?

5. 你认为税收政策变化是如何影响股票回购相对于股利支付的吸引力的?

6. 实证研究表明,公司首次股利发放宣告当天,股票价格将大幅上涨。据此,请问公司首次股利发放宣告具有什么信息内涵?

7. 股票回购的意义是什么?

8. 股票回购的主要方式是哪些?

进一步阅读书目

[1]中国注册会计师协会. 财务成本管理[M]. 北京:经济科学出版社,2012.

[2]Stephen A. Ross,等. 公司理财[M]. 北京:机械工业出版社,2009.

[3]安杰,贾创雄,高雷. 财务管理[M]. 北京:清华大学出版社,北京交通大学出版社,2009.

[4]杨丽荣. 公司金融学[M]. 北京:科学出版社,2005.

[5]陈雨露. 公司理财[M]. 北京:高等教育出版社,2003.

[6]冯曰欣,王俊籽. 公司金融[M]. 北京:经济科学出版社,2006.

[7]易宪容,赵春明. 行为金融学[M]. 北京:社会科学文献出版社,2004.

[8]赫什·舍夫林. 行为公司金融[M]. 郑晓雷,译. 北京:中国人民大学出版社,2007.

附录:数据表

表 A-1　复利现值系数表:$PVIF = 1/(1 + r)^T$

T	r								
	1%	2%	3%	4%	5%	6%	7%	8%	9%
1	0.990 1	0.980 4	0.970 9	0.961 5	0.952 4	0.943 4	0.934 6	0.925 9	0.917 4
2	0.980 3	0.961 2	0.942 6	0.924 6	0.907 0	0.890 0	0.873 4	0.857 3	0.841 7
3	0.970 6	0.942 3	0.915 1	0.889 0	0.863 8	0.839 6	0.816 3	0.793 8	0.772 2
4	0.961 0	0.923 8	0.888 5	0.854 8	0.822 7	0.792 1	0.762 9	0.735 0	0.708 4
5	0.951 5	0.905 7	0.862 6	0.821 9	0.783 5	0.747 3	0.713 0	0.680 6	0.649 9
6	0.942 0	0.888 0	0.837 5	0.790 3	0.746 2	0.705 0	0.666 3	0.630 2	0.596 3
7	0.932 7	0.870 6	0.813 1	0.759 9	0.710 7	0.665 1	0.622 7	0.583 5	0.547 0
8	0.923 5	0.853 5	0.789 4	0.730 7	0.676 8	0.627 4	0.582 0	0.540 3	0.501 9
9	0.914 3	0.836 8	0.766 4	0.702 6	0.644 6	0.591 9	0.543 9	0.500 2	0.460 4
10	0.905 3	0.820 3	0.744 1	0.675 6	0.613 9	0.558 4	0.508 3	0.463 2	0.422 4
11	0.896 3	0.804 3	0.722 4	0.649 6	0.584 7	0.526 8	0.475 1	0.428 9	0.387 5
12	0.887 4	0.788 5	0.701 4	0.624 6	0.556 8	0.497 0	0.444 0	0.397 1	0.355 5
13	0.878 7	0.773 0	0.681 0	0.600 6	0.530 3	0.468 8	0.415 0	0.367 7	0.326 2
14	0.870 0	0.757 9	0.661 1	0.577 5	0.505 1	0.442 3	0.387 8	0.340 5	0.299 2
15	0.861 3	0.743 0	0.641 9	0.555 3	0.481 0	0.417 3	0.362 4	0.315 2	0.274 5
16	0.852 8	0.728 4	0.623 2	0.533 9	0.458 1	0.393 6	0.338 7	0.291 9	0.251 9
17	0.844 4	0.714 2	0.605 0	0.513 4	0.436 3	0.371 4	0.316 6	0.270 3	0.231 1
18	0.836 0	0.700 2	0.587 4	0.493 6	0.415 5	0.350 3	0.295 9	0.250 2	0.212 0
19	0.827 7	0.686 4	0.570 3	0.474 6	0.395 7	0.330 5	0.276 5	0.231 7	0.194 5
20	0.819 5	0.673 0	0.553 7	0.456 4	0.376 9	0.311 8	0.258 4	0.214 5	0.178 4
21	0.811 4	0.659 8	0.537 5	0.438 8	0.358 9	0.294 2	0.241 5	0.198 7	0.163 7
22	0.803 4	0.646 8	0.521 9	0.422 0	0.341 8	0.277 5	0.225 7	0.183 9	0.150 2
23	0.795 4	0.634 2	0.506 7	0.405 7	0.325 6	0.261 8	0.210 9	0.170 3	0.137 8
24	0.787 6	0.621 7	0.491 9	0.390 1	0.310 1	0.247 0	0.197 1	0.157 7	0.126 4
25	0.779 8	0.609 5	0.477 6	0.375 1	0.295 3	0.233 0	0.184 2	0.146 0	0.116 0
30	0.741 9	0.552 1	0.412 0	0.308 3	0.231 4	0.174 1	0.131 4	0.099 4	0.075 4
40	0.671 7	0.452 9	0.306 6	0.208 3	0.142 0	0.097 2	0.066 8	0.046 0	0.031 8
50	0.608 0	0.371 5	0.228 1	0.140 7	0.087 2	0.054 3	0.033 9	0.021 3	0.013 4

续表

T	r										
	10%	12%	14%	15%	16%	18%	20%	24%	28%	32%	36%
1	0.909 1	0.892 9	0.877 2	0.869 6	0.862 1	0.847 5	0.833 3	0.806 5	0.781 3	0.757 6	0.735 3
2	0.826 4	0.797 2	0.769 5	0.756 1	0.743 2	0.718 2	0.694 4	0.650 4	0.610 4	0.573 9	0.540 7
3	0.751 3	0.711 8	0.675 0	0.657 5	0.640 7	0.608 6	0.578 7	0.524 5	0.476 8	0.434 8	0.397 5
4	0.683 0	0.635 5	0.592 1	0.571 8	0.552 3	0.515 8	0.482 3	0.423 0	0.372 5	0.329 4	0.292 3
5	0.620 9	0.567 4	0.519 4	0.497 2	0.476 1	0.437 1	0.401 9	0.341 1	0.291 0	0.249 5	0.214 9
6	0.564 5	0.506 6	0.455 6	0.432 3	0.410 4	0.370 4	0.334 9	0.275 1	0.227 4	0.189 0	0.158 0
7	0.513 2	0.452 3	0.399 6	0.375 9	0.353 8	0.313 9	0.279 1	0.221 8	0.177 6	0.143 2	0.116 2
8	0.466 5	0.403 9	0.350 6	0.326 9	0.305 0	0.266 0	0.232 6	0.178 9	0.138 8	0.108 5	0.085 4
9	0.424 1	0.360 6	0.307 5	0.284 3	0.263 0	0.225 5	0.193 8	0.144 3	0.108 4	0.082 2	0.062 8
10	0.385 5	0.322 0	0.269 7	0.247 2	0.226 7	0.191 1	0.161 5	0.116 4	0.084 7	0.062 3	0.046 2
11	0.350 5	0.287 5	0.236 6	0.214 9	0.195 4	0.161 9	0.134 6	0.093 8	0.066 2	0.047 2	0.034 0
12	0.318 6	0.256 7	0.207 6	0.186 9	0.168 5	0.137 2	0.112 2	0.075 7	0.051 7	0.035 7	0.025 0
13	0.289 7	0.229 2	0.182 1	0.162 5	0.145 2	0.116 3	0.093 5	0.061 0	0.040 4	0.027 1	0.018 4
14	0.263 3	0.204 6	0.159 7	0.141 3	0.125 2	0.098 5	0.077 9	0.049 2	0.031 6	0.020 5	0.013 5
15	0.239 4	0.182 7	0.140 1	0.122 9	0.107 9	0.083 5	0.064 9	0.039 7	0.024 7	0.015 5	0.009 9
16	0.217 6	0.163 1	0.122 9	0.106 9	0.093 0	0.070 8	0.054 1	0.032 0	0.019 3	0.011 8	0.007 3
17	0.197 8	0.145 6	0.107 8	0.092 9	0.080 2	0.060 0	0.045 1	0.025 8	0.015 0	0.008 9	0.005 4
18	0.179 9	0.130 0	0.094 6	0.080 8	0.069 1	0.050 8	0.037 6	0.020 8	0.011 8	0.006 8	0.003 9
19	0.163 5	0.116 1	0.082 9	0.070 3	0.059 6	0.043 1	0.031 3	0.016 8	0.009 2	0.005 1	0.002 9
20	0.148 6	0.103 7	0.072 8	0.061 1	0.051 4	0.036 5	0.026 1	0.013 5	0.007 2	0.003 9	0.002 1
21	0.135 1	0.092 6	0.063 8	0.053 1	0.044 3	0.030 9	0.021 7	0.010 9	0.005 6	0.002 9	0.001 6
22	0.122 8	0.082 6	0.056 0	0.046 2	0.038 2	0.026 2	0.018 1	0.008 8	0.004 4	0.002 2	0.001 2
23	0.111 7	0.073 8	0.049 1	0.040 2	0.032 9	0.022 2	0.015 1	0.007 1	0.003 4	0.001 7	0.000 8
24	0.101 5	0.065 9	0.043 1	0.034 9	0.028 4	0.018 8	0.012 6	0.005 7	0.002 7	0.001 3	0.000 6
25	0.092 3	0.058 8	0.037 8	0.030 4	0.024 5	0.016 0	0.010 5	0.004 6	0.002 1	0.001 0	0.000 5
30	0.057 3	0.033 4	0.019 6	0.015 1	0.011 6	0.007 0	0.004 2	0.001 6	0.000 6	0.000 2	0.000 1
40	0.022 1	0.010 7	0.005 3	0.003 7	0.002 6	0.001 3	0.000 7	0.000 2	0.000 1	*	*
50	0.008 5	0.003 5	0.001 4	0.000 9	0.000 6	0.000 3	0.000 1	*	*	*	*

注：* 系数保留到小数点后 4 位

表 A-2　年金现值系数表：PVIFA = [1 - 1/(1 + r)^T]/r

T	r								
	1%	2%	3%	4%	5%	6%	7%	8%	9%
1	0.990 1	0.980 4	0.970 9	0.961 5	0.952 4	0.943 4	0.934 6	0.925 9	0.917 4
2	1.970 4	1.941 6	1.913 5	1.886 1	1.859 4	1.833 4	1.808 0	1.783 3	1.759 1
3	2.941 0	2.883 9	2.828 6	2.775 1	2.723 2	2.673 0	2.624 3	2.577 1	2.531 3
4	3.902 0	3.807 7	3.717 1	3.629 9	3.546 0	3.465 1	3.387 2	3.312 1	3.239 7
5	4.853 4	4.713 5	4.579 7	4.451 8	4.329 5	4.212 4	4.100 2	3.992 7	3.889 7
6	5.795 5	5.601 4	5.417 2	5.242 1	5.075 7	4.917 3	4.766 5	4.622 9	4.485 9
7	6.728 2	6.472 0	6.230 3	6.002 1	5.786 4	5.582 4	5.389 3	5.206 4	5.033 0
8	7.651 7	7.325 5	7.019 7	6.732 7	6.463 2	6.209 8	5.971 3	5.746 6	5.534 8
9	8.566 0	8.162 2	7.786 1	7.435 3	7.107 8	6.801 7	6.515 2	6.246 9	5.995 2
10	9.471 3	8.982 6	8.530 2	8.110 9	7.721 7	7.360 1	7.023 6	6.710 1	6.417 7
11	10.367 6	9.786 8	9.252 6	8.760 5	8.306 4	7.886 9	7.498 7	7.139 0	6.805 2
12	11.255 1	10.575 3	9.954 0	9.385 1	8.863 3	8.383 8	7.942 7	7.536 1	7.160 7
13	12.133 7	11.348 4	10.635 0	9.985 6	9.393 6	8.852 7	8.357 7	7.903 8	7.486 9
14	13.003 7	12.106 2	11.296 1	10.563 1	9.898 6	9.295 0	8.745 5	8.244 2	7.786 2
15	13.865 1	12.849 3	11.937 9	11.118 4	10.379 7	9.712 2	9.107 9	8.559 5	8.060 7
16	14.717 9	13.577 7	12.561 1	11.652 3	10.837 8	10.105 9	9.446 6	8.851 4	8.312 6
17	15.562 3	14.291 9	13.166 1	12.165 7	11.274 1	10.477 3	9.763 2	9.121 6	8.543 6
18	16.398 3	14.992 0	13.753 5	12.659 3	11.689 6	10.827 6	10.059 1	9.371 9	8.755 6
19	17.226 0	15.678 5	14.323 8	13.133 9	12.085 3	11.158 1	10.335 6	9.603 6	8.950 1
20	18.045 6	16.351 4	14.877 5	13.590 3	12.462 2	11.469 9	10.594 0	9.818 1	9.128 5
21	18.857 0	17.011 2	15.415 0	14.029 2	12.821 2	11.764 1	10.835 5	10.016 8	9.292 2
22	19.660 4	17.658 0	15.936 9	14.451 1	13.163 0	12.041 6	11.061 2	10.200 7	9.442 4
23	20.455 8	18.292 2	16.443 6	14.856 8	13.488 6	12.303 4	11.272 2	10.371 1	9.580 2
24	21.243 4	18.913 9	16.935 5	15.247 0	13.798 6	12.550 4	11.469 3	10.528 8	9.706 6
25	22.023 2	19.523 5	17.413 1	15.622 1	14.093 9	12.783 4	11.653 6	10.674 8	9.822 6
30	25.807 7	22.396 5	19.600 4	17.292 0	15.372 5	13.764 8	12.409 0	11.257 8	10.273 7
40	32.834 7	27.355 5	23.114 8	19.792 8	17.159 1	15.046 3	13.331 7	11.924 6	10.757 4
50	39.196 1	31.423 6	25.729 8	21.482 2	18.255 9	15.761 9	13.800 7	12.233 5	10.961 7

续表

T	r									
	10%	12%	14%	15%	16%	18%	20%	24%	28%	32%
1	0.909 1	0.892 9	0.877 2	0.869 6	0.862 1	0.847 5	0.833 3	0.806 5	0.781 3	0.757 6
2	1.735 5	1.690 1	1.646 7	1.625 7	1.605 2	1.565 6	1.527 8	1.456 8	1.391 6	1.331 5
3	2.486 9	2.401 8	2.321 6	2.283 2	2.245 9	2.174 3	2.106 5	1.981 3	1.868 4	1.766 3
4	3.169 9	3.037 3	2.913 7	2.855 0	2.798 2	2.690 1	2.588 7	2.404 3	2.241 0	2.095 7
5	3.790 8	3.604 8	3.433 1	3.352 2	3.274 3	3.127 2	2.990 6	2.745 4	2.532 0	2.345 2
6	4.355 3	4.111 4	3.888 7	3.784 5	3.684 7	3.497 6	3.325 5	3.020 5	2.759 4	2.534 2
7	4.868 4	4.563 8	4.288 3	4.160 4	4.038 6	3.811 5	3.604 6	3.242 3	2.937 0	2.677 5
8	5.334 9	4.967 6	4.638 9	4.487 3	4.343 6	4.077 6	3.837 2	3.421 2	3.075 8	2.786 0
9	5.759 0	5.328 2	4.946 4	4.771 6	4.606 5	4.303 0	4.031 0	3.565 5	3.184 2	2.868 1
10	6.144 6	5.650 2	5.216 1	5.018 8	4.833 2	4.494 1	4.192 5	3.681 9	3.268 9	2.930 4
11	6.495 1	5.937 7	5.452 7	5.233 7	5.028 6	4.656 0	4.327 1	3.775 7	3.335 1	2.977 6
12	6.813 7	6.194 4	5.660 3	5.420 6	5.197 1	4.793 2	4.439 2	3.851 4	3.386 8	3.013 3
13	7.103 4	6.423 5	5.842 4	5.583 1	5.342 3	4.909 5	4.532 7	3.912 4	3.427 2	3.040 4
14	7.366 7	6.628 2	6.002 1	5.724 5	5.467 5	5.008 1	4.610 6	3.961 6	3.458 7	3.060 9
15	7.606 1	6.810 9	6.142 2	5.847 4	5.575 5	5.091 6	4.675 5	4.001 3	3.483 4	3.076 4
16	7.823 7	6.974 0	6.265 1	5.954 2	5.668 5	5.162 4	4.729 6	4.033 3	3.502 6	3.088 2
17	8.021 6	7.119 6	6.372 9	6.047 2	5.748 7	5.222 3	4.774 6	4.059 1	3.517 7	3.097 1
18	8.201 4	7.249 7	6.467 4	6.128 0	5.817 8	5.273 2	4.812 2	4.079 9	3.529 4	3.103 9
19	8.364 9	7.365 8	6.550 4	6.198 2	5.877 5	5.316 2	4.843 5	4.096 7	3.538 6	3.109 0
20	8.513 6	7.469 4	6.623 1	6.259 3	5.928 8	5.35 27	4.869 6	4.110 3	3.545 8	3.112 9
21	8.648 7	7.562 0	6.687 0	6.312 5	5.973 1	5.383 7	4.891 3	4.121 2	3.551 4	3.115 8
22	8.771 5	7.644 6	6.742 9	6.358 7	6.011 3	5.409 9	4.909 4	4.130 0	3.555 8	3.118 0
23	8.883 2	7.718 4	6.792 1	6.398 8	6.044 2	5.432 1	4.924 5	4.137 1	3.559 2	3.119 7
24	8.984 7	7.784 3	6.835 1	6.433 8	6.072 6	5.450 9	4.937 1	4.142 8	3.561 9	3.121 0
25	9.077 0	7.843 1	6.872 9	6.464 1	6.097 1	5.466 9	4.947 6	4.147 4	3.564 0	3.122 0
30	9.426 9	8.055 2	7.002 7	6.566 0	6.177 2	5.516 8	4.978 9	4.160 1	3.569 3	3.124 2
40	9.779 1	8.243 8	7.105 0	6.641 8	6.233 5	5.548 2	4.996 6	4.165 9	3.571 2	3.125 0
50	9.914 8	8.304 5	7.132 7	6.660 5	6.246 3	5.554 1	4.999 5	4.166 6	3.571 4	3.125 0

表 A-3 复利终值系数表：FVIF = $(1+r)^T$

T	r 1%	2%	3%	4%	5%	6%	7%	8%	9%
1	1.010 0	1.020 0	1.030 0	1.040 0	1.050 0	1.060 0	1.070 0	1.080 0	1.090 0
2	1.020 1	1.040 4	1.060 9	1.081 6	1.102 5	1.123 6	1.144 9	1.166 4	1.188 1
3	1.030 3	1.061 2	1.092 7	1.124 9	1.157 6	1.191 0	1.225 0	1.259 7	1.295 0
4	1.040 6	1.082 4	1.125 5	1.169 9	1.215 5	1.262 5	1.310 8	1.360 5	1.411 6
5	1.051 0	1.104 1	1.159 3	1.216 7	1.276 3	1.338 2	1.402 6	1.469 3	1.538 6
6	1.061 5	1.126 2	1.194 1	1.265 3	1.340 1	1.418 5	1.500 7	1.586 9	1.677 1
7	1.072 1	1.148 7	1.229 9	1.315 9	1.407 1	1.503 6	1.605 8	1.713 8	1.828 0
8	1.082 9	1.171 7	1.266 8	1.368 6	1.477 5	1.593 8	1.718 2	1.850 9	1.992 6
9	1.093 7	1.195 1	1.304 8	1.423 3	1.551 3	1.689 5	1.838 5	1.999 0	2.171 9
10	1.104 6	1.219 0	1.343 9	1.480 2	1.628 9	1.790 8	1.967 2	2.158 9	2.367 4
11	1.115 7	1.243 4	1.384 2	1.539 5	1.710 3	1.898 3	2.104 9	2.331 6	2.580 4
12	1.126 8	1.268 2	1.425 8	1.601 0	1.795 9	2.012 2	2.252 2	2.518 2	2.812 7
13	1.138 1	1.293 6	1.468 5	1.665 1	1.885 6	2.132 9	2.409 8	2.719 6	3.065 8
14	1.149 5	1.319 5	1.512 6	1.731 7	1.979 9	2.260 9	2.578 5	2.937 2	3.341 7
15	1.161 0	1.345 9	1.558 0	1.800 9	2.078 9	2.396 6	2.759 0	3.172 2	3.642 5
16	1.172 6	1.372 8	1.604 7	1.873 0	2.182 9	2.540 4	2.952 2	3.425 9	3.970 3
17	1.184 3	1.400 2	1.652 8	1.947 9	2.292 0	2.692 8	3.158 8	3.700 0	4.327 6
18	1.196 1	1.428 2	1.702 4	2.025 8	2.406 6	2.854 3	3.379 9	3.996 0	4.717 1
19	1.208 1	1.456 8	1.753 5	2.106 8	2.527 0	3.025 6	3.616 5	4.315 7	5.141 7
20	1.220 2	1.485 9	1.806 1	2.191 1	2.653 3	3.207 1	3.869 7	4.661 0	5.604 4
21	1.232 4	1.515 7	1.860 3	2.278 8	2.786 0	3.399 6	4.140 6	5.033 8	6.108 8
22	1.244 7	1.546 0	1.916 1	2.369 9	2.925 3	3.603 5	4.430 4	5.436 5	6.658 6
23	1.257 2	1.576 9	1.973 6	2.464 7	3.071 5	3.819 7	4.740 5	5.871 5	7.257 9
24	1.269 7	1.608 4	2.032 8	2.563 3	3.225 1	4.048 9	5.072 4	6.341 2	7.911 1
25	1.282 4	1.640 6	2.093 8	2.665 8	3.386 4	4.291 9	5.427 4	6.848 5	8.623 1
30	1.347 8	1.811 4	2.427 3	3.243 4	4.321 9	5.743 5	7.612 3	10.063	13.268
40	1.488 9	2.208 0	3.262 0	4.801 0	7.040 0	10.28 6	14.974	21.725	31.409
50	1.644 6	2.691 6	4.383 9	7.106 7	11.467	18.420	29.457	46.902	74.358
60	1.816 7	3.281 0	5.891 6	10.520	18.679	32.988	57.946	101.26	176.03

续表

T	r										
	10%	12%	14%	15%	16%	18%	20%	24%	28%	32%	36%
1	1.1	1.12	1.14	1.15	1.16	1.18	1.2	1.24	1.28	1.32	1.36
2	1.21	1.254 4	1.299 6	1.322 5	1.345 6	1.392 4	1.44	1.537 6	1.638 4	1.742 4	1.849 6
3	1.331	1.404 9	1.481 5	1.520 9	1.560 9	1.643	1.728	1.906 6	2.097 2	2.3	2.515 5
4	1.464 1	1.573 5	1.689	1.749	1.810 6	1.938 8	2.073 6	2.364 2	2.684 4	3.036	3.421
5	1.610 5	1.762 3	1.925 4	2.011 4	2.100 3	2.287 8	2.488 3	2.931 6	3.436	4.007 5	4.652 6
6	1.771 6	1.973 8	2.195	2.313 1	2.436 4	2.699 6	2.986	3.635 2	4.398	5.289 9	6.327 5
7	1.948 7	2.210 7	2.502 3	2.66	2.826 2	3.185 5	3.583 2	4.507 7	5.629 5	6.982 6	8.605 4
8	2.143 6	2.476	2.852 6	3.059	3.278 4	3.758 9	4.299 8	5.589 5	7.205 8	9.217	11.703
9	2.357 9	2.773 1	3.251 9	3.517 9	3.803	4.435 5	5.159 8	6.931	9.223 4	12.166	15.917
10	2.593 7	3.105 8	3.707 2	4.045 6	4.411 4	5.233 8	6.191 7	8.594 4	11.806	16.06	21.647
11	2.853 1	3.478 5	4.226 2	4.652 4	5.117 3	6.175 9	7.430 1	10.657	15.112	21.199	29.439
12	3.138 4	3.896	4.817 9	5.350 3	5.936	7.287 6	8.916 1	13.215	19.343	27.983	40.037
13	3.452 3	4.363 5	5.492 4	6.152 8	6.885 8	8.599 4	10.699	16.386	24.759	36.937	54.451
14	3.797 5	4.887 1	6.261 3	7.075 7	7.987 5	10.147	12.839	20.319	31.691	48.757	74.053
15	4.177 2	5.473 6	7.137 9	8.137 1	9.265 5	11.974	15.407	25.196	40.565	64.359	100.71
16	4.595	6.130 4	8.137 2	9.357 6	10.748	14.129	18.488	31.243	51.923	84.954	136.97
17	5.054 5	6.866	9.276 5	10.761	12.468	16.672	22.186	38.741	66.461	112.14	186.28
18	5.559 9	7.69	10.575	12.375	14.463	19.673	26.623	48.039	85.071	148.02	253.34
19	6.115 9	8.612 8	12.056	14.232	16.777	23.214	31.948	59.568	108.89	195.39	344.54
20	6.727 5	9.646 3	13.743	16.367	19.461	27.393	38.338	73.864	139.38	257.92	468.57
21	7.400 2	10.804	15.668	18.822	22.574	32.324	46.005	91.592	178.41	340.45	637.26
22	8.140 3	12.1	17.861	21.645	26.186	38.142	55.206	113.57	228.36	449.39	866.67
23	8.954 3	13.552	20.362	24.891	30.376	45.008	66.247	140.83	292.3	593.2	1 178.7
24	9.849 7	15.179	23.212	28.625	35.236	53.109	79.497	174.63	374.14	783.02	1 603
25	10.835	17	26.462	32.919	40.874	62.669	95.396	216.54	478.9	1 033.6	2 180.1
30	17.449	29.96	50.95	66.212	85.85	143.37	237.38	634.82	1 645.5	4 142.1	10 143
40	45.259	93.051	188.88	267.86	378.72	750.38	1 469.8	5 455.9	19 427	66 521	*
50	117.39	289	700.23	1 083.7	1 670.7	3 927.4	9 100.4	46 890	*	*	*
60	304.48	897.6	2 595.9	4 384	7 370.2	20 555	56 348	*	*	*	*

注：* FVIV >99 999.

表 A-4 年金终值系数表:$FVIFA = [(1+r)^T - 1]/r$

T	r								
	1%	2%	3%	4%	5%	6%	7%	8%	9%
1	1.000 0	1.000 0	1.000 0	1.000 0	1.000 0	1.000 0	1.000 0	1.000 0	1.000 0
2	2.010 0	2.020 0	2.030 0	2.040 0	2.050 0	2.0 60 0	2.070 0	2.080 0	2.090 0
3	3.030 1	3.060 4	3.090 9	3.121 6	3.152 5	3.1 836	3.2 149	3.2 464	3.2 781
4	4.060 4	4.121 6	4.183 6	4.246 5	4.310 1	4.374 6	4.439 9	4.506 1	4.573 1
5	5.101 0	5.204 0	5.309 1	5.416 3	5.525 6	5.637 1	5.750 7	5.866 6	5.984 7
6	6.152 0	6.308 1	6.468 4	6.633 0	6.801 9	6.975 3	7.153 3	7.335 9	7.523 3
7	7.213 5	7.434 3	7.662 5	7.898 3	8.142 0	8.393 8	8.654 0	8.922 8	9.200 4
8	8.285 7	8.583 0	8.892 3	9.214 2	9.549 1	9.897 5	10.260	10.637	11.028
9	9.368 5	9.754 6	10.159	10.583	11.027	11.491	11.978	12.488	13.021
10	10.462	10.950	11.464	12.006	12.578	13.181	13.816	14.487	15.193
11	11.567	12.169	12.808	13.486	14.207	14.972	15.784	16.645	17.560
12	12.683	13.412	14.192	15.026	15.917	16.870	17.888	18.977	20.141
13	13.809	14.680	15.618	16.627	17.713	18.882	20.141	21.495	22.953
14	14.947	15.974	17.086	18.292	19.599	21.015	22.550	24.215	26.019
15	16.097	17.293	18.599	20.024	21.579	23.276	25.129	27.152	29.361
16	17.258	18.639	20.157	21.825	23.657	25.673	27.888	30.324	33.003
17	18.430	20.012	21.762	23.698	25.840	28.213	30.840	33.750	36.974
18	19.615	21.412	23.414	25.645	28.132	30.906	33.999	37.450	41.301
19	20.811	22.841	25.117	27.671	30.539	33.760	37.379	41.446	46.018
20	22.019	24.297	26.870	29.778	33.066	36.786	40.995	45.762	51.160
21	23.239	25.783	28.676	31.969	35.719	39.993	44.865	50.423	56.765
22	24.472	27.299	30.537	34.248	38.505	43.392	49.006	55.457	62.873
23	25.716	28.845	32.453	36.618	41.430	46.996	53.436	60.893	69.532
24	26.973	30.422	34.426	39.083	44.502	50.816	58.177	66.765	76.790
25	28.243	32.030	36.459	41.646	47.727	54.865	63.249	73.106	84.701
30	34.785	40.568	47.575	56.085	66.439	79.058	94.461	113.28	136.31
40	48.886	60.402	75.401	95.026	120.80	154.76	199.64	259.06	337.88
50	64.463	84.579	112.80	152.67	209.35	290.34	406.53	573.77	815.08
60	81.670	114.05	163.05	237.99	353.58	533.13	813.52	1 253.2	1 944.8

续表

T	r										
	10%	12%	14%	15%	16%	18%	20%	24%	28%	32%	36%
1	1.000 0	1.000 0	1.000 0	1.000 0	1.000 0	1.000 0	1.000 0	1.000 0	1.000 0	1.000 0	1.000 0
2	2.100 0	2.120 0	2.140 0	2.150 0	2.160 0	2.180 0	2.200 0	2.240 0	2.280 0	2.320 0	2.360 0
3	3.310 0	3.374 4	3.439 6	3.472 5	3.505 6	3.572 4	3.640 0	3.777 6	3.918 4	4.062 4	4.209 6
4	4.641 0	4.779 3	4.921 1	4.993 4	5.066 5	5.215 4	5.368 0	5.684 2	6.015 6	6.362 4	6.725 1
5	6.105 1	6.352 8	6.610 1	6.742 4	6.877 1	7.154 2	7.441 6	8.048 4	8.699 9	9.398 3	10.146
6	7.715 6	8.115 2	8.535 5	8.753 7	8.977 5	9.442 0	9.929 9	10.980	12.136	13.406	14.799
7	9.4 872	10.089	10.730	11.067	11.414	12.142	12.916	14.615	16.534	18.696	21.126
8	11.436	12.300	13.233	13.727	14.240	15.327	16.499	19.123	22.163	25.678	29.732
9	13.579	14.776	16.085	16.786	17.519	19.086	20.799	24.712	29.369	34.895	41.435
10	15.937	17.549	19.337	20.304	21.321	23.521	25.959	31.643	38.593	47.062	57.352
11	18.531	20.655	23.045	24.349	25.733	28.755	32.150	40.238	50.398	63.122	78.998
12	21.384	24.133	27.271	29.002	30.850	34.931	39.581	50.895	65.510	84.320	108.44
13	24.523	28.029	32.089	34.352	36.786	42.219	48.497	64.110	84.853	112.30	148.47
14	27.975	32.393	37.581	40.505	43.672	50.818	59.196	80.496	109.61	149.24	202.93
15	31.772	37.280	43.842	47.580	51.660	60.965	72.035	100.82	141.30	198.00	276.98
16	35.950	42.753	50.980	55.717	60.925	72.939	87.442	126.01	181.87	262.36	377.69
17	40.545	48.884	59.118	65.075	71.673	87.068	105.931	157.25	233.79	347.31	514.66
18	45.599	55.750	68.394	75.836	84.141	103.74	128.12	195.99	300.25	459.45	700.94
19	51.159	63.440	78.969	88.212	98.603	123.41	154.74	244.03	385.32	607.47	954.28
20	57.275	72.052	91.025	102.44	115.38	146.63	186.69	303.60	494.21	802.86	1 298.8
21	64.002	81.699	104.77	118.81	134.84	174.02	225.03	377.46	633.59	1 060.8	1 767.4
22	71.403	92.503	120.44	137.63	157.41	206.34	271.03	469.06	812.00	1 401.2	2 404.7
23	79.543	104.60	138.30	159.28	183.60	244.49	326.24	582.63	1 040.4	1 850.6	3 271.3
24	88.497	118.16	158.66	184.17	213.98	289.49	392.48	723.46	1 332.7	2 443.8	4 450.0
25	98.347	133.33	181.87	212.79	249.21	342.60	471.98	898.09	1 706.8	3 226.8	6 053.0
30	164.49	241.33	356.79	434.75	530.31	790.95	1 181.9	2 640.9	5 873.2	1 2941.	28 172.
40	442.59	767.09	1 342.0	1 779.1	2 360.8	4 163.2	7 343.9	2 2729.	6 9377.	*	*
50	1 163.9	2 400.0	4 994.5	7 217.7	10 436.	21 813.	45 497.	*	*	*	*
60	3 034.8	7 471.6	18 535.	29 220.	46 058.	*	*	*	*	*	*

注：* FVIFA >99 999.

表 A-5　连续型复利终值：e^{rT}

T	r													
	1%	2%	3%	4%	5%	6%	7%	8%	9%	10%	11%	12%	13%	14%
1	1.010 1	1.020 2	1.030 5	1.040 8	1.051 3	1.061 8	1.072 5	1.083 3	1.094 2	1.105 2	1.116 3	1.127 5	1.138 8	1.150 3
2	1.020 2	1.040 8	1.061 8	1.083 3	1.105 2	1.127 5	1.150 3	1.173 5	1.197 2	1.221 4	1.246 1	1.271 2	1.296 9	1.323 1
3	1.030 5	1.061 8	1.094 2	1.127 5	1.161 8	1.197 2	1.233 7	1.271 2	1.310 0	1.349 9	1.391 0	1.433 3	1.477 0	1.522 0
4	1.040 8	1.083 3	1.127 5	1.173 5	1.221 4	1.2712	1.323 1	1.377 1	1.433 3	1.491 8	1.552 7	1.616 1	1.682 0	1.750 7
5	1.051 3	1.105 2	1.161 8	1.221 4	1.284 0	1.349 9	1.419 1	1.491 8	1.568 3	1.648 7	1.733 3	1.822 1	1.915 5	2.013 8
6	1.061 8	1.127 5	1.197 2	1.271 2	1.349 9	1.433 3	1.522 0	1.616 1	1.716 0	1.822 1	1.934 8	2.054 4	2.181 5	2.316 4
7	1.072 5	1.150 3	1.233 7	1.323 1	1.419 1	1.522 0	1.632 3	1.750 7	1.877 6	2.013 8	2.159 8	2.316 4	2.484 3	2.664 5
8	1.083 3	1.173 5	1.271 2	1.377 1	1.491 8	1.616 1	1.750 7	1.896 5	2.054 4	2.225 5	2.410 9	2.611 7	2.829 2	3.064 9
9	1.094 2	1.197 2	1.310 0	1.433 3	1.568 3	1.716 0	1.877 6	2.054 4	2.247 9	2.459 6	2.691 2	2.944 7	3.222 0	3.525 4
10	1.105 2	1.221 4	1.349 9	1.491 8	1.648 7	1.822 1	2.013 8	2.225 5	2.459 6	2.718 3	3.004 2	3.320 1	3.669 3	4.055 2
11	1.116 3	1.246 1	1.391 0	1.552 7	1.733 3	1.934 8	2.159 8	2.410 9	2.691 2	3.004 2	3.353 5	3.743 4	4.178 7	4.664 6
12	1.127 5	1.271 2	1.433 3	1.616 1	1.822 1	2.054 4	2.316 4	2.611 7	2.944 7	3.320 1	3.743 4	4.220 7	4.758 8	5.365 6
13	1.138 8	1.296 9	1.477 0	1.682 0	1.915 5	2.181 5	2.484 3	2.829 2	3.222 0	3.669 3	4.178 7	4.758 8	5.419 5	6.171 9
14	1.150 3	1.323 1	1.522 0	1.750 7	2.013 8	2.316 4	2.664 5	3.064 9	3.525 4	4.055 2	4.664 6	5.365 6	6.171 9	7.099 3
15	1.161 8	1.349 9	1.568 3	1.822 1	2.117 0	2.459 6	2.857 7	3.320 1	3.857 4	4.481 7	5.207 0	6.049 6	7.028 7	8.166 2
16	1.173 5	1.377 1	1.616 1	1.896 5	2.225 5	2.611 7	3.064 9	3.596 6	4.220 7	4.953 0	5.812 4	6.821 0	8.004 5	9.393 3
17	1.185 3	1.404 9	1.665 3	1.973 9	2.339 6	2.773 2	3.287 1	3.896 2	4.618 2	5.473 9	6.488 3	7.690 6	9.115 7	10.805
18	1.197 2	1.433 3	1.716 0	2.054 4	2.459 6	2.944 7	3.525 4	4.220 7	5.053 1	6.049 6	7.242 7	8.671 1	10.381	12.429
19	1.209 2	1.462 3	1.768 3	2.138 3	2.585 7	3.126 8	3.781 0	4.572 2	5.529 0	6.685 9	8.084 9	9.776 7	11.822	14.296
20	1.221 4	1.491 8	1.822 1	2.225 5	2.718 3	3.320 1	4.055 2	4.953 0	6.049 6	7.389 1	9.025 0	11.023	13.464	16.445
21	1.233 7	1.522 0	1.877 6	2.316 4	2.857 7	3.525 4	4.349 2	5.365 6	6.619 4	8.166 2	10.074	12.429	15.333	18.916
22	1.246 1	1.552 7	1.934 8	2.410 9	3.004 2	3.7434	4.664 6	5.812 4	7.242 7	9.025 0	11.246	14.013	17.462	21.758
23	1.258 6	1.584 1	1.993 7	2.509 3	3.158 2	3.974 9	5.002 8	6.296 5	7.924 8	9.974 2	12.554	15.800	19.886	25.028
24	1.271 2	1.616 1	2.054 4	2.611 7	3.320 1	4.220 7	5.365 6	6.821 0	8.671 1	11.023	14.013	17.814	22.646	28.789
25	1.284 0	1.648 7	2.117 0	2.718 3	3.490 3	4.481 7	5.754 6	7.389 1	9.487 7	12.182	15.643	20.086	25.790	33.115
30	1.349 9	1.822 1	2.459 6	3.320 1	4.481 7	6.049 6	8.166 2	11.023	14.880	20.086	27.113	36.598	49.402	66.686
35	1.419 1	2.013 8	2.857 7	4.055 2	5.754 6	8.166 2	11.588	16.445	23.336	33.115	46.993	66.686	94.632	134.29
40	1.491 8	2.225 5	3.320 1	4.953 0	7.389 1	11.023	16.445	24.533	36.598	54.598	81.451	121.51	181.27	270.43
45	1.568 3	2.459 6	3.857 4	6.049 6	9.487 7	14.880	23.336	36.598	57.397	90.017	141.17	221.41	347.23	544.57
50	1.648 7	2.718 3	4.481 7	7.389 1	12.182	20.086	33.115	54.598	90.017	148.41	244.69	403.43	665.14	1 096.6
55	1.733 3	3.004 2	5.207 0	9.025 0	15.643	27.113	46.993	81.451	141.17	244.69	424.11	735.10	1 274.1	2 208.3
60	1.822 1	3.320 1	6.049 6	11.023	20.086	36.598	66.686	121.51	221.41	403.43	735.10	1 339.4	2440.6	4 447.1

续表

T	r											
	15%	16%	17%	18%	19%	20%	21%	22%	23%	24%	25%	26%
1	1. 161 8	1. 173 5	1. 185 3	1. 197 2	1. 209 2	1. 221 4	1. 233 7	1. 246 1	1. 258 6	1. 271 2	1. 284 0	1. 296 9
2	1. 349 9	1. 377 1	1. 404 9	1. 433 3	1. 462 3	1. 491 8	1. 522 0	1. 552 7	1. 584 1	1. 616 1	1. 648 7	1. 682 0
3	1. 568 3	1. 616 1	1. 665 3	1. 716 0	1. 768 3	1. 822 1	1. 877 6	1. 934 8	1. 993 7	2. 054 4	2. 117 0	2. 181 5
4	1. 822 1	1. 896 5	1. 973 9	2. 054 4	2. 138 3	2. 225 5	2. 316 4	2. 410 9	2. 509 3	2. 611 7	2. 718 3	2. 829 2
5	2. 117 0	2. 225 5	2. 339 6	2. 459 6	2. 585 7	2. 718 3	2. 857 7	3. 004 2	3. 158 2	3. 320 1	3. 490 3	3. 669 3
6	2. 459 6	2. 611 7	2. 773 2	2. 944 7	3. 126 8	3. 320 1	3. 525 4	3. 743 4	3. 974 9	4. 220 7	4. 481 7	4. 758 8
7	2. 857 7	3. 064 9	3. 287 1	3. 525 4	3. 781 0	4. 055 2	4. 349 2	4. 664 6	5. 002 8	5. 365 6	5. 754 6	6. 171 9
8	3. 320 1	3. 596 6	3. 896 2	4. 220 7	4. 572 2	4. 953 0	5. 365 6	5. 812 4	6. 296 5	6. 821 0	7. 389 1	8. 004 5
9	3. 857 4	4. 220 7	4. 618 2	5. 053 1	5. 529 0	6. 049 6	6. 619 4	7. 242 7	7. 924 8	8. 671 1	9. 487 7	10. 381 2
10	4. 481 7	4. 953 0	5. 473 9	6. 049 6	6. 685 9	7. 389 1	8. 166 2	9. 025 0	9. 974 2	11. 023 2	12. 182 5	13. 463 7
11	5. 207 0	5. 812 4	6. 488 3	7. 242 7	8. 084 9	9. 025 0	10. 074 4	11. 245 9	12. 553 5	14. 013 2	15. 642 6	17. 461 5
12	6. 049 6	6. 821 0	7. 690 6	8. 671 1	9. 776 7	11. 023 2	12. 428 6	14. 013 2	15. 799 8	17. 814 3	20. 085 5	22. 646 4
13	7. 028 7	8. 004 5	9. 115 7	10. 381 2	11. 822 4	13. 463 7	15. 332 9	17. 461 5	19. 885 7	22. 646 4	25. 790 3	29. 370 8
14	8. 166 2	9. 393 3	10. 804 9	12. 428 6	14. 296 3	16. 444 6	18. 915 8	21. 758 4	25. 028 1	28. 789 2	33. 115 5	38. 091 8
15	9. 487 7	11. 023 2	12. 807 1	14. 879 7	17. 287 8	20. 085 5	23. 336 1	27. 112 6	31. 500 4	36. 598 2	42. 521 1	49. 402 4
16	11. 023 2	12. 935 8	15. 180 3	17. 814 3	20. 905 2	24. 532 5	28. 789 2	33. 784 4	39. 646 4	46. 525 5	54. 598 2	64. 071 5
17	12. 807 1	15. 180 3	17. 993 3	21. 327 6	25. 279 7	29. 964 1	35. 516 6	42. 098 0	49. 899 0	59. 145 5	70. 105 4	83. 096 3
18	14. 879 7	17. 814 3	21. 327 6	25. 533 7	30. 569 4	36. 598 2	43. 816 0	52. 457 3	62. 802 8	75. 188 6	90. 017 1	107. 770
19	17. 287 8	20. 905 2	25. 279 7	30. 569 4	36. 966 1	44. 701 2	54. 054 9	65. 365 9	79. 043 6	95. 583 5	115. 584	139. 770
20	20. 085 5	24. 532 5	29. 964 1	36. 598 2	44. 701 2	54. 598 2	66. 686 3	81. 450 9	99. 484 3	121. 510	148. 413	181. 272
21	23. 336 1	28. 789 2	35. 516 6	43. 816 0	54. 054 9	66. 686 3	82. 269 5	101. 494	125. 211	154. 470	190. 566	235. 097
22	27. 112 6	33. 784 4	42. 098 0	52. 457 3	65. 365 9	81. 450 9	101. 494	126. 469	157. 591	196. 370	244. 692	304. 905
23	31. 500 4	39. 646 4	49. 899 0	62. 802 8	79. 043 6	99. 484 3	125. 211	157. 591	198. 343	249. 635	314. 191	395. 440
24	36. 598 2	46. 525 5	59. 145 5	75. 188 6	95. 583 5	121. 510	154. 470	196. 370	249. 635	317. 348	403. 429	512. 859
25	42. 521 1	54. 598 2	70. 105 4	90. 017 1	115. 584	148. 413	190. 566	244. 692	314. 191	403. 429	518. 013	665. 142
30	90. 017 1	121. 510	164. 022	221. 406	298. 867	403. 429	544. 572	735. 095	992. 275	1 339. 43	1 808. 04	2 440. 60
35	190. 566	270. 426	383. 753	544. 572	772. 784	1 096. 63	1 556. 20	2 208. 35	3 133. 79	4 447. 07	6 310. 69	8 955. 29
40	403. 429	601. 845	897. 847	1 339. 43	19 98. 20	2 980. 96	4 447. 07	6 634. 24	9 897. 13	14 764. 8	22 026. 5	32 859. 6
45	854. 059	1 339. 43	2 100. 65	3 294. 47	5 166. 75	8 103. 08	12 708. 2	19 930. 4	31 257. 0	49 020. 8	76 879. 9	120 572.
50	1 808. 04	2 980. 96	4 914. 77	8 103. 08	13 359. 7	22 026. 5	36 315. 5	59 874. 1	98 715. 8	162 755.	268 337.	442 413.
55	3 827. 63	6 634. 24	11 498. 8	19 930. 4	34 544. 4	59 874. 1	103 777.	179 872.	311 763.	540 365.	936 589.	1623 346.
60	8 103. 08	14 764. 78	26 903. 2	49 020. 8	89 321. 7	162 755.	296 559.	540 365.	984 609.	1 794 075.	3 269 017.	5 956 538.

表 A-6　连续性复利的现值：e^{-rT}

T	r													
	1%	2%	3%	4%	5%	6%	7%	8%	9%	10%	11%	12%	13%	14%
1	0.990 0	0.980 2	0.970 4	0.960 8	0.951 2	0.941 8	0.932 4	0.923 1	0.913 9	0.904 8	0.895 8	0.886 9	0.878 1	0.869 4
2	0.980 2	0.960 8	0.941 8	0.923 1	0.904 8	0.886 9	0.869 4	0.852 1	0.835 3	0.818 7	0.802 5	0.786 6	0.771 1	0.755 8
3	0.970 4	0.941 8	0.913 9	0.886 9	0.860 7	0.835 3	0.810 6	0.786 6	0.763 4	0.740 8	0.718 9	0.697 7	0.677 1	0.657 0
4	0.960 8	0.923 1	0.886 9	0.852 1	0.818 7	0.786 6	0.755 8	0.726 1	0.697 7	0.670 3	0.644 0	0.618 8	0.594 5	0.571 2
5	0.951 2	0.904 8	0.860 7	0.818 7	0.778 8	0.740 8	0.704 7	0.670 3	0.637 6	0.606 5	0.576 9	0.548 8	0.522 0	0.496 6
6	0.941 8	0.886 9	0.835 3	0.786 6	0.740 8	0.697 7	0.657 0	0.618 8	0.582 7	0.548 8	0.516 9	0.486 8	0.458 4	0.431 7
7	0.932 4	0.869 4	0.810 6	0.755 8	0.704 7	0.657 0	0.612 6	0.571 2	0.532 6	0.496 6	0.463 0	0.431 7	0.402 5	0.375 3
8	0.923 1	0.852 1	0.786 6	0.726 1	0.670 3	0.618 8	0.571 2	0.527 3	0.486 8	0.449 3	0.414 8	0.382 9	0.353 5	0.326 3
9	0.913 9	0.835 3	0.763 4	0.697 7	0.637 6	0.582 7	0.532 6	0.486 8	0.444 9	0.406 6	0.371 6	0.339 6	0.310 4	0.283 7
10	0.904 8	0.818 7	0.740 8	0.670 3	0.606 5	0.548 8	0.496 6	0.449 3	0.406 6	0.367 9	0.332 9	0.301 2	0.272 5	0.246 6
11	0.895 8	0.802 5	0.718 9	0.644 0	0.576 9	0.516 9	0.463 0	0.414 8	0.371 6	0.332 9	0.298 2	0.267 1	0.239 3	0.214 4
12	0.886 9	0.786 6	0.697 7	0.618 8	0.548 8	0.486 8	0.431 7	0.382 9	0.339 6	0.301 2	0.267 1	0.236 9	0.210 1	0.186 4
13	0.878 1	0.771 1	0.677 1	0.594 5	0.522 0	0.458 4	0.402 5	0.353 5	0.310 4	0.272 5	0.239 3	0.210 1	0.184 5	0.162 0
14	0.869 4	0.755 8	0.657 0	0.571 2	0.496 6	0.431 7	0.375 3	0.326 3	0.283 7	0.246 6	0.214 4	0.186 4	0.162 0	0.140 9
15	0.860 7	0.740 8	0.637 6	0.548 8	0.472 4	0.406 6	0.349 9	0.301 2	0.259 2	0.223 1	0.192 0	0.165 3	0.142 3	0.122 5
16	0.852 1	0.726 1	0.618 8	0.527 3	0.449 3	0.382 9	0.326 3	0.278 0	0.236 9	0.201 9	0.172 0	0.146 6	0.124 9	0.106 5
17	0.843 7	0.711 8	0.600 5	0.506 6	0.427 4	0.360 6	0.304 2	0.256 7	0.216 5	0.182 7	0.154 1	0.130 0	0.109 7	0.0926
18	0.835 3	0.697 7	0.582 7	0.486 8	0.406 6	0.339 6	0.283 7	0.236 9	0.197 9	0.165 3	0.138 1	0.115 3	0.096 3	0.080 5
19	0.827 0	0.683 9	0.565 5	0.467 7	0.386 7	0.319 8	0.264 5	0.218 7	0.180 9	0.149 6	0.123 7	0.102 3	0.084 6	0.069 9
20	0.818 7	0.670 3	0.548 8	0.449 3	0.367 9	0.301 2	0.246 6	0.201 9	0.165 3	0.135 3	0.110 8	0.090 7	0.074 3	0.060 8
21	0.810 6	0.657 0	0.532 6	0.431 7	0.349 9	0.283 7	0.229 9	0.186 4	0.151 1	0.122 5	0.099 3	0.080 5	0.065 2	0.052 9
22	0.802 5	0.644 0	0.516 9	0.414 8	0.332 9	0.267 1	0.214 4	0.172 0	0.138 1	0.110 8	0.088 9	0.071 4	0.057 3	0.046 0
23	0.794 5	0.631 3	0.501 6	0.398 5	0.316 6	0.251 6	0.199 9	0.158 8	0.126 2	0.100 3	0.079 7	0.063 3	0.050 3	0.040 0
24	0.786 6	0.618 8	0.486 8	0.382 9	0.301 2	0.236 9	0.186 4	0.146 6	0.115 3	0.090 7	0.071 4	0.056 1	0.044 2	0.034 7
25	0.778 8	0.606 5	0.472 4	0.367 9	0.286 5	0.223 1	0.173 8	0.135 3	0.105 4	0.082 1	0.063 9	0.049 8	0.038 8	0.030 2
30	0.740 8	0.548 8	0.406 6	0.301 2	0.223 1	0.165 3	0.122 5	0.090 7	0.067 2	0.049 8	0.036 9	0.027 3	0.020 2	0.015 0
35	0.704 7	0.496 6	0.349 9	0.246 6	0.173 8	0.122 5	0.086 3	0.060 8	0.042 9	0.030 2	0.021 3	0.015 0	0.010 6	0.007 4
40	0.670 3	0.449 3	0.301 2	0.201 9	0.135 3	0.090 7	0.060 8	0.040 8	0.027 3	0.018 3	0.012 3	0.008 2	0.005 5	0.003 7
45	0.637 6	0.406 6	0.259 2	0.165 3	0.105 4	0.067 2	0.042 9	0.027 3	0.017 4	0.011 1	0.007 1	0.004 5	0.002 9	0.001 8
50	0.606 5	0.367 9	0.223 1	0.135 3	0.082 1	0.049 8	0.030 2	0.018 3	0.011 1	0.006 7	0.004 1	0.002 5	0.001 5	0.000 9
55	0.576 9	0.332 9	0.192 0	0.110 8	0.063 9	0.036 9	0.021 3	0.012 3	0.007 1	0.004 1	0.002 4	0.001 4	0.000 8	0.000 5
60	0.548 8	0.301 2	0.165 3	0.090 7	0.049 8	0.027 3	0.015 0	0.008 2	0.004 5	0.002 5	0.001 4	0.000 7	0.000 4	0.000 2

续表

T	r											
	15%	16%	17%	18%	19%	20%	21%	22%	23%	24%	25%	26%
1	0.860 7	0.852 1	0.843 7	0.835 3	0.827 0	0.818 7	0.810 6	0.802 5	0.794 5	0.786 6	0.778 8	0.771 1
2	0.740 8	0.726 1	0.711 8	0.697 7	0.683 9	0.670 3	0.657 0	0.644 0	0.631 3	0.618 8	0.606 5	0.594 5
3	0.637 6	0.618 8	0.600 5	0.582 7	0.565 5	0.548 8	0.532 6	0.516 9	0.501 6	0.486 8	0.472 4	0.458 4
4	0.548 8	0.527 3	0.506 6	0.486 8	0.467 7	0.449 3	0.431 7	0.414 8	0.398 5	0.382 9	0.367 9	0.353 5
5	0.472 4	0.449 3	0.427 4	0.406 6	0.386 7	0.367 9	0.349 9	0.332 9	0.316 6	0.301 2	0.286 5	0.272 5
6	0.406 6	0.382 9	0.360 6	0.339 6	0.319 8	0.301 2	0.283 7	0.267 1	0.251 6	0.236 9	0.223 1	0.210 1
7	0.349 9	0.326 3	0.304 2	0.283 7	0.264 5	0.246 6	0.229 9	0.214 4	0.199 9	0.186 4	0.173 8	0.162 0
8	0.301 2	0.278 0	0.256 7	0.236 9	0.218 7	0.201 9	0.186 4	0.172 0	0.158 8	0.146 6	0.135 3	0.124 9
9	0.259 2	0.236 9	0.216 5	0.197 9	0.180 9	0.165 3	0.151 1	0.138 1	0.126 2	0.115 3	0.105 4	0.096 3
10	0.223 1	0.201 9	0.182 7	0.165 3	0.149 6	0.135 3	0.122 5	0.110 8	0.100 3	0.090 7	0.082 1	0.074 3
11	0.192 0	0.172 0	0.154 1	0.138 1	0.123 7	0.110 8	0.099 3	0.088 9	0.079 7	0.071 4	0.063 9	0.057 3
12	0.165 3	0.146 6	0.130 0	0.115 3	0.102 3	0.090 7	0.080 5	0.071 4	0.063 3	0.056 1	0.049 8	0.044 2
13	0.142 3	0.124 9	0.109 7	0.096 3	0.084 6	0.074 3	0.065 2	0.057 3	0.050 3	0.044 2	0.038 8	0.034 0
14	0.122 5	0.106 5	0.092 6	0.080 5	0.069 9	0.060 8	0.052 9	0.046 0	0.040 0	0.034 7	0.030 2	0.026 3
15	0.105 4	0.090 7	0.078 1	0.067 2	0.057 8	0.049 8	0.042 9	0.036 9	0.031 7	0.027 3	0.023 5	0.020 2
16	0.090 7	0.077 3	0.065 9	0.056 1	0.047 8	0.040 8	0.034 7	0.029 6	0.025 2	0.021 5	0.018 3	0.015 6
17	0.078 1	0.065 9	0.055 6	0.046 9	0.039 6	0.033 4	0.028 2	0.023 8	0.020 0	0.016 9	0.014 3	0.012 0
18	0.067 2	0.056 1	0.046 9	0.039 2	0.032 7	0.027 3	0.022 8	0.019 1	0.015 9	0.013 3	0.011 1	0.009 3
19	0.057 8	0.047 8	0.039 6	0.032 7	0.027 1	0.022 4	0.018 5	0.015 3	0.012 7	0.010 5	0.008 7	0.007 2
20	0.049 8	0.040 8	0.033 4	0.027 3	0.022 4	0.018 3	0.015 0	0.012 3	0.010 1	0.008 2	0.006 7	0.005 5
21	0.042 9	0.034 7	0.028 2	0.022 8	0.018 5	0.015 0	0.012 2	0.009 9	0.008 0	0.006 5	0.005 2	0.004 3
22	0.036 9	0.029 6	0.023 8	0.019 1	0.015 3	0.012 3	0.009 9	0.007 9	0.006 3	0.005 1	0.004 1	0.003 3
23	0.031 7	0.025 2	0.020 0	0.015 9	0.012 7	0.010 1	0.008 0	0.006 3	0.005 0	0.004 0	0.003 2	0.002 5
24	0.027 3	0.021 5	0.016 9	0.013 3	0.010 5	0.008 2	0.006 5	0.005 1	0.004 0	0.003 2	0.002 5	0.001 9
25	0.023 5	0.018 3	0.014 3	0.011 1	0.008 7	0.006 7	0.005 2	0.004 1	0.003 2	0.002 5	0.001 9	0.001 5
30	0.011 1	0.008 2	0.006 1	0.004 5	0.003 3	0.002 5	0.001 8	0.001 4	0.001 0	0.000 7	0.000 6	0.000 4
35	0.005 2	0.003 7	0.002 6	0.001 8	0.001 3	0.000 9	0.000 6	0.000 5	0.000 3	0.000 2	0.000 2	0.000 1
40	0.002 5	0.001 7	0.001 1	0.000 7	0.000 5	0.000 3	0.000 2	0.000 2	0.000 1	0.000 1	0.000 0	0.000 0
45	0.001 2	0.000 7	0.000 5	0.000 3	0.000 2	0.000 1	0.000 1	0.000 1	0.000 0	0.000 0	0.000 0	0.000 0
50	0.000 6	0.000 3	0.000 2	0.000 1	0.000 1	0.000 0	0.000 0	0.000 0	0.000 0	0.000 0	0.000 0	0.000 0
55	0.000 3	0.000 2	0.000 1	0.000 1	0.000 0	0.000 0	0.000 0	0.000 0	0.000 0	0.000 0	0.000 0	0.000 0
60	0.000 1	0.000 1	0.000 0	0.000 0	0.000 0	0.000 0	0.000 0	0.000 0	0.000 0	0.000 0	0.000 0	0.000 0

后记

本书是集体智慧的结晶。由郑长德教授提出写作动议，曾庆芬教授根据多年的公司金融讲义拟定了编写大纲草案，并经编写小组讨论修订，然后根据大纲和讲义内容整理编写而成初稿。在本书初稿的形成过程中，特别感谢西南民族大学2011级9位金融学硕士研究生，他们在例题整理、图表绘制、Excel操作、习题选择等方面做了辛苦的工作，具体分工如下：第一章、第二章和第三章由曾庆芬、王柄权编写，杜红艳博士提供了第三章附录的Excel电子表格；第四章由曾庆芬、徐云燕编写；第五章由曾庆芬、杨敏编写；第六章由曾庆芬、尚云飞编写；第七章由曾庆芬、佟玥编写；第八章由曾庆芬、蔡昌雨编写；第九章由曾庆芬编写；第十章由曾庆芬、张小娜编写；第十一章由曾庆芬、刘雷编写；第十二章由曾庆芬编写；第十三章、第十四章和第十五章由曾庆芬、王丰威编写。初稿形成后，每一章都经过曾庆芬教授的逐一审定和修改，形成第二稿，并作为编者所在学校经济类本科专业的金融学专业教材，试用了2年，在试用过程中，多次征求听课同学的意见，曾庆芬教授根据这些修改意见又对稿件进行了修改和总纂。

本教材的编写过程中，参考了国内外大量的参考文献，主要的参考文献在书后章末的推荐阅读书列出，编者真诚地感谢这些文献的作者和出版单位。

本书是郑长德教授主持的四川省教育质量工程的成果之一，本书的公开出版，得到了教育部、四川省和西南民族大学本科教学质量与教学改革工程基金的资助。本书的出版还得到了中国经济出版社李煜萍编辑及相关工作人员的大力支持，他们付出了大量辛苦的工作。

本书可以作为高等学校经济类及相关专业金融学基础课教材，也可以作为从事金融投资实际工作的同志参考用书。

由于编者知识和能力的局限，本书的问题在所难免，敬请读者批评指正。

编者于成都

2013年8月31日